回顾与思考

政治学理论与方法30年

张贤明　主编

世界知识出版社

目　录

当代中国政治学理论与方法30年

张贤明　薛洪生

"人是天生的政治动物"是亚里士多德在《政治学》一书中的著名命题，对于政治生活的需要伴随着人的始终。而作为把握人类政治生活基本规律，阐释人类政治生活本质，"研究以国家政权为核心的社会主要政治现象和政治关系的科学"，① 政治学在社会科学中的重要地位是不言而喻的。1980年中国政治学会的成立是政治学在当代中国得以复兴的标志性事件，自此之后，中国政治学研究在学界同仁的不懈努力下日益成熟，并不断为中国的政治发展提供理论滋养和实践动力。欣值中国政治学会成立30周年之际，对此期间中国政治学的发展轨迹进行必要的审视和展望是政治学研究工作者的学术责任。理论与方法是支撑每一学科的两大基石，因此对当代中国政治学理论与方法的发展历程进行回顾，对其相关成果进行梳理，对其应然走向进行评测，无异于展现当代中国政治学学科体系的前世、今生和未来。这对于中国政治学的持续繁荣乃至于中国特色社会主义政治发展的健康发展都具有重大的理论和现实价值。

① 王惠岩：《王惠岩文集》第4卷，北京：中国大百科全书出版社2007年版，第118页。

一、发展历程

政治学作为独立学科，在中国的确立和发展已有百余年历史。1903年，京师大学堂首次开设“政治科”。1932年，中国政治学会在南京成立。这一时期涌现出王世杰、钱端升、浦薛凤、周鲠生、萧公权、张汇文、张奚若、钱昌照、许德珩等老一代政治学家。1949年新中国成立以后，高等教育体制以“苏联模式”为范例，视政治学为“伪科学”并于1952年在大学中正式取消了政治学系。[①] 政治学在中国作为独立学科消失了将近30年。

1979年邓小平指出：“政治学、法学、社会学以及世界政治的研究，我们过去多年忽视了，现在也需要赶快补课”，“我们已经承认自然科学比外国落后了，现在也应该承认社会科学的研究工作（就可比的方面说）比外国落后了”。[②] 在党中央的直接关怀下，1980年12月，中国政治学会在北京成立（重建），当代中国政治学的舞台拉开帷幕。重获新生的中国政治学在30年的光辉历程中，其理论与方法也不断充实与拓新，大致经历了以下几个发展时期。

（一）理论正名和方法奠基时期（1980—1985年）

由于政治学离开中国人的视野将近30年时间所导致的“集体失忆”，加之长期以来对政治学作为一门科学的否定，中国政治学在重建伊始便受到误解。尽管之前的老一代政治学家已经对政治学做过一

---

① 参见赵宝煦：《中国政治学百年历程》，《东南学术》2000年第2期。俞可平：《中国政治学百年回眸》，《人民日报》2000年12月28日第12版。

② 《邓小平文选》第2卷，北京：人民出版社1994年版，第180—181页。

些著述,① 但是，一方面，这些著作大多停留在对政治思想史的叙述和西方政治学说的引介上，较少对中国现实问题进行深入的思考；而另一方面，时代需要和具体国情的变化也决定了难以用他们的著述去建立当代中国的政治学体系，去指导当代中国的政治学发展。此外，在中国政治学会成立后，北京大学、吉林大学、复旦大学等高校相继重建了政治学专业和政治学系，开展教学和研究工作。上述现实都迫切地需要厘清政治学与其他相关学科如科学社会主义、马克思主义原理等学科的界限，奠定政治学的研究基础，明晰政治学的研究对象，确立政治学的研究范畴。因此，对于当时的中国政治学界而言，面临两大亟需解答的元问题：什么是政治？什么是政治学？只有在政治学基础理论和中国具体国情相结合的前提下回答这两个问题，构筑当代中国的政治学体系才会成为可能。这一时期的政治学研究工作者大多参与到对这两个问题的讨论之中，并由此展开关于政治学的内涵、政治学的研究对象和研究范畴等政治学基本理论方面的论述。而对于政治学的方法论问题，当时的中国政治学界一致认同要以历史唯物主义和辩证唯物主义方法论作为政治学分析的基础性工具。1985 年，《政治学研究》发刊，“这是中国政治学发展史上一件大事，标志着中国政治学作为一门独立学科已获得全面恢复”。② 抛开学术旨趣不谈，更遑论是否对上述两大元问题得出具有共识性的答案,③ 当时的中国政

① 其中比较有代表性的有张慰慈的《政治学大纲》、高一涵的《政治学纲要》、邓初民的《新政治学大纲》、钱端升的《中国政府》、萧公权的《中国政治思想史》和浦薛凤的《西洋近代政治思潮》，等等。

② 张友渔：《中国政治学的兴起——代发刊词》，《政治学研究》1985 年第 1 期。

③ 当时的学者回答“什么是政治”和“什么是政治学”这两个问题的目的并非是统一认识，而是要为政治学在理论上正名，使之名正言顺。而且直到现在，这两个问题恐怕也没有得出令所有人认同的答案，学者们仍然在进行关于政治含义等问题的讨论，因为学术争鸣是学科发展的动力之一。但是这已经属于政治学理论发展和研究需要的范畴，不具有当年对这些问题进行讨论的特殊意义。

治学研究工作者本着高度的责任感和使命感所进行的学术活动，具有鲜明的理论正名和方法奠基的意味。

“什么是政治”和“什么是政治学”这两大元问题相比，前者是更为根本的问题。因为一旦回答了“什么是政治”，那么“什么是政治学”就顺理成章，昭然若揭了。从理论视角来看，这一时期的中国政治学界对于政治的含义的表述基本上是以阶级和国家作为逻辑起点，大体上有五种观点：(1) 政治是经济的集中体现；(2) 政治是国家活动的表现形式；(3) 政治是统治阶级的政策和策略形式；(4) 政治的根本内容是阶级斗争和阶级关系；(5) 政治体现为权力关系。① 在这些认识的基础上，形成了诸多对政治的定义，如“综合说”“经济说”“国家活动说”“一般活动说”“双重性说”“阶级统治说”“决策说”“治人说”“管理活动说”，等等。对于“什么是政治学”而言，明确其研究对象是需要解决的首要问题。政治学的研究对象是国家还是政治，是政治关系抑或政治体系，学界莫衷一是。其中比较得到学界认同的一种观点是把政治学的研究对象从广义和狭义的时空二维上进行划分，广义上把一定基础的社会公共权力的活动、关系、形式和发展规律视为政治学的研究对象，狭义上则把国家的活动、关系、形式和发展规律视为政治学的研究对象。②这些理论创设为日后中国政治学理论的发展提供了坚实的基础。

出于强烈的历史使命和崇高的价值目标，这一时期的中国政治学理论中也包含了对中国现实问题的观照，主要有国家职能再确认问题、废除国家领导干部职务终身制问题和“一国两制”问题。

第一，国家职能再确认问题。国家问题作为政治学研究的题中之义，始终占据着政治学理论的核心地位。但是在政治学中断的时段中，国家问题并没有得到深入的研究和实质的进展。在长期“左”的指导

① 参见许崇德、于浩成、陈为典编著：《什么是政治学》，北京：群众出版社 1985 年版。

② 参见刘瀚、洋龙：《50 年来的中国政治学》，《政治学研究》1999 年第 4 期。

思想的影响下，形成了传统的国家观。这种国家观认为：国家是实施阶级压迫的暴力机器，而这一暴力机器的主要职能就是对内镇压被统治阶级的反抗，对外进行侵略或者抵御他国侵略。国家的对内职能是根本的和具有决定性的，国家的对外职能是对内职能的衍生形式。传统的国家观在国家职能方面过分地强调了“专政”，并且使人们忽视了现实的社会发展条件，社会主义国家的建立就意味着彻底打碎旧的国家机器的论断。但是，“无产阶级国家虽然建立了和发展了，但是彻底否定旧国家的任务并没有完成……同旧国家的‘幽灵’进行坚持不懈的斗争。”① 因此，政治学恢复后，学者们除了对国家的起源和消亡、国家的本质和国家的定义进行论述，更为集中地把研究视阈投向关于国家职能再确认的问题上。许多学者在对马克思主义经典作家进行解读后认为，国家是社会发展的产物，作为社会生活的组织形式，国家还具有管理社会公共事务的职能。这一国家职能与传统国家观所认定的国家职能是有机统一体，而在国家建设时期，国家的根本职能更多地体现为管理社会公共事务的职能。② 随着对国家职能再确认的讨论不断深入，使得当时的中国政治学界树立了比较一致的信念，即国家的主要职能伴随着社会主义制度的建立相应发生了根本性转变，其“应当是发展经济、科学、教育和文化事业，满足人民群众日益增长的物质和精神需求。政府的社会属性使当代政府承担了越来越多的社会公共事务。”③

第二，废除干部领导职务终身制问题。1980 年 2 月召开的十一届五中全会“在国际共运史上第一次明确提出废止干部职务实际上存在

① 李景鹏：《论无产阶级国家对旧国家的否定问题》，《政治学研究》1986 年第 5 期。

② 参见凌陵：《关于国家职能初探》，《南京大学学报》1983 年第 1 期。陈仲化、马润青：《论国家的管理职能》，《贵州社会科学》1982 年第 1 期。

③ 王沪宁：《中国政治学研究的新趋向（1980—1986）》，《政治学研究》1987 年第 2 期。

的终身制的规定，并将写进党章”。[①] 1980年8月18日，邓小平在中央政治局扩大会议上发表了“堪称我国政治体制改革和民主政治建设的纲领性文献”[②] 的题为《党和国家领导制度的改革》的讲话。这两个重要事件直接刺激了当时的中国政治学界对废除干部领导职务终身制问题的研究兴趣并视其为政治民主化的切入点，也为后来对政治体制改革的理论探讨开创了契机。学者们提出一些观点并得到党和政府的重视。1982年，宪法对废除干部领导职务终身制做出了明确规定。这一时期的政治学研究工作者的主要观点是：（1）从历史上考察，政治制度上的职务终身制是经济制度上的私有制的孪生物，从原始共产主义社会到封建社会再到资本主义社会，职务终身制作为私有制和利益的对立的产物都有其恶性反应，而职务终身制在新中国的实际存在将会带来严重后果，只有废止才是党心所归，人心所向；（2）从现实上考察，干部领导职务终身制不符合社会主义国家的性质，不符合社会主义共和国这一政体的要求，不符合干部接班的正常规律，不符合首创精神的要求，不符合人的生理和思想的发展规律；（3）就益处而言，废除干部领导职务终身制有利于克服领导集团“老化”，有利于举贤任能、广纳人才，有利于纠正官僚主义和特权观念，有利于增强革命事业心和政治责任感，有利于发展党内民主和人民民主；（4）就弊端而言，干部领导职务终身制不利于建立高效的干部队伍，不利于选拔人才，不利于发挥干部的积极性和创造性，不利于发挥社会主义民主，不利于党和国家的稳定；（5）干部领导职务终身制在中国的实际存在，究其原因，源于封建世袭制和等级制的思想残余，源于长期革命中固化的干部制度，源于极“左”思潮的影响，源于小生产者的习惯势力，源于封建主义思想和资产阶级思想的影响；（6）废除干部领导职务终身制的途径是，落实选举权、监督权和罢免权这“三权”

① 王询：《干部职务终身制的由来》，《新闻战线》1980年第5期。

② 包心鉴：《民主的制度与制度的民主化改革——纪念邓小平〈党和国家领导制度的改革〉发表三十周年》，《中共云南省委党校学报》2010年第4期。

并组织立法，干部制度推行招聘制、选聘制、合同制、任期制，选拔干部实行民主推荐和组织严格考核相结合的办法，以干部“四化”为方针建立良好的第三梯队，克服“论资排辈”的思想和“左”的思想的影响。①

第三，“一国两制”问题。1982 年 1 月，邓小平第一次把解决台湾问题的构想概括为“一国两制”，并且指出这不仅适用于台湾问题，也适用于香港问题。“一国两制”构想的提出丰富了和平相处理论和马克思主义国家学说，是对当代中国政治学的重要理论贡献。虽然邓小平和其他中央领导人就“一国两制”的内容进行了诸多明确表述，但是海外学者特别是台湾当局仍然对“一国两制”心存误解和偏见。为了在学理上进一步阐明“一国两制”的内涵和意义，政治学界对此加以诠释。针对台湾人士以“西藏事件”对“一国两制”借题发挥，比较有代表性的理论是从历史出发，论证了“西藏模式”和“一国两制”在内容上的差异和本质上的区别，进而指出“一国两制”是以和平方式解决国家统一和国际争端的创造性理论。② 关于“一国两制”的科学内涵，有的学者在界定“一国两制”含义和内容（有法律保证、不同地域不同制度、有明显区别、自治地域无主权和外交权等权力）的基础上，描述了“一国两制”的基本特征（一为单一制国家结构下包含复合制元素，二为主体是社会主义），解释中国和平统一后国家结构形式的变化，指出中国可以实现和平统一的可能途径。这一

---

① 参见高放：《废除干部职务终身制的伟大意义》，《人文杂志》1980 年第 4 期。余伯流：《浅论废止干部职务终身制》，《求实》1980 年第 10 期。肖光明、韩在峰、赖秋萍、杨雪聘：《论废除干部领导职务终身制》，《江西大学学报（社会科学版）》1980 年第 4 期。宋质奎：《对职务终身制的考察》，《求实》1981 年第 1 期。赵命柱、牛银虎：《浅谈“废止干部领导职务终身制”》，《晋阳学刊》1981 年第 1 期。江山：《废除干部领导职务终身制是干部制度的重大改革》，《湖北师范学院学报（哲学社会科学版）》1985 年第 2 期。

② 参见姚一平：《中国和平统一的实际模式——对台湾某些人士以“西藏事件”经验诋毁“一国两制”模式的分析和评论》，《政治学研究》1985 年第 3 期。

阶段中国政治学界对于“一国两制”问题最突出的理论贡献就是对“一国两制”做出“主权”和“治权”的解释。主权必然包含着治权，而治权则可以有多种并且不是均衡的，以治权为依据的体制要从属于以主权为依据的体制。“一国”就是强调国家主权的不可分割性和中华民族的统一性，“两制”则是治权的体现。“一国两制”的构想就是主权和治权的高度有机的结合。① 此外，学者们或是从历史上寻找“一国两制”的借鉴，或是从理论和实践的角度为“一国两制”寻找依据。他们不仅从国家结构形式等方面对“一国两制”加以解读，而且从“一国两制”的可行性上对其进行展望，并对将“一国两制”用以指导解决香港问题提出具体建议。②

在政治学方法层面，20世纪80年代中前期的中国政治学理论与方法呈现出“重思想轻学术”③ 的时代色彩，但是考虑到中国政治学卅载蛰伏，百废待举，而且恢复政治学之后的政治学研究者大多出身于马克思主义原理专业和科学社会主义专业，这一点也应当同情式的理解。作为方法奠基时期，当时政治学界的重要贡献是以历史—逻辑的分析方法为主导，在历史唯物主义和辩证唯物主义方法论的基础上建构中国政治学理论体系，分析中国的政治生活。同时，伴随着系统

---

① 参见王邦佐、王沪宁：《从“一国两制”看主权与治权的关系》，《政治学研究》1985年第2期。

② 参见陈鹏生：《一国两制的历史借鉴》，《法学》1985年第2期。姜烽：《试析“一国两制”战略决策的理论和实践》，《江淮论坛》1985年第2期。黄昌保：《“一国两制”是具中国特色的国家结构的新形式》，《求实》1985年第3期。李家泉、姚一平：《“一国两制”是统一祖国的可行途径》，《广东社会科学》1985年第1期。张守谦：《香港问题和“一国两制”》，《世界经济研究》1985年第1期。周毅之、施汉荣：《从香港问题看一个国家两种制度》，《广东社会科学》1984年第1期。

③ 参见王邦佐、潘世伟主编：《二十世纪中国社会科学·政治学卷》，上海：上海人民出版社2005年版，第114页。该书认为1980年代是“重思想轻学术（指琐细的论证）的时代”，并以论文注释（刚开始几乎没有，直到1986年才有零星几篇论文中出现注释）等为例对此进行说明。

论、信息论和控制论引入到中国，一些学者担当了中国政治学方法的“拓荒人”。有的学者运用系统论的逻辑来看待政治体制，视其为整体化的有机体系，通过阐述政治体系内部关系的复杂性和联系性，来强调政治体系在结构上的有序统一。① 有的学者将系统论、信息论和控制论引入到对政治运行的研究中，以输入——转换——输出——反馈的模式来展示政治信息在政治过程中的传递、扩散和处理。② 还有学者专门就实证方法运用于政治学进行论述，用变量（变项）之间的关系来表述行为之间的关系，推演出概念的实用化要以观察（度量）为终结，从而说明实证方法对政治学理论命题的可靠性和验证功能。③ 还有一些对于西方政治学方法的引介，如比较政治学的方法，但是寥寥无几。④ 总体上，重建初期的政治学方法中规范研究和实证研究的比例失调，概念到概念、结论到结论的演绎方法占据统治地位，导致对中国现实政治问题的解释力和说服力不足。

（二）理论扩展和方法借鉴时期（1986—1989年上半年）

政治学在中国作为独立学科全面恢复之后，更多高校陆续开设了政治学专业，政治学领域的专业刊物也逐渐增多，一些重要的政治学著作也开始进入学界的视野。但是，对于政治学的成见仍然没有完全消解，还有人把“政治课”和“政治教育”等同于“政治学”，对于

---

① 参见王惠岩主编：《政治学原理》，长春：吉林人民出版社1985年版，第246—271页。

② 参见丘晓主编：《政治学原理》，成都：四川人民出版社1984年版，第431—451页。

③ 参见卢林：《政治学实证方法初探》，《政治学研究》1985年第3期。

④ 从可查阅的资料来看，这一时期对西方政治学方法专门进行介绍的文章只有两篇，而且一篇是比较简单的摘译，另一篇则是对单个西方学者论文的转译。参见王秋实：《美国政治学书刊简介——罗伯特·伯恩斯坦和詹姆士·迪厄著：〈政治学方法导论〉》，《现代外国哲学社会科学文摘》1982年第9期。［比］塞勒：《比较政治学的方法》，《现代外国哲学社会科学文摘》1984年第12期。

政治学作为基础学科的地位不甚了了。① 学者们仍然在矫正政治学与其他学科的区别。② 中国政治学距离1979年邓小平提出的“补课”的要求，仍然有较大的差距，当时的状况迫使政治学理论与方法要更快地走向规范化、专业化和科学化。然而十年“文革”的阴影还使学界中有些人心有余悸，出于“莫谈国是”的顾虑而裹足不前。对此，政治学家们指出，“马克思主义经典作家是否已经把社会主义制度替我们规定得尽善尽美了呢？”社会主义社会的自我完善需要政治学研究，在“政治学研究中要敢于引进西方政治学的新理论、新方法，进行研究、验证。”③ “学术民主、学术无禁区也适用于政治学领域”，邓小平说的是“赶快补课”，“不能再拖延了”。④ 与此同时，伴随着解放思想和改革开放的不断深入，走出国门的中国政治学研究工作者开始把国外的政治学最新动态引入到国内。⑤ 在前一阶段阿尔蒙德、伊斯顿、罗伯特·达尔、李普塞特等西方政治学者来华访问和讲学也给国内学界带来了学习西方政治学理论与方法的热潮，并且迅速把他们的重要著作翻译出版。这方面影响最大的就是上海译文出版社的“当代学术思潮译丛”、华夏出版社的“二十世纪文库”浙江人民出版社的“政

---

① 参见夏书章：《是“约定俗成”，还是“半间不界”？——中国政治学会成立五周年感言》，《政治学研究》1986年第1期。

② 参见高放：《论政治学与科学社会主义》，《社会科学》1985年第5期。在这篇文章中，高放系统地区别了政治学和科学社会主义在研究对象和性质上的差异，并论述了两个学科之间可以互相促进、互相弥补。

③ 赵宝煦：《开拓政治学研究的新局面》，《政治研究》1987年第1期。

④ 夏书章：《当代中国政治和政治学（下）》，《政治与法律》1987年第2期。

⑤ 参见王沪宁：《当代政治学研究的动态化趋向分析》，《政治学研究》1986年第2期。在这篇文章中，王沪宁将国际政治学会第十三届世界大会的论文进行了综述，对政治学研究动态化下的福利国家政策、政策分析和行政管理学等理论热点进行了介绍，并对政治学研究动态化的意义做出解读。

治学丛书"。[1] 就"补课"而言，我们距离国外政治学研究的差距究竟多大，可以说之前的中国政治学界从整体上还尚未形成清楚的认识。当这些西方政治学著作的中译本面世之后，行为主义和后行为主义的理论以及展现其理论进路的实证主义的方法都极大地丰富了中国政治学人的学术视野，传统的形而上学和文献研究的证明力受到挑战，观念和概念的演绎推理在实证主义面前似乎都经不起推敲。经历过太长时间封闭和压抑的中国政治学界所呈现出的学术"饥渴感"在诸多西方政治学著作中得到了释放，也激发中国政治学人的创作灵感。在理论层次上从宏观扩展到公共生活的中观和微观层次，如对权力和权威现象的研究。在理论体系上扩展出政治社会学、政治心理学、政治地理学、政治传播学等交叉学科。[2] 中国政治学理论与方法进入了飞速发展的时期，不断涌现的理论创新使得政治学的波及面日益扩大，政治学迅速成为"显学"。[3] 尽管时至今日，国内对西方政治学著作的翻译出版已远胜于当时的规模，但是从对中国政治学界的冲击上，从对中国政治学理论与方法的扩展和借鉴意义上，都远有不及。

这一时期中国政治学界的理论焦点主要集中在对政治体制改革的讨论上，进而基于对加速政治民主化的期待，演变成"新权威主义"之争。

第一，政治体制改革。中国政治学界对政治体制改革的理论探讨在 20 世纪 80 年代初就开始了，主要是针对废除干部领导职务终身制而展开的，真正以政治体制改革为主题则是在 1987 年前后。学者们提

---

① 对后来中国政治学界影响较大的著作，如亨廷顿的《变革社会中的政治秩序》和《难以抉择》、阿尔蒙德的《比较政治学》和《公民文化》、达尔的《现代政治分析》、伊斯顿的《政治生活的系统分析》等，都囊括在这三套丛书中。

② 参见王浦劬：《我国政治学发展 20 年的回顾与展望》，《思想政治教育导刊》1998 年第 Z2 期。

③ 参见杨海蛟、亓光：《中国政治学 30 年》，《山东社会科学》2008 年第 7 期。

出党政分开是政治体制改革的关键，① 政治体制改革的核心是正确处理集权和分权的关系，② 要以机构改革和人事制度改革来保证党和国家的活力，③ 在立足中国国情的基础上完善社会主义民主建设。④ 此外，还有学者就政治体制改革与法制的关系、法制在政治体制改革中的地位和作用加以阐述。⑤ 权力下放、机构改革、人事制度改革、反对腐败、民主与法制和完善社会主义民主建设等论题都在当时为学界所热议，学者们或是从政治学基础理论对此加以界定，或是从经济视角来分析政治体制改革，在理论的规范性和实践性上都屡有创新。⑥

---

① 参见张友渔：《关于政治体制改革和地方人大常委会工作的问题》，《政治学研究》1987年第2期。

② 参见高放：《政治体制改革值得思考的几个问题》，《教学与研究》1987年第6期。

③ 参见顾家麒、吴知论：《政治体制改革的目标选择》，《政治学研究》1987年第6期。

④ 参见徐大同、吴春华：《关于社会主义民主建设的几点思考》，《天津师大学报》1987年第6期。

⑤ 参见张文显、杨春堂：《法制在政治体制改革中的地位和作用》，《政治学研究》1988年第2期。张友渔：《政治体制改革和政府法制工作问题》，《政治学研究》1988年第4期。谢佑平：《政治体制改革与法制建设》，《政治与法律》1988年第3期。

⑥ 通过将政治体制理解成一个有机体系，李元书运用政治与经济关系的理论、阶层理论和利益理论等回答了政治体制改革的一些问题。王沪宁则透过经济的视角来解读中国的政治体制改革。还有一种“二分法”的观点：在理论上，荣剑将政治和经济二元化并分别看待政治改革和经济改革，提出了政治改革的“自律性”要求和目标模式的选择。在实践上，项东方等人提出发达地区和不发达地区在政治体制改革上可以区别对待，“有意识地将经济不发达地区政治体制改革所需要完成的历史任务以不同于发达地区的两套方式进行”，进而提出具体的构想。参见王沪宁：《中国政治—行政体制改革的经济分析》，《社会科学战线》1988年第2期。李元书：《政治体制改革的理论系统——指导政治体制改革的几个理论问题的探讨》，《学习与探索》1989年第1期。荣剑：《从政治和经济的二元化看经济改革和政治改革的关系》，《政治学研究》1987年第6期。项东方、王大华、李秀潭、吕晓宁、朱正威、黄铭：《二元对策：经济不发达地区政治体制改革的战略选择》，《政治学研究》1988年第4期。

对于政治体制改革问题，这一时期中国政治学界的一个突出的理论向度就是政治民主化。许多学者认为推进政治民主化是政治体制改革的基点，政治体制改革本身就应当是逐步实现政治民主化的过程，只有政治民主化才可以克服政治体制中的症结。① 这促使政治学研究工作者对社会主义民主发展的理论前提、条件、动力、运行机制、理论基础和生态环境等问题进行思考。② 但在这一过程中，开始出现一种焦急的情绪并由此转换成"超越"的逻辑来看待政治体制改革。一些学者认为可以超越中国现实来理解政治体制改革问题，他们"试图直接利用西方政治理论一劳永逸地完成政治体制改革的任务"。③ 与此同时，也有学者注意到了民主发展和政治稳定的关系，在理论上剖析了现代化过程中政治民主和政治稳态的关系。④ 对政治体制改革的讨论迄今仍是中国政治学界的重要理论话题，而这一时期相关理论的积累则对此启示颇多。

第二，"新权威主义"之争。"新权威主义"的提出始于1986年，主要是在一些内部学术讨论会上，并没有成为学界的公开议题。⑤ 1988年，"新权威主义"作为一种政治模式的历史进程在学术讨论会上再次提出，并在同年和次年分别以摘编和对话录的形式在报刊上公

---

① 参见魏海波：《政治体制改革与政治民主化》，《法学》1986年第10期。梁从诫：《经济体制改革与政治民主化》，《政治学研究》1985年第4期。李仲达：《以推进政治民主化为基点进行政治体制改革》，《理论导刊》1988年第5期。

② 参见李景鹏：《论社会主义民主发展的基本前提、条件和动力》，《政治学研究》1986年第2期。李景鹏：《试论社会主义民主的运行机制和理论基础》，《政治学研究》1988年第3期。王沪宁：《社会主义民主政治发展的生态分析》，《天津社会科学》1988年第3期。

③ 杨海蛟：《中国政治学30年》，《社会科学管理与评论》2008年第2期。

④ 参见王沪宁：《政治民主和政治稳态的相关分析》，《政治学研究》1989年第1期。

⑤ 参见刘军、李林编：《新权威主义——对改革理论纲领的争论》，北京：北京经济学院出版社1989年版，第2—15页。

开发表。[①] 1989年1月17日，《世界经济导报》刊载了两篇观点截然对立的对"新权威主义"的讨论，"新权威主义"之争就此开始，《世界经济导报》也成为这场论战的主要阵地。[②]"新权威主义"的基本主张就是通过"新权威"（"具有现代意识的政治、军事强人"的"开明专制"或曰"个人开明专制"）来强力推行改革。[③] 基于"亚洲四小龙"模式的成功，"新权威主义"强调后发型现代化国家的政治民主化要以经济市场化为先导，而经济市场化则要在集权体制下才能加速进行。在十年政治体制改革之后，学界对于政治民主化的出路透露出一种躁动与焦灼。"新权威主义"作为一种政治主张的提出，正是对这种"焦虑感"的呼应。"新权威主义"迅即受到民主主义者（"新权威主义者"称之为"政治浪漫主义者"）的猛烈抨击，他们认为这场争论的实质是：如何选择建立政府权威的模式，究竟是通过哪怕开明的个人专制还是通过哪怕不太完善的民主化程序。[④] 民主主义者坚称政治民主化才是解决这一症结的真正方案。学者们有的从权威主义的内涵入手指出"新权威主义"的前提是虚假的，"政治发展的模式应

---

① 作为"新权威主义"较早的表述者，萧功秦在"首届知识分子问题讨论会"上提出，中国在政治模式上经过了三个阶段的发展：传统政体的政策创新时期、政治浪漫主义时期和新权威主义时期。萧功秦认为，"中国的现代化必须尊重、利用传统政治模式所遗留下来的一些因素，用传统社会长期以来所形成的金字塔式的权威结构，即一只'看得见的手'来创造一只'看不见的手'，以完成其整合社会的功能。"1988年9月8日的《光明日报》对此进行摘编，1989年1月17日的上海《文汇报》刊载了萧功秦和朱伟的对话录。参见朱坚劲：《关于"新权威主义"及其讨论》，《党政论坛》1989年第4期。

② 1988年1月16日，《世界经济导报》刊登吴稼祥（正）的《新权威主义述评》与荣剑（反）的《"新权威主义"在中国是否可行》两篇对立的文章，随后又刊载了于浩成的《中国需要新权威主义吗?》等文章。参见刘作翔：《民主乎？集权乎？——理论界关于"新权威主义"的论争》，《理论导刊》1989年第4期。

③ 参见罗梦罡：《评"新权威主义"及其历史观》，《哲学研究》1990年第6期。

④ 参见荣剑：《新权威主义：中国的误区》，《开放时代》1989年第5期。

是社会主义的民主多元政治。"[①] 有的从历史和逻辑的角度反思"新权威主义"的虚妄，批驳"新权威主义"方案是不可靠的。[②] "新权威主义"之争成为当时中国政治学界最引人注目的理论焦点。[③] 不论这场论战的成败，"新权威主义"至少在学界受到绝大多数人的质疑。[④] 后来中国社会发展的现实证明，这两种观点都有失偏颇，相形之下，"'新权威主义'的观点要现实一些"。[⑤]

二战之后，西方政治学转入动态化研究，开始尝试用行为主义和现实主义的方法论去对政治生活进行分析。随着一些当代西方政治学者的著作的翻译出版，风靡西方政治学界的行为主义学派和后行为主

---

① 俞可平：《论权威主义——兼谈"新权威主义"》，《经济社会体制比较》1989 年第 3 期。

② 参见杜汝楫：《对"新权威主义"的反思——为纪念五四运动七十周年而作》，《政治学研究》1989 年第 3 期。

③ 在不到半年的时间里，国内外 32 家报纸报导或刊登"新权威主义"之争，参见卢毅：《回顾一场几乎被遗忘的论争——"新权威主义"之争述评》，《二十一世纪》网络版，2009 年 2 月号。国内的许多期刊都刊发了对"新权威主义"的讨论。诸如孙立平：《集权·民主·政治现代化》，《政治学研究》1989 年第 3 期。郝望：《论过渡性民主权威》，《政治学研究》1989 年第 3 期。崔树民：《新权威主义驳议——兼论政治体制改革的近期目标》，《理论探索》1989 年第 2 期。陈智愚：《新权威主义在中国是否可行》，《湖北社会科学》1989 年第 5 期。王果明：《也谈"新权威主义"》，《广东社会科学》1989 年第 2 期。著作方面，诸如刘军、李林编：《新权威主义——对改革理论纲领的争论》，北京：北京经济学院出版社 1989 年版。篇幅所限，不一一赘述。

④ 吴稼祥在多次讨论会中，一直是众矢之的。萧功秦称在上海支持"新权威主义"观点的只有两个半人。参见朱坚劲：《关于"新权威主义"及其讨论》，《党政论坛》1989 年第 4 期。

⑤ 林尚立：《中国政治学二十年发展中的若干理论问题》，《政治与法律》1998 年第 6 期。

义学派的研究方法也极大地吸引了中国政治学者的目光。① 而行为主义学派所声称的使政治学达到“解释、预测和控制的目标”，② 则与当时中国政治学亟需科学化的理想相契合。因此，这一时期中国政治学的研究方法开始发生转变。在分析对象上，从传统上以分析国家、权力、阶级等为对象转变到政治发展、政治参与、政治稳定、政治文化、政治沟通、政治传播、政治心理乃至政治系统等都成为政治学方法的工具指向。在分析技术上，从传统的历史—逻辑分析方法和阶级分析方法发展到以此为基础的对系统分析和结构—功能主义分析等方法的借鉴，从单一的“定性”分析转变到对“定量”分析加以重视，归纳出“大量观察法”“定义转换法”“问卷调查法”“描述统计法”“抽样推断法”“要意分析法”“量化比较法”和“预测研究法”③ 等技术属性上的政治学研究方法。在分析范式上，④ 从原来侧重于马克思主义原理和科学社会主义的逻辑结构来分析政治学问题，到逐步开始用政治学的分析框架来解读政治现象、思考政治问题。总体而言，中国政治学的研究方法在这一时期取得可喜的进步。但值得注意的是，当时的政治学研究方法主要停留在对西方政治学研究方法的引入和借鉴上，而且这种借鉴也是比较简单地糅合甚至是照搬，还没能实现更深层次的反思和批判。

---

① 当时西方政治学分析方法被引入到国内学界的主要有：伊斯顿的政治系统分析，阿尔蒙德的结构—功能分析，多伊奇的政治沟通分析，阿尔蒙德和小鲍威尔所发展的政治文化分析，李普塞特所使用的社会学分析以及各种众多的计量分析、模拟研究、实验研究、案例分析、博弈研究等。

② 王沪宁：《当代西方政治学分析》，成都：四川人民出版社 1988 年版，第 65 页。

③ 孙嘉明：《政治学研究中的定量分析方法》，《政治学研究》1986 年第 6 期。

④ 分析范式是指理论的基本逻辑结构和体系范畴，是作为研究方法在相关理论中的一种进路。也有一些学者提出过含义与此接近的概念。参见林尚立：《政治学与政治发展：中国政治学发展 20 年》，《政治学研究》1998 年第 2 期。王浦劬：《从阶级斗争到人民共和——我国政治学研究的逻辑转换析论》，《北京大学学报（哲学社会科学版）》2009 年第 1 期。

（三）理论与方法的价值定位时期（1989年下半年—1991年）

西方行为主义学派的一个突出特点就是申明不关心社会政治思想和道德伦理规范，亦即所谓的“价值中立”。在方法上，行为主义学派则强调实证方法的中立性和至上性，唯实证方法科学。对经验主义的绝对服从使得行为主义学派在政治学研究中最终走向另一个形而上学，这也是后行为主义者对其诟病的原因之一。政治学研究固然需要科学精神，可是缺少对社会现实的政治关怀，而仅仅停留在对事实冰冷的描述上，始终是无法让“人”接受的。政治学理论与方法的脉络中需要科学精神和人文精神的融贯，“政治学从根本上说，是研究人的生存价值，是一种研究如何实现人类福祉的学问”。① 而且，“价值中立”的真实性还需要接受拷问，其究竟是真的超然世外还是对另一种话域的皈依；实证方法也并非是政治学研究的唯一科学方法，人类政治生活的不可确定性、不可计量性和不可重复性，都决定了琐细的实证方法难以承担政治学研究方法科学化的任务。② 在前一时期对西方政治学的借鉴过程中，在实证方法占据中国政治学方法空白领域的同时，一些中国政治学者没能完成对自我的体认，在“价值中立”面前放弃了政治立场和政治态度，企图超越现实来设想中国的政治体制改革和政治民主化进程。个别学者甚至不加甄别地主张照搬西方“多元民主”“精英政治”“多党制”和“三权分立”等模式来匡正中国的政治制度。在1989年北京政治风波发生后，理想与现实的紧张使得中国政治学界产生些许茫然和迷失。与此同时，质疑政治学在中国是否

---

① 孙关宏、蒋一澄：《中国政治学发展的走向：人文精神与科学精神的融通》，《同济大学学报（社会科学版）》2005年第6期。

② 关于实证方法在政治学研究中的限度，叶娟丽指出行为主义政治学的实证方法不是“政治学研究方法科学化的唯一选择”，对人类政治生活的特殊性有其自身难以克服的先天不足。参见叶娟丽：《实证方法在政治学研究中的限度——以行为主义政治学为例》，《华中科技大学学报（社会科学版）》2006年第5期。

有必要存在的声音再次出现。此刻，中国政治学理论与方法需要注入坚定不移的价值信念，“魂不立，就形不成自我；没有自我，就无法在发展中真正自立自强。”① 在深刻地反思和总结中国政治学恢复发展的历程后，中国政治学者意识到“在中国必须坚持四项基本原则；建设有中国特色的社会主义民主，绝不能搞西方的多党制和议会制；要完善共产党领导的多党合作和政治协商制度，绝不能否认共产党的领导。”② 因此，中国政治学者达成三点共识：第一，中国的改革开放和社会主义现代化建设，必须坚持四项基本原则，中国的政治学理论与方法也必须在坚持四项基本原则的前提下展开。第二，在中国政治学的教学和研究中，必须以马克思主义为指导，不能脱离中国的实际情况，也不能照搬西方的理论模式。第三，中国政治学的恢复发展，是在坚持马克思主义和邓小平建设有中国特色社会主义理论的指导下完成的，中国政治学在中国的政治发展中发挥了不可替代的作用。③ 通过几年中对自我的反省和对现实的冷静思考，中国政治学界完成了在政治学理论与方法上的价值定位。

当时中国政治学者思考较多的理论问题是政治稳定问题和人权问题。

第一，政治稳定问题。在民族国家现代化的过程中，学者们敏锐地注意到，现代化的过程几乎都伴随一个难以轻易摆脱的疾症：政治

---

① 林尚立：《相互给予：政治学在中国发展中的作为——中国政治学30年发展的反思》，《山西大学学报（哲学社会科学版）》2008年第3期。

② 王惠岩：《回顾与展望：发展中的中国政治学》，《吉林大学社会科学学报》2005年第4期。

③ 参见张永桃：《中国政治学二十年（1978—1998）——纪念党的十一届三中全会召开20周年》，《江苏社会科学》1998年第6期。与此相关的理论反思还在田夫等主编的《执政党的党风与反对资产阶级自由化》、中国社会科学院主编的《在理论战线上坚持马克思主义》等著作中有所体现。

不稳定。[1] 特别是亚、非、拉国家出现的政治混乱的局面，让中国政治学者认识到在政治现代化和政治民主化的过程中维系政治稳定的必要性，否则就有可能陷入治乱两难的摇摆之中。考虑到发展中国家的社会基础呈现出异质性的“多极”形态，无论是多元民主还是集权专制都无法真正祛除政治不稳定的因素，那么我们又如何抛开“专制—民主”的情结去找到实现政治稳定的有效方法呢?[2] 学者们从政治稳定的含义、形态和达成方式入手去探讨实现政治稳定的方案，由于研究视角的不同，他们的理解并不完全一致。总体而言，大多数学者认同对政治稳定进行动态和静态的划分，而动态化的政治稳定则是处于良性状态的。对于政治稳定的达成方式，比较一致的论点是：（1）以宪法和法律为纲来实行法治；（2）整合经济发展与政治发展的关系；（3）提高政治制度化水平；（4）推进政策程序化和决策民主化；（5）强调权力制约；（6）注重利益协调；（7）完善政治参与机制，扩大政治参与渠道；（8）提升国民的政治认同感。[3] 可以说，原有的利益同质化结构对于中国的政治稳定具有正功能，然而在利益格局已经出现分化的态势下，合理地选择政治稳定的达成条件就是在政治发展中求得政治稳定。[4] 中国的社会主义政治文明建设需要经历一个过程，既不能孤立地看待建设进度而追求“飞跃式”的发展，也不能无视经济客观条件的需要来固化静态的政治稳定，只有在平衡政治文明与其他文明的基础上才能决定政治稳定的应然状态。[5] 这些理论探索对后来

---

① 参见郑永年、王旭：《发展中国家现代化进程中的政治稳定》，《党校论坛》1990年第10期。

② 参见孙立平：《异质性社会·政治整合·政治稳定》，《学习与探索》1990年第6期。

③ 参见《社会科学争鸣大系：政治学·法学卷》，上海：上海人民出版社1991年版，第44—45页。

④ 参见周平：《社会利益结构与政治稳定》，《云南社会科学》1990年第6期。

⑤ 参见洋龙：《政治文明与社会稳定》，《北京社会科学》1990年第3期。

政治学界关于中国现代化进程中政治发展与政治稳定问题的研究具有重要意义。

第二，人权问题。20世纪70年代以来，以美国为首的西方国家在政治上推行“人权外交”，在经济上推行全球主义，对发展中国家进行文化和经济的渗透。1989年下半年开始，这些国家更是以“人权”为名对中国的内政横加干涉。面对这种不顾别国尊严和践踏别国主权的行为，中国政治学者在理论上进行了积极的回应。从历史上考察，人权理论起源于欧洲17世纪以后的启蒙思想，它既有其时代的进步性，也有其不可规避的局限性。人权作为合理性和片面性的共生体具有先天不足的缺陷，需要在马克思主义的指导下加以科学地批判；人权作为历史范畴和历史现象，它的充分实现需要一定的历史条件，需要广大人民的共同努力，但前提是主权不受侵犯、内政不受干涉。历史也告诉我们，人权在本质上体现为道德权利，由道德权利到法律权利经历了几百年的时间，人们为此付出了巨大的代价，而且人权至今在全球各国都没有得到充分的实现，所以人权应然与实然的矛盾是世界各国的普遍性问题而不是单独几个国家的问题。① 针对学界出现的“泛人权论”，学者们提出要准确把握人权的主体和主体的人权。只有从个体意义上去理解人权的主体，人权才具有感知性和分析力；主体的人权则以应有权利、法规权利、习惯权利和现实权利四种形态存在，它在内容上包括基本人权和非基本人权。② 围绕人权的实质是

---

① 从历史的向度对人权理论进行思考，是当时中国政治学界比较普遍的一种做法，上文参考了其中几种主要观点。参见俞可平：《人权引论——纪念法国〈人与公民权利宣言〉问世200周年》，《政治学研究》1989年第4期。李景鹏：《谈人权实现的历史条件》，《马克思主义与现实》1991年第3期。胡义成：《人权：合理性与片面性的共生体——对“人权”何以成为西方“和平演变”精神武器的思考》，《南都学坛（社会科学版）》1991年第4期。邹永贤：《对人权理论的几点思考》，《马克思主义与现实》1991年第3期。

② 参见张文显：《论人权的主体与主体的人权》，《中国法学》1991年第5期。

什么，当时还有一场“天赋人权论”和“商赋人权论”的争论。[①] 对于人权的概念，学界也主要有四种观点：（1）人权是指人的基本权利，即生存权、自由权和民族平等的权利；（2）人权泛指人身权利和民主权利；（3）人权是指社会赋予的一切权利；（4）人权从不同层次理解，可以有基本人权、公民权、人的一切权利，而学界讨论的则应是以生存权、发展权、自由和平等为内容的基本人权。[②] 不过学者们基本一致认为，人权是一种行为的价值确认，要从资产阶级和马克思主义两种不同人权观的角度来加以认识。[③] 基于马克思主义人权观，社会主义制度是真正尊重人权、维护人权和保障人权的，“社会主义国家制度是实现社会主义人权的根本保证”。[④]

这一时期，中国政治学界对政治学方法的反思是：我们应该用什么方法来解决什么问题。如果是纯粹的学理性问题，我们可以就具体问题来选择任何合理的研究方法。如果是中国的政治问题，特别是现实问题，我们就不能简单地挪用西方政治学的分析框架。政治学研究方法的科学性，不是由这一方法自身所决定的，而是根据问题的特殊性来决定的。实证方法可以描述事实，却不能规定事实，持超然的态度去解释价值意义上的政治问题的可能后果就是把我们

---

① 胡义成在《认真研究马克思主义人权理论》（《光明日报》1989年5月22日）一文中提出“商赋人权论”的说法，鲍宗豪和姚俭建也持类似的意见。而胡义成则认为一些学者是局限在“天赋人权论”的基础上认识人权问题的。参见胡义成：《我们“尊重人权”的理论基础是什么——我国人权问题研究述评》，《福建论坛（文史哲版）》1990年第1期。

② 参见《理论界近期关于人权问题的研究》，《湖北社会科学》1991年第9期。

③ 参见乔伟：《论人权》，《文史哲》1989年第6期。俞可平：《人权与马克思主义》，《马克思主义与现实》1990年第一辑。胡义成：《马克思主义人权观及其启示》，《社会科学》1991年第3期。孙国华：《人权是一定行为的价值确认》，《马克思主义与现实》1991年第3期。顾肇基：《关于人权理论与实践的若干问题》，《北京师范学院学报（社会科学版）》1991年第1期。

④ 许崇德：《社会主义国家制度是实现社会主义人权的根本保证》，《教学与研究》1990年第1期。

带入“世外桃源”。对于中国的现实问题，应该有中国政治学者的立场，在体认自我的前提下来进行思索，而不是抛开历史条件来谋求问题的答案，在政治学方法的使用上应该有价值判断和价值取向。没有理想背景的政治学方法桎梏于器物的层面，没有政治温情的政治学方法也难以实现其经世致用的目标。方法上的反思不是退步，而是理性选择的结果；方法上的扬弃不是世故，而是内在觉醒后所完成的自我救赎。西方在行为主义的革命之后，也有对自我深刻的反思。① 中国政治学方法应该从依附状态中摆脱出来，与行为主义的方法告别，也与传统的政治学方法告别，在坚守价值原则的定向下，在规范与经验之间，追求中国政治学方法的学术化、系统化、多元化和层次化。

（四）理论与方法的理性发展时期（1992至今）

1992年邓小平南行讲话以后，中国社会进入了新的社会发展时期，中国政治学研究也相应展开了新的篇章。《中国大百科全书·政治学卷》的出版是当时中国政治学界的一大盛事，这标志中国政治学理论与方法的逐渐成熟，从而迎来自己理性发展的繁荣时期。这种理性发展体现在中国政治学研究的学术化、规范化和专业化上。从学术化上说，中国政治学理论与方法不再滞留于对政治学基本理论和具体问题的生硬捆绑，也不再满足于对西方政治学研究的原始复刻，而是以问题驱动研究，以借鉴推进创新，从学科自身的特点来审视理论与方法的内容，从而不断带动中国政治学理论与方法本土关怀和全球视野的结合。从规范化上说，宏大的叙事风格让位于日益精致的学理性

---

① 在20世纪后期，后行为主义者和政治哲学家对行为主义进行了批判，行为主义的代表人物戴维·伊斯顿在就任美国政治学学会主席的演说中，也承认“政治学的研究人员不可避免地要‘政治化’，价值观念和古代的重要课题必然要在量性研究中反映出来。”参见王沪宁：《西方政治学行为主义学派述评》，《复旦学报（社会科学版）》1985年第2期。

论证，常识性的概念运用转化为周延准确的政治学概念，生活化的语言表述蜕变成规范严谨的政治学话语结构，理所当然的主观分析代之以有理有据的小心求解，从而不断调整中国政治学理论与方法的规范框架。① 从专业化上说，中国政治学者的研究领域更加广泛，研究视角趋向立体，研究内容不断丰富，研究层次更加细致，从而不断建构中国政治学理论与方法的体系。② 在这一时期，中国政治学界正确处理了学术指导思想的价值定位和学术观点的多元发展之间的关系，“特别是在以马克思主义为指导方面，政治学领域总的来说是坚持不懈的。”③ 迄今为止，中国政治学理论与方法的主要应用领域有：(1) 政治学基本理论的研究；(2) 政治哲学研究；(3) 社会主义民主建设及其运行机制研究；(4) 政治—行政体制改革研究；(5) 政府责任与社会公正研究；(6) 国家与社会问题研究；(7) 依法治国研究；(8) 中国共产党领导的多党合作与政治协商制度研究；(9) 中西方政治思想史和政治思潮研究；(10) 政治发展与政治稳定研究；(11) 利益表达和利益协调的研究；(12) 提高党和国家能力问题研究；(13) 民族问题研究；(14) 区域和基层治理研究；(15) 中央与地方关系问题研究；(16) 政府绩效管理与绩效评估研究；(17) 全球化、WTO 和中国问题研究；(18) 反腐败问题研究；(19) 政策过程

---

① 从 20 世纪 90 年代以来，政治学理论与方法的规范化从以《政治学研究》等为代表的政治学专业期刊对发表论文体例的要求上也可以看出来，之前的学术论文往往缺乏摘要、注释、参考文献等方面的规范格式，而现在则有目共睹。

② 至今，中国政治学的分支学科主要有：行政学、国际政治学、地缘政治学、区域政治学、政治社会学、政治发展学、政治传播学、政治制度学、权力政治学、政治文化学、政策科学、政治领导学、政治人类学、政治心理学、政治信息学等。此外，还有一些新兴学科：政治考古学、政治动力学、政治语言学、政治未来学、政治统计学、政治教育学、首脑政治学、军事政治学、集团政治学、生物政治学等。

③ 徐大同：《政治学学科发展史略——兼论中西传统政治学的差异》，《政治学研究》2007 年第 1 期。

研究；（20）电子政务研究；（21）比较政治制度研究；（22）政治参与和制度建设研究；（23）“一国两制”和港澳地区政治与社会发展研究；（24）东西部地区差异问题研究；（25）当代中国公民的政治心理变迁研究；（26）政治伦理研究；（27）政治文化研究；（28）政治合法性研究。

这一时期中国政治学界的理论焦点主要表现为政治哲学的复兴。

从20世纪70年代开始，《正义论》的出版标志着政治哲学在西方再度复兴，在中国逐渐受到关注却是在20世纪末才刚刚开始。① 不过政治哲学在中国复兴的速度很快，② 在2006年更是成为“2006年度中国十大学术热点”之一。③ 中国学界对政治哲学的研究，目前大多属于介绍、述评和文本意义上的研究，尚未出现重大突破。但对于政治哲学复兴的现象，有一些中国学者同时意识到这不简单是政治哲学的回归。有学者认为这种现象从研究范式上体现了宏观政治哲学向微观政治哲学的转变。以宏观政治哲学研究范式为主导的传统政治哲学具有深层的局限性，而以微观政治哲学研究范式为主导的当代政治哲学则具有“与宏观权力同构”“阻碍宏观权力机制更新”和“反抗宏观政治霸权”的作用机制，马克思实践哲学方法中已经体现了这两种研究范式的统一，所以我们当前对政治哲学的研究也应当在马克思主义的指导下来进行。④ 从社会存在的变化去理解政治哲学的复兴，也有

---

① 据姚大志回忆，1997年夏天，中国学者在吉林召开了中国第一次以政治哲学为主题的学术会议。参见姚大志：《何谓正义：当代西方政治哲学研究〈序言〉》，北京：人民出版社2007年版，第1页。

② 许多西方政治哲学名著都在这一时期被译介到中国，并且对当代西方政治哲学家的著作也不断翻译出版。如《无政府、国家和乌托邦》《自由主义与正义的局限》《追寻美德》《自由主义与价值多元论》《共和主义》等，不一一赘述。

③ 参见《光明日报》理论部、《学术月刊》编辑部：《2006年度中国十大学术热点》，《光明日报》2007年1月16日。

④ 参见衣俊卿：《论微观政治哲学的研究范式》，《中国社会科学》2006年第6期。

学者还提出，在价值性与事实性的统一上，当前西方的主流政治哲学是屈从于现实事实性的，而马克思主义理论则是建立在理想事实性之上的，我们应该面对新时期的挑战去建构马克思主义政治哲学。① 可是一种理论体系的建构，应起码具备两方面内容："一是时代精神的主题化，即把时代性的最重大的理论问题和现实问题升华为某种基本的哲学理念；二是基本理念概念化，即以逻辑化的概念体系表述相应的理论内容。"② 从这两方面要求看，目前中国政治哲学的研究还有漫长的路程要走。但是中国政治学者也认识到：政治哲学的复兴，不论是把我们带入到一个"中国理想图景和世界理想图景"③ 的时代还是升华成一个以"公共"为理论导向和实践品格的政治哲学④，她一定象征着中国政治学在寻找人类生活福祉的路上，在探究人类生活觉解的思考上，一次重要的进步。

这一时期中国政治学方法的理性发展体现在开始形成理性的方法论基础，方法论取得较大进步，中观和微观研究方法不断完善。在方法论基础上，行为主义在西方虽然已经式微，可是行为主义在中国的余波犹在。当时的中国政治学者较早认识到政治学方法在规范与经验之间的紧张，他们对规范方法和经验方法的适用性问题分别论述，矫正一种"非规即经"的思维定式。学者们认为，规范方法和经验方法是按照事实—价值的标准划分的，一方面无论规范方法还是经验方法，无价值的政治学方法是不存在的；另一方面，根据事实—价值的规定，经验方法存在内在的限度。同时，人们的政治实践需要理想模式的指

---

① 参见陈晏清：《政治哲学的兴起与当代中国马克思主义政治哲学的建构》，《中国社会科学》2006年第6期。

② 孙正聿：《建构马克思主义政治哲学的前提性思考和理论资源分析》，《中国社会科学》2006年第6期。

③ 邓正来：《序言》，《复旦政治哲学评论》2010年第1卷。

④ 参见任剑涛：《"公共"的政治哲学：理论导向与实践品格》，《哲学研究》2010年第7期。

导，作为科学研究方法的前提是以政治价值观为基础，政治学方法从根本上说是认识论的问题。① 规范性与经验性的对立体现在：如何理解研究对象、如何看待政治学的目的和功能、论证方式及其侧重、理论资源等均有不同。西方规范方法的复兴预示着中国政治学的发展也应该实现规范方法与经验方法的融合。② 此外，还有学者认为政治学方法的规范化就是“国际化”，从学习借鉴西方政治学的过程中，可以得出语境决定研究议程、研究议程决定研究方法的结论。③ 在方法论上，中国政治学界完成：（1）基本架构了政治学方法的理论体系；（2）政治学方法的切入视角趋向多元；（3）政治学方法在实证方法特别是计量方法的使用比例升高；（4）政治学研究方法的进路日益清晰；（5）对西方政治学方法论的译介和本国政治学方法论的著述均有提高；（6）方法论的内容更加丰富。④ 在中观和微观研究方法上，中国政治学界在原有方法的基础上，又有利益分析方法、关系分析方法、比较研究方法、权变方法、模糊数学方法、层次分析方法、个案分析方法、数模分析方法、收益—成本分析方法，等等，这些方法应用在

---

① 参见白钢、刘军宁：《关于政治学方法论研究的几个问题》，《中国社会科学院研究生院学报》1992年第3期。戚珩：《政治学方法论研究内容简析》，《江苏社会科学》1992年第6期。杨芳：《论政治学研究的规范方法》，《政治学研究》2008年第4期。

② 参见金太军：《规范研究方法在西方政治学研究中的复兴及其启示——兼论当代中国政治学的发展》，《政治学研究》1998年第3期。

③ 参见杨光斌：《中国政治学的研究议程与研究方法问题》，《教学与研究》2008年第7期。

④ 冯志峰通过对国内1979年后出版的86本有关政治学方法论的教材进行计量，最后得出政治学方法理论体系架设大体完成等结论，上文部分地参考了他的观点。参见冯志峰：《政治学方法论30年：现状、问题与发展———项对86本有关政治学方法论教材的研究报告》，《政治学研究》2008年第4期。

政治参与、基层自治等问题的研究上，取得较好的成果。①

二、主要成果

中国政治学理论与方法历经 30 年的洗练，在几代政治学人的言教笔耕下，呈现出一派欣欣向荣的景象，而在春风秋雨中结下的丰硕成果恰是对这 30 年光辉历程的真实写照。按照不同成果所涉及的研究领域，大致可以总结为政治学基本理论、政治思想史、政治制度史、政治哲学、比较政治学、当代中国政府与政治、民主理论、国家理论、权力理论、制度理论、政党理论、区域治理理论、政治学方法论。②

（一）政治学基本理论

如前所述，在中国政治学恢复重建后，理论正名与高校教学的现实需要中国政治学厘清自身的学术起点。在此期间，出版了一批当代中国政治学人应当致敬的著作：赵宝煦主编的《政治学概论》（1982 年）、皮纯协等主编的《政治学教程》（1983 年）、丘晓主编的《政治学原理》（1984 年）、邓初民的《政治科学大纲》（1984 年）、王惠岩

① 参见张浚：《比较研究：一种跨文化的政治学分析方法》，《政治学研究》1997 年第 1 期。王敬尧、周凤华：《政治学研究中的个案方法》，《社会主义研究》2003 年第 2 期。彭兴业：《比较政治学研究中的个案方法探析》，《政治学研究》1998 年第 2 期。祝灵君：《试论政治学研究中的利益分析方法》，《北京行政学院学报》2003 年第 3 期。范炜烽、刘小年：《关系分析：当代中国政治学发展的新方法》，《"建设服务型政府的理论与实践"研讨会暨中国行政管理学会 2008 年年会论文集》。陈永国、胡伟：《政治学状况及其方法论前沿》，《上海交通大学学报（社科版）》2002 年第 2 期。

② 本文采取这种分类标准是从狭义上去理解政治学理论与方法的，所以政治学的一些分支学科如行政管理学、公共政策学、国际政治学等并没有列入，这些学科的成果当然也很重要并且众多，但是并不在本文的讨论范围内。

编著的《政治学原理》（1985年）、王邦佐等主编的《政治学概要》（1986年）。不管我们今日用如何苛求的眼光去审视甚至诟病这些著作，我们都无法否认，在中国政治学蹒跚学步的过程中，是老一辈政治学家的这些著作启蒙了中国政治学人的学思，为日后中国政治学的繁荣发展奠定坚实的基础。同时，这些担当“拓荒”任务的著作中也体透出创新性的努力。例如丘晓主编的《政治学原理》是较早将政治学方法论纳入政治学基础体系进行专门论述的教材，而王惠岩编著的《政治学原理》则开始用系统论来分析政治问题。在政治学起步的前十年，还有一些比较重要的政治学基本理论著作：云光主编的《社会主义政治学》（1987年）、张厚安主编的《政治学》（1988年）、徐万珉的《现代政治论》（1989年）、奚广庆的《政治学概论》（1989年）等。

《中国大百科全书·政治学卷》（1992年）是中国众多政治学者历时近八年的心血之作，该书的出版在当时确为盛事，是中国政治学发展过程中的一个里程碑。这部宏大著作包括1000多辞条，共约160万字，内容分为政治学原理、政治思想史、政治制度、政党及政治团体、行政学、国际政治等几大部分，描述准确、条理清晰、结构严谨，许多解释即使现在看来也完全经得起推敲，是政治学研究工作者案头必备的重要工具书。此后，还出版了一些政治学卷本，如李景鹏主编的《中国政治学年鉴（2002卷）》（2003年）、张永桃主编的《人文社会科学十万个为什么·政治学分册》（2004年）、王邦佐主编的《二十世纪中国社会科学·政治学卷》（2005年）等。

进入20世纪90年代，随着学术能力的成长，中国政治学者的思考更加多维，理论建构更加成熟，进一步丰满政治学基本理论，也为政治学教学开辟更为广阔的学术视阈。

从马克思主义的立场出发：王沪宁主编的《政治的逻辑——马克思主义政治学原理》（1994年）在把握历史唯物主义和辩证唯物主义基础上，根据分析社会政治现象和政治规律的基本思想逻辑，展现了马克思主义的政治学原理。该书认为马克思主义有完整的政治学体系，其不仅完整揭示了人类社会政治生活的起源、发展和最终归宿，而且具体分析了基于人类社会生产关系发展规律基础上的各种政治结构、政治关系和政治活动的存在方式。王浦劬的《政治学基础》（1995年）以利益→政治权力→政治权利的逻辑发展以及政治关系与社会政治生活诸方面的逻辑联系作为分析框架，运用马克思主义社会关系和利益分析方法，对人类社会利益关系进行了分析，并论述了政治关系发展的基本方式和历史目标。王惠岩的《当代政治学基本理论》（2001年）结合当代发展对马克思主义政治基本理论做了创新论述，针对我国社会主义现代化过程中在政治领域出现的一些重要问题进行了理论探索，对西方政治学新领域的重要理论进行了分析，并阐述了马克思主义对这些问题的观点。这些著作对当代中国政治学的教学和研究都具有比较重要的影响。此外，还有王邦佐的《政治学》（1991年）、王松的《政治学》（1991年）、蓝瑛的《中国社会主义政治学》（1992年）、刘星汉等的《马克思主义政治学》（1994年）、杨海蛟主编的《现代政治学》（1996年）、汪锡奎等的《政治学原理》（1997年）、孙关宏的《政治学》（2002年）、梁素贞等编的《政治学原理》（2003年）、郁建兴等的《政治学导论》（2003年）、金太军主编的《政治学新编》（2006年）等著作。

从政治科学的角度，一些学者在借鉴西方政治学基本理论的基础上进行著述：杨光斌的《政治学导论》（2000年）将博弈论的内容引入了政治学基础教材并试图与现实政治实践相联系，将政治过程以数据模型的态势进行描述，是具有创新性的探索之举。而朱光磊的《政治学概要》（2001年）则囊括了政治的概念与政治学概述、政治现象的起源、阶级、阶层和社会关系、官员制度和官员理论、选举理论和选举制度、政党和政党制度、政治民主等内容，比较全面地概括了政治学基本理论。俞可平的《政治与政治学》（2003年）着重论述了作为一门科学的政治学的历史演变、重要概念、主要方法、重要公理及前沿问题。既深入浅出地论述了政治学的一般知识，也对政治学的若干前沿理论发表了比较有深度的分析与评论。燕继荣的《现代政治分析原理》（2004年）则对经验研究和实证研究作了初步的区分，是中国政治学方法论的一种补充。此外，还有陈振明的《政治学前沿》（2000年）、石永义等编的《现代政治学原理》（2000年）、施雪华的《政治科学原理》（2001年）、王卓君主编的《现代政治学引论》（2001年）、燕继荣的《政治学十五讲》（2003年）、吴志华主编的《政治学导论》（2003年）、杨弘与刘彤的《现代政治学分析基础》（2004年）、景跃进的《政治学原理》（2006年）、周平的《政治学导论》（2007年）、张明军等主编的《政治科学导论》（2007年）等著作。

与此同时，我们也欣喜地看到，一些学者将其他学科的基本理论与政治学基本理论相结合加以研究，发展出具有交叉性的多元理论。从政治管理的角度，李景鹏主编的《政治管理学概论》（1991年）对政治管理做了一般性概述，介绍了政治管理主体、政治管理职能、政治管理人物、政治管理与自治制度等内容，并论述了政治管理现代化的问题。此外，还有石志夫等的《中国公务员管理学》（1993年）等著作。从政治文化的角度，孙正甲的《政治文化学》（1996年）是较早对政治文化进行研究并提出政治文化学的著作，该书集中探讨了政治文化世俗化、政治人格等问题。王乐理的《政治文化导论》（2000年）集中介绍了20世纪50年代以来政治文化研究的兴起与概括，归纳整理了当时积累的经典理论；说明了70年代以后的批评与复兴情况，评介具有代表性的论文与专著中的观点与理论；针对中国政治文化建设的任务，提出作者的分析和评价。此外还有王卓君的《文化视野的政治系统——政治文化研究引论》（1997年）、谢少波的《抵抗的文化政治学》（1999年）等著作。从政治社会学的角度，毛寿龙的《政治社会学》（2001年）吸收各国政治社会学的研究成果，根据中国社会的实际需要以及目前研究政治社会学的实际可能，系统论述了政治社会学的理论框架和基本理论观点；探讨了持续、稳定的政治秩序何以可能，持续稳定的社会主义民主政治何以可能的问题。刘德厚的《广义政治论：政治关系社会化分析》（2003年）论述了“政治社会化”的若干理论问题，对马克思主义政治观进行了新的阐述。此外还有孔德元的《政治社会学导论》（2001年）等著作。从政治发展的角度，李元书的《政治发展导论》（2001年）较早从理论上分析和探讨政治发展问题，总结了发展中国家政治发展的经验和教训，探求建立马克思主义为指导的政治发展理论。此外，还有胡位钧的《均衡发展的政治逻辑》(2005年)、胡仙芝的《政务公开与政治发展研究》(2005年)、杨龙等的《发展政治学》（2006年)、燕继荣主编的《发展政治学》(2007年）等著作。从民族政治学的角度，周平的《民族政治学导论》（2001年）是我国第一部从政治学的角度研究民族政治生活和民族问题的著作，根据民族政治生活构成、运行和发展的内在逻辑，对民族政治生活、民族政治关系和民族政治问题进行考察。此外，还有高永久等编的《民族政治学概论》（2008年）等著作。从政治学基本理论来考量中国现实的角度，有赵宝煦的《政治学与和谐社会》(2009年)、任剑涛主编的《政治学基本理论与中国视角》（2009年）等著作。除上述以外，政治学基本理论的内涵和外延仍不断扩充，出版了毕思文等编的《系统政治学》（2001年)、卓泽渊的《法政治学》（2005年)、王振海的《公众政治论》（2005年)、姜汉斌主编的《国防政治学》（2007年)、杨帆的《城市规划政治学》（2008年)、赵可金等的《政治营销学导论》(2008年）等著作。

（二）政治思想史

在中国政治思想史方面，较早的是徐大同等的《中国古代政治思想史》（1981年)、刘泽华的《中国传统政治思想反思》（1987年)、朱日耀的《中国古代政治思想史》（1988年）等著作，这些著作为日后中国政治思想史的教学与研究提供了重要的借鉴意义。随后，中国政治学者对中国政治思想史的研究不断深入，使得中国政治思想史研究的理论体系更加完备而系统，不但有贯穿古今的通史研究，也有了对中国近代政治思想的梳理与深刻认识。刘泽华的《中国政治思想史》(1996年）提出政治思想是中国传统思想文化的核心，只有真正把握住这一核心，才能在客观了解、全面认识传统思想文化的基础上，对之做出比较科学的价值评判，并进而思考、解析传统与现代化的关系问题。谢庆奎等的《近代中国政治思潮》（1996年）以独特的角度探讨近代中国的各派政治思潮，并给予其特别的历史地位。除了较早将孙中山的三民主义纳入社会主义思潮来介绍，对于传统中国政治思想史著作很少提及的空想社会主义与无政府主义也以相当大的篇幅加以探讨。曹德本主编的《中国政治思想史》（1999年）建立在大量历史文献资料的基础上，以学派、人物为核心，阐述了中国历史上各个时期具有重大影响的思想家的思想学说，反映了中国政治思想史的发展过程和脉络，特别是对中国传统民本思想的沿袭有清晰的论述。彭明、程歗主编的《近代中国的思想历程》（1999年）描述了近代中国社会思潮的起源、发展和更迭过程与规律。认为中国近代社会思潮作为特定阶级、阶层、集团的社会心理、人文观点及其理论意识形态的综合，是中国内部和外部的多种历史脉络错综交织的产物，核心是以国家观为主轴的政治理论。陈哲夫等主编的《现代中国政治思想流派》（三卷本，1999年）内容自辛亥革命至中华人民共和国建立，按照时间顺序系统地对每一流派的政治主张及主要代表人物的政治思想做了详细介绍和分析。陈哲夫等的《20世纪中国思想史（上下卷）》（2002年）揭示自1900年到2000年一个世纪之间中国思想的演变、发展、交锋、冲突、消长以及影响的历史。此外，还有田海林的《中国近代政治思想史》（1999年）、翁有为的《当代中国政治思想史》（1999年）、刘泽华的《中国的王权主义——传统社会与思想特点考察》（2000年）、何平的《中国传统政治思维探源》（2003年）、丁守和的《中国近代思潮论》（2003年）、秦晖编的《传统十论》（2003年）、赵昆生的《中国古代乌托邦》（2004年）、陈志勇编的《中国近现代政治思想史》（2004年）、马经主编的《中国政治思想史论纲》（2004年）、肖滨的《现代政治与传统资源》（2004年）、王尔敏的《中国近代思想史论续集》（2005年）等著作。

在西方政治思想史方面，徐大同是对此贡献颇多的老一代政治学家，由其编著的《西方政治思想史》（1985年）、《西方政治思想史》（2000年）、《现代西方政治思想》（2003年）、《中外政治思想史》

(2004年)、《西方政治思想史》(五卷本，2005年)等著作对西方政治思想史研究的影响重大。其中，《西方政治思想史》(1985年)是中国政治学恢复后的第一部政治思想史教材。《西方政治思想史》(2000年)体例规范、脉络清晰、把握准确、评介中肯，是众多高校政治学专业学生的必读书目。《现代西方政治思想》主要研究的是19世纪末20世纪初以来西方主要发达资本主义国家政治思想发展演变的基本情况，而且涉及一些当代重要政治思想家的基本思想。《中外政治思想史》以丰富的文献资料为依据，论述了西方从古代希腊到19世纪末期的政治思想和中国古代从商周到鸦片战争前的政治思想。内容涉及西方和中国政治思想中主要流派形成的社会历史背景、发展演变的基本过程、主要思想特征，以及一些重要政治思想家的基本政治理论与政治主张，评价了他们的历史贡献和思想缺陷。该书是国内比较少见的将中西政治思想比较研究的著作。《西方政治思想史》(五卷本，2005年)则是中国第一部多卷本的西方政治思想的通史性著作，将西方从古希腊一直到20世纪的政治思想逐一做了详细介绍和评析，在时间上跨越两千多年，涉及思想家数百人，囊括了西方政治思想中所有重要的理论问题。这部鸿篇巨帙是中国政治学者对西方政治思想史研究的代表之作。较早对西方政治思想史进行研究的著作还有邹永贤的《国家学说史》(1987年)和岳麟章编的《当代西方政治思潮》(1988年)，前者以国家概念为核心，对有关国家的政治思想进行总结；后者则运用马克思主义的历史唯物主义观点，对20世纪以来在西方产生并发展起来的一些政治思想流派进行客观的评介。其他相关著作还有马啸原的《西方政治思想史纲》(1997年)、段忠桥主编的《当代国外社会思潮》(2001年)、邢贲思主编的《当代世界思潮》(2003年)、黄家瑶等编的《当代西方社会思潮述评》(2003年)、刘玉安等的《西方政治思想通史》(2003年)、王彩波主编的《西方政治思想史》(2004年)、顾肃等的《西方现代社会思潮史》(2004年)、匡萃坚的《当代西方政治思潮》(2005年)、张丽君编的《当代西方政治思潮》(2005年)等。

此外，对政治思想史的断代史研究、专题性研究、人物研究、综合性研究也逐渐走向深入。

在中国政治思想史方面，有的学者关注到研究中国共产党及其重要领导人的政治思想也应当是政治思想史研究的题中之义，是政治思想史研究不可或缺的重要组成部分，如关海庭等的《毛泽东民主政治建设的思想探析》（1993年）、萧超然等的《毛泽东政治发展学说概要》（1993年）、孙关宏的《邓小平政治思想研究》（1997年）、江荣海等的《从孔子到毛泽东》（1999年）、夏东民的《江泽民战略思想研究》（2002年）、范小方主编的《中国共产党政治思想史》（2003年）、贾立臣的《陈独秀思想发展轨迹》（2003年）等著作。出于对当代中国知识界政治思想现状的重视，有的学者则对中国知识分子思想论争等问题集中思考，如许纪霖的《中国知识分子十论》（2003年）以学理和思想互证，既有对21世纪知识分子命运前途的讨论，也有对20世纪知识分子心路历程的回眸。还有徐复观的《中国知识分子精神》（2003年）、马嘶的《百年冷暖：20世纪中国知识分子生活状况》（2003年）、陶东风主编的《知识分子研究》（2003年）、公羊编的《思潮：中国“新左派”及其影响》（2003年）、王晓明的《半张脸的神话》（2003年）、王连法主编的《当代中国意识形态研究》（2003年）、高瑞泉等编的《中国的现代性与城市知识分子》（2004年）、裴毅然的《中国知识分子的选择与探索》（2004年）等著作。有的学者或以年代或以地域为界限对彼时彼地的重要政治思想进行研究，如罗福惠编的《长江流域的近代社会思潮》（2003年）、高力克的《五四的思想境界》（2003年）、郭汉民的《晚清社会思潮研究》（2003年）、陈国庆的《晚清新学史论》（2003年）、鲁振详的《探索的轨迹：新民主主义向社会主义过渡思想研究》（2003年）、马涛的《走出中世纪的曙光——晚明清初救世启蒙思潮》（2003年）、龚鹏程的《晚明思潮》（2004年）、王尔敏的《晚清政治思想史论》（2005年）等著作。有的学者则以中国政治人物为专题，或是对其政治思想进行深度挖掘，或是与其他政治思想家比较研究，如臧志军的《文化改造与社会变革——梁漱溟、福泽谕吉政治思想比较研究》(2001 年)、张师伟的《民本的极限：黄宗羲政治思想新论》(2003 年)、龚郭清的《追求民族富强与人性圆满——戊戌变法时期梁启超政治思想透视》(2003 年)、牛彤的《孙中山宪政思想研究》(2003 年)、王继平等的《蔡和森思想论稿》(2003 年)、章清的《"胡适派学人群"与现代中国自由主义》(2004 年)、谢晓鹏的《理论、权力与政策：汪精卫的政治思想研究 1925—1938》(2004 年) 等著作。有的学者则对中国政治思想一些核心概念的内涵演变进行研究，内容涉及封建主义、德政、民本思想等，如李怡的《近代中国无政府主义思潮与中国传统文化》(2001 年)、姬金锋的《封建主义及其当代影响》(2003 年)、冯天瑜等的《解构专制：明末清初"新民本"思想研究》(2003 年)、方敏的《"五四"后 30 年民主思想研究》(2004 年)、石毕凡的《近代中国自由主义宪政思潮研究》(2004 年)、于树贵的《寻找权威的道德基础：汉初德政思想研究》(2004 年)、李明辉的《儒家视野下的政治思想》(2005 年)、张军民的《对接与冲突：三民主义在孙中山身后的流变》(2005 年) 等著作。

在西方政治思想史方面，内容涉及比较广泛。自由主义政治思想在西方自 17 世纪后便成为主流政治学话语，所以也受到中国政治思想史研究者的强烈关注。如顾肃的《自由主义基本理念》(2003 年) 围绕着自由主义基本理念的主题，从"基本理念"本身及其历史源流两个角度，阐述了西方自由主义的基本主张、历史沿革、内在问题以及它对外部挑战的回应等诸多议题。揭示了自由主义基本理念的内在构成和内在关系脉络，从道德伦理、社会政治和法律制度三个基础层次解释了自由主义的理论体系。冯克利的《尤利西斯的自缚：冯克利政治思想论集》(2004 年) 对韦伯、阿隆、阿克顿、勒庞、哈耶克等当代西方思想家学术思想进行梳理，作者在此基础上对自由、平等、公正以及与之相关的各种思想体系的讨论，管窥当代西方思想体系框架的基础上对当前国内的学术思想热点做了解析。丛日云的《上帝与恺撒之间》(2004 年) 对西方中世纪神学政治思想进行研究，从中发现自由主义的温床。此外，还有袁久红的《正义与历史实践：当代西方自由主义正义理论批判》（2003年）、黄爱华的《经济与自由》（2003年）、张稼华主编的《通往自由之路》（2003年）、何信全的《哈耶克自由理论研究》（2004年）、梅荣政等的《论新自由主义思潮》（2004年）、颜德如主编的《自由主义与中国》（2004年）、李义中的《从托利主义到自由主义：格拉斯顿宗教、政治观的演进》（2005年）等著作。针对中国20世纪末出现的民族主义思潮，学者们在对西方民族主义发展进行反省的同时，尝试为中国的民族主义寻找出路。如房宁等的《论民族主义思潮》（2004年）在对世界近现代以来两大类型的民族主义思潮发展脉络进行系统梳理的基础上，着重对当代中国的民族主义思潮进行了现象描述和理论探讨，肯定了当代中国的民族主义思潮作为我国在当今世界谋求生存与发展的精神武器的重要作用。在中国社会主义建设与时俱进的过程中，西方民主社会主义的政治思想也进入中国学者的研究视阈，如郑伟的《全球化与第三条道路》（2003年）、刘书林的《论民主社会主义思潮》（2004年）、何秉等的《阶级结构与第三条道路：与英国学者对话实录》（2005年）等著作。此外，学者们还以宪政、平等、现代性、保守主义等为专题进行研究，如周稼明等的《现代化：历史、理论与反思——兼论西方左翼的现代化批判》（2001年）、吕磊的《美国的新保守主义》（2003年）、黄基泉的《西方宪政思想史略》（2004年）、杨海蛟的《平等：人类对理想社会的诉求》（2004年）、杨龙芳的《非苏联模式思潮研究》（2004年）、朱德米的《自由与秩序：西方保守主义政治思想研究》（2004年）等著作。

（三）政治制度史

中国学者对中国政治制度史的研究在政治学重建伊始还属于尝试之作，尚未形成体系，实际上是以官制史来代替政治制度史。如李景鹏等的《中国的社会主义和社会主义的中国》（1983年）、袁刚的《隋唐中枢体制的发展演变》（1994年）、姚礼明的《政治体制变迁研究》

（1995年）等著作。1996年，白钢主编的《中国政治制度通史》（10卷本）出版，这是展现中国政治制度演变的巨著，也是中国政治制度史的奠基之作。该书论述了自夏、商、西周至清代灭亡，约四千年左右中国政治制度的面貌，对中国政治制度史研究的对象作了新的界定和解说，以纲举目张的形式详论先秦至清代历朝制度的设立、运行机制与时代特点，旨在揭示它们的运动状态及其作用。关海庭编的《中国近现代政治发展史稿》（2000年），以马克思主义政治发展理论为基础，吸收现代西方政治发展理论的合理因素，论述了只有实现向社会主义政治发展的转变才能将国家引入现代化的轨道，实现国家的繁荣与富强。此外，还有陈显明的《中华人民共和国政治制度史》（1998年）、辛向阳的《百年博弈——中国中央与地方关系100年》（2000年）、赵金鹏的《清代养老制度》（2003年）、商衍鎏的《清代科举考试述录及有关著作》（2003年）、艾永明的《清朝文官制度》（2003年）、施治生等主编的《古代国家的等级制度》（2003年），张鸣的《中国政治制度史导论》（2003年）、陈茂同的《中国历代职官沿革史》（2004年）、张皓的《中国现代政治制度史》（2004年）、陆德生主编的《中国宪政史纲》（2004年）、许顺富的《湖南绅士与晚清政治变迁》（2004年）、马先彦的《专制权力及其轨迹：中国传统政治制度论略》（2004年）、左言东的《中国政治制度史》（2009年）等著作。

在西方政治制度史的研究上，起初大多是单独国家的政治制度史，如曹绍濂的《美国政治制度史》（1982年）、杨明等的《美国总统及其选举》（1985年）、蒋劲松的《美国国会史》（1992年）、张定河的《美国政治制度的起源与演变》（1998年）、阎照祥的《英国政治制度史》（1999年）等著作。较早地系统地对西方制度史进行研究是董建萍的《西方政治制度史简编》（1995年）与赵霞等的《外国政治制度史》（1998年），这些著作介绍了英、美、德、法等国家政治制度的变迁过程。马啸原的《西方政治制度史》（2000年）从历史发展的角度讲述了西方国家政治制度在古代、中世纪、近代和现代的设置和演变，指出西方的政治制度虽然沿袭自古希腊与古罗马，但是各国在自身发展过程中都已经具备本国性格。该书没有停留对西方政治制度知识的介绍，而且还将西方政治文化的背景与当代西方政治制度的利弊得失相结合加以分析，是一部比较重要的西方政治制度史著作。此外，还有周明圣的《走向共和：近代法兰西共和制度确立研究》（2004年）、徐健的《近代普鲁士官僚制度研究》（2005年）、郭华榕的《法国政治制度史》（2005年）、张定河等的《西方政治制度史》（2007年）等著作。

（四）政治哲学

随着政治哲学在中国的复兴，中国政治学者开始致力于对政治哲学的研究。由于政治哲学属于“舶来品”，中国学者首先对西方政治哲学集中做出引介和评述。如李强的《自由主义》（1998年）梳理西方自由主义的历史演变、理论内涵及其受到的批评。俞可平的《社群主义》（1998年）介绍了新自由主义和社群主义之争，以及当代西方政治哲学的流变，并着重考察了社群主义的方法论和价值观，分析了社群主义在学术上实际中所产生的影响。俞可平的《权利政治与公益政治——当代西方政治哲学评析》（2000年）对当代西方政治哲学问题做出自己的回答，并对当代西方政治哲学最新方法、基本范畴、主要流派和重要人物做出了评析。应奇的《从自由主义到后自由主义》（2003年）以探究西方自由主义及其历史命运为主题，在系统梳理西方自由主义的理论类型和发展线索之基础上，探讨了自由主义与社群主义之间的理论争锋，并从消极自由与积极自由的观念史角度，阐明了程序主义政治观对自由主义与共和主义两种主要哲学传统的综合、扬弃和超越。姚大志的《何谓正义：当代西方政治哲学研究》（2007年）则对自由主义、社群主义和所谓的“第三势力”的理论进行深入的分析和批评，并提出许多独到见解。此外，还有徐迅的《民族主义》（1998年）、张静的《法团主义》（1998年）、张桂琳的《西方政治哲学》（1999年）、金安平的《从批判的武器到武器的批判》（2000年）、李小兵的《当代西方政治哲学主流》（2001年）、储昭华的《大地的涌现：关于自由与自然之间关系的思考》（2003年）、许纪霖主编的《共和、社群与公民》（2003年）、陈喜贵的《维护政治理性：雷蒙·阿隆的政治哲学》（2004年）、郭夏娟的《为正义而辩：女性主义与罗尔斯》（2004年）、龚群的《罗尔斯政治哲学》（2006年）、葛四友的《正义与运气》（2007年）、李晓兵的《政治·哲学笔记》（2009年）等著作。

与此同时，中国学者也在中国传统思想中寻找政治哲学的脉络，做出以政治哲学的视角看待中国现实的尝试，努力为政治哲学建构中国式的理解。如刘泽华主编的《中国传统政治哲学与社会整合》（2000年）从中国传统思想中天人合一、圣人崇拜、天命观、公私观、人性论等观念，指出“天下观”这一导引中国思想与社会互动的根本。萧功秦的《与政治浪漫主义告别》（2001年）从政治学、社会学文化研究与历史学等不同角度，论证了新保守主义的现代化思想的合理性，并对中国近代以来的现代化历史与当代变革中的激进主义进行了尖锐的批判反思。赵汀阳的《没有世界观的世界》（2003年），以“综合文本”和“无立场分析”作为方法论，深入分析政治哲学和文化哲学问题，推出“天下制度分析模型”，力图说明当代世界的理念困境，并且以中国哲学为基本资源，重塑关于“中国”的概念。任剑涛的《中国现代思想脉络中的自由主义》（2004年），从自由主义与中国“现代”政治哲学的关联性角度，对于中国“现代”政治哲学问题进行探讨。全书以理性的、批评的眼光描述、分析中国“现代”政治哲学的兴起、发展，从客观的、系统的视角解读自由主义与中国“现代”政治思想的关系。张凤阳等的《政治哲学关键词》（2006年）则对人权、自由、民主、共和等几十个政治哲学中的关键概念做出解读，试图为中国政治哲学研究者搭建一个“低度”共识的言语交流平台。此外，还有王引淑的《中国传统政治哲学》（1999年）、周桂钿的《中国传统政治哲学》（2001年）、王岩主编的《中外政治哲学研究》（2003年）、宋惠昌等的《政治哲学》（2003年）、万斌的《政治哲学》（2004年）、聂资鲁的《国民党大陆失败论：对一个执政党迅速衰败的法哲学和政治哲学剖析》（2004 年）、刘俊祥的《人本政治论——人的政治主体性的马克思主义研究》（2006 年）等著作。

（五）比较政治学

王沪宁的《比较政治分析》（1987 年）是政治学恢复重建后的第一部中国学者撰写的比较政治学领域的著作。该书选择了十大领域，即政治时代、政治国家、政治形式、政治过程、政治决策、政治文化、政治思维、政治世界、政治科学。以两大基本的向度进行比较分析，即历史的纵向比较探索当代政治的结构格局，现实的横向比较寻求政治的规则关系。该书是中国比较政治学研究的代表之作。此后出版了一些对各国政治制度进行比较的著作，如张晔的《资本主义国家政治制度及其比较》（1989 年）等。曹沛霖等的《比较政府体制》（1993 年）按照同一逻辑线索和逻辑结构，对英国、法国、意大利、瑞典、德国等五国的政府体制进行比较研究。俞可平主编的《当代各国政治体制》（1998 年）比较完整、准确和全面地介绍了当代世界主要国家和地区现存的各种政治制度。程同顺编的《当代比较政治学理论》（2001 年），从政治发展、政治文化等几个题域对当代比较政治学理论进行梳理。徐育苗主编的《〈中外政治制度比较〉丛书》（2004 年）从政党制度、代议制度、选举制度、行政制度、监督制度等十几个方面对中外政治制度进行比较，探寻中外政治制度形成的历史和文化背景、结构内容和基本特点。此外，还有徐大同的《政治文化和中西政治文化比较研究》（1997 年）、张小劲等的《比较政治学导论》（2001 年）、赵虎吉的《比较政治学：后发展国家视角》（2002 年）、李明的《东亚模式与价值重构：比较政治分析》（2002 年）、关海庭的《中俄体制转型模式的比较》（2003 年）、曹海晶的《中外立法制度比较》（2004 年）、宋士云等的《中外社会保障理论与制度比较研究》（2004 年）、田为民等的《比较政治制度》（2004 年）、徐红主编的《比较政治制度》（2004 年）、施雪华的《政治现代化比较研究》（2006 年）、袁峰的《比较政府与政治——现代社会中的政治秩序》（2008 年）、谭融的《比较政治与比较公共行政》（2008年）等著作。

（六）当代中国政府与政治

对当代中国政府与政治的理论建构始于学者们对中国政治体制改革的热议，学者们注意到如果不能从理论上对中国的政治体制进行清晰的描绘和深刻的理解，妄谈改革是不具有正当性的。同时，随着解放思想的深入和市场观念的形成，一些学者开始冲破原有的理论禁区，对当代中国政府与政治问题进行研究。谢庆奎主编的《当代中国政府》（1991年）是新中国成立以来第一部全面、系统阐述当代中国政府理论与制度的著作。该书从总体结构上分中央政府和地方政府两大部分，着重对当代中国政府的机构、组织、结构、职能以及运行进行客观的描述。高民政的《中国政府与政治》（1993年）从国体、政体、选举制度、国家结构、政党制度、政治协商制度、干部制度、人民武装力量、基层群众自治、社会团体等多方面，对中国政府与政治在社会动态发展中的态势进行探讨。王敬松的《中华人民共和国政府与政治》（1995年）对新中国成立40多年的政治发展进行回顾，并就社会主义市场经济政府职权的要求进行分析，提出了间接政府、民权政府、限权政府、法治政府、富民政府等见解。谢庆奎等的《中国政府体制分析》（1995年）则从宏观的角度，对中国政府体制的规范、环境、结构、功能、运行以及政府发展等要素进行了理论的分析，提出了一个以规范、环境、结构、功能、运行为主体结构的分析框架，并且在规范、环境、结构、功能和政府发展等方面提出了新的理论观点。与此相关的著作还有毛寿龙的《中国政府功能的经济分析》（1996年）、朱光磊的《当代中国政府过程》（1997年）、胡伟的《政府过程》（1998年）等著作。在相关理论日渐成熟的基础上，当代中国政府与政治的理论体系得以确立。谢庆奎主编的《当代中国政府与政治》（2001年）依据广义的政府与政治概念，在对政府学基本理论和当代中国宪政体制进行研究的基础上，分别阐述了政党组织、立法机关、国家主席、行政机关、司法机关、政协机关、社会团体等政府与政治主体，以及各个主体之间的相互关系。同时，还对当代中国的公共政策和政治文化进行了专门的论述，以充分反映改革开放 20 多年来中国政府改革与政治发展的实际进展。陈红太的《当代中国政府体系》(2001 年)，主要研究当代中国政府体系的组织构成、关系构成和意识构成。在具体方法的选择上，选择了从法定与事实两方面对当代中国政府体系的组织构成和关系构成进行研究。杨光斌的《中国政府与政治导论》(2003 年) 考察了中国共产党在国家权力组织结构和政治生活中的地位以及在政府运作中的角色，立法与监督制度在社会主义民主政治中的作用与限制，以静态—动态分析并结合案例来进行论述。此外，还有林尚立的《当代中国政治形态研究》(2002 年)、杨凤春的《中国政府概要》(2002 年)、张永桃主编的《当代中国政治制度》(2004 年)、间小波主编的《当代中国政府与政治》(2005 年)、肖立辉的《当代中国政府与政治研究》(2008 年) 等著作。

在这一过程中，学者们也将中国政治体制改革的相关理论加以总结，其中既有国家领导人的重要的指导思想，也有学者们对此的学理性认识；既有政府体制的改革路向，也有对改革实践的得失分析。论题涉及党政关系改革、政企关系改革、基层制度改革等。如王乐夫等的《当代中国政治体制改革的理论与实践研究》(2002 年)、孙关宏等主编的《政府与企业：政治学视野中的中国政企关系改革》(2002 年)、宁骚的《邓小平理论与当代中国政治学》(2002 年)、张德信等的《中国改革的方向》(2003 年)、黄卫平等主编的《乡镇长选举方式改革：案例研究》(2003 年)、连玉明主编的《中国决策白皮书》(2003 年)、马崇明的《中国现代化进程》(2003 年)、范希春主编的《直面中国：当代中国难点问题透析》(2003 年)、茅于轼主编的《公正透明：中国政府体制改革之路》(2004 年)、边立新的《中国发展深层问题研究》(2005 年)、郑彭年的《西风东渐：中国改革开放史》(2005 年) 等著作。

与此同时，随着中国政治体制改革的深入发展，政治发展、政治稳定、政治文明等因素对政治体制的重要作用也引发了学者们的思考。

如郑蔽主编的《经济全球化与中国政治发展战略》（2003年）、马建中的《政治稳定论：中国现代化进程中的政治稳定问题研究》（2003年）、虞崇胜的《政治文明论》（2003年）、程竹汝等的《政治文明：历史维度与发展逻辑》（2004年）、秦宣等的《邓小平政治文明思想研究》（2004年）、李良栋主编的《中国政治文明研究丛书》（2004年）、刘钰等的《第三种文明：社会主义政治文明建设研究》（2004年）、康平主编的《中国国家发展战略》（2005年）、胡仙芝的《中国政治发展与政务公开》（2005年）、韩庆详等的《能力建设：当代中国发展新理念》（2005年）、胡鞍钢等的《援助与发展》（2005年）、王振亚等的《政治文明与当代中国政治发展》（2006年）等著作。

针对中国政治发展中的现实问题，学者们也进行了比较全面地理论探索，如全球化带来的机遇与挑战；一国两制理论在香港和澳门的实践以及如何用以解决台湾问题；在中国渐进式改革中如何实现国家安全与和平崛起；小康社会建设和中国政治现代化问题；民族问题等。相关著作有方长平的《国家利益的建构主义分析》（2002年）、潘叔明的《"一国两制"与台湾问题》（2003年）、谢庆奎主编的《入世与政府先行》（2003年）、陈继林等编的《小康中国的战略选择》（2003年）、宋小庄的《论"一国两制"下的中央与香港特区的关系》（2003年）、叶自成的《中国大战略》（2003年）、巴忠炎主编的《中国国家安全战略问题研究》（2003年）、程美东的《现代化之路——20世纪后20年中国现代化历程的全面解读》（2003年）、夏立平等的《中国和平崛起》（2004年）、李淑珍主编的《当今时代与时代主题》（2005年）、郑必坚编的《论中国和平崛起发展新道路》（2005年）、竺乾威的《当代中国公共政策》（2005年）、周平的《中国少数民族政治分析》（2007年）、蔡拓的《全球化与中国政治发展》（2008年）等。

（七）民主理论

民主理论是政治学理论的重要组成部分，有许多学者集中讨论了民主的概念、内涵、本质等问题，并在此基础上对民主政治的模式以及社会主义民主究竟应以何种形态存在进行理论探索。如周抗的《社会主义民主论》（1986年），以当代国际共运在民主问题上的经验教训为背景，以我国社会主义民主建设的理论与实践为重点，对社会主义民主发展的规律性，以及我国政治体制改革进行了理论上的研究和探索。刘敏言的《论民主》（1999年），在介绍两种最有影响的民主模式之后，作者提出了多元整体的理论。多元主义民主被认为是近几十年民主发展的主流方向，虽然其理论和实践模式已有了很大改变，但基本的理论纲领和思路仍可在本书中找到。此外，还有韩冬雪的《论民主的自由内涵》（1995年）、马啸原的《民主政治建设研究》（1995年）、王玉海主编的《新时期民主论纲》（1995年）、徐鸿武主编的《民主政治大视野》（1998年）、张浩主编的《社会主义民主研究》（1998年）、黄百炼的《民主建设论》（1998年）、吴大英等主编的《有中国特色的社会主义民主政治》（1999年）、赵成根的《民主与公共决策研究》（2000年）、李铁映的《论民主》（2001年）、韩强的《程序民主论》（2002年）、黄卫平等主编的《乡镇长选举改革：案例研究》（2003年）、耿云志等编著的《西方民主在近代中国》（2003年）、褚松燕的《个体与共同体》（2003年）、河清的《民主的乌托邦》（2004年）等著作。

在20世纪90年代，中国学者对人权问题的密切关注和热烈讨论，导致在当代中国的民主理论中，人权问题研究占较大比重。如徐显明主编的《人权研究》（三卷本，2003年），作为国内学界专门汇集人权领域研究成果的系列文集，其阐释人权概念、倡导人权精神、拓展人权研究领域、促进人权理论发展的努力已经得到普遍认可。此外，还有白桂梅主编的《法治视野下的人权问题》（2003年），中国人权联合会编的《正确认识民主、自由与人权》（2003年），林伯承主编的《人权发展与非政府组织》（2004年），陈波的《马克思主义视野中的人权》（2004年），北京大学法学院人权研究中心编的《以权利为基础促进发展》（2005年），莫纪宏的《国际人权公约与中国》（2005年），申建林的《自然法理论的演进——西方主流人权观探源》

（2005年）等著作。

随着20世纪全球民主化浪潮的高涨，学者们也结合这一趋势，在全球化和市场经济的背景下，对世界民主理论和民主化问题进行解读。如刘军宁的《民主与民主化》（1999年）介绍了国际上关于民主化的学术成果，考察民主化过程的社会、文化和经济条件，分析民主制度转型的制度结构和宪法设计。丛日云的《当代世界的民主化浪潮》（1999年），是中国学者对美国学者亨廷顿的《第三次浪潮——20世纪晚期的民主化》一书的回应。书中以中国学者的视角，从宏观上描述和分析了当代世界民主的最新发展，特别是最近20多年在非西方国家发生的“第三次民主化浪潮”。唐士其的《市场经济与民主政治》（2002年），研究了我国社会主义市场经济条件下，社会阶级、阶层产生的新变化，分析了我国社会主义民主政治建设与市场经济发展的不同特点，揭示了我国建立新型的社会主义民主政治制度的必然性。此外还有李雪勤的《民主与改革：新世纪反腐败思潮》（2001年）、刘永信的《民主的权威》（2005年）、谢岳的《大众传媒与民主政治》（2005年）、贺文萍的《非洲国家民主化进程研究》（2005年）等著作。

随着民主理论的深入研究，学者们将审视民主理论的视角扩展到更多领域。如张贤明的《论政治责任》（2000年）以创新性视角看待民主政治，提出政治责任是民主政治的基本特征与重要组成部分，将政治责任与道德责任、法律责任、行政责任等做出区别，在阐明政治责任内涵的基础上，对政治责任的逻辑及其实现做出深刻地思考。俞可平的《增进民主与善治》（2003年）比较全面地考察了转变中的中国政治，从传统政治文化、现代化和市场经济等角度分析了当代中国政治的变迁进程，试图构建一个分析当代中国政治的政府框架，并提出了以增量民主和善治为主要目标的中国政治体制改革设想。何增科等编的《基层民主和地方治理的创新》（2004年）是一部以田野调查和案例研究为主的基层民主和地方治理创新的研究报告文集。该书分析了中国实行村民委员会直选后农村的治理变迁、治理转型和制度创新，对乡镇一级竞争性选举的产生、发展及原因进行了实证性的分析，研究了实行村民自治和税费改革后乡镇党政所面临的困难、挑战并提出了解决对策。俞可平的《民主与陀螺》（2006年）从更为宏大的全球化背景来考察中国的治理问题，将全球治理、中国公民社会、政府创新与地方治理有机结合起来。此外，还有李良栋的《当代中国民主问题研究》（2001年）、李俊清等的《社会主义民主政治的伟大创举——村民自治的理论与实践》（2002年）、王清民等编著的《中国农民民主政治参与机制研究》（2003年）、王春申的《珠三角农村村治变迁与基层民主政治建设》（2004年）、慕毅飞主编的《民主恳谈：温岭人的创造》（2005年）、郭定平的《上海治理与民主》（2005年）、李蒉主编的《发展·和谐·法治——2007年上海市民主政治建设研究成果集》（2008年）等著作。

（八）国家理论

国家理论是政治学理论当中关于国家的起源、形成、发展乃至消亡的学说。在中国，由于长期“左”的思想的影响，国家一度被简单认为是暴力机器，而社会主义国家的建立则意味着这部机器已经被打碎了，所以国家理论长期没有受到应有的重视，也没有更多地进展。在西方，由于行为主义的兴起，对国家理论的研究也曾经被搁置一段时间。随着后期对全球化与民族国家的讨论愈加火热，同时伴随着对国家与社会关系、一国两制等问题的关注，中国的国家理论研究也重新启动。如宁骚的《民族与国家：民族关系与民族政策的国际比较》（1995年）提出族类共同体一方面有着巨大的稳定性，另一方面又是一个不断变化着的动态体系，探讨了民族过程、族体、族体意识、民族主义、种族主义、民族国家、民族冲突、民族政策等问题。时和兴的《关系、限度、制度——政治发展过程中的国家与社会》（1996年）探讨了政治发展中国家与社会关系的变迁及其走向，总结了当代中国的国家与社会关系变革及其所面临的一系列问题及学界的思考。采用类型学的方法对发达世界与欠发达世界的国家进行了分类研究，归纳出国家与社会两种不同的发展模式，并结合市民社会理论归纳出国家与社会良性互动关系的 3 个方面：即制度化制衡、发展型互惠和双向式契约。俞可平主编的《全球化论丛》（1998 年）收录了国内外学者对全球化问题的认识、探讨与争论，全面反映了国内外学者对全球化研究的新发展，为了解和研究全球化问题的读者提供了一些基本资料。丘晓等主编的《国家控制论：应用政治学核心系统分析》（2000 年）对国家控制的本质、基本范畴、基本结构、体制模式、系统功能、运转机制、国家控制与精神文明的关系等基本理论问题进行了分析，并探讨了国家控制论的发展及其在当代中国实践中的创造性运用问题。金太军等的《中央与地方政府关系建构与调谐》（2005 年）在对国家结构形式以及集权的一般模型和历史演变进行学理分析和实证考察的基础上，系统梳理了中国中央与省级政府间的关系、中央与地方财政关系、中央与地方政治关系等。此外，还有关海庭的《大国转型之路：中俄（苏）国家控制能力的比较研究》（1999 年）、薄贵利的《集权分权与国家兴衰》（2001 年）、徐鸿武等编的《邓小平国家政权建设理论与实践》（2003 年）、俞可平的《全球化与国家主权》（2004 年）、高鹏怀的《历史比较中的社会福利国家模式》（2004 年）、丁开杰等编的《后福利国家》（2004 年）、陈炳辉编的《西方马克思主义的国家理论》（2004 年）、刘旺生的《国家与社会》（2004 年）、杨小云的《新中国国家结构形式研究》（2004 年）、赵宇峰编的《现代国家与社会关系研究》（2004 年）、易建平的《部落联盟与酋邦：民主·专制·国家起源问题比较研究》（2004 年）、张克生的《国家决策：机制与舆情》（2004 年）、子杉的《国家的选择与安全：全球化进程中国家安全观的演变与重构》（2005 年）等著作。

（九）权力理论

权力是政治学的重要研究对象，许多学者都认为权力是政治的核心，一些学者甚至将政治的概念等同于权力，可见权力理论在政治学理论的重要地位。中国学者对权力理论也非常重视，在一些政治学基本理论的著作中都对权力进行了重点论述，还有一些学者专门以权力为专题从思想史、理论内涵、实践模式等方面进行研究。如朱光磊的《以权力制约权力》（1987年）对孟德斯鸠分权理论的介绍和分析，提出政治实践中各部门也应该以权力制约权力。李景鹏的《权力政治学》（1993年）是较早地以权力为核心对政治现象加以解读的著作。该书用马克思主义观点、方法来分析政治现象，着重于辩证的分析方法，并概括性地阐述了政治现象的基本规律。作者认为马克思主义到目前为止仍然是人类理论思维的最高成就，应该在实际运用中不断补充新的内容。杨阳的《王权的图腾化——政教合一与中国社会》（2000年）选择了儒学意识形态与政治体系的互动关系作为研究重点，通过对这两者的结构形式和主要功能的梳理，建构起一个针对中国传统政治现象的政治文化分析框架，形成进一步全面建构中国传统政治文化系列分析模式的基础。杨光斌的《中国经济转型中的国家权力》（2003年）在制度范式的基础上探讨经济转型对我国权力制度的影响。依据权力体系中的主体中央政府、地方政府和相应的行政部门与经济和微观市场主体的关系而展开讨论。叶皓的《西方国家权力制约论》（2004年），在对西方权力制约的理论前提、理性表述、特征概括、方式途径、特殊本质、作用与局限进行归纳的基础上，对社会主义国家、国际共产主义运动、中国古代封建社会的权力制约问题进行回顾和反思。此外，还有程举林的《文学话语与权力话语（汉赋与两汉政治）》（2000年）、吴光远编的《权力与人性——中国古代皇权之争》（2003年）、王爱冬的《政治权力论》（2003年）、杨敏之的《解读权力》（2003年）、孙大雄的《宪政体制下的第三种分权》（2004年）、汪习根主编的《权力的法治规约——政治文明法治化研究》（2009年）等著作。

（十）制度理论

制度作为政治系统运行的基本框架，本身就占据着政治学研究中的一席之地，加之中国学者对中国政治体制改革这一论题的持续关注，因此成果也比较丰富。董崇山的《政体论》（1986年）较早对制度理论特别是政体进行研究，提出政体的实质是领袖地位等比较独到的见解。浦兴祖的《中华人民共和国政治制度》（1999 年），体现了当代中国政治制度的新进展，对诸多制度做了细致的研究。该书加强了对制度背景的理论分析，对当代中国政治制度及其实践中的某些热点、难点和重点问题做了较深入的分析和探讨，力图通过比较的方法对当代中国有关政治制度的特色做出有价值的探讨。胡鞍钢、王绍光、周建明主编的《第二次转型：国家制度建设》（2003 年），在充分肯定 1978 年党的第一次转型——以经济建设为中心战略的同时，指出该战略还不能解决和应对经济繁荣条件下日益突出的社会不平等、不公平、不稳定及其他社会危机，明确提出了第二次转型——以国家基本制度建设为中心的战略构想，目的在于通过国家制度建设实现全社会福利最大化，保证党和政府代表并实现最广大人民的根本利益。此外，还有萧超然等的《中国政治发展与多党合作制度》（1991 年）、周志忍等的《自律与他律——第三部门监督机制个案研究》（1999 年）、史为民等的《直接选举：制度与过程》（1999 年）、高放的《政治学与政治体制改革》（2002 年）、王清秀的《人大制度学》（2003 年）、李和中的《比较公务员制度》（2003 年）、邹吉忠的《自由与秩序—制度价值研究》（2003 年）、陈振明主编的《国家公务员制度》（2003 年）、杨齐福的《科举制度与近代化》（2003 年）、余辉等编的《公私合作制的中国试验》（2005 年）、韩大梅的《新民主主义宪政研究》（2005 年）等著作。除了对中国政治制度的关注，学者们还对各国政治制度的具体模式进行研究，如沈洁编的《日本社会保障制度的发展》（2004 年）、杨心宇主编的《现代国家的宪政理论研究》（2004 年）、牛文光编的《美国社会保障制度的发展》（2004 年）、李文主编的《东亚：宪政与民主》（2005 年）、王彤主编的《当代中东政治制度》（2005 年）等著作。

关于制度理论的学理基础，学者们也进行了探讨。如秦德君的《政治设计研究——对一种历史政治现象之解读》（2000 年）将制度视为政治设计，运用现代政治学理论的研究方法，对政治设计这一社会历史的重要现象作了比较深入、系统的研究。此外，还有张有亮等的

《社会公平与制度选择》（2004年）、池忠军的《官僚制的伦理困境及其重构》（2004年）、徐邦友的《自负的制度——政府管制的政治学研究》（2008年）等著作。随着新制度主义政治学研究在世界范围内的兴起，中国学者也逐渐脱离原来单向度对政治制度自身的考察，而是更多地将制度与人的互动关系纳入制度理论的研究当中，并且试图用新制度主义政治学的理论来解读中国现实问题。何俊志的《结构、历史与行为——历史制度主义对政治科学的重构》（2004年）系统地梳理了历史制度主义学术脉络，是较早系统地将历史制度主义学派的思想引介到中国的著作。杨光斌的《制度的形式与国家的兴衰——比较政治发展的理论与经验研究》（2005年）与《制度变迁与国家治理：中国政治发展研究》（2006年）则在历史唯物主义的整体主义思维的启示下提出了“制度政治学”的概念，认为在制度变迁的关键时刻，观念和制度结构（国家）决定着由组织形式、产权形式、交易方式、政府—企业关系等变量所构成的制度安排的形成，制度安排直接影响着制度绩效；在制度变迁的常规时期，国家决定着制度安排并直接影响着制度绩效。此外，还有徐家良的《制度、影响力与博弈》（2003年）、何俊志的《制度等待利益：中国县级人大制度模式研究》（2005年）等著作。

（十一）政党理论

对于政党理论，学者们或是对西方政党制度和政党理论进行研究，或是从中国政党建设出发来论述政党问题。吴江的《民主与政党》（1991年）较早对政党理论进行研究，比较了政党活动与政权体制的区别，提出政党之间的关系在必要时可以依据宪法通过各政党协商解决。此外，还有王邦佐主编的《西方政党制度社会生态分析》（1997年）、李成言的《中国政党论纲》（1997年）、萧超然等主编的《当代中国政党制度论纲》（2000年）、齐彪的《当代世界政党研究》（2001年）、林勋健主编的《西方政党是如何执政的》（2001年）、李建中的《政党衰败根源析》（2003年）、李斌雄的《中国共产党的价值观研究》

(2003 年)、《移植与异化：民国初年中国政党政治研究》(2005 年)等著作。与此同时，将政党纳入到一个更广阔的领域进行考量，或者将与之相关的政治现象并行作相关性研究，也是中国学者们较多采用的研究方法。如郭定平的《政党与政府》(1998 年)、林尚立的《政党政治与现代化》(1998 年)、吴敏先的《中国共产党与中国农民》(2000 年)、李景治等的《政党政治视角下的欧洲一体化》(2003 年)、朱志敏的《增强党的阶级基础与扩大党的群众基础相统一》(2003 年)，霍钦宏、张伟荣主编的《政治文明与执政党建设》(2004 年)、徐锋的《政党和政党制度比较研究》(2005 年)、郭亚丁的《政党差异性研究：中国共产党与西方政党的比较》(2005 年)、王邦佐的《中国政党制度的社会生态》(2009 年) 等著作。

完善党内民主，保持党的先进性，提高党的执政能力，是中国学者在政党理论研究中对中国共产党政党建设达成的共识。林尚立的《党内民主——中国共产党的理论与实践》(2002 年) 是我国第一部从政治学的角度关注党内民主，对中国共产党的理论与实践进行总结与探索的著作。该书以“政治生活”的概念为突破口，分别从制度形态与生活层面对中国共产党的建设和发展进行了研究。陈冬生的《中国政治的民主抉择：党内民主与政治文明》(2004 年) 通过分析传统政治体制中一把手政治和党内民主在社会转型期的两难困境、机制障碍以及官僚主义的危害，反思权力过于集中的体制嬗变历史和揭示民主集中制失灵的多重原因及路径依赖问题，阐发了我国社会主义政治文明建设进程中党内民主制度化的诉求，从功能结构上分析了民主集中制作为政治合法化机制和利益整合机制的制度化意义，对正确把握党的领导、人民当家作主和依法治国的有机统一作了比较深刻而独特的理论分析和探索。此外，还有崔晓庚的《中国共产党执政条件下保持先进性研究》(2005 年)、张荣臣等的《中国共产党执政的理论与实践》(2005 年)、郑长忠的《中国共产党党内民主制度创新》(2005 年)、戴焰军等的《党的执政能力建设与意识形态工作》(2005 年)、黄锦奎的《论长期执政——中国共产党长期执政的政党政治学与执政政治学研究》（2007年）等著作。

（十二）区域治理理论

由于中国社会长期的同质性结构的存在，区域治理理论在政治学恢复之初没有得到重视。同时，区域治理理论也是一种需要实证方法支撑的政治学理论，因为科研条件的紧张和方法论上的相对滞后，也导致区域治理理论一开始没能迅速发展。随着市场经济的不断发展，社会结构开始出现裂变，学者们开始注意到区域之间特别是城市与农村的不平衡发展以及由此带来的政治性差异，而基层自治的实验也引起了学者们的高度关注，从而使得区域治理理论得以繁荣发展。徐勇是较早将实证方法引入到政治学研究中的中国学者。他在《非均衡的中国政治：城市与乡村比较》（1992年）一书中揭示了中国政治发展非均衡性的实质，对封建主义下的官僚政治和城乡政治进行对立分析，解释了封建官僚统治得以长期延续的原因。而在《中国农村村民自治》（1997年）、《中国城市社区自治》（2002年）、《乡村治理与中国政治》（2003年）中则分别以实证方法对中国基层自治进行考察，通过对基层自治进行制度分析和过程性研究，以自治、治理、发展、以中国为本位为结构对中国的基层治理问题进行解读。于建嵘的《岳村政治：转型期中国乡村政治结构的变迁》（2001年）对中国转型期乡村政治结构的变迁及其发展方向进行分析，在考察历史和现实的社会事实的基础上为农村民主寻根，为农村发展的历史方向寻找推动力和方向。贺雪峰的《乡村治理的社会基础：转型期乡村社会性质研究》（2003年）从乡村治理的角度来研究村民自治的社会基础，认为对乡村社会的特性和变化只有充分了解，才能运用公共权力进行有效的治理。通过大量的乡村调查，提出了半熟人社会的概念，为乡村研究提供了一个具有启发性的视野。景跃进的《当代中国农村“两委关系”的微观解析与宏观透视》（2004年）以乡村治理为研究对象，更关注现实的选举模式、选举技术，对村民选举制度的民主理论进行了总结。此外，还有王沪宁的《中国村落家族文化》（1991年）、朱光磊的《当代中国社会各阶层分析》（1998年）、王仲田等的《乡村政治——中国村民自治的调查与思考》（1999年）、林尚立的《社区组织与居委会建设》（2000年）、吴毅的《村治变迁中的权威与秩序——20世纪川东双村的政治表达》（2002年）、何晓玲编的《社区建设模式与个案》（2003年）、肖唐镖主编的《转型中的中国乡村建设》（2003年）、陈伟东的《社区自治：自组织网络与制度设计》（2004年）、薛和编的《江村自治：社会变迁中的农村基层民主》（2004年）、朱凌的《灰村纪事：草根民主与潜规则的博弈》（2004年）、王禹的《我国村民自治研究》（2004年）、张柠的《土地的黄昏：中国乡村经验的微观权力分析》（2005年）等著作。

伴随着全球化浪潮的蔓延，以及中国学者对国家—社会问题的关注，区域治理理论也开始从宏观层面得以建构。蔡拓的《全球治理与中国公共事务管理的变革》（2005年），以全球治理为探究的基点来考察中国公共事务在基层社会中的变革。何增科的《公民社会与第三部门》（2000年），选择了20世纪90年代以来西方学者在公民社会理论与第三部门研究方面富有代表性的论著，介绍了这方面的最新动态和进展。李培林等的《社会冲突与阶级意识》（2005年），揭示了在利益格局调整和社会构成发生深刻变化的过程中，中国社会所面临的一些新型社会矛盾，回答了究竟是什么因素会影响中国民众未来的社会选择和取向、中国的各种社会力量将围绕哪些焦点问题重组、这种力量重组将依照什么样的规则等问题。此外，还有王来华主编的《舆情研究概论——理论方法和现实热点》（2003年）、王杰等主编的《全球治理中的国际非政府组织》（2003年）、叶南客的《都市社会的微观再造：中外城市社区比较新论》（2003年）、刘娅的《解构与重构：现代化进程中的“国家—乡村社会”》（2004年）、范伟达主编的《全球化与浦东变迁》（2004年）、丁元竹主编的《问资性、绩效与治理：中国非政府公共部门治理状况研究》（2005年）、陶传进的《社会公益供给：NGO、公共部门与市场》（2005年）、刘贞桦的《国际政治领域中的非政府组织：一种互动关系的分析》（2005年）等著作。

（十三）政治学方法论

中国学者对政治学方法的运用在上文提到的许多理论成果中都有所体现，如比较政治学就是在充分运用比较分析方法、结构功能分析方法等基础上建立起来的，政治思想史和政治制度史的研究中对文献调查方法的运用也有了新的提升，而区域治理理论则是对个案调查、计量分析、数模分析等多种实证方法的具体运用。一些政治学基本理论的著作中也对政治学方法论进行介绍，如王惠岩编著的《政治学原理》（1985年）较早对政治学方法论做出体系上的划分，概述了政治学方法论的构成。王沪宁主编的《政治的逻辑——马克思主义政治学原理》（1994年）则对马克思主义政治学方法论进行介绍。可是也应看到，政治学方法作为政治学的重要部分，专门对政治学方法论进行研究的著作与其他领域相比，还略有不足。中国学者对西方的相关著作有较多的译介，而对政治学方法论的独立思考则在近年逐渐增多。如张铭等主编的《政治学方法论》（2000年）论述了政治学方法论的基本理论，政治学研究的基本范畴，政治学研究中的分析框架，政治学研究课题的设计与完成几方面内容。该书认为不能把政治学研究方法框定在实证研究和经验研究方法的固有模式中，而是要在实证与规范之间实现一种新的统一。李瑛等的《现代政治学计量方法》（2002年）介绍了政治学研究中常用的统计模型和分析方法，包括参数估计、检验、相关分析和回归分析等。郭正林等主编的《规范与实证的政治学方法》（2003年）从规范取向的政治学方法与实证及经验取向的政治学方法两方面对政治学方法论加以研究。肖宁灿的《政治社会学：社会学方法论与政治研究之探索》（2005年）从社会学方法论的角度出发，阐述了政治社会学的方法和研究对象。叶娟丽的《行为主义政治学方法论研究》（2005年）对行为主义政治学方法论进行全面的梳理，强调行为主义政治学方法论的巨大贡献，认为其走向末路是因为将“价值中立”和实证方法绝对化，而“价值中立”和实证方法本身是有巨大的理论价值的。此外，还有严强等的《政治学研究方法》（2007年）、关凯的《政治学研究方法》（2007年）、胡宗山的《政治学研究方法》（2007年）、王德育编的《政治学定量分析入门》（2007年）等著作。

三、发展趋势

回顾中国政治学理论与方法在30年间的发展历程和主要成果，我们既看到老一辈政治学家坚韧挺拔的学术品格，也看到一代代政治学人薪火相传、屡有佳绩；既看到政治学理论与方法对厚重历史的尊重，也看到她所体现出的强烈现实关怀；既看到仰望星空的理性求索，也看到脚踏实地的实证辨伪。在守成与拓新、知理与践行之间，中国政治学理论与方法取得了空前繁荣的发展，可以说，这是足以让当代中国政治学人骄傲的30年。与此同时，中国政治学理论与方法在面对当前经济全球化、政治多极化、文化多样化和社会信息化等新问题时，不仅要经受一系列重大考验，而且在社会主义市场经济主导的国内经济社会结构变革的新形势下，获得了持续繁荣的现实契机。具体而言，考察当代中国政治学理论与方法的持续繁荣，应当注意把握以下六个方面的趋势。

（一）自由与自律：中国政治学理论与方法本土化的诉求

30年间，中国政治学理论与方法从当初的“咿呀学语”到现在日益显现出中国气派与中国作风，这是巨大的进步。然而，在肯定成绩的同时还需要注意到，中国政治学的起步较晚，它的理论与方法不仅严重受到西方政治学研究的影响，而且同西方的前沿研究仍存在一定的差距。中国政治学在“补课”阶段，为了丰富理论与方法的知识结构，推动学术的快速发展，学习并借鉴西方政治学的某些理论观点与研究方法，这是不可避免的，也是可以理解的。但值得深思的问题是，西方理论对中国社会科学特别是政治学现实分析及理论建构的渗透是显而易见的，而且其影响持续至今。“简言之，19世纪中叶传统中国国门洞开之后，西方文明先以‘西艺’，后以‘西政’而涌入中土，西方的科技与学术是近代中国趋之若鹜的目标。大体言之，近代以来，中国的文化发展几乎被笼罩在西学的话语之下。这种趋势和特点，在21世纪的当代中国，仍然有着比较明显的显现。”①相较其他奴役的形式，文化上的殖民是尤为顽固的。虽然中国政治学理论与方法尚不致被西方政治学理论奴役，但是居安思危，尽早形成中国政治学理论与方法的学术人格，以独立的姿态实现中国政治学理论与方法的全面、自由的发展，本土化则对于中国政治学的发展来说意义重大，理应成为国内学者关注的焦点。

首先，本土化研究反映了中国政治学理论与方法趋于专业化。在一定意义上，政治学研究代表着中国学者对政治现实与学科发展的一种反思，“这种基于自觉的反思在一定程度上说明我们的研究工作已从仅关注研究对象转向了同时关注研究工作本身，这是走上真正‘专业化’道路的一个必经阶段。”②中国政治学理论与方法的本土化不仅表现为政治学者在研究对象上更加注重现实问题的考察和分析，而且集中于政治学研究工作本身的本土化。从这个意义来说，本土化研究要求中国政治学者在对本国政治现象进行研究的基础上，形成自身特色的基础理论，探索自身特色的研究方法，建构自身特色的学科体系，并且培养自身特色的研究队伍。因而，政治学理论与方法本土化的价值正是在于形成了一套与中国现实政治发展相关的研究领域和理论路径，并在研究中力图避免陷入全盘西化的误区。当然，这并不意味着当代中国政治学理论与方法的发展不能重视西方学说，而是在正确审视、全面评价、合理借鉴、批判利用的前提下，使西方政治学理论中

---

① 葛荃、张英魁：《本土化构想：建设中国特色现代政治学理论面临诸问题》，《华侨大学学报》2005年第4期。

② 钟诚、袁刚：《政治学何以“本土化”——评张纯明〈中国政治二千年〉》，《中共中央党校学报》2009年第6期。

的积极成分为本土化的中国政治学研究提供助益。

其次，本土化研究有助于增强中国的软实力。政治学理论与方法的发展不只表现为学术层面上的知识积累，它还向中国学者提出了展现中国特色、凝铸中国气派这样的要求。具有中国风格的政治学学术研究，可以使国家在国际事务中掌握更多的主动权、争取更多的话语权，而且对于摆脱西方中心主义并抵制西方的分化具有重要意义，有助于增强中国在国际领域中的影响力。中国在改革开放之后，经济实力、军事实力等硬指标逐渐提升，但是国家软实力的增强也是不容忽视的关键问题。当今世界，一个国家的发展应是全面的、综合的发展，其实力也应是超越物质实力之上的综合实力。早在改革开放之初，党和国家就明确了物质文明与精神文明共同发展的重要性，而社会主义政治文明的现实发展也日益成为中国学者关注的对象。对于中国政治学理论与方法的本土化而言，它所展示的软实力主要蕴含在对西方资本主义意识形态、理论模式及政治制度的批判。为了从容面对资本主义国家的联合攻击，在政治学方面，中国政治学界必须增强自身的理论力量，更进一步增强中国政治学的本土化研究，形成自身的理论武器，这样才能在国际舞台上站得住脚，在一些国际竞争中才能摆脱资本主义的困扰，掌握主动权并增加话语权，增强中国在国际上的影响力。

最后，本土化研究是中国政治学者的学术责任。政治学者在学术研究中应该肩负使命，担当责任，这种学术责任体现在政治学者需要抱持社会良知去看待理论问题，需要坚定立场去追寻美德与福祉。历史唯物主义的观点表明，人民是历史发展的主体。中国政治学理论与方法的价值关怀理应体现在对于广大人民群众利益的充分表达。因此，政治学研究必须以人民为出发点并以人民的利益为归结点。中国政治学的发展需要形成一套适合中国自身建设的理论，但是在理论建构的过程中，如果政治学者脱离了与广大人民群众的密切联系，就无异于斩断政治学研究的学术“脐带”，在脱离“母体”的游荡中迷失方向。这要求政治学者不仅关注人民群众的政治生活，还要求政治学研究在整体上增强人民群众的公民意识。政治学者以本土化研究为学术责任来建构理论体系，能够使政治学研究更加深入到人民群众中去，能够加强中国政治学界与广大人民群众的联系，同时也使理论成果更容易为广大人民所接受。

从以上论述中可以看出，政治学的本土化研究不仅是重要的，也是必要的。政治学理论与方法的本土化，既是坚持马克思主义的基本途径，也是马克思主义的必然要求。从这个意义上来说，政治学理论与方法的发展方向必须向本土化、防止西化的方向发展。

对于中国国情而言，政治学理论与方法的本土化需要注意以下几点：

第一，正确对待并批判性地借鉴西方理论和方法。“当代中国政治学引进了西方政治学的一些理论和方法，这在一定程度上促进了我们政治学研究的发展。但是，任何一种理论都离不开它所处的社会历史文化背景，否则就会缺乏说服力和解释力。西方政治学是在西方政治实践中产生和发展的，有其自身的社会经济文化背景，其思想、观点、理论和方法并不完全具有普遍意义。忽略西方资本主义市场经济成熟的大背景，将西方政治学理论体系和理论观点移植到中国来，必然会缺乏科学性和导致指导思想上的偏离。这在政治学恢复之初是不可避免的，但经过20年的发展还存在这种状况就应该说是缺陷了。”① 任何理论的形成都需要借鉴其他较为成熟的理论，可是对西方理论亦步亦趋的学术研究就完全是跟风之作，从而丧失自身的性格，这要求我们在借鉴西方先进理论的基础上创造性地发展自身特色的政治学理论与方法。对待西方政治学理论要采取批判性的态度，以坚持和加强本土化研究为本位，注意考察并分析产生西方理论的历史根源与文化背景，不能简单地直接套用现成的西方理论观点和分析模式。中国政治学理论与方法的不断完善依赖于多元而科学的研究方法和研究过程，

---

① 王惠岩：《政治学学科十五规划及课题指南草案》，2004年9月。

可是中国政治学者的价值观念和学术立场需要在自身的反思中得以确立，中国政治学理论与方法的学术命脉要把持在中国人的手里，中国特色的政治学理论与方法也应当饱含着中国人的实践认知和文化精粹。

第二，努力建构具有本土化气息的思维模式、基础理论与研究方法。思维模式、基础理论与研究方法，是构成每一学科的基本要素。思维模式是影响建构政治学理论与方法的主观因素，中国政治学者能否自由思考是本土化的先决要件。自由体现为自律，摆脱西学的桎梏，走向中国政治学理论与方法的本土化，这不仅是中国政治学学术自由的根柢，也应该是中国政治学者的本能自律。因此，中国政治学者既不应该依赖西方理论，也不应该耽于国故堆中，而是在自律中实现中国政治学的学术自由，实现中国政治学理论与方法的本土化。同时，中国政治学者应当发挥自身的思维特点，一方面以逻辑推理的方式去分析概念并提出命题，另一方面应当具有以规范研究来加以验证的意识。建构具有本土化气息的政治学理论与方法，也不简单停留在研究者的身份和国别，更在于它是否属于一种自主的学术研究，是否属于符合本土要求的学术研究。这要求中国政治学者在学术实践过程中以本土化为标准贯穿始末。一项研究议题的提出，首先要受到诘问的就是这是否符合中国人民的需要，是否符合中国国情的需要。而一项研究结论的得出，也应该判断其是否可以用来启迪中国的政治生活和政治实践。

第三，坚持以马克思主义为指导，在不断探索中丰富并发展马克思主义，始终以人民的根本利益为价值核心，以不断完善社会主义民主政治作为根本保证，在政治学理论体系中实现马克思主义的中国化。中国政治学理论与方法的本土化要始终明确马克思主义的重要地位，确立马克思主义作为指导一切政治学研究的根本原则。中国政治学的学术研究应当始终以人民为根本出发点，在马克思主义的指引下探索和发展政治学理论，不断完善全国人民代表大会制度这一代表中国公民根本利益的根本政治制度，不断完善中国共产党领导的多党合作与政治协商制度，不断完善民族区域自治制度，不断完善以基层自治制度为主要内容的基层民主制度，从而实现中国政治学理论与方法本土化的真正价值。

第四，努力建构中国的政治哲学，将理论的价值目标锁定在为历史的发展提供基本价值准则。政治学理论与方法的本土化意在为中国自身的政治实践提供指导理论。中国政治学发展的目标应该是在马克思主义的指导下，为中国政治实践提供根本的、普遍的价值准则。一个理论的价值并不局限于为部分现实和某些方面提供指导作用，而是能够为本学科的研究对象提供一般性的价值准则和根本性的客观规范。中国政治学经过多年的发展，更应该在努力发展学科理论体系，探索科学的研究方法和思维模式的同时，将马克思主义哲学的价值观和方法论作为理论滋养，并最终形成中国特色的政治哲学，为中国政治学理论与方法提供原理性的指导。

（二）理想与现实：中国政治学理论的坐标与指向

一般而言，政治学理论研究可以区分为三个基本层次，即政治科学、政治学基本理论和政治哲学。政治科学是通过研究政治权力的使用，以政治权力为核心展开的各种活动的形式，以及它们之间的关系来寻求政治学发展规律的一门学科。早在20世纪50年代，美国等西方国家就兴起政治科学的研究，其中以西方的行为主义为典型，这也代表着政治科学比较成熟的理论形态。行为主义方法主要是运用数量统计等实证方法来分析政治活动和影响人们政治活动的因素，进而从中寻找到政治学的发展规律。中国政治学理论与方法在发展初期，学者们曾经在政治科学的领域投入大量的精力进行研究。经过长期摸索，中国学者发现政治科学并不能解释政治生活中的所有现象，政治系统的运行规律也不是依照“科学”预测的轨迹而发展。政治科学的最大弊端在于对实证方法的绝对服从，似乎实证方法的正当性是不证自明的理论预设，从而走向另一个形而上学的死胡同。实际上，以实证方法为依托的政治科学只是运用数据来说明政治现象，难以发觉政治现象背后所隐藏的实质内容，可以说此时的政治科学是一种“硬科学”。

之后，在诸多学者的努力之下，中国的政治科学有了进一步的发展，并主要表现为研究领域的拓宽和研究内容的深化。政治科学的研究是在数量关系的基础之上展开的，却不能仅仅停留在数量关系上，“政治科学研究的数量化走错了方向，把政治科学看作硬科学的结果，应予以排斥，而代之于更多的应用研究。”①

随着政治科学研究的不断深入，以及政治科学研究方法获得充分发展，中国政治学领域中有关政治学基本理论的研究也有了显著的突破。首先，中国政治学界探索了一套理论，并且初步形成了一套学科体系。中国政治学研究始终坚持马克思主义，通过政治现象并运用科学的研究方法得出结论，这对中国政治学的发展有十分重要的意义。其次，中国的政治学研究不断走向深入，研究领域也更加广泛。中国政治学者不仅研究普遍性的政治现象，而且注重通过研究政治现象而得出隐藏在现象背后的本质，并试图得出有关政治学发展的规律。再次，政治学基本理论的研究逐渐关注同民生密切相关的重要概念，比如公正、民主、文明等。这是建立在对政治学的高度把握的基础上才能实施的，中国政治学正在努力变得更加本土化、世俗化，政治观念也在逐步深入人心，人民的政治参与程度也逐步提高，这对中国政治学理论的成长发展颇有进益。最后，在政治学理论体系方面，中国政治学研究逐步形成了适合于自身发展的理论体系，并且在中国共产党的带领下，将理论体系逐步运用到社会主义的建设中去，建设有中国特色的社会主义事业，用发展着的马克思主义来探索道路。总之，随着政治科学的发展，中国政治学基本理论的发展呈现出功底厚、多层次、深领域的特点，这为今后政治学的发展奠定了必要的基础。

然而，中国政治学理论研究仍有一些不可规避的问题。其中，如何处理政治学研究同政治哲学之间的关系，就是诸多问题中亟待解决的一个。一般而言，政治哲学主要关注并探讨价值问题，尤其侧重于

---

① 郁建兴：《政治学发展的自我反思与中国政治学建构》，《教学与研究》2005年第5期。

那些有关政治现象背后所隐藏的政治价值，它不仅仅是用来解释某个或者某几个政治现象，而且应该能用来解释普遍的政治现象。“学术界普遍认为，政治学与政治哲学之间是事实与价值的分别：政治学关注的是政治事实问题，政治哲学关注的是政治行为的价值问题。”①政治科学同政治哲学之间的区别不仅仅在于此，更在于政治哲学要去追问什么是对人们最好的生活，什么是人们最想要的生活。那么，中国的政治哲学能否对这些问题给出一个以社会主义初级阶段为时空背景的答案，进而为中国政治学理论研究提供普遍的准则、规律和结论，为中国未来的社会生活描绘一幅直观可行的理想画卷，则是中国政治学界在此后要深刻思考的问题。此外，中国政治学理论研究与西方政治学相比，在某些方面表现出浅显的特点。比如，中国政治学研究在一段时期内还在意识形态领域纠葛，难以从现实问题出发去研究政治问题。而且，中国政治学理论往往停留在学理层面，学术研究的理论成果不能经过实践的检阅，不能完整的实现与中国实际问题的融通，也就不能在实践中实现理论的升华。“中国的政治学学者更应从中国的现实问题出发，创建自己独特的理论体系。”② 因此，中国的政治学理论体系不但需要高屋建瓴的理想坐标，而且需要经世致用的现实指向；不但需要对人们生活的终极关怀，而且需要将这种关怀纳入到整个中国的社会实践中去加以考量。政治哲学已经引起学界的重视，但是中国现阶段的政治哲学毕竟刚起步，中国的政治哲学研究不是去模仿西方的一些理念与模式，也“不是要亦步亦趋地去与当代西方学术接轨，而是要自觉地形成中国学界的批判意识与独立视野。”③

随着政治学理论研究的发展，今后中国政治学尤其是政治哲学的发展有如下趋势：

---

① 邓周平：《论政治学的学科性质及与政治哲学的关系》，《浙江学刊》2009年第1期。

② 王邦佐：《政治学的繁荣发展需要理论创新》，《政治学研究》2001年第1期。

③ 赵景来：《当代政治哲学若干问题研究述略》，《马克思主义研究》2007年第5期。

首先，政治哲学的兴起应为中国政治学理论研究测定理想坐标。政治哲学的意义在于探寻普遍性的价值准则，并且用缜密的逻辑加以证明，使人们从哲学的角度来理解政治学，最终实现真正意义上的政治哲学。中国传统的政治学理论，大多数是通过阐述在资本主义社会或者社会主义社会下的一些政治现象，从中寻找政治的本质并探索政治发展的规律，并没有从哲学的角度去研究政治的发展，探索出的规律并不足以解释从古至今人类社会的一切政治现象，因而也不具备什么普遍的价值准则。而当前中国的政治哲学研究主要还停留在对西方政治哲学的文本研究上，还在寻找隐藏在政治现象背后的政治本质以及政治的发展规律，缺少对终极价值的理想图绘和证成过程。这实质上只是把政治哲学当作政治学的一个分支，或者说是下属于政治学的一门学科，并没有实现其在政治学理论中的基础地位，也没有形成一种就中国政治学而言的普遍价值。当代西方政治哲学研究者已经就正义、自由、交互行为、审议民主等问题形成诸多理论，并且产生新自由主义、社群主义、共和主义、女性主义等诸多学派，在政治哲学研究上做出较多的创新。而且，在西方政治哲学的著述中，其字里行间无不表达出作者各自的理想愿景。实际上，政治哲学的价值不在这一学科本身的存无，而是在政治哲学的风骨中透露的理想情怀。那么，中国的政治哲学研究者也应当具有为中国政治学测定理想坐标的勇气，也许这种理想的描述有可能是不成功的，但是这种尝试却是值得鼓励的。当然，这并不意味着忽视对西方政治哲学的文本研究，政治哲学毕竟是西方国家一脉相承的学科，中国的政治哲学研究者有必要了解其思想和理论进路。但是面对政治哲学的勃兴，中国学者能否搭建全球视野下的话语交流平台，不在于充当西方政治哲学的“辞典”，而是在于中国学者是否有自己的理想坐标，有自己的表达系统。更值得期待的是，中国政治学者可以用自身的理想价值去吸引世界的目光。

其次，中国政治学理论应指向现实领域。尽管包括政治哲学在内的西方政治学理论曾在不同阶段崇尚“价值中立”“普世价值”等，但是在其论述中都可以看到社会背景对理论形成的影响，例如《正义论》与福利国家的兴起，社群主义与西方道德虚无主义的滥觞。反观中国的政治学理论研究，往往是在一些比较大的范围，有点脱离实际，忽视了现实领域的政治现象。目前，已有不少学者开始以现实领域的问题为突破口，也取得可喜的成绩。可仍需思考的是，中国政治学理论的宿命是为了什么，不是满足于斗室中的臆想和精致的论证，而是理想与现实的互照，完成应然与实然的统一。因此，从现实出发，在大量的统计数据分析的基础上，实现对政治理论的研究与探索，最终寻找政治的本质规律，形成一套普遍的、确切的、客观的政治规律将是中国政治学理论的具体指向之一。

最后，政治学理论研究应指向被纳入政治与社会实践。中国著名学者张友渔曾经指出，“我们研究政治学是为了建设一个社会主义强国，我们要建立并加以发展的是社会主义政治。要求我们以马克思主义的立场、观点、方法来研究社会主义的政治关系和政治规律。它是社会主义的，同时又是中国的，即从中国的具体情况出发，具有中国特点的社会主义政治学。”① 因此，中国政治学理论的发展最后仍然要归结到实践范畴，在实践中检验理论的真伪，从而真正实现政治学理论对现实的指导意义。同时，实践也证明，无论中国政治学研究的发展视野如何变化，无论研究的领域、层次有多么的复杂，始终要坚持正确的政治发展道路。中国政治学理论的发展过程中会更加坚持马克思主义的道路，会在指导中国特色的社会主义建设过程中逐步得出能够成为普遍价值准则的理论成果。

（三）融合与统一：中国政治学方法论的研究议程

每一门学科的研究都有其特定的研究方法，对于政治学研究而言，方法论是非常重要的研究基础。政治科学正是通过观察政治现象、分析统计数据等来实现政治理论的探索，并最终形成政治学的一门学科

---

① 张友渔：《张友渔文选（下）》，北京：法律出版社1997年版，第149页。

体系。从这个意义上来说，方法论对于政治学的研究有至关重要的意义，从第一手材料的收集，到对材料的分析，乃至理论的得出都有很大的影响。

中国政治学研究方法论在 30 年间，已经有较大的收获。

首先，中国政治学方法论研究初步形成体系，在马克思主义指导下的基本框架已经完成。很多高校出版了自己的政治学方法论的教材，学者们对于政治学方法论的交流也日益增多，显而易见，政治学研究方法的重要性已经取得共识。中国政治学研究的基本方法和具体方法种类繁多，比如调查研究、定量分析、经验设计、个案研究、政治系统分析、结构功能分析、政治行为分析、政治精英分析、政治决策分析等。从马克思主义的政治学方法论来看，“马克思主义政治学分析政治的基本角度主要有利益角度、阶级角度、经济角度和历史角度，由此相应地构成了马克思主义政治学的利益分析方法、阶级分析方法、经济分析方法和历史分析方法。”①利益与经济和阶级是紧密相关的，在私有制社会中，人们之间的利益冲突必然会上升为阶级利益的冲突。马克思主义认为，研究政治“必须到生产关系中间去探求社会现象的根源，必须把这些现象归结为一定阶级的利益。”② 并且“马克思主义是根据日常生活中千千万万件事所表现的阶级矛盾和阶级斗争来判断利益的。”③由此可见，阶级分析方法和经济分析方法就是利益分析方法。

其次，政治学研究方法更加重视量化研究。当今西方政治学界通过对调研资料的分析研究来得出结论已经比比皆是，改革开放以来随着西方政治学成果的大量引入，中国政治学在量化方面的研究也逐渐增多，比如运用统计学的知识和方法研究第一手资料，从而由量化研究而得出结论的比例日益提高。

---

① 王浦劬：《政治学基础》，北京：北京大学出版社 1995 年版，第 38 页。

② 《列宁选集》第 1 卷，北京：人民出版社 1984 年版，第 464 页。

③ 《列宁选集》第 2 卷，北京：人民出版社 1960 年版，第 634 页。

最后，政治学研究方法的选择余地也逐渐增加。在政治学研究的过程中，中国政治学者还注意到西方政治学比较先进的研究方法，同时，一些原来从事其他学科的研究者也加入到政治学的研究队伍中来。中国政治学者知识结构的不断更新极大地开拓了学界的视野。中国政治学界在研究方法的探索中，实现了学科间的融合，学习了西方的先进理念，不再单一运用某种研究方法，而是开始选择社会学、管理学以及自然科学中的研究方法来架构中国的政治学方法论。

虽然中国政治学方法论的研究有了显著的发展，可是还存在明显的不足，主要有以下几个方面：

首先，价值规范的问题。运用科学的方法解决政治学的问题是中国政治学的追求，但是在研究“政治”这一具有高度价值含量的问题时难以实现“价值中立”，这与政治学者的身份、背景、教育、倾向等因素息息相关，在政治学研究中“去政治化”说易行难。西方行为主义政治学以“价值中立”为依托，却依然没能在价值的天平上维系精妙的平衡，并最终走向没落。① 其原因可能比较复杂，可“价值中立”始终要面对两种质疑：一种比较取巧的路数是，“价值中立”本身是不是一种价值，回答是与不是似乎都难以圆满；另一种则是，“价值中立”能不能解释并规定价值，这则是对“价值中立”在政治学研究中有无存在必要的探讨了。无论答案如何，政治学中既存的价值色彩难以无视，社会的多元性也决定了人们具有不同的价值观念，“价值中立”的想法总是比较尴尬的。

其次，评价标准问题。政治学界对于基本概念的理解尚未统一，对于政治现象的分析方法也各有异同，因此，想得出一个统一的评价标准在现阶段是很难实现的。当然，这并不等同于众口一词，反思与争鸣是学界同仁随时欢迎的，但是中国政治学者应该有一个达成基础共识的对话空间。并且，中国现阶段政治科学方面的人才培养比较落

---

① 关于行为主义政治学与“价值中立”的困境，本文第一部分的第三小节已经作出说明。

后。政治学自恢复之日起才 30 余年，在这期间，中国政治学理论研究虽有较大程度的发展，但是对于政治学方法论的研究尚显不足。所以，想建立起达成基础共识的评价标准是一时无法完成的。这也要求中国政治学者必须在一定的可行范围内，积极寻求可为学界所接受的评价标准，努力实现政治学方法论的科学性、准确性。

最后，学术规范问题。中国政治学方法论研究相对滞后，难免出现规范性的问题，可如果漠视这一问题，就会降低理论研究的可信度，阻碍中国政治学的良性发展。当前的规范性问题主要表现为："一是规范研究不注重规范。规范研究整个研究体系存有很多缺陷，如，缺乏理论预设、问题意识不明确、文献引用不准确、文献评论不规范、研究方法侧重思辨研究等。二是经验研究不注重规范。经验研究过程中，研究资料获取途径单一、资料分析方法单调、资料的引用与问题的结论相脱离。如，引用的案例不适合方法的解说，研究的资料搜集往往沉迷于文献的引用而不注重拓宽研究资料的来源等。三是研究方式不注重规范。政治学研究方法陈旧单一的局面并未打破，至今传统的、静止的、定性的、孤立的单学科研究依然是主流方法，仍未能实现从应然研究方法向实然研究方法、静态研究方法向动态研究方法、定性研究方法向定量研究方法的根本转变。"①

政治学方法论的研究在今后应有以下几个趋势：

第一，以学科间融合带动政治学方法论的进步。中国政治学者应该都会清楚地认识到，任何一个学科都不是孤立的，它都会有相关学科作为理论的补充或者铺垫。再加上现如今学科间的交流如此频繁，政治学的方法论应该吸收借鉴其他的学科，形成学科间的方法论的大融合。政治学应该在借鉴其他社会科学和自然科学的同时，丰富自身内涵，使其理论研究功底更加深厚，学科间的交流更加密切，避免政治学的方法论研究故步自封，从而推动中国政治学进一步发展。

① 冯志峰：《当前我国政治学研究方法的现状和反思》，《甘肃理论学刊》2008 年第 5 期。

第二，定性与定量的统一。改革开放初期，中国政治学研究大部分是定性研究，通过对某一个政治现象的分析，经过理论逻辑的推理形成假设，在以后的实践中再加以矫正。这种现象的产生与当初的客观条件有关，更与不发达的政治学方法论密切联系。因此，中国的政治学研究方法应更加重视定量分析，在分析政治现象的时候合理地运用定性与定量分析方法，重视客观依据、事实，及时收取第一手材料，尽量避免盲目的做出价值判断。“价值中立”的困境不意味着偏离客观公正的标准来分析材料，具有价值倾向也不应当放弃科学的方法，而是运用定性与定量相结合的方法，对相关理论中的价值判断进行准确、公正、客观的说明、解释和预测。

第三，规范与经验的统一。规范方法与经验方法之争曾经是学界热烈讨论的话题，经验研究注重反思与提问，规范研究则注重调查与验证，两者都不可偏废，它们的重要性都应该得以强调。这正如 30 年前的中国政治学者不会清晰地预见今天中国政治学的现状，而是 30 年的实践证明了中国政治学的发展。但是中国政治学却也是在老一代政治学家思想的引领下进步的。而且改革开放的 30 余年，中国政治学者运用规范方法与经验方法得出的许多结论，既有正确的也有错误的。因此，规范研究与经验研究应当相辅相成，实现统一。但是规范与经验的统一不应当是简单的粘贴，而是在对两种方法论的深刻反思下完成共融。这是以后中国政治学方法论需要解决的重要问题。

第四，政治学方法论在研究议程上的统一。包括上述的各种政治学研究方法，最后都应该归结为研究议程的问题。政治学方法论不仅是一门科学，更是一个体系，其研究议程的统一应基本具备三个步骤：(1) 对于研究对象或者说是课题的规划。在这过程中应注意研究对象一定是可以用科学的方法解答的，是具有研究价值的政治现象，也就是说要有理论价值。(2) 大量事实依据的收集。政治学的研究必须以大量的、可靠的、客观的、准确的、全面的资料为基础，否则会影响研究的真实性及其质量，更会使研究的价值大打折扣。(3) 分析资料，得出结论。这一步最为关键也最为烦琐。对于资料的分析，首先要对其进行规范化整理，使其条理化，系统化，之后，在分析资料的过程中，在评价标准的指引下，努力做到分析方法的融合与统一，寻求最佳的分析方法。在做出结论之前，尽量避免分析者的价值观念对研究过程的影响。得出结论后，应在实践中检验与发展理论，使其不断完善。

（四）特殊而独立：中国政治学理论与方法的研究领域

在取得瞩目成就的 30 年中，中国政治学理论与方法的研究领域呈现出不断细化、不断专业化的趋势，有大量的学者对每一个独立的理论板块进行研究，这直接导致了政治学研究在研究视野、学科设置、新兴学科的兴起这三方面的变化。

首先，政治学研究视野的变化。政治学的研究视野随着学科的细化也相应地发生改变，这些改变使中国政治学的发展又上了新的台阶，其变化也显现得纷繁复杂。“在我国政治学近 30 年来的学术发展中，学术研究视野的变化发展总体呈现从单维度向多维度、从单领域向多领域、从单层面向多层面、从单机制到多机制、从单状态向多状态的不断丰富拓展的逻辑进程。”①

其次，学科设置上的变化。随着政治学理论与方法的发展，政治学作为一门学科的理论内涵更加丰富了，对于理论知识的探求也更加专业化了，这就引起了学科的逐渐细化。目前中国对于政治学的再划分标准不一，简单按照出现的学科种类来看，有二十余种之多。② 学科的细化是政治学发展的必然趋势。

最后，新兴学科的出现。当一个学科已经无法容纳其所包含的丰富内容，或者说仅仅从一个大学科的角度已经无法充分理解某一概念、理论时，新学科就会应运而生。由于政治学理论的丰富，原有的学科

---

① 王浦劬：《从阶级斗争到人民共和——我国政治学研究的逻辑转换析论》，《北京大学学报》2009 年第 1 期。

② 详见第一部分第四小节。

已经无法承载理论研究的需要，如政治考古学、政治动力学、政治语言学等新兴学科出现，它们对政治学理论体系产生举足轻重的影响，这也是中国政治学蓬勃发展的表现。

综上所述，政治学在当今社会科学的大环境中，逐步实现着与其他学科的渗透与交融。每一个学科作为社会科学的一个分支，都有其特定的理论体系，价值追求，研究方法，政治学也是如此。政治学作为一门科学，是认识世界和改造世界的工具，这也就要求政治学必然有其独立性。在与其他学科的渗透与交融中，政治学应继续保持其独立性，始终明确其价值追求，不断完善本学科的理论体系，逐步形成一套成熟的研究方法论。唯有此，政治学才能继续保持其自身的价值，开创自己的理论价值，而不会在知识的交流与碰撞中迷失自我。中国政治学者应该更新自己的知识体系，但是也要寻找到政治学特定的研究领域，在与其他学科的相互渗透和融合的过程中，发展壮大政治学的理论与方法。这需要把握以下几方面：

第一，形成政治学理论与方法特定的研究对象。中国政治学在与其他学科的不断交融中为自身提供了发展空间，而另一方面，学科之间界限开始模糊化。由于研究对象的相同或者相似，价值取向在某些方面上的相似，研究方法的相通，政治学与临近学科之间的界限变得模糊。政治学的研究对象是什么？政治学的研究对象是“以公共权力为中心的政治关系、政治制度、政治思想、政治文化和政治行为及其发展规律”。① 而中国现在的政治学研究对象似乎超越了曾经坚持的基本理论的范围，这样就导致中国政治学无法形成自己特定的研究对象，在研究政治学理论过程中很容易受到其他学科的影响，使自身很难获得较大发展。

第二，明确政治学理论与方法的研究方向。以公共权力为研究主要对象的政治学，其理论与方法的研究价值就在于如何通过政治权力

① 王惠岩：《政治学原理》，北京：高等教育出版社2006年版，第6页。

来实现对各种社会关系的调整，来达到一种均衡的状态。“尤其是关于国家政权的理论是马克思主义政治学说的核心，有关政治、政权、国家等基本概念和范畴的科学理解，是马克思主义政治学说同历史上任何一种政治学说相区别的根本标志。在马克思主义方法论的指导下，政治学研究的重心应该是强化国家政权理论研究，包括中国的政权现状、政权基础、权力合法性、政权的运作、变化规律与经济、文化发展状况的互动，等等。”① 把握住这一点，政治学的研究就不会去关注那些与本学科关系不大的学科，这从某种意义上来说保持了政治学的独立性。

第三，拥有学科自身独立的研究方法。每一个学科都有其自身独特的研究方法，虽然研究方法都有相互融合的地方，但是作为一个学科特定的研究方法，总有其独到之处，其他学科的研究方法所无法替代的部分。只有特定的研究方法才能有特定的研究价值，才能凸显一个学科体系存在的意义。鉴于研究方法的相似或相同，中国政治学方法论可以通过学科间的相互交流弥补自身的不足，但是要始终保持自身的独立性，明确学术研究的目的和意义，努力提升政治学研究的科学性、准确性。

第四，努力学习相关学科的优势。任何学科在其自身的发展过程中都会存在不足的地方，这些不足一方面需要中国政治学研究工作者在学科建设、人才培养等方面不断地作出努力，另一方面也需要去关注相关学科的发展情况。从其他学科的成功例证中吸收经验，为自己学科的发展提供理论基础，同时也要从失败的例证中吸取教训，避免失败再次发生。从其他学科的发展中寻找经验与教训，可以有效地促进政治学理论与方法的完善，同时，可以在相互交流中巩固自己的学科领域，保持自己的独立性。

因此，在不同学科的冲撞与交融，不同思想的激荡与竞争中，政

① 葛荃、张英魁：《本土化构想：建设中国特色现代政治学理论面临诸问题》，《华侨大学学报》2005年第4期。

治学作为一门科学，增强自身的独立性，始终明确本学科的意义和价值，运用专门的研究方法研究政治现象、分析政治问题、得出政治结论，在社会科学这个大家庭中凸显其自身应有的价值。

（五）宏观与微观：中国政治学理论与方法的研究层次

中国政治学自从恢复开始就展现了其宏大的抱负和研究层次，在关于中国改革与发展的重大问题上，取得了不小的成就，对于中国现代化建设与科学发展都起了积极作用。这些宏观方面的理论研究上的优势地位要继续保持，也应该看到在微观领域方面的研究还有所欠缺，比如说，“在当下的农村田野调查和实证研究中，政治学科的本体学术资源几乎无法用上，而不得不援借人类学、社会学、地方经济社会史和农业经济学的学术资源”。①因此，中国政治学的发展趋势应是研究层次逐渐从宏观领域逐渐过渡到微观领域，努力实现两个领域研究的互补，完善中国政治学理论与方法的学术体系。

微观领域的研究意义重大。首先，政治学是一门社会科学，其落脚点无疑应该是社会现实生活。仅仅是宏观领域上的理论发展不足以实现对现实生活的指导作用，并且研究宏观理论的同时如果缺乏对微观领域的研究，其理论不免显现为一种理想或者说是空洞的价值，政治学科的意义略显不足。其次，政治学不仅仅研究国家政权，更要研究如何合理地运用国家政权调理国家内部人民的关系，这就需要中国政治学者能从更为微观的领域提供理论研究素材并探讨相关理论，这样才能实现国家与人民、人民与人民之间关系的和谐状态，增强理论的实际意义。再次，政府是人民的民意机关，中国政治学者不光要研究政府的设立、原则、机制等方面，更要研究政府与人民这一历史主体之间的关系，唯有此，党和国家才能够借助政府与人民实现良好的沟通，人民的意愿更能合理的被表达，社会才能安定和谐发展。最后，

---

① 贺东航：《当前中国政治学研究的困境与新视野》，《探索》2004年第6期。

政治学自恢复以来由于受到客观条件的限制，中国政治学研究方法更加侧重于历史与逻辑的统一，在客观材料的采集与研究、现实经验资料的收集方面有明显的不足，这也在某种程度上导致了中国政治学的畸形发展。这不仅导致了理论的片面性，更导致了理论在现实生活中的合理运用，影响了理论的研究、发展、论证、扩充等方面，并且减缓了中国政治学的发展进度。由上所述，中国政治学有必要适应时代的需要，不断发展并实现研究层次从宏观向微观的转变。正如胡乔木同志所说，“政治学是一门重要的科学。新中国成立后取消政治学研究是错误的，在理论上、实践上都是损失。”“政治学不仅要研究‘政治制度’，而且要研究国家、政党、人民和政治家及其相互关系。”“要研究人民通过什么途径来实现对国家的领导，如何在一切基层单位，即社会组织的任何一个细胞里，实现民主的政治生活，使每一个公民作为主人翁来行使自己的权利。”①中国政治学研究层次从宏观向微观的转变主要从以下几方面入手：

第一，从国家制度层面转向诸如农村等基层单位。政治学自恢复以来，中国学者始终坚持马克思主义这条主线，用历史唯物主义的视角去看待社会生活中的政治现象。对于国家的本质、起源、性质，对于国家政权的理解，对于历史发展的背后动因的总结有了突破性的认识，使学者们更加坚信社会主义的必然性，同时也坚定了走社会主义道路的信心，为中国的发展提供了理论支撑，坚持马克思主义、坚持社会主义，也逐渐成为党和国家制定方针、政策、纲领的依据，人民群众的根本利益也成为党和国家的工作出发点和落脚点。不过，无论这些方面理论的研究有多么深入，中国政治学的理论与方法始终欠缺以更为微观的政治单位作为研究的出发点，对农村基层组织、区域自治政府、城市居民自治组织等方面进行研究。国家政权是政治学的主要研究对象，不过对于国家政权所下属的一些政权机构，尤其是基层

① 中国政治学会编：《政治学研究通讯》1981年5月25日试刊第3期。

的一些政权组织也应该纳入到中国政治学者的研究范围内。唯有此，才能在宏观把握国家发展、建设、治理的有关理论的同时，通过对基层政治现象的研究，使理论成果成功地运用到具体实践中去，增强这一学科的实践性。

第二，从两大阶级之间的关系转向人民内部的关系。在一段时期之内，中国政治学的研究尚未深入到具体生活中，这表现为中国学者经常会从历史唯物主义的角度出发，论证资本主义必然灭亡，社会主义必然代替资本主义的历史规律。当中国学者充分论证、理解其内涵后，应该像关注两大阶级那样去放眼现实，去考虑中国人民内部的矛盾。这一点在目前已经有了一定的发展。“在阶级属性之外，社会成员的阶层、集团、民族、单位等社会属性及其政治意义得到了重视，并且作为人民内部社会成员的社会属性和政治的社会前提，纳入政治分析和研究的范围。”①社会主义和资本主义并存已是现实，中国政治学者应在坚信社会主义道路的同时，去关注中国人民内部的矛盾，去思考如何增强社会和谐，使社会主义屹立在世界的东方。“政治就是一种公民之间、社团法人之间或国家之间的有组织的博弈行为。政治学研究的根本目的就是如何将公民、社团法人和国家之间的政治博弈行为导入一个合法的、合作的与理智的空间，以减少不必要的冲突和对抗”②因此，在把握阶级本质的同时，要更重视本阶级的可持续发展，才能更好地在两大阶级的对立中把握住方向。

第三，从政府之间的权力关系转向人民与政府之间的关系。政府是执政党领导、建设国家的工具，广大人民的意愿通过政府影响政党的决策，政府在某种程度上可以说是中国共产党与人民的桥梁。因此，如何从制度、体制上完善政府以及政府与政府之间的关系是至关重要

---

① 王浦劬：《从阶级斗争到人民共和——我国政治学研究的逻辑转换析论》，《北京大学学报》2009年第1期。

② 邓周平：《论政治学的学科性质及与政治哲学的关系》，《浙江学刊》2009年第1期。

的。领导学、行政学等学科逐渐与政治学一起，探讨政府间各个部门关系的问题，如何优化政府的各个部门从而产生最大效能成为理论的焦点，经过数年的发展，在这方面取得了一定的成就，政府越来越成为民意机关，起到有益政党建设、国家发展的积极作用。不过，中国学者在一定意义上还缺乏对政府与人民之间关系的深入研究。比如政府与人民之间的沟通渠道，对政府的监督，等等。中国政治学理论与方法的落脚点是广大人民的利益，政治学研究始终是要以人为本的，对政府间的研究固然有其重要的意义，但是同时不能忽视人民群众在政府行政过程中的影响。完善信访制度、增强沟通渠道、实现电子政务和一体化服务等都是中国政治学者需要重视的，这些都会改善人民与政府之间的关系，增强人民对中国共产党和政府的信任度。

第四，从理论的逻辑推理转向理论与实践的结合。理论的研究和探讨有不同的方法，有的需要实践，有的则需要理论逻辑推理，不过，任何一种理论的论证都是需要时间的，再宏观、再抽象、再深不可测的理论都需要中国政治学者到微观领域中去论证它，唯有此，才能增强理论的说服力。“政治学研究必须理论与实际相结合。政治学的发展必须立足于社会的现实需求，脱离了社会需求就会导致政治学研究的空洞化，我们必须要坚持这个正确的研究方向。”①

中国政治学发展到今天，理论体系已经日趋成熟，如何将理论转化为现实动力已成为重大课题。政治学研究的理论多是从政治的角度去解释存在于社会现象背后的动机、本质，并为以后党和国家的发展提供理论基础，完善社会主义实践活动。理论的目标是通过理论对实践的指导满足最广大人民的根本利益。因此，中国政治学理论与方法的研究层次应该从更多的微观层面出发，并逐渐在微观领域增强学术渗透力，这样理论才能更完善、更客观，社会主义建设才能更科学、更高效。

---

① 王惠岩：《回顾与展望：发展中的中国政治学》，《吉林大学社会科学学报》2005年第4期。

（六）立场与姿态：中国政治学理论与方法的全球视野

从改革开放开始，中国建立经济特区，加强与国外的合作与交流，尤其是经济上的往来更为密切。在坚持独立自主的外交原则的基础上，中国不断改善经济体制，完善社会主义市场经济，充分发挥市场的优势，实现了经济发展的巨大飞跃。中国的发展离不开世界，在坚持实施"引进来，走出去"战略下，中国在全球经济发展的浪潮中拥有一席之地，成功地在学习了先进理念的同时创出了自己的品牌。经济全球化加强了中国与世界的联系，而随着经济全球化的不断发展，中国国际地位不断提升，影响力不断加强，中国与国际的学术交流也日益频繁，政治学也不例外。国际学术交流就像一把双刃剑，既有积极的一面，又有值得中国学者警惕的地方。

可以肯定地说，经济全球化为中国政治学的发展提供了很多的机遇，不仅为政治学研究提供了大量的材料，为政治学理论体系的建构提供了重要的借鉴，还为政治学研究方法提供了丰富的资源，这都从某种程度上加速了学科的发展，使中国政治学理论与方法呈现出繁荣的景象。这里有以下几点值得特别说明：

首先，中国政治学者在坚持马克思主义政治学原理的基础上，还将研究视野投射到西方的政治事件、政治理论、政治思想上。马克思主义是中国政治学研究的理论基础，是分析一切政治生活的根本原则。但是，中国政治学者不能把马克思主义教条化、僵硬化，马克思主义具有与时俱进的理论品质，它只是提供了一般方法和根本原则，中国政治学者还需要继续在马克思主义的指引下继续探索。这就需要借鉴人类一切积极的、文明的、有益的研究成果，这其中就包含了西方古今著名的政治学理论、思想，等等。在理解其理论、思想时，要坚持马克思主义的立场，更要从中汲取积极成果并用于自身的理论中去，唯有此，政治学理论与方法才能更完善、更深刻，才能真正形成一套完备的学术体系。

其次，中国政治学者从西方政治学发展过程中，学到了很多研究政治学的方法和相关理论，这为中国政治学者提供了很好的研究途径和理论素材。研究一门学科有其专门的研究方法是必要的，政治学自恢复之日起，不少学者为此付出了大量心血，如今中国政治学已经基本形成了自己的一套政治学研究方法论，其间中国政治学者也学习并引进了西方的许多研究方法，这为中国政治学方法论的形成与发展提供了很好的材料。无论是过去、现在还是将来，政治学的发展需要政治学方法论的发展，方法论的发展也必然促进了理论的发展。“遵循政治学发展的自身规律，我们看到，西方政治学发展的历史和社会基础决定了西方政治学在世界政治学发展中处于领先地位，引进西方政治学的理论与方法，已经为中国政治学学科建设提供了重要的学术营养和推动力量，也为其进一步繁荣发展奠定了必要基础。但是，从中国政治学取得更大发展的要求来看，特别是从中国特色社会主义民主政治建设的客观要求来看，这种学习、借鉴、吸纳工作仍然是非常初步的。”① 因此，中国政治学者应该继续随着全球化的潮流，借鉴一切人类文明成果于中国政治学理论与方法的发展过程中，使学术体系与时俱进，富有生机。

经济全球化下的学术交流，使中国政治学的发展突飞猛进，无数事实证明，国家发展离不开交流，学术发展也需要国际学术交流，如今的学术交流已经与过去有很大的不同。传统学术交流是以纸介交流和人际交流为主，而现代学术交流是在传统形式基础上和网介交流共同完成②。网介交流在信息革命时代起关键作用，是获得信息增量最快的形式。网介交流的范围可以扩展到世界各地，具有传统学术交流所不具备的特点，如形式多样性、速度快捷性、质量高效性等。由于当今学术交流呈现信息量大、速度快、范围广等特点，中国政治学者

---

① 郁建兴：《政治学发展的自我反思与中国政治学建构》，《教学与研究》2005年第5期。

② 杨文志：《现代学术交流运行原理研究——中国科协第三届学术交流理论研讨会论文集》，北京：中国科学技术出版社2008年版，第2页。

也必须警惕在全球化影响下学术间的国际交流为中国政治学发展带来的负面效应。

首先，要始终维护马克思主义立场，坚持社会主义道路。马克思主义是中国共产党一切理论、政策、方针的基础，是始终要坚持的根本原则和方法。失去了马克思主义就失去了方向，只有马克思主义才能真正带领我们实现共产主义。现代西方所坚持的人本主义、实证主义是形而上学的另一种形式，也是有待于发展的，都无法指引我们走向繁荣，只有马克思主义才能成为我们的指导原则。在国际学术交流期间，在学习其先进理念、理论和学科经验的同时，不可避免地会受到其负面影响，包括一些价值准则、政治理想方面的。中国政治学者必须警惕这些影响，不能在交流中迷失自己，要始终坚信马克思主义，要始终走社会主义道路。任何理论的发展、完善与巩固都离不开古今中外的学术借鉴与交流，但是，根本的指导原则是不可改变的，是依据国情而论的，中国是社会主义国家，中国政治学者一定要有坚定的马克思主义信念，将社会主义道路一直走下去。

其次，要坚持实事求是的原则，使中国政治学理论与方法具有中国气派。“如果说马克思主义政治理论、西方政治学和古代中国的政治学遗产为建构中国政治学提供了主要理论资源，那么，中国特色社会主义建设的伟大事业则为它提供了主要实践动力。同样地，解释、解决中国特色社会主义政治建设中的理论与实践问题，是建构中国政治学的关怀点和归宿点。”①中国政治学的学术研究归根结底还是看是否能够带领人民走向共产主义，是否能够满足最广大人民的利益，可实践性成为政治学理论的重要价值。一些西方理论在西方国家也许行之有效，中国学者将它们借鉴过来并不是直接将其放到自身理论体系中去，而是要与中国国情相结合，形成中国的政治学理论。适用于其他国家的理论能否适用于中国国情，必须经过实践的检验，在实践中

① 郁建兴：《政治学发展的自我反思与中国政治学建构》，《教学与研究》2005年第5期。

检验、发展并完善真理，这是所必须坚持的路线，唯有此，中国政治学才能形成适用于本国国情的理论，中国政治学理论与方法才更具有中国气派。

再次，要实现学术交流与人才培养相结合。人才是学术研究的重要资源，中国政治学理论与方法的持续繁荣不光要学习国外的先进理论、方法，更要形成自己的一批学科人才。人才的培养至关重要，中国政治学界也应采取引进来走出去的方式培养人才。以学术交流为平台，派遣大量留学生出国深造并引进世界各国的学术人才。在派遣留学生方面，要坚持择优选拔的原则，即所选派的留学生，必须要有很高的政治觉悟和思想品德，并且学术功底深厚有较好的发展前景的学者或学生出国交流、学习，在其学成归来之时，要充分给其发展的平台，鼓励大胆创新，实现其自身的价值。在引进留学生方面，中国政治学界不应因客观先天条件而排斥任何人，尊重每一位留学生来华深造、学习与交流。留学生培养既是中国政治学界从中发现国外先进理念的渠道，也是中国政治学研究的学术输出手段。这种人才培养上的中外双向结合，可以更方便地检验理论的可行性。人力资源强国已经成为党和国家人才建设的一大目标，中国政治学界在与别国进行交流的同时，也应该重视人才队伍的建设。

最后，要注重大力创新。中国政治学发展30余年来，在马克思主义的指导下，中国政治学界对历史的总结和未来的规划有了深刻认识，不过，创新似乎还很少见，中国政治学要实现持续繁荣必须创新。关键就是思维创新。中国政治学界的目光应该更宽广，广泛吸收各种政治学理论知识。在对各个理论的充分认识上，在对中国国情的准确把握上、在对历史潮流的充分理解上，中国政治学界不仅仅要对理论做出总结，更需要通过总结启发思维上的创新，以崭新的思想面貌来建构中国政治学的学术体系。基础在于培育创新型人才。理论的发展与完善需要人才的努力，人是主体，是研究理论、检验理论、发展理论的主观因素。在全球化浪潮下，中国政治学界的人才建设必须紧跟时代潮流，把握时代方向，始终走在时代的前列，目标在于实现理论的创新。思维创新、人才创新的最终成果还是要看理论的创新，要看理论能否应时代的要求应用于社会主义建设中。在把握住马克思主义这一根本原则的前提下，在始终走社会主义道路的基础上，理论创新是中国政治学理论与方法能否坚持自身独立性，实现具有前沿科学性的必备环节，因此，中国政治学界要大胆创新，打破传统，不断扩展理论研究领域，丰富理论研究内容，强化正规的政治学研究方法论，最终实现中国政治学的持续繁荣并走向辉煌。

（作者单位：吉林大学行政学院）

政治学恢复以来的政治学研究方法演变考*

师泽生　亓　光

回顾和反思中国政治学恢复以来政治学研究方法的演变，不仅便于更加清楚地了解“政治学研究方法”的工具意义，而且有利于认识和把握“研究技艺”“研究方法”和“方法论”之间的逻辑联系。本文拟从演变态势、主要论题和发展前景三大领域，讨论我国政治学恢复以来政治学研究方法在方法论研究、功能选择和技术应用等方面的演变过程，并论述它们之间的关系，从而提出一些有意义的意见和建议。

相对于政治学理论的其他内容，政治学方法的研究明显不足。这并非意味着政治学研究缺乏方法或对“科学方法”的追求，也不是指方法问题在政治学研究中不受重视。事实上，中国政治学恢复伊始，就特别强调政治学方法论对于学科建设的重要性。许多重要的政治学教科书也分别从阶级分析、利益分析等角度尝试建构马克思主义政治理论的学术体系。但是，正如有的学者发现的，“政治科学与其他诸多学科不同，它很少有一个单一的普遍适用的方法论工

* 本文系国家社科基金项目重点课题（项目号：10AZZ001）的初步成果之一。

具，更不用说以这些方法论工具作为界定学科的标准。”① 这一现实导致了我国政治学缺乏对政治学方法研究的“本体性观照”，而更多停留在某种朦胧的或者狭隘的工具性认识上。② 随着中国政治学研究的不断深化，方法论问题愈发需要形成一种整合性理论。对此，“如果我们从其适用范围及理论化程度这个层面来看，政治学方法论大体上可分为三个组成部分：理论、具体研究方法和研究技术。”③ 本文拟以此为依据，试图描述政治学方法研究的思想线谱和基本态势。

一、在对待政治学方法的态度上，由轻视到中立再到注重价值的转变

“工欲善其事，必先利其器。”（《论语·卫灵公》）方法不是可有可无的“饰品”，而是“人类认识世界和改造世界的思路、路径、方式和程序”④，一门学科的成熟程度，在一定程度上取决于其方法，研究方法的创新和变革可以引起学科的革命性变革。在政治学恢复初期，对政治学方法存在三种倾向。其一，尚无专门的方法研究。当时中国政治学研究的主要任务在于界定政治的概念、研究对象、学科体

① ［美］罗伯特·古丁、汉斯-迪特尔·克林格曼：《政治科学新手册》（上册）（钟开斌等译），北京：三联书店2006年版，第8页。

② 一般而言，对于学科的界定存在对象说、方法说和对象—方法综合说等三种主要判断标准。方法说不但是一种主要标准，而且是弥补对象说的易僵化性的矫正标准，其对学科塑成和学科成熟具有重要的认识论意义。但事实上，从我国政治学恢复之初关于“何为政治、政治学”的讨论时起，政治学作为一门学科的领域划分就基本停滞于对象说。这从另外一个角度说明，政治学方法的模糊性，难以形成整合性研究成果。

③ 张铭、严强：《政治学方法论》，北京：高等教育出版社2003年版，第7页。

④ 陈寿灿：《方法论导论》，大连：东北财经大学出版社2007年版，第1页。

系等基本问题，不太关注研究方法问题。从当时教材的设计，可以看出“大多数教材对政治学研究方法作了一些专门性描述，但仍有些教材没有设立专门部分来介绍，或根本就没有涉及政治学方法论。”① 其二，默守成规。政治学恢复的起步阶段，政治学研究的基本路径和思路还无法摆脱固有思维的影响，缺乏探索、突破和创新的意识，具体表现为“阶级分析是其主要分析途径，规范的阐释和注释是其基本论述方法，历史的叙述和分析是其基本研究途径，宏观意义的阐述是其基本关注层次。”② 其三，缺少独立性。长期以来，中国文化中的方法问题是一个附属问题，方法等同于工具，被态度、取向和意识等决定，因此才出现了立场决定观点、观点决定方法的潜原则。政治学恢复初期，政治学作为一门学科的科学化、学术化和系统化水平较低，很难认识到方法问题的复杂性。单一性思维决定了轻视的态度，甚至由于思维能力缺乏储备而导致研究兴趣无法成为研究议程。作为学科的政治学，其发展需要建立规范的研究范式。建设中国特色的政治学研究范式，就必须面对西方政治科学的理论繁荣与我国政治学的理论匮乏之间的矛盾，而“社会主义要赢得与资本主义相比较的优势，就必须大胆吸收和借鉴人类社会创造的一切文明成果”③，而任何学科体系的真理性都是相对的，能够存续而具有启发性的恰恰是这门学科（或者研究领域）的方法。由此，就不难解释，为何行为主义政治学逐渐褪去铅华的今天，其带有明显实证性和计量经济学特点的方法却依旧引

① 冯志峰：《政治学方法论 30 年：现状、问题与发展》，《政治学研究》2008 年第 4 期，第 82 页。

② 王浦劬：《中国高校哲学社会科学发展报告：1978—2008》（政治学卷），桂林：广西师范大学出版社 2008 年版，第 93 页。

③ 《邓小平文选》第 3 卷，北京：人民出版社 1993 年版，第 373 页。

人注目①。这种借鉴和应用的结果，就是我国政治学在其转换范式的关键时期皈依了方法论的中立性，放大了事实和价值二分的绝对意义。此时，方法问题研究的空场状态被唯实证主义的中立性态度所填充，似乎只有物化、技术化、数量化和碎片化的研究才能够与“科学的方法”相适应，人们乐于对某一问题建立一个又一个的评估模型，且都声称具有价值中立的科学性，忌讳在研究方法的表态上与政治价值、意识形态、政治理想有任何瓜葛，阶级分析、利益分析乃至辩证唯物主义、历史唯物主义都成为“传统方法”或“出土文物”。中立性的态度，将“方法”奉若神明，却形成了新的以行为主义为“图腾”的拜物教，而当所谓的中立性取代了政治关怀，去价值观代替了政治批判的理想性，科学化挤压了对政治生活的现实思考之时，行为主义就脱离了政治学，而中立性就无法解决政治性的选择问题，“从而最终失去了对现实政治生活的指导和评价作用，成为一门真正的无用科学。”② 今日看来，“科学性的中立态度”并非祛除价值，而是被“其他学科语境”和“西方化”共同挟持的分析工具。20 世纪 80 年代末 90 年代初，随着对学科反思的展开，关于研究方法的问题也开始进入大家的视野。事实证明，“如果问题具有足够的分析价值，那么政治方法学家就会产生强大的创造力”③，这种创造也更加具有理性的价值

① 这种趋势的强劲，与西方政治科学方法的不断渗入密切相关。这种方法源于对其他学科方法的普遍借鉴，而最近的“25 年中，这主要是指政治科学对计量经济学一直使用的方法进行了应用和拓展”。与国内学者通常所称的实证方法不同，较为规范的界定是，计量经济学色彩的政治科学方法具有三种不同的应用，即“结构方程模型、时间序列分析和非线性估计”。参见罗伯特·古丁、汉斯-迪特尔·克林格曼：《政治科学新手册》（下册）（钟开斌等译），北京：三联书店 2006 年版，第 1027 页。

② 叶丽娟：《实证方法在政治学研究中的限度——以行为主义政治学为例》，《华中科技大学学报（社会科学版）》2006 年第 5 期，第 35 页。

③ ［美］罗伯特·古丁、汉斯-迪特尔·克林格曼：《政治科学新手册》（下册）（钟开斌等译），北京：三联书店 2006 年版，第 1059 页。

关怀。这表现在：第一，更加重视马克思主义的立场、观点和方法，特别是方法的学习和应用，将强化科学的思维方法作为拓展政治学研究路径和视野的有效选择。第二，开始探索建立中国特色的政治学方法论体系，在各项研究中学者明显强调了方法选择的重要性和决定性。第三，承认政治现实问题的价值属性，将价值评价、后果评估和正当性判断置入方法论工作的议程。第四，提出政治学方法是方法论、研究方法和研究技术的综合指代，从认识态度上去除了以偏概全的错误倾向，在方法创新的过程中更加注重政治学学科特点和哲学、经济学、法学、社会学、历史学、人类学等多种学科的关系，而非单纯皈依计量经济学或社会调查的方法崇拜。在某种意义上，研究态度问题是对政治学方法问题的客观认识、理想模型和路径选择的基本前提。而这原本就是马克思主义政治学的基本品格，历史唯物主义的创造与其说是工具性进步，不如说是价值性进步。政治学恢复以来，政治学方法研究的态度变迁恰恰说明了中国政治学的“方法模型”具备了成熟的必要条件，在这种模型内进行研究，其他学科、不同领域的研究就会愈发重视政治学，将其视为一个智力资源。

二、在方法论的角度观察和分析，由非此即彼到综合运用再到结构型建构

政治学方法是政治学研究中“认识和把握研究对象的原则、步骤、程序、角度和格式，是人们主观达之于客观的基本方式和法则”①，其所涵盖的功能既有描述性的也有理论性的，既有建构性的也有批判性的，既有应用性的也有本体性的。与哲学层面的方法论不同，政治学方法论是一种论域，即既不是追问方法本源和意义的认识过程，

① 王浦劬：《政治学基础》（第2版），北京：北京大学出版社2006年版，第33页。

也不是方法投射于现实的实践过程，而是介乎二者之间、联系二者且说明和评价二者勾连关系性质和状况的映射过程。方法论角度的演变关注政治学研究发展中关于政治学研究方法的规律性知识与政治学研究方法的具体思路、途径、方式和程序之间的关系是如何变化发展的。有学者较为准确地总结出上述关系的理想形态，指出二者之间“一方面，方法是方法论的片面的、散的、不系统的经验材料，缺乏方法论指导的方法是难以发挥其应有作用的；另一方面，具体的方法构成了方法论的基础和素材，没有具体方法支撑的方法论仅仅是抽象的、空洞的，不可能指导人们对方法的运用、总结和提升。”① 由是观之，非此即彼、综合运用和结构型建构基本可以概括政治学恢复以来上述二者关系的流变特点。学科重建之初，对于方法问题的判别不明（即上文所言的否定性态度）产生了两种后果，唯传统论和唯分析论。唯传统论，是指将马克思主义的历史唯物主义方法直接运用的政治学的一切研究中，将经济—上层建筑的关系、阶级矛盾关系和利益划分关系作为分析一切政治现象的唯一路径；而唯分析论，则是在西方政治科学引进信息论、系统论、控制论等“非历史——逻辑理论”② 的方法熏陶下，将所谓“现代研究方法”作为分析中国政治现实和政治发展的科学途径。前者是方法论基础的坚守，而后者是研究模式的探索，二者本居于不同层次，但却形成了貌似对立的状态。两种“关系判断”的观点虽然大相径庭，但其本质却基本一致。唯传统论强调指出各种所谓科学方法不过是方法论研究中的个别和具体，不能够在原理、观点的层面上系统化和条理化，因而具有明显的短期效应；而唯分析

① 陈寿灿：《方法论导论》，大连：东北财经大学出版社2007年版，第3页。

② 此时，学界已经开始普遍关注科学主义的方法介入问题，提出加强政治学方法建设，就“应当注意学习和采用各种研究方法，如数量统计、计算机模拟、数字模型、个案研究、实地调查等。同时，借鉴其他学科的成果，如心理学、生理学、生物学、物理学、数学、社会学、历史学、哲学等，加强学科的交叉渗透。”参见王沪宁：《中国政治学研究的新趋向（1980—1986）》，《政治学研究》1987年第4期，第50页。

论则认为不论是何种“主义”的方法论基础，并不能为现实政治问题的分析提供经验性、客观性和操作性的工具选择，而不同类型的研究方法可以在不同层次、特性和定量定比关系上纳入不同的方法论范畴，因而所谓的共性和升华缺乏科学依据。总之，将方法论和具体方法二者截然二分的观点是政治学方法研究之初不可小觑的主要势力。时至今日，这种倾向仍旧存在于当下政治学研究中，但对其弊病的批判却已经不再是一件难事，而开此先河者当属综合化的关系判断路径。事实上，我们并不能明确找到持这样主张的学者，而是在诸多分析过程中显现出来的“综合”通性彰显了它的地位。作为反思性产物，其努力可以归纳为几点。其一，较为清楚地划分了方法论基础和研究方法模式的类型，比如提出方法论基础应包括现实主义、理想主义、科学主义和马克思主义，而方法模式则可以分为历史—发生学分析方法、制度分析方法、行为主义方法、功能—结构方法和比较方法；其二，在上述类型化过程中，比较注重一种或者几种具体方法和某种方法论基础的关系；其三，在具体方法的设计上更多地采纳了“方法论”的建构模式，而将研究技术纳入到更低层次的“技艺选项”中。这种综合的研究兴趣逐渐抛弃了二分法的僵硬性，而将日渐衰微的方法论基础重提，却并不彻底皈依。这就在路径依赖的水平上超越了二分性的关系判断。更为重要的是，在综合化趋势的影响下，作为方法学开始出现，而更多地方法学对象类型，如学习理论、个性理论、博弈论、社会化理论、决策理论、理性选择方法、角色理论、小团体理论、团体理论、沟通理论开始进入中国政治学者的方法选择视域。近十几年里，政治学研究方法问题更多地集中在微观角度，即如何应用的问题，而似乎不太关注方法论和具体方法的关系问题。这并非说明“关系判断”的水平下降，而是一种较为成熟的认识模式逐步形成的反向结果。本文将这种新结果称之为“结构型”。当前，学界基本认同方法论、方法学和方法工具是政治学研究方法体系的三个层次，每个层次内又根据不同的划分依据可以划分为不同的领域，这些“领域”可以在不同问题、不同时空条件和不同理论选择中组合使用，形成应用性研究、模式分析研究和理论抽象研究等不同结果形式。更为重要的是，这些结果不是机械的和唯目的性的组合，而是由问题趋向、观念认识和系统建构等需要指引下的有机组合，特别是为了说明、批判和指引我国民主政治建设而形成统一的“政治发展分析”更是结构性建构的成果。在这种复合形态中，相互排斥或者蓄意调和的专门研究所剩无几，各个层次、不同领域以及彼此适配的多元化研究局面已经基本形成。当然，在这一过程中，出现了某个层次、某个领域甚至某种具体研究技术的“垄断”现象，但这种垄断已经与非此即彼时期的相互排斥和彼此否定没什么关系，仅是研究力量的均衡问题。换言之，在政治学研究领域中，方法的研究和应用已经承认“方法论不是各种方法的监督堆积，而是众多具体方法的共性和升华，只有在一定原理、观点指导下所形成的系统化、条理化的方法体系，才能称之为方法论；(而) 方法仅是方法论研究的对象、加工的材料，是方法论中的个别和具体，不在一定原理、观点指导下加以系统化和条理化的方法是不能称之为方法的。”①

三、在价值判断上，由工具性到评价性再到知识性的提升

政治学方法的研究和政治学理论的进步、政治学研究的发展及其人类政治生活的文明化过程密不可分。按照宏观、中观、微观的划分标准，可以发现：在政治学研究中重视方法的作用和地位的时期，大抵都是政治学学科顺利发展的时期。只有重视政治学研究在政治生活中的指导意义和地位，加之政治学学科建设满足科学化、理性化和实践化的要求，才能彰显政治学方法的价值和意义。反之，对于一定历

① 陈寿灿：《方法论导论》，大连：东北财经大学出版社2007年版，第3页。

史时期内的政治学方法的价值判断，可以较为清楚地说明此时方法问题研究水平的变化情况，是衡量其乃至学科整体成熟度的有效参照系。方法不但具有具体方法、特殊方法和一般方法的层次性，而且具有哲学思维方法、自然科学方法、社会科学方法、人文科学方法等不同类型，而不同类型则可以划分为许多方法、要件和要素。对于它们的认识应是不同的。中国政治学恢复之后，客观地认识到自身的研究和建设已经难以说明现实政治、指导民主政治建设，更无法与世界上先进的政治学研究进行对话，并将解决这些问题的路径转向了政治学方法领域。这无疑是正确。在这一过程中，在继续使用中国传统政治思想方法中的整体性、直觉性和“伦常性”（即先入为主的伦理设定）的同时，创新政治学方法的新命题、新工具和新技术，弘扬马克思主义研究方法的评价性、教条性的内在需要，以科学话语和实证模式的形式串接在一切。由于一个时期反思中国传统政治思想方法和马克思主义研究方法具有明显的批判意义，而学习、借鉴西方政治科学方法则是全新的建构，因此在“破”与“立”之间，主要研究自然偏向了注重工具论特点行为主义政治科学方法体系。在这里，关注具体方法的吸收和应用重于对特殊方法和一般方法的思考和总结，对于自然科学方法及其交叉性研究方法的吸纳和运用超过了对传统社会科学方法、人文科学方法的使用，更是将思维方法等问题推给了哲学、逻辑学等“纯粹研究”范畴。必须承认的是，仍有部分研究时至今日仍坚持工具论至上的策略。随着对西方政治学的认识日渐深入，特别是在我国政治学完成自身反思和价值判断后，工具论策略所掩盖的价值立场模糊、现实感薄弱和批判视角单一等根本问题暴露出来，将政治学方法置于现实政治生活的应用视域的认识论观点方兴未艾。其特点在于，不再一味地强调方法的价值无涉，厘清方法工具主义和方法论本体关怀的差异，更加关注不同层次的方法在应用中的结构性、优先性和效用性。按照“语境—议程—方法”结构理论①，说明工具论政治学方法本身就是一个价值判断的结果，同时工具论所寄居的科学性价值并不能在“工具—方法—科学”的论证循环中得到自证，而只是政治学方法的价值判断的一种结果，且具有很大的局限性。为了解决这种局限性，更多的论者开始关注于对上述层次和领域中方法体系要素的评价、比较和排序。这种倾向的重要体现是关于“价值中立”问题的争论。一般认为，从历史角度，“价值中立”代表了政治学研究的一种科学理想；从现实来看，“价值中立”也只能是政治学研究的一种理想，并不能真正实现。② 至少，由工具论秉持的绝对意义上的中立政治是不存在的，而方法论的价值中立必定是在一定语境环境、议程设置和方法选择等价值判断基础上的过程中立，而政治科学的研究结果既不因为价值先见而不客观，也不能因为工具的价值中立而具有真理性。在此基础上，关于政治学方法论问题及其他研究中的方法应用，已经基本具备了价值判断的自觉，提出“方法评价一般情况上以‘合理’‘可行’为标准。‘合理’是在不涉及方法实施内容（对象）的情况下对方法的一般性评价，类似于方法的证明。‘可行’则是将被评价的方法置于研究对象的关系之中，根据方法之于研究对象的适应性做出的评价……（研究方法与研究对象）即使以形式与内容的关系存在，也还有一个‘价值合理性’与‘工具合理性’的评价和取舍。”③ 昆

① 杨光斌教授提出“研究方法取决于研究议程，而研究议程又取决于语境；反过来说就是‘语境—议程—方法’。这个道理有助于我们正确认识所谓研究方法的数字化与研究议程的微观化问题，因为‘规范化’问题上，一些人自觉不自觉地把对微观问题的定量分析视为‘规范’研究，否则就不规范，甚至就不该研究。”具体参见杨光斌：《中国政治学的研究议程与研究方法问题》，《教学与研究》2008年第7期，第29页。

② 王惠岩：《政治学原理》，北京：高等教育出版社1999年版。转引自王浦劬：《中国高校哲学社会科学发展报告：1978—2008》（政治学卷），桂林：广西师范大学出版社2008年版，第203页。

③ 戚珩：《政治学方法论研究内容简析》，《江苏社会科学》1992年第6期，第43页。

廷·斯金纳在《政治的视野》的序言中提出，“如果我们以历史的方式书写思想史，那么我们需要在特定的观念语境和话语结构中进行，这使我们的研究能够理解作者在书写那些文字时的意图（*doing*）”①，用在政治学方法研究中，即可谓之“舍弃对于研究语境和研究议程的价值考量，就无法正确地理解对象，证明方法的合理性和实现具体方法的可行性”。时至今日，不但是专题性的政治学方法论研究，还是各种政治哲学、政治理论、政治制度、政治行为等领域的具体研究，论者都倾向于对其所使用的方法进行提前设置和说明，较为自觉地将马克思主义方法论与政治实践和政治系统的现实需要和发展趋向结合起来，在议程设置和论证展开的过程中采用思辨的、计量的和比较的方法，实现了政治学方法研究的知识性提升。这是方法论价值判断中舍弃非此即彼、“价值——科学”对立的评价性成果的自然延伸。作为知识性的政治学方法打破了规范研究与经验研究、静态研究和动态研究、定性研究和定量研究、显性研究和隐性研究等之间的截然割裂，从更加综合的高度形成了本研究领域的整体性进步。

四、在关于政治学方法的地位上，由依附到独立再到系统性的确立

长久以来，政治学方法在政治学研究中的地位问题都是一个被忽视的命题，甚至被当作伪问题。而对这个命题的关注，则具有偶然性和必然性的双重逻辑。在偶然性逻辑下，是解释政治学研究发展史的一种话语，一般认为“从古代人们开始研究政治问题以来，政治学的

---

① Quentin Skinner, *Visions of Politics* (*Vol.* 1): *Regarding Method* (New York: Cambridge University Press, 2002), p. vii.

发展经历了两个阶段，即传统的政治哲学时期和现代的政治科学时期”①，在这个变化过程中，政治学方法在学科中的作用（即地位）呈现三个主要特征“传统学术”“社会科学”和“激进批评”②。在必然性逻辑下，政治学虽然是“探讨及研究现象的一本学科”③，但是政治现象的不一而足和变化无常，导致了政治学整体和其子领域乃至更具体层次的次主题的“杂乱无章”，容易产生“只见树木不见森林”的困境；与此相应，政治学方法的逻辑重点政治现象，在于一种政治知识的生产过程，是探讨“科学的原理和假设，以及根据这些原理和假设发展出来用以研究政治现象的种种科学方法与步骤的一门知识”④，其反向支撑了政治学的逻辑一贯性，使之成为“运用科学方法来探讨及研究政治研究的一门科学”⑤。对于我国政治学方法研究而言，依附性的状况出现在学科恢复的早期，其存在的时间也比较短暂。准确地说，并非当时的学界有意将方法论研究作为一种附属性研究，而是相对于政治学的基本概念、范畴和重要的学科领域——如政治理论、政治制度、比较政治、国际关系等——而言，方法论问题的迫切程度较低。事实上，方法问题的重要性需要一定的学科体系的支撑。不可回

---

① 燕继荣：《政治学十五讲》，北京：北京大学出版社2004年版，第51页。

② 参见 Stephen D. Tansey, *Politics*: *The Basics* (London and New York: Routledge, 2000), pp. 8-23.

③ 罗志渊：《云五社会科学大辞典（第三册）》（政治学），中国台北：商务印书馆1971年版，第197页。

④ 郑宇硕、罗金义：《政治学新论：西方学理与中华经验》，中国香港：香港中文大学出版社1997年版，第30页。

⑤ A. C. Isaak, *Scope and Method of Political Science* (4th ed.) (Homewood, IL: Dorsey), p. 1.

避的是，当时对政治学方法这一范畴的认识仍较为单薄，① 故而政治学方法自然只能处于“学科恢复热潮”之中的边缘地位。基础性研究和领域的确立，将更加丰富的研究对象和更加复杂的研究过程陈列在论者面前，不同研究论域的研究内容之间存在排斥而又吸引，交叉却又独立的复杂性。解决上述理论和现实问题的迫切性，在潜移默化中促进了政治学学科本身的发展，正如有的学者所言，“经过努力，重新分析和界定了政治的含义，抛弃了长期以来的将政治单纯理解为阶级斗争的认识，对政治学研究对象的认识趋向科学，开始建立完善的学科体系。同时不断地拓展政治学的研究领域，充实研究内容，逐步涉猎政治学的一些边缘学科、交叉学科和新型学科”②，正是在这里，政治学方法的独立性凸显了出来。这种独立性在相关研究中体现出以下四个特点，即强调对于既存政治判断、政治研究的成果和理论持有怀疑态度；尽量保持研究态度的客观性，可以接受多学科、多领域和多路径的观点，反对“先验式”的主观判断；突出实证研究的地位，尽可能使研究建立在周密的资料和经验的证据基础上；特别提出方法的“可传递性（transmissible），不但研究结果要公之于世，研究的方法和程序也必须交代清楚，以便其他有兴趣的学者能够重复（replicate）类似的研究程序来检验原先论点的效度（validity）。”③。此时，中国政治学

---

① 杜若君先生和王惠岩先生就曾提出，“在十九世纪末二十世纪初，西方政治学研究着重用于研究法学和历史学的方法，对各国的政治制度进行静态的、描述式的研究。二次大战前后，美国政治学者着重对权力和政治行为进行研究，他们认为这种研究是动态的研究，与从前的静态研究相比，是一大进步。其实这种所谓‘进步’，对于马克思主义者来说，是没有什么意义的，因为马克思主义者对于政治从来都是作为动态进行研究的”，显然思维方法的进步性并不能掩盖当时我国方法论研究的落后性，而上述结论的得出也是当时政治学方法研究处于从属、依附地位的真实反映。参见许崇德、于浩成、陈为典：《什么是政治学》，北京：群众出版社 1985 年版，第 8 页。

② 刘瀚、洋龙：《50 年来的中国政治学》，《政治学研究》1999 年第 4 期，第 2 页。

③ 郑宇硕、罗金义：《政治学新论：西方学理与中华经验》，中国香港：香港中文大学出版社 1997 年版，第 31 页。

领域不但出现了关注政治研究方法的研究热潮，而且将政治学方法的稳定性、科学性等独居的特点作为剥去皴染在政治学研究之上的意识形态外衣。① 但是，本体现象与认识过程，认识对象和方法选择，它们之间“似断实联如草蛇灰线者在”。在政治学方法确立的相对独立的研究地位的时候，方法与对象的二分既不是学科研究规律的使然，更非科学研究的要求。合理地处理好政治学方法研究的独立地位与方法是否能够独立于研究议程之间的关系，是新近一段时间学界着力批判和研究的内在逻辑。我们认为，其基本结论就是在学科结构范围内实现对象和方法的统一，即方法研究的结构性。这种结构性体现“经”“纬”两个方面，即政治学研究与政治学方法研究的同构发展的“经”度，以及政治学方法研究的体系建构和外在应用的“纬”度。在前者，又可划分一组经纬之合。以政治学研究（特别是现实政治分析）的理论和实践需要为经，而以政治学方法的价值性、科学性、程序性、经验性与动态性为纬，将二者在时空大范围和论题小范围中联系起来，形成作为本体研究的方法论政治学、作为认识研究的方法学政治议程研究以及作为工具研究的方法技术使用。而后者中，“科学方法的特征和精神是方法论的‘经’，科学语言则是其‘纬’”②，即“透过对科学语言的界定及其关系的阐述，科学研究方法有了基本的架构。理性的‘知识消费者’才可以衡量知识的可信程度。而在了解科学研究基本框架之后，理性‘知识消费者’才能清楚地指认研究中

---

① 也有学者从政治学研究方法的学科建设角度论证了其独立性，即独立的政治研究方法应包括政治学研究的元方法问题、对知识的本质和形成机制、社会科学研究的方法基础、方法设计和方法应用等问题，这一独立的体系应该涵盖政治学科学研究的性质、认识论基础、知识论基础、研究模式、道德责任等方面。参见严强、魏姝：《政治学研究方法》，南京：江苏教育出版社2007年版，第4页。

② 郑宇硕、罗金义：《政治学新论：西方学理与中华经验》，中国香港：香港中文大学出版社1997年版，第31页。

政治现象和所使用概念的关系，进而理解其间因果关系和层次。”① 由此，在本研究论域、学科整体以及二者关系的大环境中，政治学方法获得自我存在的小环境；而政治学方法的小环境的良性发展，不但弥补了其他子学科的方法能力不足，而且巩固了学科整体的平衡与可拓展性，发展了大环境。当然，这种趋势正在形成，但其过程还尚未实现，仍是一种正在建设的结构性理想。

五、在方法研究重点的选择上，由介绍到建设再到批判性发展

中国政治学对于方法问题的研究与政治学研究方法的一般发展，在重点的选择上在不同发展时期有所不同。从某种意义上讲，政治学恢复以来的政治学方法的研究的沿革，与政治理论研究、政治制度研究、政治行为的研究基本类似，属于从无到有、从空白到丰富再到吸收的过程。因此，其研究性质在规范的意义上就不同于近代政治学发展史中方法研究的基本脉络②，其需要在全面了解当代（甚至近代以降）政治学研究方法的基本情况、主要类别、当前主流范式和变异可能的基础上，形成自身的研究特点，并最终实现自我建构的转型。我

① 郑宇硕、罗金义：《政治学新论：西方学理与中华经验》，中国香港：香港中文大学出版社 1997 年版，第 35 页。

② 对于基本状况，孙同文教授总结提出，“三百年来，政治科学方法论深受自然科学发展的影响，但是引领‘实证主义’的牛顿力学几乎已经被相对论、量子力学，和混沌理论所取代，政治科学家也开始更关注学科方法论的可能转移方向。实际上，1990 年代许多新兴的理论，例如结构主义、论述理论、后殖民论述、后现代主义等，已经逐渐脱离，或者不完全是以旧的自然科学典范为基础。当然，这些政治学的种种新学派，究竟将会引导政治学朝着多元或者建议另一个研究典范的方向发展，值得进一步观察。” 参见郑宇硕、罗金义：《政治学新探：中华经验与西方学理》，中国香港：香港中文大学出版社 2009 年版，第 41 页。

们将上述过程概括为介绍性研究转向建设性探索再转向批判性建构。在政治学方法的介绍阶段，主要是针对西方政治学方法的学习，西方政治学方法是在西方政治社会发展变化当中，为了研究西方政治生活的状况而形成的政治研究的多种角度和多种技术手段。其优点在于直观、动态、针对性强且客观解释性明显，这对于长期沉浸在“方法论教条”的中国政治学研究而言，当有开一时之新风气的影响力。时至今日，介绍西方政治学方法的工作远未结束，不断有新的或者改良的研究方法和技术手段进入中国政治学者的视域，这为我国政治学迅速走出方法论无意识，和发展马克思主义政治学方法论体系提供了直接素材。在介绍过程中，方法和技术手段的引入并不局限于文献的翻译，更非简单地概括某种西方政治学方法的情况，而是在掌握某种方法或技术手段的基础上，试图利用这些方法和手段研究和解决中国的现实政治问题。由此形成了方法论研究重点的转变，即从主要精力研究和延续西方政治学方法转向建设性探索这些方法在我国政治研究中的可行性。围绕政治体制改革、政治发展、民主政治等诸多问题，制度分析法、行为分析法、心理分析法、实证分析法、案例分析法、调查分析法、模拟分析法、计量分析法、结构—功能分析法、政治系统分析法等新方法①纷纷登台亮相、大显身手，形成许多新成果，使得我国政治学理论等各方面的研究愈显学术化，为繁荣我国政治学研究提供了一定的有益帮助。但是，在具体运用中，人们逐渐发现如果仅仅围绕上述方法，而不是根据我国的基本国情和政治实践的客观情况进行

① 有些学者认为，诸如调查分析法、实证分析法等方法在我国政治研究中早就存在。事实上，一种方法的确立、发展和成熟并非其若干具体应用能够支撑的，而是需要长时间对某种方法从理论到实践加以设计、验证和修正的过程。因此，这些方法可能在我国政治研究中存在相同或者类似的提法以及某些缺乏理论升华和自我批判的应用，但其并不构成确立一种分析方法范畴的充要条件。与此对应，必须承认西方政治学在其研究中更加注重方法论的设计、应用、提炼、界定和批判重构的循环发展过程，因此，我国政治学恢复后对于上述方法的学习和应用，主要是在介绍西方理论后的自我探索。

方法的选择运用，其研究就可能成为一种学术游戏，为自己设定的理想模型而设计研究路径并应用符合其要求的方法实现上述结果。这既不符合这些方法论的科学性诉求，也不符合科学研究的一般原则，更不利于说明和指导我国政治建设。经过反思总结，人们从这些方法应用本身找到了问题的根源，即“就其政治分析途径来看，无论是从社会学、经济学还是从心理学借用的分析途径对于政治研究的意义，这就使它们带有很大片面性。……就其分析模型来看……带有很强烈的西方本位主义；它们进行的大多是衡态分析……（且）具有机械论和形而上学的特点。就其分析技术来看，…受到其研究设计技术与价值中立意图之间紧张关系的纠缠，受到政治生活变化的影响，受到所研究课题的限制，因此，其作用又是有限的。”① 对此，需要将此种反思运用到新时期我国政治学方法研究的构建和应用中，形成自我的研究风格和特点，此种研究转向后的性质就具备了批判性的实质。批判性质政治学方法研究，归根结底是三个方面的内容：（1）在介绍、引用西方政治学方法的同时，注重对于它们存在语境、对象和目的的判明，客观分析其优势劣势，形成比较准确的认识；（2）在进行（1）的过程和基础上，结合马克思主义研究方法经济分析、利益分析、历史分析和阶级分析的四大固有特征，超越上述特征的局限，按照马克思经典作家研究的特点，将分析路径和方法选择视角投向社会生活，从政治社会研究中综合上述理论和手段，形成知行合一的方法论体系②；（3）形成中国政治学的方法论话语，从既有的方法论研究中找到解决我们眼下方法论建构的途径，至少能够从理解过去状况的诸多必然性

① 王浦劬：《政治学基础》（第2版），北京：北京大学出版社2006年版，第41页。

② 我们不应该机械的理解或者划定马克思主义研究方法的类型，人为挖掘所谓的马克思主义方法与西方政治学方法的鸿沟，正如斯金纳所言“我们所存在的社会在无形中限制着我们的想象，在这一点上，我们都可以被一般地称之为马克思主义者”。参见 Quentin Skinner, *Visions of Politics*（*Vol.* 1）：*Regarding Method*（New York：Cambridge University Press，2002），p. 89.

中，了解我们当下研究的方法选择和安排的各种随机性后果，并获取最可能符合研究我国政治建设和政治发展需要的方法论基础与合理组合的技术手段。对于前两点，我国政治学方法研究领域已经充分重视，并出现了许多对应研究和成果，而对于第三点，仍需要在夯实基础的同时展开针对性分析。

六、在方法研究的层次上，由宏观层次独占鳌头到微观研究日渐丰富再到多层次研究的初步形成

政治科学的知识论认为，“宏观—微观研究方法”就是“将对象区分为宏观与微观两种层次，并对各自的特征和相关关系进行分析的政治学方法。从宏观分析来看，研究者要把注意力集中在集体的、系统的、机构的、合成的或团体的层次。就微观分析来看，研究者要把注意力集中于部分、亚系统、组成部分或组成集体的个体。”① 政治学恢复伊始，政治学不但面临着如何解读和论证国家政治体制改革的必要性、合理性等根本问题，而且还需要在学科体系范围内解决许多根本概念和范畴问题。这些问题都是极其重大的问题，是决定整个政治环境、国家命运和学科根基的宏大问题。宏大问题需要宏大叙事，需要从思维方法的层次理清孰对孰错、何去何从。但是，部分由于历史原因，政治学学科的研究特别是理论水平仍较为落后②，那种“拼凑起来的理论体系亟待予以重构。中国政治学需要在研究活生生的现实政治的基础上，创造新范畴，在逻辑起点和历史起点的结合上，形成

① 《政治学辞典》，上海：上海辞书出版社2009年版，第37页。

② 试举一例，1982年举办的全国第一期政治学讲习班正是因为政治学恢复之后学科面临既无师资又无人才的窘境的情况举办的，这个讲习班的重要意义在于将全国致力于从事政治学研究的青年学者引向政治学的研究路径和学术共同体中。

解释性和应用性强、逻辑结构严谨、相对独立的全新的理论体系。”① 在这样的背景下，何为政治、政治学、政治权力、政治制度、政治体制、社会主义政治与资本主义政治的差异性、社会主义民主政治的优越性等重大问题需要理论话语的阐释，而宏观研究因为其能够纵跨政治生活史和政治学术史的千年长河，又能捭阖当时各种利益诉求、政治主张、理论观点和现实情况，因此被频繁的应用在政治学研究的各个领域。事实证明，经过这样的“补课”和“突击”，我国政治学在较短的时间内不但完成了基本理论范畴的设定，解决许多困扰人们心理的政治疑问，而且在方法研究自身取得重要进步，特别是形成了关于马克思主义政治学方法的初步归纳，并为吸收其他研究方法提供了“克里奥的宅院”（Clio）。随着改革开放的推进和政治体制改革的深化，我国政治生活中出现了大量微观层面的问题，如政府监管问题、社会自治问题、基层民主问题、社会稳定问题、道德失范问题、个体化意识与集体化机制的关系问题、政治参与问题、政治文化多样性问题等，这些问题已经很难在既有框架中使用宏观方法得以阐释。许多守旧的研究很难满足人们要求解决上述问题的急迫需求。在这里，早已步入后行为主义时期的西方政治学将其批判理论和批判的对象——行为主义政治科学——带进了中国政治学研究的视野。在少谈一些主义多研究一些问题的学术导向下，微观问题——微观方法成为研究浪潮。客观地说，这种研究对于缩短我国和国外政治学研究之间的距离具有积极意义，产生了一些可以与之“谈话”的研究模式。微观研究方法的热潮诱发了研究政治问题热潮，而在那林林总总的学术争论背后，人们似乎发现学术认同和理解共识非但在理念上，而且在知识上都难以达成。在波折和反思之后，有的学者较为清楚地认识到，中国政治学的研究应该在几种问题视域选择具体的研究议程，进而综合宏观、微观的方法，这些问题是“超大社会与政治调控之间的关系，一

① 华农心、韩旭：《重构中国政治学理论体系的一点设想》，《政治学研究》1999 年第 2 期，第 2 页。

党领导与民主政治之间的关系，公有制和政治体制的关系以及伦理民主与法理民主之间的关系”① 等。对此，不但“宏观、微观的区别是相对的，在一种场合下的宏观分析在另一种场合下也可能是微观分析”，而且宏观、微观的区分并不能涵盖整个研究方法的层次而应增加中观层次。特别是对于交叉性、巨型系统的子结构、不同结构的结合部分以及政治体系的中间层次等问题的研究——例如团体、利益集团、县级政府治理、预算政治等方面——逐渐增多。在这里，也许下属研究层次的递进关系可以对我国政治学研究方法的理想层次模型有所启发，(这样的研究)“其正常活动顺序有个阶段。首先是对经验数据和自‘批判意识’衍生出的相关价值之间的联系进行现象学敏感性的批评。随后，经典经验主义者试图将‘理解’为什么经验世界以这样的面目出现，并‘在其他条件相同的情况下预测’其可能的未来。然后，价值和理论被结合在‘创造目标和创造理论’的任务中，创造出一个理想的未来图景，以及一个能够解释未来世界的理论。……‘建构主义分析’将这些理论和价值结合起来，通过提出和分析变革方案，确定理想世界的可信性和可行性。最后，是‘行动部分’。”② 以此，打破僵化的宏观—微观的层次界定，而不入多元—多向的层次循环。

七、在方法论研究的内容上，从二分到复合再到多元化的过渡

在慎重的思考当中，二分法（dichotomies）是普遍存在的现象。这种普遍性涵盖了理论设计和争论的各个领域。诸如左和右、激进与

① 王沪宁：《发展中的中国政治学》，《瞭望新闻周刊》1994年第20期，第31页。

② ［美］罗伯特·古丁、汉斯-迪特尔·克林格曼：《政治科学新手册》（上册）（钟开斌等译），北京：三联书店2006年版，第1135—1136页。

保守、消极与积极、理性与非理性等划分，都是二分法的著名代表。二分法不是一种随意的过程，而是理性思考在问题分析过程中的自我构建和分裂的必然结果，其往往来源于感受到差异性和分歧，并在试图消弭这些差异和矛盾的过程中形成了更加抽象和根本的矛盾和悖论。因此，二分法之所以值得关注，是因为它是理性活动的产物。从方法论角度，二分法主要针对研究对象的内在差异性而各自形成了单向性的关注，其独立性和联系性在研究发展中呈现为一种二分性的"逻辑树"（logic tree），如下图：

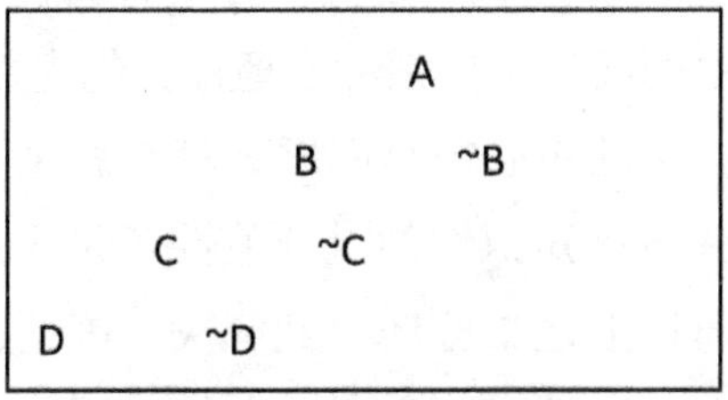

图 1　二分法树形图

从逻辑角度看，图式较为清楚地表现了二分法针对某一研究范畴（如，概念、体系）等的处理方法，例如范畴 A，其可以二分为相互排斥且能够涵摄范畴 A 全部内容的子范畴 B 和 C。可以推知，如果 x ε A，那么 x ε B 或 x ε C，且如果 x ε B（x ε C）即意味着 C = ~B（B=~C）。当然此种方法并非如此简单，例如，在范畴 D 的出现，当 A、B、C 三个范畴的内在要素置于 D 范畴时候，复杂性就开始出现。D 与 ~D 可以同时具备上述三个上位范畴的内容要素，而区分 D 与 ~D 的需要则可能要求存在新的区分要素，即种差属性，同时按照既定逻辑 D 与 ~D 又只应对应于 C 的完整性。可见，二分法在多重二分的情况下，就要面临重新整合二分，而产生具有原初二分要素却无法回归其上位范畴的复合性。对于我国政治学方法研究的内容体系而言，这种二分性结果的直观性和复杂性同时存在于其发展的不同阶段。从其发展的历时性角度看，政治学方法曾经被直接划分为中国和西方的、马克思主义的和非马克思主义的、理论与实证的、规范的与经验的、抽象的与应用的，等等，这些划分的重要特点在于将比较复杂的方法论体系用直觉性的逻辑界线划分清楚，其在内容上的确可以囊括所有的方法论要素，但是其在划分有效性上却存在不足。例如马克思主义的政治学方法与非马克思主义的政治学方法，这一划分的目的在于说明（1）马克思主义具有独立的政治学方法范畴；（2）马克思主义政治学方法范畴与其他非马克思主义政治学方法范畴不同；（3）马克思主义政治学方法是科学的和先进的；（4）非马克思主义政治学方法需要经过改造后成为马克思主义政治学方法。事实上，（1）、（2）是基础性判断，而（3）、（4）则是推论性判断，这种二分的直觉性十分明显。诸如马克思主义政治学方法的在知识体系的合理性、优先性和前瞻性的问题，马克思主义政治学方法的核心内容问题，马克思主义和非马克思主义在政治学方法上的分歧是知识性的、价值性还是实践性，等等，而这些问题则并非能够通过上述二分法得到解决。因此，简单的方法内容的二分是机械的。在政治学反思之后，人们试图改良对我国政治现象和组织的研究路径。在这一过程中，大量西方政治学方法和研究技术、手段的引入对简单的二分法提出了深刻的质疑。人们在新方法的应用和方法体系的总结中，从定性与定量、宏观与微观、动态与静态、规范与经验以及显性和隐性等角度将分散在简单而二分范畴之内的具体方法手段，根据研究领域和对象的不同进行重组，其结构可称为复合二分性。在重视方法论建设的今天，政治哲学视域下的政治学方法研究力图减少在具体研究中的由于人为原因而造成的割裂感。主张只要是通过科学程序设计（概念界定、理性分析、逻辑推理和可行结论）的方法应用，其在根本上只有两种相对性结论（D与～D性质），即自然判断和价值判断，前者是只根据事实是否正确而得出的研究结论，后者是一定结论向我们表达了某种含义的研究成果。这种划分既不是简单二分，也不是复合二分，而是二分形式的多元化结构。其研究内容不再强调将某一方法及其应用归入何种何类，而是强调这种方法的合理性和可行性，是围绕研究问题和对象而展开的方法安排。这就在政治学方法研究的内容层面上，形成了上文体积的多种层次、多种领域和多种学科背景的不同方法的交叉、交互和交换的关注与使用。而今，我们不但在政治学方法的专题著作和教材中看到方法论、方法学和方法手段的专题性和综合性论述，而且能够在不同问题甚至差异性很大的研究领域中看到相同或者类似的研究方法的广泛应用。因而这种内容上的多元性呈现为价值型、描述性、阐释性、诠释性、批判性和建构性研究方法的多元综合，这正是我国政治学方法研究开始走向深化和综合的基础。

八、在方法的研究数量上，由基本忽视到综合概括再到专题性研究的拓展

任何研究态势的呈现并非空穴来风，而必须建立在具体的研究之上。如果说上述态势是在不同抽象层次上对于我国政治学恢复以来政治学方法发展的总结，那么本研究领域内研究成果的丰富则是上述态势的基础。据不完全统计，自 1980 年以来，在政治学、中国政治和行政学等政治学科领域对政治学方法进行专题研究或者有相关专题论述的文献约 3800 篇。① 可以发现，相关研究的数量基本呈现线性增长的态势，其在数量增长趋势上与政治学研究发展阶段呈现正比加速度关系。值得注意的是，在学科整体进行反思和价值重勘的时期，政治学方法研究却呈现出数量不同的特征，例如 1989 年共计有 55 篇相关文献，1990 年为 48 篇，1991 年 36 篇，而 1992 为 48 篇，这一段时间的研究数量与五年的相关研究的数量差距较小。特别值得注意是，正是在这一时期，对于政治学方法的批判开始触及方法论的认识过程，并

① 笔者以中国学术文献网络出版总库（CNKI）的期刊文献检索数据库为检索源，以政治学、中国政治与国际政治、行政学及国家行政管理等 3 个子库为检索标本，在 1980 年 1 月 1 日至 2010 年 8 月 29 日的时间跨度内，同时具备政治和方法两个检索式的文献数量为 3799 篇。

且将其应用性作为反思和重构重要研究向度，开始实现了上文提及的诸多态势中的第二阶段向第三阶段的转变。这与其他许多研究在反思完成后，才开始在研究数量呈现明显增长的情况较为不同。我们认为，从这种数量关系角度，大致可以推断政治学方法的改造是政治学研究整体改造的基本条件和前提。而在此之前，从 1980 年到 1985 年，平均每年与检索主题相关的文献数量在 10 篇左右，至少也没有超过 20 篇。在这些研究中，关于方法论的论述几乎不存在①；在部分方法的讨论中，思想史研究的研究方法讨论是唯一亮点②；除此以外，政治学方法的相关论述零散见于西方学者政治理论的介绍，新生政治概念的引介（如，政治发展概念），政治学新兴学科的推广（如生物政治学、技术政治学等），苏联、西方国家的政治学科的概况描述以及国内外某些行政管理方法等讨论中，而且存在大量翻译文献。显然，这种数量上的劣势是由于对“政治学方法”这个主题的集体无意识，可称之为基本忽视。1985 年之后的十几年间，政治学方法研究的文献数量明显攀升，平均可以达到 50 篇以上。这些研究虽然因为不同研究主题和研究阶段而呈现出研究重点的移动，但是具有若干相似性，即能够从学科高度考虑政治学方法的地位问题，坚持围绕主要研究领域和范畴展开方法学的探索，对于中国政治现实和西方政治发展的关注提升到方法论认识和改造的高度，针对行为主义、后行为主义、马克思主义等政治学方法的流派展开较为深入的分析和争论，比较政治学方法研究开始成为热点。集中上述方面的文献数量可占到同期相关文献数量的 70%以上。由于其主体的宏大性、总结性和完整性（针对具体论题的分析和争论），因此研究数量的增多在克服散乱和盲目性同时，

---

① 关于政治学方法的系统研究极少，主要文献仅有卢林的《政治学实证方法初探》，《政治学研究》1985 年第 3 期。

② 例如刘泽华的《中国政治思想史研究对象和方法问题初探》，《天津社会科学》1985 年第 2 期，以及孙英华的《关于西方政治思想史研究的几个问题》，《学术论坛》1983 年第 3 期。

反而实现了方法论研究的质性提升。从上个世纪末至今，是政治学方法研究快速发展的时期。其在方法论、方法学和研究技术、手段等不同层面均有重要成果出现，不但出现了专门性的政治学方法论教材，而且在政治学通论（基础）性教材中，政治学方法也成为必要组成部分。在论文文献中，我们可以发现，近十年相关研究的文献数量是过去 20 年的两倍以上，而从文献影响力来看，被引频次和被关注频次较高的文献均集中于 21 世纪以来。除去具体研究的资料搜集范畴和关注时间段等客观要素，我们认为，这种数量增长是本领域研究的科学性和成熟性提高的象征。特别是在国家关系、比较政治学、行政学与公共管理（治理问题）、政治学方法论（研究路径、范式、模型）等方面的研究日趋成为显学，这表明专题性的方法学正在成为本领域的研究中心。特别是在以“中国问题”和“民主政治”的双重观照中，专题性的政治学方法研究实现了自我研究水平的新提高，形成了许多基本模式和理想路径，有的学者认为“其研究逻辑论证可归纳为：从政治人的逻辑起点出发，研究公民所享有的政治权利、政府所持有的政治权力以及政治权力和政治权利的博弈，经过双方的博弈，政治发展达到政治文明目的，促进社会的和谐发展。这就需要综合社会科学的研究方法，力促政治学研究推陈出新。”① 这大抵是客观的。

（作者单位：中国社会科学院政治学研究所；吉林大学行政学院）

① 冯志峰：《政治学方法论：30 年：现状、问题与发展》，《政治学研究》2008 年第 4 期，第 87 页。

中国政治文化理论30年

王　浩

随着世界经济社会的飞速发展，以经世致用为学科本质的政治学的研究对象和范围也发生了巨大的变化。在全球经济一体化进程中，虽然建立国际经济政治新秩序日益成为人类的热门话题，但是在经济、政治活动中却冲突频仍，文化和民族主义因素引发的文化和种族冲突也频繁加剧，国家在对外交往和对内治理中也更加注重保持和强调本民族国家特性。因而，政治文化研究自兴起之初便一直成为学界研究的热门课题。因为这一研究不仅有助于本国在国家政治关系中促进对各个国家文化特征的理解，而且能加深国内对本国政治生活中社会整体凝聚力的认识。所以，从改革开放特别是从政治学学科得以恢复，政治文化理论传入中国被正式确立为一门正式学科起至今近30年的时间里，中国政治文化理论的研究已取得了骄人成绩。值此中国政治文化理论发展近30年之际，有必要对其做一个简要总结，以期以此为契机，为今后中国政治文化理论研究进一步深入发展提供绵薄之力。

一、前言

作为一种社会政治现象，政治文化是伴随着社会历史和人类政治文明的发展而形成和发展的。因此，政治文化如同人类的政治社会历史一样，也具有悠久的发展史。由于历史发展的局限性，古代一些思想家虽然也曾从人的理性、意念、人性、民族精神等视角来探讨过社会政治现象，但这种探讨往往是零散也不系统、模糊而不清晰的，且大多是在唯心主义的思维框架内思考、论证，更没有明确提出政治文化的概念及其基本内容。

政治文化（political culture）作为一个整体概念却是一个非常特定、具有特殊意义的现代政治术语。关于政治文化概念的缘起，稍有些不同的说法，其中有人认为正式提及政治文化这个概念的是 18 世纪德国学者赫尔德，然而，对此却缺少明确的佐证。① 当然，也有人认为，1920 年，列宁在《青年团的任务》《论无产阶级文化》《在全俄省、县国民教育局政治教育委员会工作会议上的讲话》等著述文献中就曾多次谈到了属于政治文化范畴的相关问题。他指出："政治文化、政治教育的目的是培养真正的共产主义者，使他们有本领战胜谎言和偏见，能够帮助劳动群众战胜旧秩序，建设一个没有资本家、没有剥削者、没有地主的国家"。② 可见，此时列宁已经明确地提出了政治文化的这个概念并将其与政治教育联系起来。然而，列宁并未对政治文化的概念进行界定，当然也未对政治文化的基本内容进行界说。不过，也正是此后的一段时期，西方学者才开始逐步从现代政治学的角度来审视政治文化现象问题。

而且在政治文化研究的理论上也不断从其他学科领域汲取营养。特别是二战之后，随着自然科学对社会科学的不断渗透，一些自然科学的概念和方法被引入到社会科学之中，大大拓展了社会科学的研究视域和范围，同时也出现了多学科综合的现象，进而产生了一些新兴学科。政治学家也自觉地将心理学、社会学、统计学的知识及研究方法运用到政治学的研究中。随着西方政治学主流从国家权力学派向行

① 参见王卓君：《文化视野中的政治系统》，南京：东南大学出版社 1997 年版。

② 《列宁选集》第 4 卷，北京：人民出版社 1995 年版，第 306 页。

为主义学派的过渡，政治学家们愈来愈感觉到过去的研究过多地着眼于宏观政治权力结构的研究，对政治制度、国家政治体制、政府构造、政府功能的输出等问题，虽都做过系统的描述，但还不足以深入到人类政治行为的深层内核中。从20世纪30年代以来，由于弗洛伊德学派的兴起和文化人类学的发展，关于文化的探索越来越成为人们研究社会现象时不能忽略、甚至是不可或缺的重要视点。人们开始将更多的注意力集中在宏观结构背后的深层文化结构、意识形态要素以及心理因素等，希望通过探索微观的、更具说服力的实证性要素来帮助达到对宏观问题的把握。于是，在政治学中，政治学家们也普遍感受到一种紧迫性：即如何通过对微观层面上人们有关外部政治系统运行的内心态度、导向的变化研究，来发现由个体心理层面激发出的对政治的集体层面、对宏观政治运行的影响。于是，从20世纪50年代起，一种新的研究角度以及由此引发的一种新的研究领域，在欧美国家的政治学界呼之欲出，这就是“政治文化”。①

政治文化作为一个崭新的概念，从20世纪50年代开始出现在美国政治学的舞台上。1956年8月阿尔蒙德在美国《政治学杂志》发表《比较政治体系》一文，首次使用了“政治文化”这一个概念。他指出：“每一个政治体系都植根于一套意义和目的之中。我们谈及对政治的态度、政治价值、意识形态、民族特征、文化精神，所有这些概念的困难是它们的意义过于弥散与含混。”于是，他进一步阐述了“orientation”（导向）一词的特定用法，他说：“每一个政治体系皆镶嵌于某种对政治活动指向的特殊模式之中，我认为可把它叫作政治文化。”② 并将其用以代替传统的“民族性格”“民族精神”等概念，并初步形成了一定的分析框架。随后，一大批政治学者加入政治文化研究的队伍，并逐渐形成一股学术潮流。政治文化作为一个科学的概念被提出之后，1963年在美国政治学界发生了所谓政治文化研究的革

① 参见王卓君：《政治文化研究与跨文化比较》，《江苏社会科学》1997年第6期。

② 转引自王卓君：《政治文化研究与跨文化比较》《江苏社会科学》1997年第6期。

命，先后涌现出一大批有关政治文化研究的学术成果。

二、中国政治文化理论发展30年的历史回顾

政治文化理论传入中国的时间较晚，现在国内学者普遍认为政治文化传入中国应该是1987年以后（当然，也有学者认为政治文化理论真正在中国发展应该是从1982年就已开始①。所以，不论政治文化理论是1987年以后还是1982年以后传入中国，从严格意义上讲，其实中国政治文化理论发展到今天并未到30年。但是一个学科并不是从理论的传入时便已形成，它必须具备一定的理论积淀，有一定相关学科的支撑。而与政治文化理论发展密切相关的学科如政治学、文化学、社会学、心理学等1978年起便已得到恢复和发展，各个学科的研究业已涉及政治文化的研究领域，只是还未有政治文化这一个概念予以统摄，所以中国政治文化理论亦可认为有了30年的发展），并且随着政治学、社会学、心理学等学科的恢复和深入研究，国内学者开始不断通过对国外政治文化理论研究进行分析借鉴和探索。然而，由于国内学者对政治文化的研究较为零散，不论是对政治文化的基本概念还是研究的对象、基本框架等都还远未达到统一，所以，要从时间上对其发展阶段进行严格的划分，显然不具有可行性，因此，本文对中国政治文化理论研究发展30年的划分也只能是一种以时间为标尺的纵向模糊划分。从中国经济社会发展、中国政治学发展以及中国政治文化理论研究的总体发展状况对中国政治文化理论发展大致分为三个阶段，第一个阶段是从政治文化理论传入中国到20世纪90年代初，为中国政治文化理论的形成期；第二个阶段是从20世纪90年代初到20世纪末，为中国政治文化理论的逐步发展期；第三个阶段是从21世纪初到

① 赵军：《如何认识政治文化及其研究的社会意义》，《政治学研究》1987年第3期。

现在，为中国政治文化理论的日趋成熟期。

（一）中国政治文化理论的形成期

这一时期，为了响应邓小平同志政治学“现在也需要赶快补课”的号召，大量的国外译文译著被传入中国。而此时在西方政治学研究中显示出强大优势的政治文化研究也随即进入中国学者的视野。随后，中国开始出现对政治文化介绍和探讨的热潮。当然，政治文化研究在中国的兴起也是和中国社会有着内在的联系，政治文化这一分析概念之所以受到中国学者的青睐，主要在于其所提供的信息对于分析中国政治社会极具解释力。1978年前的中国社会是高度政治化的社会，政治系统的价值取向和运行逻辑支配、渗透、影响着经济和文化子系统的运行。部分中国学者结合中国社会的特质，对政治文化的概念和分析维度进行新的诠释，利用政治文化的框架对中国社会进行了独特而深入的分析，并取得丰硕研究成果。然而，该阶段由于中国刚刚在政治、经济和社会领域实行改革，政治文化理论也刚刚被传入中国，所以大多数中国学者对政治文化的研究也都较多地局限于政治文化的基本内涵，以及以政治文化为视角和方法来探讨中国古代和当前中国政治文化建设等一些内容，所以这一时期政治文化理论的发展成就也较多地集中在这些方面。

1. 政治文化理论形成期，中国政治文化基本内涵的研究状况

界定概念是科学研究的前提，特别是对于政治文化这样的舶来概念更是如此。政治文化理论引进之初，国内学者关于“政治文化”概念的学术归属曾经争论不已。有人从政治学角度界定，有人从文化学方面进行解释，也有人混为一谈。80年代末，政治文化研究形成高潮，论著迭出，其中绝大多数是在政治学意义上使用这一概念的。从现有的论著看，大体可分为两类：一类是借鉴欧美学者的理论给出定义。美国政治学家G. A. 阿尔蒙德率先在《公民文化》一书中从政治学意义上使用了“政治文化”的概念，提出了“认知、情感、评价”三层次界定法，把政治文化看作是一个政治心理或政治意识的结构。

另一位政治文化研究专家 L. W. 派伊曾几次界定政治文化概念，1971年在《政治发展的危机与序列》一书中，指出政治文化是人们对政治行动的感觉、认知、评价和情感等取向。美国学者的界定方式直接影响着中国学者的理论选择，引起人们的效法。这类界定的表述形式各有特色，但在理论上显然是直接继承了欧美学者的见解，基本上把政治文化视为“政治体系的心理方面”。另一类在借鉴西方学者有关理论的基础上，参考了苏联学者的观点和文化研究的一般理论，又结合了中国学术的传统理论，略作调整变通，界定亦有特色。这一类认识带有理论综合的特点，为政治文化理论的广泛研究打开了思路。

关于政治文化的主要特征，有些学者把它归纳为四个方面：其一是政治文化的时代性。不同的社会存在不同的政治文化，不同的历史时代，其信仰也大不相同。其二是政治文化的区域性和民族性。东、西方的政治文化无论在内容上还是在形式上，都存在着很大的差异。其三是政治文化的延续性。任何新社会都是从旧社会脱胎而来的，这就使之不得不打上前一社会的烙印。其四是政治文化的整合性。过去的时代都是互相封闭和隔绝的，各个地区、各个民族的政治文化都处于一种孤立的状态，但在政治化时代，旧时代封闭政治文化的各种天然的、人为的栅栏已不复存在。政治文化是开放的、全面性的，不同的政治文化相互吸收、调和而趋于一体化。

关于政治文化的功能，多数学者认为：政治文化是政治变革的前提。通观古今，历史上每一次重大变革都伴随着政治文化的变革；政治文化是维持政治关系。政治文化不改变，政治体系也不能发生变革；政治文化指导政治行为。政治文化作为一种价值倾向和主观意识对个体政治行为具有规范作用。

2. 政治文化理论形成期，中国传统政治文化研究状况

对中国传统政治文化的研究是这一时期中国政治文化理论研究的另一重要对象。而对中国传统政治文化的研究主要体现在以下三个方面：第一，认为经济机制、阶级机制、地理机制以及科学机制等“四机制”是中国传统政治文化生成的基础机制。第二，则从社会形态过

渡形式的角度来考察，认为中国在从原始社会向奴隶社会过渡的时期中，没有像古希腊罗马那样，发生新兴奴隶主推翻氏族贵族统治的革命，而是由氏族首领直接转化为奴隶主贵族，氏族社会的解体在中国完成得很不充分，氏族社会的宗法制度及其意识形态的残余便大量积淀下来，并在以后长期延续的自然经济形态，以及户籍、劳动、人事、供应等一系列制度的土壤上继续流衍。第三，强调了中国封建社会结构的三大特征：建立在国家最高所有权支配下的土地私有制基础上的小农经济、以专制王权为核心的庞大官僚系统的长期存在、以宗法关系作为维系社会的主要纽带并以此作为专制王权的社会基础，对中国传统政治文化的生成有着重要的影响。

3. 政治文化理论形成期，中国现实政治文化分析

经过十年改革，中国政治文化具有了功利化的趋向认为，中国传统政治文化，政治的伦理取向一直高于功利取向。即使在新中国建立之后，政治文化中的这种伦理化特征还是很明显的，对政治体系、对党的领袖和国家领导人的认识和评价主要是根据道德标准，对政治改革也主要是以是否合乎道德的“善”来形成自己的态度和感情。十年政治改革，政治文化的伦理化特征正在让位于功利化特征。

转型期的国民政治心理具有的探索性、革新性、过渡性特征，必然为这一时期国民政治心理的深层结构和表层结构打下深深的烙印。转型期，国民政治心理不可避免地会呈现多元性、怀旧性、对社会政治现状的不满以及多级转化等特征和趋势。而且由于中国政治学的发展正处于恢复和重建阶段，所以，传统与现代并存以及总体上的低层次性便成为转型初期国民政治心理深层结构的基本特性。

4. 政治文化理论形成期，中国政治文化建设研究

针对中国政治文化变革与政治体制改革的关系，理论界进行了一系列的研究和探讨，主要观点如下：一是政治文化变革是政治体制变革的前奏。人们的政治行为受一定政治文化的制约，政治文化构成政治体系和政治行为的深层结构。政治活动必须与一定的政治文化相适应，政治体系活动也应当适应一定的政治文化，民主的政治文化是一

切改革的前提，特别是政治体制改革的前提；二是政治体制改革必然带来政治文化的改革。为了促进政治体制改革的深入发展，保证社会主义政治体制的正常运转，在改革政治体制的同时要特别注意加强政治文化建设，以保证两者同步发展，互相促进；三是政治体制改革对政治文化建设提出的紧迫任务是肃清封建主义流毒。

在中国政治文化的构建中，也存在着两个方面的新特点，一是新时期政治文化建设是以马克思主义为核心的政治文化。有学者把中国政治文化的新建构，称为以马克思主义为核心的新政治文化，认为它的基本框架包含三个方面的内容：生产力的一元化尺度，这是政治文化的主导价值倾向；具有强烈进取和开拓的现代意识；对人类优秀文化的兼容并蓄，是适应政治体制改革中个体成员广泛参与政治而呈现的开放态势。二是新时期的政治文化建设是社会主义的政治文化、广大人民群众具有自主的参与意识、政治系统输入与输出之间的相互协调以及社会成员政治理想的逐步科学化等方面的特征。

（二）中国政治文化理论的发展期

进入 20 世纪 90 年代，中国政治文化理论研究得到逐步发展。学术界除延续上一时期的研究外，又对相关研究内容进行了深化，并开始有意识地对中西政治文化进行对比研究。此阶段，中国政治文化研究取得了飞速发展，在获得丰富的学术成果的同时，并对中国政治文化研究的基本走向进行了深刻思考。经过十年左右的不断努力，国内政治文化研究已有一定的影响，也产出许多颇具影响的学术成果。

1. 中国政治理论发展期，政治文化内涵的界定探索

虽说这个时期，中国学术界在政治文化的基本内涵的界定上大多还是延续上一时期的认识，但相比较而言，却更为深入和细致了。其中，具有代表性的有以下几种观点：第一种观点认为，政治文化是在文化、政治与历史长期稳定基础上形成的，支配和制约人类各种政治

制度、政治规范、政治行为的政治观念体系①；第二种观点认为，政治文化作为一种系统结构，包括实体性政治文化和观念性政治文化②；第三种观点认为，所谓政治文化，就是一定的社会关系体系中的社会主体，围绕着自身特定的利益，而对争取社会公共权力以实现自身特定权利这种特殊社会活动（即政治）的认识、感受其价值取向的总和③；第四种观点认为，政治文化是政治关系的心理的和精神的反映，它是人们在社会政治生活中形成的对于政治的感受、认识和道德习俗规范的复杂综合④；第五种观点认为：政治文化作为深层次的社会政治现象，指的是政治共同体成员在一定政治体系中形成的关于政治及政治活动的感受、态度、心理习惯以及价值评估等主观意识的总和⑤；第六种观点认为，政治文化是一种非常特定、带有特殊意义的现代政治学术语。它是指存在于宏观政治结构、政治体制与个体政治行为、政治观念和政治心理之间的一种特殊社会现象⑥；第七种观点认为，政治文化可以界定为一个民族在特定时期流行的、支配和制约社会主体各种政治活动的政治观念体系，主要应从政治认知、政治情感、政治价值、政治理想方面把握⑦；第八种观点认为，可以从政治或政治体系的特征入手，将政治文化定义为一定社会区域中人们对合法强制权力及其行使过程的取向或态度⑧；第九种观点认为，所谓政治文化或公民文化或公民政治文化就是指处于一定的历史—社会—文化条件下的权利义务主体对政治体系、政治活动过程、政治产品等各种政治

---

① 孙正甲：《政治文化学概论》，哈尔滨：黑龙江人民出版社1995年版。

② 万高：《简论政治文化》，《宁波师范学院学报》1994年第4期。

③ 刘学军：《政治文化一解》，《社会科学》1996年第3期。

④ 王浦劬：《政治学基础》，北京：北京大学出版社1995年版，第307页。

⑤ 金太军等：《论当代中国政治文化的现代化》，《人文杂志》1998年第6期。

⑥ 王卓君：《政治文化研究与跨文化比较》，《江苏社会科学》1997年第6期。

⑦ 蔡拓等主编：《市场经济与政治发展》，福州：福建人民出版社1998年版。

⑧ 冯钢：《政治文化与西方政治发展理论》，《浙江大学学报》1997年第1期。

现象以及自身在政治体系和政治活动中所处的地位和作用的态度与倾向①。这些定义当中，有些是转介西方学者有关定义的内容，有的则是比较中外学者有关定义而做出自己的定义，有的则试图摆脱西方学者的影响，从自己研究的角度做出全新的解释，有的则对西方政治文化的定义进行了一定的评析，说明了自己所作定义的意义所在②。

2. 中国政治文化理论发展期，政治文化的特征与类型分析

政治文化的特征。③ 有学者认为它以阶级性为主导标志，同时具有民族特色和历史性，以及同外来政治文化的一定联系性。政治文化的阶级性是不言而喻的，但同一阶级的政治文化，有不同的民族特色；不同时代，一种社会形态的政治发展的不同阶段，有不同的政治文化；政治文化还具有明晰的、不容混淆的、也无法“融合”的社会结构性。每一社会制度下，政治文化在社会总体结构上，都由主导政治文化、非主导政治文化和敌对政治文化三个基本部分构成④。还有的学者从文化和政治两个方面论述了政治文化的特征，认为政治文化的文化特征包括有群体性、地域性、时代件和民族性；政治文化的政治特征除了同文化特征具有相同的内容外，还是有强烈的阶级性、国家性、地方性和国际性⑤。有学者在充分论述了政治文化深刻的阶级性和一定的民族性的同时，认为政治文化具有相对的稳定性⑥。

政治文化的分类。不同的学者依据不同的划分角度，把政治文化

---

① 李传柱：《“政治文化”概念的界定及研究意义》，《安徽教育学院学报》1997 年第 2 期。

② 参见刘彤等：《论政治文化的内涵和结构》，《政治学研究》1996 年第 7 期；李传柱：《“政治文化”概念的界定及研究意义》，《安徽教育学院学报》1997 年第 2 期。

③ 参见杨海蛟主编：《新中国政治学的回顾与展望》，北京：世界知识出版社 2000 年版。

④ 刘彤等：《论政治文化的内涵和结构》，《政治学研究》1996 年第 1 期。

⑤ 参见孙正甲：《政治文化学概论》，哈尔滨：黑龙江人民出版社 1995 年版。

⑥ 参见王邦佐等：《新政治学概要》，上海：复旦大学出版社 1998 年版。

分成了不同的类型。主要有：其一，从政治文化不同的发展阶段划分政治文化，政治文化可分为地方型（地域型）政治文化、从属型（臣民型）政治文化、参与型（民主型）政治文化。这种分类方法主要是师承于西方政治学界。其二，有的学者从政治文化主体的角度，将政治文化划分为统治者的政治文化与被统治者的政治文化。这两种政治文化既相互对立，又相互渗透和转化。其三，从不同政治文化在整个政治文化系统中的不同地位划分，政治文化可分为主导政治文化和非主导政治文化（各种亚政治文化）。其四，从政治文化的主要指向对象划分，政治文化可以划分为系统文化、过程文化和政策文化。这也是师法了西方阿尔蒙德等人的分类法。其五，从政治文化整合程度划分，政治文化可分为不完整的政治文化和整合的政治文化。

3. 中国政治文化理论发展期，政治文化的结构与功能研究①

政治文化的结构指政治文化构成诸要素之间的排列配置关系。由于人们对政治文化的界定不同，因而对其结构的概括也就不同。有学者认为从抽象的意义上说，一种政治文化可概括为政治心理倾向和政治价值取向两大层面，因此也可以称之为政治文化的心理——价值结构。从社会结构来看。还包括：不同的职业群体的政治文化；不同年龄群体的政治文化；不同区域群体的政治文化②。有学者认为：政治文化从本体结构分析，包括有政治心理、政治意识和政治价值；政治文化的衍生结构主要由政治道德、政治人格和政治本性组成；政治文化的操作结构可分为三个部分，它们分别是政治文化运营、政治文化社会、政治文化载体③。

在对政治文化功能研究方面，这期间，有学者认为政治文化的功能是多方面的，归纳起来，主要体现在：第一，为政治统治体系的确立提供合法性说明，从理性认识和情感意识两个方面，为新的政治统

① 参见杨海蛟：《新中国政治学的回顾与展望》，北京：世界知识出版社2000年版。

② 参见王邦佐等：《新政治学概要》，上海：复旦大学出版社1998年版。

③ 参见孙正甲：《政治文化学概论》，哈尔滨：黑龙江人民出版社1996年版。

治体系的建立提供坚实的思想文化基础。第二，为政治秩序的稳定提供思想、意识上的支持，因而政治文化对于维系一定的政治统治秩序有着重要的基础作用。第三，为政治统治体系的发展提供指导作用①。有学者认为，政治文化在国家政治生活中的功能主要有：指导政治行为、影响政治体系、制约政治发展②。还有学者认为政治文化的功能依赖于政治文化的结构，与社会三大组成部分相对应，政治文化的政治功能、经济功能、文化功能也就成为三大基本的、总体性的功能③。还有的学者认为，作为观念形态的政治文化的一个重要功能，是对政治制度的建构、政治目标的设立、政治行为的选择等给出一种意义解说，为人们的政治实践提供着规范性、指导性的思想原则④。此阶段，国内对政治文化功能的研究多停留在定数研究和宏观研究上，而变数研究和微观研究不足，甚至是个空白。

4. 中国政治文化理论发展期，中国传统政治文化研究

在中国政治文化的发展期，国内学者在对中国传统政治文化的研究中还是一如既往地沿袭了过去的传统。因此，这类研究从技术手段看并未有多少新的气息，但在理论框架方面，由于借鉴了现代政治文化理论，故而在研究角度上为之一变。例如有人运用阿尔蒙德的理论方法，分析近代中国 1904 至 1930 年间，资本家阶级的政治参与意识、政治能力感、党派意识、政治行为方式等，描述了中国资本家阶级在 20 世纪初的政治启蒙时期，从政治冷漠向政治参与过渡的历程，指出其政治不成熟的政治文化原由⑤。以经济根源说明近代中国资产阶级

---

① 参见王惠岩：《当代政治学基本理论》天津：天津人民出版社 1998 年版。

② 参见王邦佐等：《政治学概要》，上海：复旦大学出版杜 1998 年版。

③ 孙正甲：《政治文化学概论》，哈尔滨：黑龙江人民出版社 1996 年版，第 214—215 页。

④ 参见严强等：《宏观政治学》，南京：南京大学出版社 1998 年版。

⑤ 参见张亦工等：《20 世纪初期资本家阶级的政治文化与政治行为方式初探》，《近代史研究》1992 年第 2 期。

“革命二重性”的传统认识，这样的分析视角给人以启迪。

不过，这一类研究广泛而又零散，包括人物、思想或观念，或某一历史时期的政治文化，等等。分析的理论深度也参差不齐，在有些问题的认识上甚至截然相对。这说明此类学术探讨只是处于提出问题阶段，与较为科学的论断还尚有距离，这意味着这一时期国内学人对政治文化学术之旅尚需深入。①

5. 中国政治文化理论发展期，现当代中国政治文化研究

与传统政治文化研究相比，这期间国内学者对现当代政治文化的研究刚刚起步，研究水平还相当薄弱。总结起来，论述范畴主要集中在政治文化与中国现当代文学、文艺学；“文革”与政治文化；中国政治文化现代化；少数民族与政治文化；政治文化理论框架的构建等几个方面。然而，总体而言，这时期的研究成果对现当代中国政治文化的研究与反思力度不够，远未构建起自己的政治文化理论体系。同时，也存在政治文化与意识形态、主导文化界限不清的缺陷；研究方法也还是以规范性、定性研究为主，经验性、定量研究则略显不足，这无疑不利于两者有效融合以使中国政治文化研究全面深入发展。②

6. 中国政治文化理论发展期，中西政治文化比较研究

随着政治体制改革的深化和政治文化研究的不断深入，中西政治文化比较研究成为一个具有实践和理论价值的课题，被定为国家社会科学“八五”重点研究项目。徐大同、高建主编的《中西政治文化传统研究》一书便是此项目的最终研究成果。作为这一课题研究的铺垫，丛日云著的《西方政治文化传统》一书在考察西方政治文化传统形成演进过程的同时，有些地方也对中西政治文化进行了比较。另外，也有学者开始涉猎中国与具体西方国家政治文化的比较，如中美英三

① 参见葛荃：《拿来与创新：中国政治文化研究的回顾与前瞻》，《天津社会科学》1997年第2期。

② 参见李月军、侯尤玲：《近十年来国内政治文化研究综述》，《社会科学动态》2000年第12期。

国“政治人”的政治文化素质之比较、法国大革命政治文化与中国“文化大革命”时期的政治文化的比较、中俄转型时期的政治文化特征比较等。有学者提出了中日政治文化比较研究的意义、图式和大体框架，也对中日政治文化各自的基本特征作了独到论述，如认为中国政治文化是一元强化型，而日本政治文化则是多元复合型等。

期间，此类比较研究取得了一些成果，但总体上说还处于起步阶段，呈现出以下几个具体特点：第一，已有成果侧重对中西传统政治文化的比较，中西方近现代政治文化比较研究基本上还是空白。第二，已有成果中的西方多是狭义的西方（即西欧），与当前国际政治有重大关系的中美、中日、中俄政治文化比较研究还没有达到应有的水平，而且这方面的研究亦多分散于国际关系史、现代化比较研究等领域。第三，侧重于宏观类型比较研究，微观结构比较研究不足。比较研究的深度也因此受到影响。第四，在有的成果中，政治文化与一般文化、意识形态的研究的区别不明显，政治文化并未被很好地突出来加以比较。第五，中西政治文化比较研究中的一个重要的方法论问题是如何把握对不同政治文化的价值评价标准。对这个问题，该时期的研究中存在着相对主义（各种政治文化无优劣之分）与绝对主义（认定某种政治文化绝对地优于其他政治文化）两种立场。表面上看来，这两种立场是对立的，但本质上是相同的，它们都强调不同政治文化的差异，而否认不同政治文化间的相融性，而这将不利于政治文化研究的深入与异质政治文化间的交流。①

（三）中国政治文化理论的成熟期

进入21世纪以来，中国政治文化研究也迎来了一个新的发展期。中国政治学界的诸多学者立足于中国政治文化的历史传统与现实意义，把政治文化作为一个相对独立的研究领域，从多方面、多角度进行了

---

① 参见李月军、侯尤玲：《近十年来国内政治文化研究综述》，《社会科学动态》2000年第12期。

系统而深入的探讨，推出了一批卓有建树的研究成果。现如今，政治文化已经成为政治学理论的基本研究范畴。

1. 中国政治文化理论成熟期，政治文化含义的论争

在中国政治学发展的30年间，对政治文化概念的界定仍是众说纷纭。其实，迄今为止，国际学术界关于政治文化的理论把握也依然是莫衷一是，在对政治文化概念的界定上也有特定的文化基点。而当前国内学者较多地依据中国政治发展的现状对政治文化做出很多有益的探讨，力求以马克思主义为指导来解释政治文化，而且在具体的界定中也逐渐形成了比较一致的主流看法，即认为所谓政治文化，就是一个国家中的阶级、民族和其他社会团体，以及这个国家中的成员，在一定生产方式的基础上，于一定的经济、政治和文化环境中形成的关于国家政治生活的政治心理倾向和政治价值取向的总和。

2. 中国政治文化理论成熟期，政治文化的属性及其特征的研究

毋庸置疑，对政治文化属性及其特征的探讨，无疑是深层次理解和研究政治文化不可或缺的组成部分，近些年来国内学者对政治文化的属性及其特征的研究也取得了一定成果。王惠岩主编的《政治学原理》认为政治文化的特点主要具有深刻的阶级性和鲜明的民族性、特殊的社会结构性以及相对的稳定性等。孙关宏等主编的《政治学概论》指出，就政治文化本身来看，其内涵常常表现出以下几方面的特性：即政治文化具有历史继承性、民族性、阶级属性及发展性。杨弘、刘彤的《现代政治学分析基础》在分析政治文化的属性时指出，政治文化具有阶级性；政治文化是历史范畴；政治文化有其社会结构性；现实政治文化受本土传统政治文化和域外政治文化影响。王邦佐等主编的《新政治学概要》认为政治文化是一种特殊的观念形态和政治现象，它有别于一般意义上的文化，也不只是理论化、系统化的政治思想，与政治制度等现象相比较亦有不同。金太军主编的《政治学新编》认为由于政治文化是社会文化的组成部分，因而也必然具有从属于社会文化的基本特征和规律。政治文化具有时代性、阶级性、区域和民族性以及延续性等基本特征。

3. 中国政治文化理论成熟期，政治文化的功能研究

近些年来，国内学者在没有放松对政治文化的基本功能的研究的基础上，更加注重了政治文化对中国现实政治发展的积极作用，并且随着中国现实政治的不断发展而日渐深入。政治文化作为社会政治系统和社会政治行为在个体心理导向领域中的系统表现，是整个社会系统，尤其是社会文化系统和政治系统的历史性产物，也是在这个系统中的每个成员活动的历史性产物。一个国家、一个民族的政治文化一旦形成，便以其无形的力量渗透于政治生活的一切领域，对国家政治生活产生不可估量的影响。国内外学者对政治文化的一般性功用做了分析，并认为指导政治行为、影响政治体系、制约政治发展是政治文化的一般功能。当然，在政治文化具体功能的定位上，不同的学者着重点也不尽相同。

4. 中国政治文化理论成熟期，中国传统政治文化的特征及其现代化研究

较以往过多地侧重对中国传统政治文化自身的基本内容和特征等方面的研究不同，近些年来越来越多的学者认识到离开中国传统来讲建设先进的政治文化显然是不可能的，关键的问题仍然是如何正确把握中国传统政治文化的辩证性质。因此，这时期的学者们更加注重了对传统政治文化的反思，在对其糟粕进行批判的同时，挖掘其深层次所蕴含的积极因素，同时更多的学者也开始注意传统文化对当代中国政治发展的影响。

以儒家文化为主的中国传统政治文化，由于政治的、经济的、历史的、地理的等方面原因，形成了其固有的特点。站在不同的角度去体认中国传统政治文化，必然会从中国文化中抽取出不同的特征。因此，有人认为，可以把中国传统政治文化归结为实用理性，注重民族心态分析；而有人则根据传统文化的人文精神而把中国传统政治文化的特征概述为人文主义。21 世纪至今近十年的时间里，国内学者普遍认为中国传统政治文化是近于依附型的，流淌几千年的历史长河积淀于国民心理层面的政治价值意识与行为习惯取向所展示的政治文化特

征主要可归结为以下几个方面：家长本位的政治文化；自律本位的政治文化；权力本位的政治文化；均平本位的政治文化。

而对中国传统政治文化的现代化，也是近期学界较为关注的一个热点问题。然而对于中国传统政治文化如何实现现代化即实现现代化的途径却存在着较大的分歧，综观之，主要存在以下几个方面的看法：第一，认为传统文化要走向现代化必须建立社会主义法治型政治文化。第二，认为传统政治文化要走向现代化必须要在“拿来”中创新。第三，认为传统政治文化要走向现代化必须要切实加强和改善思想政治工作。第四，认为政治文化毕竟属于依附于经济基础的上层建筑，因此要使传统中国政治文化走向现代化之路，必须要进一步深化经济体制改革，使我国社会生产力得到迅速提高。①

5. 中国政治文化理论成熟期，马克思主义政治文化思想研究

近些年来，学术界开始注意研究一些马克思主义思想家的政治文化思想，并对他们的政治文化思想进行了深入的剖析和研究，以期为当代中国政治文化的发展提供宝贵的经验。在早期共产主义传播者中，以李大钊为代表诸多共产主义先驱的思想成就蔚为大观。正因为如此，童世骏认为李大钊等思想先驱在现代中国政治文化变迁过程中起到了重要的作用，他指出，在如何培育民主的政治文化、加强民主的本土基础方面，包括中共创始人之一李大钊在内的不少中国现代思想家们提出的一些思路为我们今天的思考提供了重要的背景和启发。②

马克思主义意识形态理论内在包含了政治文化理论，它不但体现在经典作家和继承人的思想阐发中，而且是一个有机的思想体系。在中国语境下，将马克思主义意识形态和政治文化在系统研究的层面上进行分析，就不难发现马克思主义意识形态与中国传统政治文化的结

① 参见韩海涛：《国内政治文化研究现状》，《中共福建省委党校学报》2003 年第 9 期。

② 参见童世骏：《政治文化和民主的本土基础——中国现代思想家的一些思路》，《江苏社会科学》2003 年第 6 期。

合，既是势属必然，同时又道路漫长；既取得了伟大的成果，又还需艰苦的努力。这种结合既不是用马克思来代替传统政治文化，也不是用传统政治文化来吞没或消解马克思，而是二者的有机结合与内在统一，其理想形态应当是：既是马克思主义的，又是中国的、富于创造性和强大生命力的现代政治文化。①

6. 中国政治文化理论成熟期，中西政治文化的对比研究

某种文化的存续与一定地域、历史阶段，以及与之伴生的风俗习惯、思维模式、政治体制、社会结构等诸多社会现象密切相关，这就决定了不同的国家、地区和民族必然具有不同的文化特质，而这些特质投诸政治生活发展的现实就自然而然地形成大相径庭的政治文化。正因为如此，政治文化的比较性研究具有大时间跨度和具体历史形态、国家政治文化模式和地域性政治文化特性、传统政治文化传播与新生政治文化吸纳等一系列矛盾、共生、辩证发展的特征；而由此所产生的诸多差异也决定了相关比较研究的广度和难度。随着学术界对政治文化研究的进一步深入，中西政治文化的对比研究无疑有着重大的理论价值和现实意义。科学、准确和全面地把握西方政治文化发展的基本脉络和特点，是比较研究的基础。然而，与中国政治文化研究相比，目前学界对外国政治文化的研究显得薄弱，主要体现在对西方政治文化传统的研究上。另外，在理清西方政治文化发展的模式、跟踪西方政治文化理论发展等方面亦形成了一些成果。

中外政治文化的比较研究突出了以专题形式展开的比较研究。其中不但广泛地涉及政治思维模式，对个人、国家、权力、政治统治的政治认知方式，政治价值、政治心理等不同的特征，而且追本溯源地分析了中外政治文化不同的原因、走向以及政治文化建设等内容。

---

① 宋江涛、宋新夫：《马克思主义意识形态与中国传统政治文化的结合》，《江西社会科学》2003 年第 2 期。

7. 中国政治文化理论成熟期，当代中国政治文化的研究

20个世纪的最后十几年里，国内学者对于中国政治文化的研究更多的是集中在中国传统政治文化的研究，对更加联系现实的现当代中国政治文化的研究较少。20世纪以来，随着政治体制改革的不断深化，政治文明建设的提出，越来越多的国内学者认识到研究现当代中国政治文化对现实的重要的意义。有学者认为，当代中国政治文化在领袖阶层与群众阶层的一致以及各地区、年龄、文化程度、民族及性别等方面具有一致性和差异性并存的特点①，这也间接说明当代中国政治文化研究的复杂性、部类化、具体化的特点。概言之，相关研究主要集中在以下几个方面：政治文化与社会转型的研究；政治文化与政党建设的研究；基层政治文化建设的研究；政治文化变迁及发展的研究；当代中国政治文化建设的研究；政治文化与全球化的研究；政治文化与网络的研究；政治文化与政治文明的研究以及科学发展观与政治文化建设的研究等。

三、30年来中国政治文化理论研究的特点

自20世纪80年代，政治文化概念及其研究理论从西方传入中国，并在短期内引起中国政治学界的密切关注和积极响应，在过去近30年的时间里日渐成为当前中国政治学理论发展的一个新方向和政治科学领域中一个重要分支。从形成到发展再到成熟，从概念的解释、结构内涵特征的分析到对中国传统政治文化的再认识再到对当前现实政治文化的解读，中国政治文化研究在这近30年的时间里呈现出诸多特点，从宏观视角来分析，具体体现在如下几个方面：

① 李传柱：《当代中国公民政治文化的一致性和差异性》，《桂海论丛》2000年第21期。

（一）中国政治文化研究在发展中呈现出由译介西方著述到本土化的特点

20 世纪七八十年代，封闭已久的中国政治学界，对于西方的相关学说及理论成果可谓如饥似渴，而时下西方流行的政治文化理论无疑成为中国学界争相引介的对象。所以，20 个世纪 80 年代中期到 90 年代初，国内政治文化研究基本上处在对西方政治文化拿来与吸收的阶段。如 80 年代后期，南开大学专门成立了政治文化研究所，其基本目的就是致力于政治文化方面的译、著。这期间，国内政治学者翻译了大量的西方有关政治文化的理论著作，主要有：阿尔蒙德的《比较政治学：体系、过程和政策》（1987）、阿尔蒙德和维巴的《公民文化：五国的政治态度和民主》（1989）、阿尔蒙德和［美］小鲍威尔主编的《当代比较政治学：世界展望》（1993）、威廉 · F. 斯通的《政治心理学》（1986）等。而高洪涛的《政治文化论》（1990）也基本上是西方政治文化理论框架的复述。随着大量译著的引入，西方政治文化理论日益为中国政治学界所了解和熟知，其中对中国政治学界的研究影响最大的应属阿尔蒙德的《比较政治学：体系、过程和政策》及其与维巴合著的《公民文化：五国的政治态度和民主》。当然，这期间也有学者对中国政治文化、政治心理学进行研究，但主要局限于传统政治文化和一般政治心理的抽象研究，这些成果还不深入，对后来的研究影响不大。前者如吉林教育出版社在八九十年代之交推出的《中国政治文化丛书》、后者如王科编著的《政治心理学》（1988）。

90 年代中期以后，基于学术的积累和对现实的责任感与兴趣，中国学者研究的侧重点逐渐转向本国政治文化与政治文化的理论建构，产出许多质量较高的学术成果。这方面的代表论著主要有：周平主编的《政治文化与政治发展——对云南少数民族地区民主政治建设的考察》（1999）、田兆阳的《中国传统行政文化》（1999）、刘泽华主编的《中国传统政治文化丛书》（2000）、赵渭荣的《转型期的中国政治社会化研究》（2001）、孙正甲的《政治文化学概论》（1996）、王卓君的《文化视野中的政治系统——政治文化研究引论》(1997)、任剑涛的《伦理政治研究》(1999)、王乐理的《政治文化导论》(2000)等。特别是近几年，中国政治学界对中国政治文化的研究成迅猛发展势头，并且取得了颇丰的研究成果。如潘一禾的《观念与体制——政治文化的比较研究》(2002)、刘学军的著作《政治文明的文化视角——中国现代化进程中的政治文化走向》(2004)、葛荃的著作《中国政治文化教程》(2006)、金太军，王庆五著作《中国传统政治文化新论》(2006)等一大批政治文化著作。而在有关政治文化的学术论文方面，据中国期刊网不完全统计，在1989年至今国内发表的对中国与西方政治文化研究的论文中，有关中国政治文化研究的论文占据明显优势。不过，经过中国政治学界近几年的努力，对西方政治文化的研究也呈逐年增长态势。

当然，随着政治体制改革的深化和政治文化研究的不断深入，中西政治文化比较研究成为一个具有实践和理论价值的课题。如前所述，越来越多的学者对此进行了相关的研究和论述，而天津师范大学的徐大同和高建的《中西传统政治文化比较研究》则较早地对其进行了深入的研究。另外，随着中西政治文化比较研究的日益深入，中西法律文化比较研究也逐渐进入中国政治学界的视野，并日渐成为中西政治文化比较研究中的一个新领域。这方面的研究主要集中在中西法律文化的差异，以及导致这些差异的成因和历史后果。范忠信则注意到差异中隐含的法精神的契合性。有的学者也开始涉猎中国与具体西方国家政治文化的比较，如中美政治文化张力与中美关系、中俄转型时期的政治文化特征比较、中日政治文化比较等。

（二）中国政治文化研究从较多的关注传统到传统与现代并重

每个国家特殊的政治文化模式的形成和发展都有其特殊的历史传统，在某种程度上，文化传统对一个国家的现代化进程甚至具有决定性的影响。在一个古老的政治系统的现代化过程中，如何甄别和调节本政治系统传统政治文化与发展现代化需求之关系，会直接影响到现代化的进程。这里至少有两个变量需要重视：一是政治文化传统的积淀程度；二是这一政治系统现阶段的现代化程度。一般说来，政治系统的政治文化传统积淀越深厚，现阶段的现代化程度相对越低，则传统政治文化的社会及政治文化影响力就越大，波及的层面就越宽广。

正是基于传统政治文化在现代化过程中的巨大影响，并受 20 世纪 80 年代文化热的影响，当时的中国政治文化研究主要集中于对中国传统政治文化的批判与反思，关注的重点是政治文化传统对社会政治体系所起的消极作用。例如，吉林教育出版社推出的《中国政治文化丛书》（1989—1990）、朱日耀《中国传统政治文化的现代思考》（1990）、萧延中《巨人的诞生——“毛泽东现象”的意识起源及中国近代政治文化的发展》（1988）等著作，都在一定程度上对文化传统与政治发展的关系做了较深入的探析。到 20 世纪 90 年代中后期，中国政治学界越来越多的学者在关注政治文化传统的同时，开始把眼光转向现实，研究中国现实政治文化的论文也随之逐渐增多，更加注重政治文化传统与现代诸多因素对政治体系的综合效应，并产出许多影响较大的著作，如金太军与王庆五合著的《中国传统政治文化新论》、吕元礼的《政治文化：传统与现代的会通》以及刘学军的《政治文明的文化视角：中国现代化进程中的政治文化走向》，等等，而这在一定程度上也改变了人们对政治文化传统的某些原有看法。如，过去人们总认为政治文化传统是中国实现政治民主化与现代化的障碍，并且有相当一部分人主张全盘西化，但在某些发展中国家植入西方的民主政治文化后，非但没有带来政治系统的稳定与发展，反面导致政治系统的紊乱。由此，也给中国学界以极大的震撼，迫使其将目光转向对中国政治文化本土化的反思。现在越来越多的学者认为，单一的传统因素是很难在政治文化体系中得到全面解释的，必须将传统因素与现代因素统一起来，才能进一步深化政治文化的研究，也才能进一步推进中国政治文化理论的发展。

纵观中国政治文化近 30 年的发展，国内多数已有研究成果仍集中于对传统政治文化的反思及对当代中国政治的影响方面，虽说对现当代中国政治文化的研究有了一定的进展，但是总体研究的广度和反思力度尚且不足，远没有构建起自己的政治文化理论体系。而这种状况，也与当前中国政治体制改革的紧迫性极不相称。造成这种状况的原因主要有：首先，现当代特别是当代政治文化与现实政治联系密切，比较敏感，存在种种禁忌和研究禁区，而中国政治文化如若深入探究必将涉及这些领域，所以给学界造成了一定的无形障碍；其次，中国政治学与政治文化研究基础薄弱，恢复和重建刚刚走过 30 年，很多基本理论和基本体系尚不健全；再次，中国社会正处于转型期，政治经济领域的各种因素瞬息万变，社会各方面发育远未基本定型，而且政治体制改革也相对滞后等，这些都给中国政治文化理论的深入研究造成了一定的难度。

（三）中国政治文化研究从偏重宏观解释到宏、微观通融

受行为主义政治学的影响，早期对政治文化展开研究的学者如阿尔蒙德、派伊等人都从微观层面来定义研究政治文化，把个人心理取向作为基本的分析单元。他们从“认知、情感、评价”三层次来界定“政治文化”，并把政治文化看作是一个政治心理或政治意识的结构。

与早期西方国家政治学家的研究理路不同，中国学者对政治文化的研究主要是从宏观层面着手的，致力于揭示出整个民族政治文化的共性，关注制度、文化、社会结构等社会学意义上的宏观因素对个人偏好和目的行动的影响作用。但如果政治文化仅仅停留在宏观群体（主要是民族）的层面，就无法全面深入地理解政治文化是如何形成、维持和发展的。其实，在国内政治文化研究中，这种宏观取向的解释范式是有其深刻的理论与现实背景的。从中国政治学理论的发展历程来看，20 世纪 80 年代初，中国政治学刚刚恢复不久，理论分析方法与框架依然停留在传统历史性、规范性研究方面，对西方政治学行为主义与后行为主义研究方法还处于介绍阶段，它们要融入中国政治分析的主流理论还需要一个较长的过程。从中国社会政治现实讲，中国社会政治刚刚进入转型期，社会政治阶层还没有发生明显的分化，政

治文化基本上还处于统一的状态，只有个别阶层（如知识分子）的政治文化的表征变迁相对比较明显。在这种理论与现实背景下，中国政治文化研究多采用宏观范式是可以理解的。随着国内政治学和社会学的蓬勃发展、西方后行为主义研究范式的影响、中国社会阶层的日渐分化，90 年代中期以来，研究者开始在方法论上打破前一阶段的宏观解释范式，开始有意识地关注政治文化微观层面的研究（如对具体的社会群体——学生、农民、知识分子、官员、市民等的政治文化进行分析），并从微观与宏观互动的角度，把政治学与心理学、社会学有机结合起来，使现代心理学和社会学技术在衡量大众社会态度方面所取得的最新进展，能够被综合应用于动态的政治分析中，不仅为政治学的研究提供了新的视角，也为政治学及其他有关学科的发展拓展了新的相关研究领域。

从根本上说，中国政治文化研究的微观至宏观微观通融的转变是由政治文化具有宏观与微观双向特征这一性质决定的。政治文化从某种意义上来说就是国家文化，它无疑要涉及微观和宏观两个方面：微观的政治个体及其行为和宏观的社会政治及其结构。宏观层面上的“现实生活中个别政治系统的整体历史，应由组成这个政治系统的全体个人的生活实践共同构成”。派伊认为：“一种政治文化既是一个政治系统的历史，又是这个系统中的个体成员生活史的产物，因而它深深植根于公共事件和个人经历之中。”① 所以，无论是先从微观层面，还是从宏观层面开启对政治文化的研究，最终都不可避免地要转向微观与宏观互动的角度。加尔金认为：“政治文化研究中的微观层次和宏观层次的相互关系以及它们之间的联系和相互作用问题具有特殊的意义。要解决这个课题首先要求回答如下问题：一是，政治文化如何影响个人原生性向继发性的政治社会化过程；二是，个人的取向怎样

① Lucian W. Pye, Political Culture, *International Encyclopedia of Science* (New York: Macmillan Co. And the Free Press, 1961), vol. 12, p. 218.

融合成政治文化。”①

（四）中国政治文化研究从静态解释到动静统一

一国政治文化是在长期历史过程中形成和发展起来的。在长期发展过程中，逐步成为一种政治文化定势。这种定势往往被该社会的政治、法律制度确认下来，并深入到每个社会成员的心灵和行为习惯之中，取得全体社会成员的共识。因此，一国政治文化一旦形成，便具有相对的稳定性。这也就构成该政治文化的特质，并区别于其他的政治文化。虽然政治经济现代化过程对它的表层结构发生了重大影响，但对它深层结构的影响仍然是有限的、局部的。因此，自20世纪80年代中期以来，国内政治文化研究者大多从相对稳定的静态角度来研究政治文化的结构、功能、性质，解释政治文化对政治发展与政治体系的影响，而较少涉及政治文化中动态的变迁性因素。这无疑与政治文化本身所具有的稳定性、持久性和历史性特征有关。但是这种静态研究过于简单化、规范化，它使政治文化淡化成一个静态概念，因而不具有解释力特别是解释变化的能力，也就没有了预见性。

和其他文化形态一样，政治文化也具有变异性的特征。英格尔·哈特（Ronald Ingle hart）认为：“文化不是永恒的，它是一种社会借以适应其环境的系统，如果环境发生了变化，从长的过程来看，文化终究要变。”② 因此，中国社会政治体系近30年来的变化发展，必然使政治文化也发生了实质性的变迁。所以，我们在对中国政治文化进行研究时必须打破原来只从静态的角度来研究政治文化的方法，而转向从动态与静态相统一的角度来充分考察转型时期的政治文化变迁与特性，以便更全面地解释政治文化传统在政治现代化中的作用和变异

---

① ［苏］M. 布尔拉茨基 A. A. 加尔金：《当代巨魔——资本主义政治社会学》，北京：社会科学文献出版1992年版，第205页。

② Roland H. Ebel, Raymond Taras, James D. Cochrane, *Political Culture and Foreign Policy in Latin America*, (New York: State University of New York Press, 1991), p. 6.

情况。在近几年的政治文化研究中，中国政治文化转型研究、政治文化发展研究、中外政治文化比较研究成为国内学者的重要题域。国内学者既从静态的角度揭示出了中国政治文化特有的稳定性，又从动态的角度发现了它的可变性及不同的变化形式，从而将政治文化的稳定性与政治变革的动态性有机地统一了起来，基本厘清了中国政治文化转型与变迁的基本脉络与趋向。因此，可以预见，在中国政治文化研究近 30 年的发展中，随着中国社会的转型与变迁，特别是以社会主义市场经济为基本导向的经济改革的不断深入，中国政治文化的变迁将呈现出从依附走向独立，从单维转向多维，从封闭转向开放，从情绪化走向法理化等一系列特征。一体多元化的政治文化格局的客观进程正在悄悄地进行——尽管这一进程刚刚起步。①

20 世纪 80 年代以来，国内的政治文化研究除了上述特点外，在具体研究中仍以历史的、经验的、规范的、定性的方法为主，虽说实证的定量研究比以往已有较大提升，但是在整体研究中所占份额仍然十分低下。这种局面不仅限制了对政治文化微观层面的研究，使政治文化研究还停留在从书本到书本的抽象推理上，而且还限制和阻碍了中国政治文化理论研究的多样性及全面性发展。所以，今后中国政治文化研究要想得到更深层次的推进和发展，就必须加大实证研究的力度。

四、中国政治文化理论研究不断深入的必然要求

如前文所述，政治文化作为一个全新概念提出是始于 20 世纪 50 年代，经过半个多世纪的发展，西方政治文化理论的研究已相当深入和成熟。并且随着改革开放以来中国政治学的恢复和重建，西方政治

① 参见李月军：《近 20 年中国政治文化变迁与分析》，《云南行政学院学报》2001 年第 3 期。

文化理论研究成果也被不断地引入中国，日渐成为政治学界的一个热门问题，而且至今学界对这门政治学分支学科的研究仍方兴未艾。中国学术界由于在较长时期内与西方学术处于某种隔绝状态，20世纪80年代之前，绝大多数中国学者对行为主义不太了解。哲学和历史学的方法论是普遍采用的研究手段，并且形成了一种学术传统。社会科学研究关注的是意义和价值判断。文书档案、典籍资料和理论论著是人们广泛使用的研究依据。由于归纳、演绎、推理手段的主观色彩，使得学术研究带有极为明显的选择性与可塑性。是与非、对与错、善与恶、进步与落后、前进与倒退、先进与保守、积极与消极，乃至革命与反革命的价值判定几乎可以于瞬间转换。因而当实证主义的研究方法引入中国之后，即为国内学界推崇备至。通过对西方政治学理论和研究方法的译介引进和研究，国内学界也开始从模仿到创新，经过近30年的发展取得了不菲的成果，也极大地推进了中国政治学研究的科学化与现代化进程。然而，任何一个民族都不能完全隔离其文化传统而独立发展。特别是当一个古老民族走向现代社会之际，如何甄别和调节本民族传统文化与发展现代化需求之关系，会直接影响到现代化的进程。所以，在中国政治文化发展进程中，有两个方面需要学界极为重视，一是，民族文化传统的积淀程度；二是，民族国家现阶段的现代化程度。通常来讲，民族文化传统积淀越深厚，现阶段的现代化程度相对越低，则传统文化的社会及文化影响力就越大，波及的层面就越宽广，而作为一个有着五千年悠久历史文化传统的中华民族体现的应该更为充分。

而当前，虽说中国政治文化理论研究取得了一定的成果，但是由于学界对政治文化的研究时日不长、基础尚且薄弱，而且还有现代各国各民族交流的不断扩大与加深，所以，中国政治文化理论研究水平还必须从批判吸收中国传统政治文化与吸收借鉴西方政治文化两个方面着手来提升。因此，今后学界就必须准确把握中国传统政治文化与西方政治文化，并使对这两者的吸收借鉴达到协调统一。

（一）中国政治文化理论研究必须建立在对传统政治文化及西方政治文化的批判吸收借鉴的基础之上

较之西方国家特别是美国，中国经历了长期的儒家文化的熏陶，在过去的几千年中，儒家文化作为主流文化形成了极其丰厚的文化传统，其影响波及思想、精神、信仰、观念、心理、制度、习俗以及思维方式和生活方式的各个层面。与此同时，当代中国的经济发展取得了举世瞩目的成就，但是就整体而言，中国社会总体发展的现代化水平仍处于初始阶段。这意味着传统文化对当代的影响力不容忽视，理应得到研究者们的关注。而西方其文化关注的焦点主要在当代，对于传统文化却较少有困惑。西方政治文化不论其技术手段如何繁复，中国学人仍尝试着将其用之于当代政治文化研究。然而问题是，当代中国的政治文化现象是在一个厚重宽广的文化背景上形成和存在着的，对此不可视而不见。一般的调查测量可以解释现象，并分析这些现象的寓意，但却难以说明形成这些政治文化现象的文化与政治根源。现代政治文化以个人心理取向作为基本的分析单位。一方面，个体的人是文化和政治的载体："文明的任何成分归根结底都是个体的贡献。离开了一个个男女老少的行为，哪还能有什么特性?"另一方面，传统文化的积淀和养育，又是每一个体形成的条件：事实上"每一个男女的每一种个人兴趣都是由他所处的文明的丰厚的传统积淀所培养的"①。R. 本尼迪克特从文化学角度提出的认识具有普遍意义。虽然"后现代主义"不承认有什么"传统"的政治文化，但具体到中国，不研究传统，便不能将政治文化的分析触角伸向传统文化与政治的内部深层结构，则许多问题势必将难以深入甚至似是而非。

例如在中国对于政治秩序与政治伦理在社会生活中的作用问题，有学者通过测量分析，得出结论认为"在中国人的日常行为中，伦理

---

① ［美］R. 本尼迪克特：《文化模式》，北京：三联书店 1988 年版，第 231—233 页。

规范的作用大于法律的规范作用"①，并以此作为影响中国民主政治进程的政治文化原因之一。如果说这一现象的成因有多种的话，那么，其中最重要的一条就要到传统政治文化中搜寻。中国传统政治文化的基本特点之一是，伦理道德与政治规范联系紧密、相互作用而合为一体，在实际政治生活中，政治伦理具有制约人们政治行为与政治选择的实际功能。于是在传统政治文化的规范下，恪守道德规范就是遵行政治法规，提倡、宣扬伦理价值观念就是维护、巩固政治秩序。当然，揭示伦理与政治的关系本身就是一个亟待研究的课题，须逐步梳理伦理与政治互化的中间环节，弄清这样的政治文化传统是通过何种途径、以何种方式作用于当代政治文化的。类似这样的问题，只能追溯于传统政治文化才能得到满意的解答。

正是基于上述考虑，倘若将现代西方政治文化理论全盘照抄，仅仅用于观照当代，关注人的心理取向，从而与传统政治文化形成疏离之势，这样的借鉴只是一种有限的借鉴。换言之，如果严格按照西方学者的理论界定，则政治文化的学术领域并不包括对文化传统的研究，这一点正是中国学人借鉴域外文化的限度之所在。

（二）中国政治文化理论研究还必须做到吸收借鉴、改革创新

英国科学哲学家伊姆雷·拉卡托斯指出："科学行为的标志是甚至对自己最珍爱的理论也持某种怀疑态度。盲目虔信一个理论不是理智的美德，而是理智的罪过。"② 以理解、钻研与批评相结合的态度来对待任何一种陌生的学术理论，可以有效地避免由于一味排斥或盲目虔信而造成的思维偏狭。因此，在我们对西方政治文化理论进行译介、探究及应用于中国政治文化研究时，理论创新和题域拓展则必是题中应有之义。做到此，则必须把握以下几个方面：

---

① 闵琦：《中国政治文化》，昆明：云南人民出版社1989年版，第177页。

② ［英］伊姆雷·拉卡托斯：《科学研究纲领方法论》，上海：上海译文出版社1986年版，第1页。

1. 将界定政治文化基本内涵的基点定为中国政治文化的实际。如前文所述，政治文化的基本内涵不论在国内还是国外学术界都远未达到统一，可谓众说纷纭，研究基点也各异。如，R・坎恩认为，在个人的层次上，“所有的政治态度或倾向可分为三个部分：个人对政治系统、政治官员和政治结构的直觉；对政治制度诸方面的情感；个人对政治制度的判断和评价”。因而总起来说，“政治文化是某一社会中大多数成员所接受的关于政治制度的概念、价值观和倾向的准则”。① 显然，这是基于美国文化与政治而形成的理论，这一认识最终涵指政治中个人的心理因素。尼・米・凯泽洛夫则认为，政治文化首先表现为一种特殊的精神文明，包括：国家和阶级利益的理论反映，政治知识即信息层次，政治信念即价值层次，政治活动及国家管理即实践层次，政治生活准则及传统的规范，等等②。这是基于苏联的列宁主义、集体主义的文化与政治而形成的认识，其理论的核心指向是社会化的群体人，以及政治意识形态。以上列举表明，一种理论内涵的确定，不能不带有认识者的主观性影响，这种影响往往来自于本民族的文化与政治特质的作用或制约。而且，给出定义的主观性判断又常常是为了适于研究对象的需要。因此，具体到中国政治文化研究，其理论内涵应当结合中国文化及政治的实际状况和特质而有所创新。譬如，鉴于中国文化与政治的道德色彩以及历史积淀，中国政治文化的理论内涵理应含有政治伦理的层面，以及历史形态的政治观念、心态、信仰，等等。判定人文科学的科学性不宜简单地等同于学术研究的客观性，学术理论的建构必然具有相应的主体性。须知，任何形式的迷信都是教条主义的桎梏，走出限制即意味着创新。

2. 更新中国政治文化研究的方法及方法论，拓展政治文化研究的空间。方法是指政治文化研究的技术手段。现代政治文化将量化分析

① ［美］R. 坎恩等：《政治文化研究》，《国外政治学》1987 年第 3 期。

② ［苏联］尼・米・凯泽洛夫：《社会利益与政治文化》，《国外政治学》1987 年第 4 期。

作为主要研究方法，使中国学者的惯于推理定性的传统方法受到挑战。一般认为，调查测量、统计分析的对象理应是现实中的活生生的人。用这种方法建立的理论依据真实可信，从而使政治文化研究更“逼近真理”。一个通常的看法是，这种方法不宜用于研究文献资料。其实并不尽然，问题是这种方法的运用是基于什么样的方法论。方法论指的是“关于研究过程的哲学，其中包括作为研究的基本原理的理论假设和价值观念，还包括研究者用来解释资料、引出结论的标准或准则”①。作为方法论的政治文化，其理论观照涉及政治心理、价值观、意识、态度、情感、认知、信仰等多个层次。运用这样的方法论剖析中国的文化及政治现象，必然形成新视角，并为提出理论假说和选择论据提供令人耳目一新的参照系。如果运用这一方法论研究中国传统政治文化，势必会开辟出新天地。以往的传统文化与政治研究基本局限于精英文化，人们关注的对象主要是史鉴传载的历史人物，包括帝王将相、学者名士等，依据的资料主要是正史、子书、儒学经典及文集，鲜及其他。传统研究的方法论主要是历史进化论、阶级论和伦理学，等等，其结论常常是大而化之的定性裁断。假如采用政治文化研究的方法论，其关注的层面必然超出文化与政治的精英阶层，扩展至社会一般成员及各种类型的政治角色，分析的标准是人们的心理、价值观念或意识、信仰或理想，等等，而这些文化现象的载体则多种多样、五花八门。于是研究主体所依据的文献资料的范围扩至野史、笔记、日记、族谱、家训、政书、官箴、方志、小说、戏剧、诗词、话本、谣谚、蒙养之书以及民间传说、神话、笑话、俚语等。这时，如能将测量统计分析的技术手段用于文献资料所能提供的数据分析，以探究某一时期、某一阶层的政治参与观念或政治心态，未必就不能得出近真的结论。方法论的更新将拓宽人们的学术视野，激发出新的思路。这一点，正是学术发展不可或缺的前提之一。

---

① 余炳辉编译：《社会研究的方法》，杭州：浙江人民出版社1986年版，第18—19页。

3. 中国政治文化研究必须深化基础研究，进一步强化应用研究。现代政治文化研究带有明确的应用性，选择课题及其结论可以直接为现行的政策制定提供信息汇析的依据或评判标准，或是成为政治输出的检测手段，抑或为政治运作方向及政治发展做出预测。就现有的成果看，我们有理由对中国政治文化的应用研究抱有信心。如果认为应用研究的开展不够充分，其原因似与学术本身并无直接关联。问题是，关于中国政治文化的基础研究极其薄弱。近年来，学术界陆续提出了一些课题，但许多课题本应形成的体系性认识至今茫然。

例如，中国政治文化的价值系统与价值观。价值系统是一个民族政治文化的内在构架，是影响人们政治认识和政治选择的依据标准。价值观念作为政治价值的表象而形态多样，但其内涵的价值准则在一定的时期内是恒定不变的。政治价值研究是解读一个民族政治行为及其他政治表现的主要途径。再如，中国政治文化的社会化过程。简言之，政治社会化指的是“政治人”的形成过程；对于一个民族来说，还包括政治价值、观念和意识的代际传延过程。漠视政治社会化研究必将导致诸多困惑，诸如何以甚多传统政治观念至今仍然富于生命力？还有普遍存在的权威人格、官本位意识，等等，它们是如何传递、代代延续的呢？又如，中国政治文化的心态模式。政治心态是政治文化的隐形部分。个人政治心态的形成一般会受到多种因素的影响。作为一个民族的政治文化，由于政治价值与观念意识的制约，或是其他因素的作用，在长期的文化积淀过程中，往往会聚结成某种具有普遍约束意义的心态模式，对于政治行为主体甚至整个民族的政治人格、心理、理性精神等形成深刻影响。以上这些问题均属基础性研究，或许其结论并不能直接作用于政治实践，但是，如若深入剖析某些政治文化现象，以寻求恰当的政策，将提供基础性理论指导和系统性评估标准，具有无可替代的理论定向作用。①

① 参见葛荃：《拿来与创新：中国政治文化研究的回顾与前瞻》，《天津社会科学》1997 年第 2 期。

总之，中国的政治文化研究应多角度着眼、宏观立意、细密着手，努力摆脱传统概念的束缚，通览古今中外，对中国政治文化进行贯通式的研究，只有如此中国政治文化研究才能不断拓展深入。

五、结论

政治文化是当代西方政治科学发展的产物。中国政治学界接触政治文化理论的时间较晚，但是自政治文化理论传入中国，在过去近30年的时间里，不但汲取借鉴了西方政治文化理论研究的科学性成份，而且初步形成了具有中国特色的政治文化理论体系。政治文化研究在研究对象、方法、范畴、功能、结构等各个方面日益丰满，生发了人们对民主政治的文化思考。并且，随着目前政治文化理论研究领域的队伍不断壮大、研究主题逐渐深入、研究成果日益丰富，等等，中国政治文化理论研究在国内外政治学界都得到了普遍认可。但是，与此同时，我们也应该清醒地认识到，政治文化研究的道路依旧漫长，研究任务依旧艰辛。就中国传统政治文化的研究而言，仍需正确厘清“精华”与“糟粕”，避免盲目的继承或批判；就当代政治文化研究而言，对当代中国政治文化的建设仍需进一步加强，特别是加大对构建中国自己的政治文化理论体系的研究；而对中西政治文化比较研究来说，虽说业已取得了一些成果，但总体上还比较薄弱，现有的成果过多的侧重对中西传统政治文化的比较研究，对近代甚至是现当代政治文化比较研究的成果仍然较少。所以，值此中国政治文化理论研究走过近30年之际，国内政治学界应以此为契机，总结过去的经验教训，按照中国特色社会主义政治学学科建设的基本要求，把中国政治文化理论研究不断推向前进。

（作者单位：中国社会科学院政治学研究所）

改革开放以来
中国政治发展理论研究综述

林　毅

政治发展意味着政治关系的变革和调整。绝对意义上讲，自人类进入政治社会以来，政治系统的变化和发展以及由此带来的政治关系的变革和调整就一天也没有停止过；按照马克思主义政治学的基本原理，经济领域的发展后果——经济利益关系的变化必然投射到政治领域里，从而促使后者进行权力和权利关系的重组来适应前者的需要。近代以来，这种变革过程以更自觉、更系统、更深刻的形式表现出来，尤其是二战以来，伴随着国际政治经济格局的剧变，无论是政治主体的构成、政治文化的内容、政治行为的目标和取向，还是政治系统的制度构成都在经历一个迅速的现代化过程；因此，政治现代化也就越来越成为一个引起人们重视的问题，尤其是关注战后兴起的一系列后发现代化国家的人们，迫切需要从理论上深刻认识后发现代化国家政治现代化的资源条件，需要明确其政治现代化的目标和方向，从而使之成为一个自觉的过程。在此条件下，系统的政治发展理论也就应运而生了。由于政治发展理论产生的源起在于西方理论界对于后发现代化国家现代化进程的关注和解读，决定了这一理论创建之初，从政治发展的定义、目标、条件乃至于进行比较研究中所采用的参照体系都莫不带上了西方中心主义的色彩；然而，伴随着后发现代化国家政治建设的进行时，西方中心主义政治发展理论在解构和建构两方面的局限性都日益凸显出来，与此同时，在西方世界内部，政治发展的影响同样开始显现。上述两方面条件，促使政治发展理论的研究对象和范式都发生了深刻的变化，结合这种变化的影响，我们也可以勾勒出一系列后发现代化国家政治发展理论的演进脉络。作为后发现代化国家之一的中国，在现代化进程中的艰难探索中，不仅积累了经济现代化的辉煌成就和成功经验，同样在政治现代化领域里也取得了政治现代化的实践成果，开始初步形成中国特色社会主义政治发展道路理论。尤其是改革开放以来的30年来，随着政治实践的发展以及学界对政治发展理论认识的加深和自觉的系统化，中国政治发展理论经历了一个由简单引进西方中心主义政治发展理论，到消化反思“拿来主义”的成果，再到潜心研究，形成中国特色政治发展理论的过程。其间，政治发展的内涵、特征、价值目标、合法性及其与政治现代化、政治文明、社会经济文化环境等的关系都成为系统研究的对象，不同时期、不同学科背景的学者分别从或宏观、或微观的角度对其进行了研究和阐述，由此形成的理论成果被用于从政治发展的视角总结中国政治发展的历史和现实经验，并规划中国政治发展的未来。简要地回顾30年来中国政治发展理论的发展历程，对于启发理论工作者在前人成果的基础上继续开展深入研究，将是不无裨益的。

一、中国政治发展理论30年发展历史回顾

（一）第一阶段：政治发展理论初步奠基阶段（十一届三中全会至1989年）

1. 社会背景

“文革”结束后，我国国家政治生活主题发生了根本性转变，“阶

级斗争”不再是政治生活的主要内容，经济、社会、政治、文化各方面发展开始步入正轨，由此，在前一个时期内没有引起学界充分重视的政治发展问题，也随着现代化任务的重新提出而进入学者们的视野。在打开国门后，我们初步了解了西方发达国家和周边新兴发展中国家的发展现状，特别是开始关注这些国家政治发展的经验。在此基础上，中国政治学界也开始了初步总结反思近代以来特别是新中国成立以来中国政治发展的经验教训的过程。特别是党的十一届三中全会确定“解放思想、实事求是，团结一致向前看”的政治基调之后，政治发展理论的发展方向更加明确，需求更加迫切。于是，首先主要依靠引进西方理论成果的形式，中国自己的政治发展研究也如火如荼地开展起来，及至八九年政治风波之前，中国政治学界通过在“拿来主义”基础上的消化，得出了一系列理论成果，从而初步奠定了政治发展理论的研究基础。

2. 出现的观点和争论、交锋情况

（1）开始引进介绍政治发展理论

作为当代政治学的一个新兴分支学科，政治发展理论首先始于二战后西方学界对于广大刚刚摆脱殖民主义控制的后发现代化国家现代化进程的关注，出于不同的目的动机，西方众多学者不约而同地将研究重点放在了分析后发现代化国家在从“传统社会”向“现代社会”过渡的特殊条件方面，通过系统的、比较的、历史的等研究方法的运用，从政治、经济、社会、文化等视角的分析，西方学界形成了一系列较为成熟的研究范式和理论成果。由于改革开放前的特殊历史原因，中国政治学的发展在一个时期内陷于停滞状态，政治发展理论领域自然也出现了相应的空白，这就决定了中国政治发展理论的起步必须秉承“拿来主义”的精神，从引进西方学界的成果开始稳步奠基。也正因为此，这一时期政治发展研究的对象、政治发展的含义、政治发展的目标体系以及研究方法等方面都打上了理论初创阶段浓厚的借鉴特色。

这一时期的研究始于对西方政治发展理论成果的引进介绍。

在基础理论方面，随着亨廷顿：《变革社会中的政治秩序》、阿尔蒙德等人：《发展中地区的政治》《公民文化——五个国家的政治态度和民主制》以及派伊：《政治发展面面观》等译著的出版，一些学者对政治发展理论研究首先就以系统介绍这些译著的基本观点起步，① 在这些研究成果中，亨廷顿等人带有鲜明西方中心主义色彩的政治发展概念几乎被原封不动地继承下来，并在一个时期内成为学者们进行研究的重要起点。② 同时，一些学者则开始系统地整理国外学界对于政治发展概念内容的评析，从而为国内学者完整准确地理解政治发展理论的产生背景、哲学基础等做好了铺垫。③

而在应用分析方面，除了上述译著中的发展中国家个案比较分析之外，还出现了一批具有国际政治研究背景的论文，其中主要分析了非洲、南亚、东南亚、拉美，也包括苏联和西欧各国的一些政治发展条件和情况。④

在消化吸收国外理论成果的过程中，一些学者不再局限于简单地

---

① 李凡：《现代化过程中的政治发展》，《读书》1985 年第 11 期。

② 冯向辉：《传统政治文化与中国政治发展学术讨论会综述》，《学习与探索》1988 年第 5 期。

③ [法] 巴迪：《“政治发展”概念及其源流》（杨鲁民译），《国外社会科学文摘》1983 年第 7 期。冯钢：《现代化过程中的政治发展——国外政治发展理论述评》，《社会学研究》1988 年第 4 期。竺乾威：《学科与流派政治发展理论及其研究》，《国外社会科学》1987 年第 5 期。

④ 柯林·勒古姆：《部族因素在非洲政治发展中的作用》（郭文豹译），《世界民族》1981 年第 5 期。李德昌：《巴基斯坦的政治发展、续一、续二》，《南亚研究季刊》1985 年第 7 期、第 10 期、第 12 期。文富德：《印度社会经济结构的基本特征及社会政治发展的基本趋势》，《南亚研究季刊》1985 年第 10 期。罗纳德·希尔：《苏联的政治发展和机关人员的素质》（陈巨山译），《俄罗斯研究》1987 年第 3 期。杨白冰：《关于战后拉美政治发展进程的主流问题》（赵世新译），《拉丁美洲研究》1987 年第 3 期。功拉·素帕妮堪他巴叻：《泰国军人与泰国政治发展》，《东南亚研究》1987 年第 8 期。王涛：《西欧“政治发展”研究述评》，《政治学研究》1987 年第 10 期等。

翻译和介绍国外学界的具体结论，而是开始尝试运用这些理论体系和研究方法，结合中国的具体情况和历史传统，从诸如政治稳定、政治改革、政治文化等角度解析政治发展，从而得出一些与中国当代政治发展直接相关的结论。例如，有的学者以典型的西方现代化理论为基础，探讨了围绕现代化为核心展开的现代化的含义、改革的含义、中国特色的含义、政治改革与经济改革的关系等一系列相关问题，归纳出了政治发展的前提与目标。① 另一些学者抓住政治发展是从“传统”向“现代”过渡这一主题，提出了以重建中国政治文化以解决政治发展前提条件的设想。② 还有一些学者结合西方精英主义政治学和相关的社会学、心理学的研究成果，较系统地规划了一套解决当代中国现代化过程中社会整合问题的方案。这些具体结论反映了中国政治学界已经进入了为中国化的政治发展理论体系奠基的阶段，但同时毋庸讳言的是，这些理论成果都更多的是在运用西方理论界成型结论和研究方法基础上的扩展研究，由于以往西方理论界主要关注的是与中国国情和政治传统存在重大差别的其他第三世界国家，而且出于动机和研究方法的局限，这些具体结论在解释中国问题时都不同程度地存在脱离中国实际的情况。

（2）政治发展理论的初步构建

这一时期中国政治学界开始形成对政治发展、政治现代化、政治变革等一系列相关概念的认识，并在吸收和借鉴的基础上，形成对政治发展理论内容的一些共识性看法。这些理论内容具体包括：政治发展的内涵、政治发展与现代化的关系、政治发展与经济和政治改革的关系、政治发展的前提与条件，等等。从具体解析这些基本概念和关系入手，学者们开始为中国政治发展理论确定核心概念，划定研究范围，明确研究对象，从而为规范性研究和下一阶段理论的进一步发展

---

① 王燕滨：《中国的现代化与政治发展》，《政治学研究》1986年第4期。

② 冯向辉：《传统政治文化与中国政治发展学术研讨会综述》，《学习与探索》1988年第10期。

奠定了良好的基础。

A 政治发展的内涵、内容目标体系基本明确

作为理论研究的起点，在基本概念的理解问题上达成共识是进行深入研究的基础，由于这一时期属于理论初创时期，受各方面条件限制，当时的学界在对政治发展这一概念的认识上主要是照搬了西方理论界的共识性看法，即将政治发展狭义地定性为社会政治结构从传统向现代的转变和过渡。① 尽管在具体的定义上不同学者存在差异，但在围绕政治发展内容目标体系的几个要点上学界基本形成了共识：其一是侧重强调将狭义的政治民主作为政治发展的总目标，而政治民主在此又被细化为政治参与、政治文化、政治传播的现代模式②；其次，政治发展主要解决的是社会整合，尤其是在旧权威瓦解的基础上构建新的政治认同的问题；③ 如在分析一些第三世界国家的政治发展问题时，学者们关注了传统型权威、法理型权威、集权型权威力量的消长及其对政治发展的影响。④ 在此基础上，一些学者也开始把政治稳定作为政治发展的一个重要目标。⑤ 还有一些学者在借用西方政治现代化理论的基础上，开始尝试规划中国政治发展的具体内容目标体系。⑥

B 将相应的政治文化视为政治发展的资源条件

由于西方学界在20世纪60年代以后开始逐渐形成政治文化这一

---

① 李凡：《现代化过程中的政治发展》，《读书》1985年第11期。王燕滨：《中国的现代化与政治发展》，《政治学研究》1986年第4期。

② 王燕滨：《中国的现代化与政治发展》，《政治学研究》1986年第4期。

③ 李凡：《现代化过程中的政治发展》，《读书》1985年第11期。

④ 拓庹：《布托时期巴基斯坦政治的发展——布托的重大改革及其后果》，《南亚研究季刊》1988年第1期。木子：《从军法管制向文官政府的过渡——1977至1987年巴基斯坦的政治发展》，《南亚研究季刊》1988年第3期。

⑤ 吴志华：《政治发展中的民主政治与政治稳定——政治发展理论述评》，《政治学研究》1988年第6期。

⑥ 王燕滨：《中国的现代化与政治发展》，《政治学研究》1986年第4期。

概念，并开始用其解释不同政治制度和权力结构的基本成因和运作状况，因此，当时深受西方理论界影响的学者们也理所当然地把政治文化研究作为政治发展研究的一个重要内容，在认定政治发展是一个告别传统、适应现代化的过程之后，在对待中国传统政治文化的问题上学界出现了明显的分歧。一些学者概括了中国传统政治文化的两大特征：功利与伦理型政治，明确地指出了中国的政治发展就意味着文化转型，认为传统政治文化在制度、观念、心理等方面都致力于培养臣民型人格，因而对中国的政治发展产生了严重的“负效应”，因此要实现以民主为标杆的政治发展，就必须重建中国政治文化；同时，也有一些学者总结了中国传统政治文化提供给当代政治发展的积极条件，认为如政治录用制度的公平性、重视知识分子的作用、尊重权威的传统等都可以在政治发展进程中发挥积极影响。① 总结这一时期学界反思中国传统政治文化的正负效应的情况，可以发现，对中国传统政治文化对政治发展的消极影响被更多地强调了，不少学者都认为中国传统政治文化与现代化的要求是基本不相容的。也就是说，这一时期学界所关注的主要是对传统的解构，而立足中国实际的建构研究尚未居于主流地位。

C 关注引导政治发展的主体

作为政治学系统研究的对象，对于引导政治发展的主体的研究也是必不可少的。这一时期学者们关注的主体主要集中在三个方面：其一是传统意义上的国家与政府，而对国家和政府在政治变革中的作用研究又主要集中于制度建构、开放政治参与途径和社会整合等方面。② 由此，一些学者从理论角度提出了当代中国政治发展需要建立新权威

---

① 冯向辉：《传统政治文化与中国政治发展学术研讨会综述》，《学习与探索》1988 年第 10 期。魏磊：《传统政治文化与中国政治发展学术研讨会综述》，《政治学研究》1988 年第 6 期。丁春芳：《政治文化与政治发展：中国的透视——学术研讨会综述》，《政治学研究》1988 年第 5 期。

② 如上文引述的讨论南亚、东南亚、拉美等第三世界国家政治发展的文章。

的问题。其次是关注政党在训练公民政治参与、促进政治发展方面的作用。与这一时期对政治体制改革研究的主要导向相关，一些学者主要强调的是党政分开，变革一体化政治的问题。① 其三是强调商品经济条件下的新知识分子将成为引导政治发展的重要力量。一些学者认为，作为新政治文化的主要载体，在经过发展商品经济，推动所有制改革之后带来的自利性觉醒将会使中国知识分子成为建设适应当代政治发展需要的政治文化的主体。② 对政治发展主体的关注，表明这一时期的中国政治学界已经开始致力于系统的理论体系的建构，对发展主体多元构成的基本共识也突破了以往政治学主要关注法理型权威的框架，对后续的拓展研究开阔了思路。但由于这一时期内的研究总体上仍不系统、不成熟，因而也没有更多地关注作为积极政治行为主体的公民，这一缺憾主要将留待下一个阶段的研究加以弥补。

D 政治发展的相关研究开始展开

在构建政治发展理论基本研究框架的同时，学者们也开始将目光转向影响政治发展的一系列相关理论问题。通过这些发散性的研究，学界基本明确了政治发展与以下几个理论热点之间的必然联系：首先是政治发展与政治民主的关系。这一时期的理论成果，无论是译著还是原创性的作品中，都不约而同地将政治民主作为政治发展的首要内容，作为判断一个国家政治现代化程度的重要指标体系；③ 并且，在具体的解析中不难发现，上述政治民主的内容基本上是西方标准的，如政治参与、政治竞争、利益自觉的政治参与个体或群体的培养等。

---

① 李凡：《现代化过程中的政治发展》，《读书》1985年第11期。

② 冯向辉：《传统政治文化与中国政治发展学术研讨会综述》，《学习与探索》1988年第10期。

③ ［法］巴迪：《“政治发展”概念及其源流》（杨鲁民译），《国外社会科学文摘》1983年第7期。冯钢：《现代化过程中的政治发展——国外政治发展理论述评》，《社会学研究》1988年第4期。王燕滨：《中国的现代化与政治发展》，《政治学研究》1986年第4期。西里尔·E. 布莱克：《现代化与政治发展》（杨豫译），《国外社会科学》1989年第5期。

其次是政治发展与政治稳定的关系，随着改革开放的深入发展，出现了利益分配格局的巨大变化，一些新矛盾涌现出来，一些原本被掩盖的矛盾也逐渐浮出水面，这就促使一些学者开始敏锐地注意到政治发展对社会整合的冲击，具体而言就是现代化条件下的政治稳定问题。相关的理论争鸣广泛涉及了经济发展对政治发展所需稳定的影响、利益集团等政治行为主体结构的变化对政治稳定的作用等。① 再次是政治发展与政治改革和革命的关系。一方面，这一时期的理论共识之一在于明确了政治发展与政治改革的紧密相关性，但对改革的方向、内容、步骤等的认识则不尽相同。② 另一方面，一些学者借用西方理论界的研究模式和结论，分析了政治发展与政治革命的关系。如政治革命后政治发展的条件，③ 以及剧烈的政治革命对政治发展的负面影响问题。④ 上述这些相关研究都极大地丰富了政治发展理论的体系，其多元的学科背景为其后的研究引入多元研究视角和方法提供了条件。

（3）探索中国自身政治发展道路的滥觞

除了上述提到的主要建立在引进国外理论基础上取得的成果，这一时期里部分学者本着建立中国化的政治发展理论体系的目的，开始尝试结合中国具体实际，解释中国实际的研究路径，成为探索中国自身政治发展道路的滥觞。这些中国化的努力主要沿以下几个方向展开：首先是从马克思主义政治学的视角解读政治发展。如一些学者试图从

① 吴志华：《政治发展中的民主政治与政治稳定——政治发展理论述评》，《政治学研究》1988 年第 6 期。李清泉：《现代化进程中的政治稳定》，《社会主义研究》1989 年第 5 期。刘东国：《民族共同体与经济、政治发展的关系》，《青海社会科学》1987 年第 8 期。

② 华光彦：《改革与我国经济政治发展阶段论纲》，《学习与探索》1988 年第 4 期。徐勇：《转型时期的中国政治发展：困境与出路》，《政治学研究》1989 年第 3 期。

③ 王沪宁：《革命后社会政治发展的比较分析》，《复旦学报（社会科学版）》1987 年第 5 期。

④ 李宏图：《法国大革命对法国社会民主政治发展的负面影响》，《探索与争鸣》1989 年第 8 期。

马列经典著作中寻找政治发展理论的源流。① 具体内容涉及解析马克思主义关于政治、国家本质的学说，重申政治发展的基本规律等。②其最主要的特色之一就是坚持马克思主义关于经济与政治关系的观点，从经济基础与上层建筑、生产力与生产关系的联系角度解释政治发展的必要性和必然性。③ 其次是从制度层面到文化层面开始注意政治发展理论和中国国情相结合，解释一些具体的带有中国特色的政治发展问题，如农村政治发展问题等，在结合政治文化等研究的基础上，一些学者提出了变革中国传统社会中不适应于现代政治发展需要因素的目标。④ 再次是一些具有国际政治研究背景的学者对一些后发现代化国家，尤其是邻近的亚洲国家政治发展的经验进行了系统的分析和介绍，为具有类似的文化传统、政治制度条件、历史经历等的中国政治发展提供了借鉴参照。⑤

3. 研究方法的运用

综上所述，不难发现这一时期的研究是建立在理论成果引进的基础上的，因此其主要研究方法也主要来自西方，主要是运用了历史研究、比较研究和理论演绎的方法，取得的也主要是一些纯粹理论性的研究成果。尽管也有一些学者开始结合中国具体实际，并试图规划出中国政治发展的基本蓝图，但由于理论方面系统性尚有缺憾，且借用的国外理论界的观点和方法也存在着从理论到实践层面的与中国具体

---

① 颜洽盛：《“求同存异”——社会主义民主政治的发展趋势》，《党政论坛》1987年第3期。

② 尚清利：《浅谈马克思主义关于政治的起源与发展的理论》，《辽宁教育行政学院学报》1988年第2期。

③ 华光彦：《改革与我国经济政治发展阶段论纲》，《学习与探索》1988年第4期。

④ 仇开明：《一九七八年以来中国农村政治的发展》，《复旦学报（社会科学版）》1988年第5期。

⑤ 求索：《对战后拉美政治发展进程几个问题的思考》，《拉丁美洲研究》1987年第3期。及上述分析南亚、东亚、东南亚国家政治发展情况的系列文章。

实际水土不服的不适应情况，因此，与理论研究领域百家争鸣的繁荣景象相比，此阶段的实证研究领域则表现出相对的沉寂。总体上，这一时期政治发展理论的研究侧重于一种较纯粹的理论研究，所进行的有限的个案研究基本上表现为学界在熟悉使用西方现代化理论分析工具过程中的必要试验磨合，距满足形成系统解析中国政治发展的理论体系和研究方法的需求还有一定的距离，但必要的理论奠基毕竟为后来理论研究的深入发展和实证研究的丰富预留了相当的空间，这也正是该时期研究的重大意义所在。

4. 该阶段研究状况评述

政治发展理论进入中国，于经历了50年代末以来近20年沉寂期的中国政治学界而言，不啻是一个难得的促进学科恢复发展的重大契机。在与国外学界的研究前沿间产生了较大落差的情况下，中国政治学界的众多学者们并未选择回到政治哲学领域内的问题原点来重新开始研究，而是直接把握住了政治发展理论这一相对较新的理论问题，这一现象的产生绝非偶然，而应当被视为是20世纪70年代以来政治学理论研究的外部环境发生重大改变的必然结果。就国际环境而言，东西方冷战格局客观上为广大后发现代化国家在政治上摆脱殖民主义的控制，争取独立主权，步入现代意义上的民族国家提供了条件。但其后许多新型民族国家的发展实践证明，政治独立不过是实现国家发展万里长征的第一步，随之而来的经济、社会、文化领域内传统与现代因素的冲突、公平与效率价值的取舍等看似具体而微的现实问题的累积，却有可能成为考验一个新政治共同体稳定性的关键，因此，就后发现代化国家自身而言，迫切需要促成独立激情后的冷静理论思考来解释和解决守成业、促发展的问题。与此同时，对于在反霸反殖浪潮中丧失了殖民主义特权的西方发达国家而言，从纯学理意义上，这些国家的政治学者们需要抛开原先基于西方经验的民主发展模式定见，为分析解释一系列不同类型、不同条件的后发现代化国家民主政治发展的现实成败创建一个新的理论平台，当然，超越于学术研究本身的更重大的意义还在于为西方国家在后发现代化国家较普遍地出现内政问题的情况下调整对外政策，争取利益最大化提供理论依据和政策建议。正是在上述两大需求动力的推动下，政治发展问题成为 70 年代以来政治学界最重大的现实理论问题之一。中国的政治学者们能够及时把握这一问题，反映了他们即使身处逆境却依然得到保持的较高政治学理论素养和研究敏感性。当然，不可否认的是，之所以选择政治发展理论作为中国政治学恢复以来重振的一个重要突破口，还与改革开放前一个时期内中国的政治发展由于方向偏差而招致诸多问题的历史不无关系。在经济发展航船起步、各项发展事业百废待兴之时，政治上的掌舵者究竟应该何去何从，这不仅是一个政治学的重大理论问题，更是一个亟待解决的关键现实问题。也可以说，正是在国际和国内、理论和现实这两对双重压力的作用下，新兴的政治发展理论进入了中国政治学人的视野，这种理论研究起步的独特环境与条件，也因之塑造出这一时期研究的相应特征。

政治发展理论是战后政治学发展中形成的一个集理论性和现实性于一身的新兴课题领域。应该承认，引进该理论的学者们基本上把握住了上述实质，由于国内外条件使然，这一阶段内研究所用的政治发展的含义还限于较狭义地等同于政治现代化或者更明确地说是政治民主化的意义。但即使在这个层次上，学者们也充分注意到了政治发展理论中现实性与理论性紧密交织、不可分割的特征。诚如许多学者在引译西方著作时所关注到的那样，政治发展或是政治民主化的首要问题在于规划民主政治建设的路线图，此处必然要涉及对诸如典型的西方自由民主发展道路、社会主义民主发展道路、以民族主义为特征的民主发展道路以及以威权政体为特征的先发展经济后实行民主的发展道路等具体方案的取舍，这就需要既对各种民主理论有相当的了解，又要对具体理论适用于本国时出现的问题有充分的敏感性。由于政治发展理论是在战后政治学发展打破学科藩篱界限，研究范式发生重大转变的过程中产生和发展起来的，引入政治发展理论的重大意义之一就在于带动了政治学学科内一系列相关问题的研究，扩展了学者们的理论视野。这反映在了这一时期多元研究的初现端倪上。具体而言，政治发展中传统与现代冲突的视角、政治文化转型的问题、社会结构变迁的影响、政治稳定与政治改革的关系等，都在学者们的研究成果中得到了不同程度的反映，尤其是包括乡村社会的转型重构这样传统上属于社会学研究范畴的问题被引入政治学领域，从整体上带动了中国政治学借鉴同时期相关学科发展的经验成果，整合社会科学界原本各自为战的学科体系，在以后的发展中，上述研究问题进一步发展成为更加系统化的政治文化理论研究、政治稳定理论研究、政治改革理论研究等一系列相关研究领域，加之借鉴自社会学、心理学、经济学、国际政治等学科体系的有益内容，为中国政治学重建后形成枝繁叶茂、结构完整的研究体系奠定了基础。当然，政治发展理论引入中国的意义远不止上述带来创新元素的方面，当某些具体实证的研究推进到一定层次时，学者们往往会发现，透过纷繁的政治现象，一些政治哲学层面的基本理论问题，如民主的实质与形式的矛盾、民主建设中价值实现序列的安排、不同民主发展思路后隐藏的政治哲学前提等都是不可回避的根本问题，而要回答这些问题，不回到基础理论领域是完全不可想象的，这种在研究实践中得到的经验带动了学者们回过头来更关注基础理论层面的问题，为以后中国政治学发展夯实理论基础创造了条件。与对基础理论研究的需求类似，许多学者在套用西方成型理论解释中国政治发展问题的过程中也不同程度地发现了其与中国现实不尽相符，以致借鉴的研究范式难以物尽其用的问题，这也引领着具有强烈现实意识的研究者们开始去反思西方理论和研究模式的局限性，更加理性地看待评估中国政治发展的现实条件，在此基础上探索主要致力于解释当代中国政治发展问题的相关理论体系和研究模式，尽管这种努力在这一时期更多的还停留在一种不自觉的状态，但其对于之后政治发展理论逐渐摆脱西方学界的桎梏仍然是具有先导意义的。

考虑到中国政治学发展经历了较长时期停滞后的客观条件，这一时期的研究中草创阶段的痕迹还是十分明显的。其最重要的表现就在于这一时期中国学者们基本上是沿用了西方前一阶段成型的理论。在此，派伊、亨廷顿、阿尔蒙德等人重要著作及其基本研究思路、理论观点的影响巨大且深远，甚至时至今日，仍有相当一部分学者还在将其奉为圭臬。在特定的条件下本着“拿来主义”的思路，积极引进西方成熟理论和研究范式本身并无可厚非，但长期满足于西方学者给定的研究范式，特别是全盘接受某些具有明显的意识形态或西方中心主义偏见的观点，对于中国政治学发展摆脱西方中心话语权的压迫，发展出服务于本国政治建设的理论体系是十分不利的。因此，引介外来成果过程中出现的中国话语的集体沉默，不能不说是这一时期研究中留下的重大遗憾之一。在整体上接受了西方学界关于政治发展的基本理论和研究范式的前提下，这一时期中国学者们所进行的研究实践中，无论在研究对象还是研究方法的选择方面，都没有摆脱西方学界的主导影响。相当一部分学者过分强调了政治民主化与政治稳定的矛盾关系，夸大了后发现代化国家发展民主政治的困难，甚至基于其对中国传统政治因素的偏颇负面评价而对中国民主政治的发展前景做出悲观结论，这都在不同程度上制约了政治发展理论在中国的扎根与成熟。不具备扬弃品格的“拿来主义”的泛滥最终也导致了两个方面的消极后果。一方面，尽管也有部分学者在实践中意识到并开始强调基础理论，特别是政治哲学和政治思想史等研究的重要意义，但就总体而言，这一时期中国政治学界对于基础理论的关注度是相当不足的，由此也导致了许多研究停留在照搬西方时兴观点，对变动不居的特定现象进行解释，却难以体现政治学研究必要理论深度的问题。另一方面，部分学者对特定理论的偏颇强调与运用，导致其研究在相当程度上脱节于中国现实，甚至在现实政治领域引发问题，在此表现得最为突出的就是对所谓“威权主义”政治发展模式的阐释借鉴上，在20世纪80年代里的相当一段时间内，威权主义模式在中国政治学界颇具市场，但后来的实践证明，这一模式不仅在解释中国政治发展复杂条件方面不免失之简单，而且也与社会主义政治体系和政治发展的道路南辕北辙。最终，当代中国政治发展的实践还是使其头顶笼罩的光环消散殆尽，这是政治学理论体系健全健康发展的规律使然，也提醒我们时刻不应忘记发展运用特定理论的现实需要前提。

（二）第二阶段：政治发展理论研究的发展成熟阶段（1989—1999年）

1. 社会背景

80年代末至90年代初的苏东剧变与国内政治风波不仅在现实政治中产生了深远的影响，同时也造成了对理论界的巨大冲击。由于这一系列历史事件的发生是以往成型的政治发展理论所无法解释的，因此，对前一阶段理论研究的总结和反思就成为推动这一时期研究深入发展的重要动力。在反思过程中，有两条基本经验成为学界的基本共识：其一是脱离中国现实政治的研究，其理论意义和实践意义都是十分有限的；其次是不考虑中国政治发展的特殊条件、阶段和目标，盲目推崇西方政治发展模式，鼓吹以所谓“自由化”“市场化”为特征的狭义政治民主，在改革目标不明确的情况下单纯强调改革的解构性而不注重改革的建构性等倾向，都将对中国现实的政治发展进程产生不利的导向作用，最终反过来影响学科建设的正常进程。明确了这两点之后，政治学学者们开始更加注重理论的中国化问题，在政治发展理论内容中也开始更加强调政治稳定和稳妥、渐进的政治体制改革和民主政治建设问题。总体而言，经历了短暂的迷茫期，随着小平同志南行讲话奠定了中国政治生活的基调和经济文化的繁荣对学术研究调整发展的推动作用，中国政治学界再次坚定了理论研究服务于现实政治的信心。在改革开放的深入发展及其成果在政治、经济、社会、文化等领域产生的深远影响的初步显现的同时，中国的政治发展理论研究也迎来了一个渐趋成熟的发展期，其特征具体表现为政治发展的方向和发展的目标体系基本明确；针对深入改革中遇到的各领域的新问题广泛开展研究；随着全面开放过程中对西方发展道路了解的更加全面和深入对引进理论成果的态度更加理性和客观。

2. 出现的观点和争论、交锋情况

（1）对政治发展理论基本内容的认识更加全面深入

由于前一个时期的理论研究中主要是照搬了西方理论界对于政治

发展含义的定义，忽略了中国具体国情和中国现代化的特殊任务，造成了对政治发展的认识在一定程度上偏离了中国政治社会发展的需要，在理论和现实领域都造成了一些不利影响。因此，这一时期学者们首先致力于对政治发展含义的解读，力图在对政治发展的核心价值、特征和基本内容的认识上达成一致。

A 对政治发展含义的理解更加深入

在前一个时期对政治发展核心价值基本认识的前提下，学者们对政治发展内涵的理解更加深入，开始从多层次、多角度思考政治发展的核心价值。从理论层面上，一些学者强调要从人类政治演变的总趋势、人类政治演变的时代特征和政治发展的一般性质这样三个角度来理解政治发展的内涵，① 明确了政治发展的基本性质，为从基础理论层次开展研究提供了条件。一些学者注重从政治发展对经济社会发展的意义角度来认识政治发展。② 还有一些学者对政治发展的含义进行了系统整理，归纳出了八种类型的政治发展含义：①政治发展就是建立西方式的政治体制的过程，或者说是向某种既定政治模式的过渡。②政治发展即政治现代化，就是从传统政治社会向现代政治社会的过渡。③政治发展就是公民组织化程度的提高和参与广泛化的过程。④政治发展是用来描述民族统一构设和国家建立的过程，即独立的民族国家的形成过程。⑤政治发展就是政治体系能力的增长，包括行政与法治的发展，建设有效率的政府，提高政治领袖和政治结构的动员能力和权力效应。⑥政治发展是政治的民主化过程。⑦政治发展是一个从古至今并向未来延伸的政治生长过程。⑧发展可看作是通过付出代价和扬弃代价以寻求再生之路的努力过程。③ 比照上述定义，可以发现这一时期学者们在理解政治发展的含义时更加突出其中政治参与的

---

① 程竹汝：《论政治发展的内涵》，《山西师大学报（社会科学版）》1997 年第 1 期。

② 林尚立：《政治发展：为市场经济提供有效的政治资源》，《文史哲》1997 年第 9 期。包心鉴：《社会转型时期的政治发展》，《政治学研究》1996 年第 1 期。

③ 李元书：《政治发展的含义、特征和研究意义》，《学习与探索》1996 年第 6 期。

良性发展、[1] 政治整合尤其是政治共同体政治整合能力的提升、[2] 政府良好治理能力的强化[3]和政治发展作为一个自觉过程的内容，而对政治发展与政治民主关系的把握也随着对政治民主含义认识的深入而更加客观、更加全面。[4] 这标志着中国政治学界对政治发展理论的研究已经开始初步摆脱西方现代化理论话语体系的影响，不再亦步亦趋地跟随西方学界的研究，[5] 而着手建设符合中国自身需要的政治发展理论体系。

B 在政治发展的特征方面强调改革和发展的渐进性

随着对政治发展内涵中国特色的强调，学者们在研究政治发展的特征方面也开始逐渐注意到政治发展作为一个历史过程所具有的渐进性特征。在这一时期，渐进、稳妥的改革成为学界的一项基本共识，这既是理论成熟的表现，也是基于改革开放以来政治实践得出的宝贵

---

① 仇开明：《中国乡村政治发展的动力和机制分析——一种新的乡村发展观》，《社会科学战线》1991 年第 5 期。李景鹏：《当代中国社会利益结构的变化与政治发展》，《天津社会科学》1994 年第 6 期。宇宏：《社区政治发展与政治参与——〈新视角下的政治〉评介》，《领导文萃》1995 年第 9 期。晓晨：《农民的政治参与和中国的政治发展——访中国社会科学院公共政策研究中心主任白钢教授》，《中国公务员杂志》1996 年第 8 期。陈明明：《乡村政治发展：自治与政治调控》，《复旦学报（社会科学版）》1999 年第 12 期。

② 朱元：《政治稳定、政治发展与后发生型现代化》，《广西社会科学》1991 年第 12 期。臧乃康：《中国现代化进程中的政治稳定与政治发展》，《社会科学》1992 年第 8 期。臧乃康：《论市场经济过程中的政治稳定与政治发展》，《江苏社会科学》1993 年第 3 期。张树华：《向市场经济过渡条件下的政治权威和政治发展问题——对中俄两国改革进程的比较研究》，《东欧中亚研究》1995 年第 8 期。

③ 田穗生、李广平：《政治发展模式选择与行政改革》，《社会科学》1993 年第 5 期。臧乃康：《论政治发展中的行政改革——兼论行政改革与政治改革的关系》，《社会科学研究》1994 年第 5 期。

④ 周少来：《秩序·效率·民主——政治发展目标的多元组合》，《青海师范大学学报（哲学社会科学版）》1995 年第 11 期。

⑤ 张江河：《超越意识与中国政治发展》，《吉林大学社会科学学报》1996 年第 1 期。

经验。在渐进性改革的必要性论证方面，有的学者认为，中国的政治发展之所以表现出渐进性特征，主要是取决于两个基本逻辑：其一是社会主义政治属性所决定的演进逻辑；其二是发展中的东方大国所决定的演进逻辑。① 有的学者综合考虑了政治发展的现实条件，认为由于社会转型时期的政治发展肩负着保持政治稳定的重任，因此适宜采取渐进的政治体制改革作为动力，要把政治体制改革纳入到有序的政治轨道当中。② 有的学者从研究推动政治改革动力的社会心理原因的角度，解释了中国政治发展的必要性和发展道路的特殊性。③ 还有的学者在系统总结改革开放以来中国政治发展的基本经验时初步概括了中国政治发展道路在改革问题上的基本经验，认为政治的发展是一个长期积累的过程，影响政治发展的因素也是一个积累的过程，因而"不是一次能完成的"，用搞运动的方式是不可取的，既要积极推进，又要谨慎从事，时刻注意处理好政治改革与政治稳定的关系，以政治改革促进政治发展，以政治发展维护政治稳定，以政治稳定保障政治改革。④ 总之，这一时期学界在对待以政治体制改革推动政治发展的问题时采取了更加科学、谨慎的态度，有所为有所不为的、积极稳妥的渐进式政治体制改革也随之成为中国当代政治发展道路的基本经验之一，也成为政治发展理论研究体现中国特色的重要表征之一。

C 注重政治发展形式的多样性

在全面反思前一个时期由西方国家推广的所谓"普适"的第三世界国家政治发展模式的弊端之后，中国政治学界对政治发展问题的复杂性、政治发展道路的艰巨性和方式的多样性有了更加深入的理解。这种对多样性的深入理解主要是沿着以下几条线索展开的：首先，一些学者对前一个时期某些学者秉承亨廷顿等人研究思路提出的"新权

① 王松、孙力：《论中国新时期的政治发展》，《政治学研究》1998年第4期。

② 包心鉴：《社会转型时期的政治发展》，《政治学研究》1996年第1期。

③ 李景鹏：《试论政治发展的动力与目标》，《天津社会科学》1998年第3期。

④ 郑言：《中国近20年的政治发展》，《政治学研究》1998年第4期。

威主义”等政治发展道路进行了剖析和反思。① 其次，一些学者通过更加全面地整理引进理论成果，对带有西方中心主义色彩的政治发展理论进行了从指标体系、价值取向、发展成本到适用性等方面的问题的全面反思，相对于前一个时期的研究，在上述研究中，学者们更注重比较和强调发展中国家不同于发达国家的政治文化、政治传统、政治发展任务等特殊性成分。②再次，延续此前具有国际政治研究背景的实证分析，学者们也开始更加系统地分析发达国家和后发现代化国家的总体性政治发展经验、不同发达国家和后发现代化国家的具体性政治发展经验，③ 表现为引进介绍国外理论界成果时不再局限于西方中心主义的政治现代化理论，也开始关注一些第三世界国家如拉美国家的学界对于照搬西方模式教训的反思，更为重要的是，在此过程中，一些学者也开始注意到发达国家政治发展的反面经验，成为后一个时期研究中提出可持续发展问题的先声。④

---

① 钟欣：《政治发展与政治稳定——兼评“新权威主义”的理论基础》，《首都师范大学学报（社会科学版）》1990年第3期。

② 朱元：《政治稳定、政治发展与后发生型现代化》，《广西社会科学》1991年第6期。李元书：《政治发展的涵义、特征和研究意义》，《学习与探索》1996年第6期。

③ 周晓慧：《墨西哥政治发展的历程——拉美政治发展的一种模式》，《拉丁美洲研究》1990年第3期。刘靖华：《伊斯兰教、神权政体与发展——伊朗伊斯兰共和国宗教与政治发展的同构分析》，《西亚非洲》1990年第4期。曹霞：《从第三世界的“上流社会”看第三世界的政治发展趋势》，《世界经济与政治》1990年第5期。郭定平：《论东亚资本主义政治发展模式》，《社会科学》1991年第3期。李保平：《传统文化对黑非洲政治发展的制约》，《西亚非洲》1994年第6期。姜毅：《社会转型与俄罗斯政治发展模式的选择》，《东欧中亚研究》1996年第4期。申建林：《加拿大公共政策和政治发展中的公共哲学模式分析》，《广西大学学报（哲学社会科学版）》1999年第12期。金灿荣：《第二次世界大战与美国政治发展》，《太平洋学报》1995年第6期。

④ 桑玉成、袁峰：《世纪之交的中国政治发展》，《政治学研究》1998年第4期。郑言：《中国近20年的政治发展》，《政治学研究》1998年第4期。谭君久：《政治发展与可持续稳定》，《文史哲》1997年第9期。

总之，这一时期学界对政治发展理论的基本内容的认识较前一个时期而言更加深入，在肯定政治发展是政治现代化，同时是社会全面进步过程中不可分割的环节，将政治发展作为社会全面发展的一个重要组成部分的前提下，学者们不再孤立地看待政治发展或强调其中的一部分内容如政治民主等，而开始规划政治发展的全面目标体系，如有些学者概括的健全体制、调整权力、拓展参与、建设文化、开放政治的政治发展目标等，① 这些都标志着对政治发展内涵的理解上升到了一个新层次。

（2）政治发展理论体系更加健全

建立在学界对政治发展理论基本内容理解更加深入的基础上，政治发展理论体系的建设也取得了长足的进步，表现为研究内容的充实、视角的多元等。在此将期间关注的理论要点总结如下：

A 政治发展与政治稳定的辩证关系

纵观这一时期对政治发展问题的研究，不难发现许多学者都开始把政治稳定问题提升到政治发展目标序列当中的前列位置，强调政治发展必须符合政治稳定的需要，这又是建立在对政治民主和政治稳定的深刻认识基础上的。一些学者明确指出，政治民主与政治稳定并不是相悖的关系，政治民主需要政治稳定，通过政治民主建设也能达致更高层次的政治稳定。② 一些学者则开始解析一项政治发展过程中政治稳定的不稳定因素，如利益结构多元化、政治行为取向多样化，以及政治文化因素的作用等。③ 其中部分学者还概括总结了后发现代化国家在政治发展过程中可能遭遇的影响政治稳定的几个主要问题，如

---

① 桑玉成、袁峰：《世纪之交的中国政治发展》，《政治学研究》1998年第4期。

② 包心鉴：《社会转型时期的政治发展》，《政治学研究》1996年第1期。王松、孙力：《论中国新时期的政治发展》，《政治学研究》1998年第4期。梁昱庆：《论政治民主与政治稳定的协调发展》，《中共四川省委党校学报》1999年第3期。

③ 包心鉴：《论我国现实政治发展中的矛盾及其对政治体制改革的选择》，《理论探讨》1998年第4期。谭君久：《政治发展与可持续稳定》，《文史哲》1997年第9期。

政治异质性、民众民主要求、腐败现象滋长、经济挫折感及分配不公、文化冲突等。[①] 同时，这一时期学界对政治稳定多层次特性的认识，也是准确把握政治发展与政治稳定之间的辩证关系的重要前提。尽管在政治稳定层次的具体划定方面存在不同意见，但将政治稳定分解为国家政权、政治过程、政府、政策、社会生活等相互影响的几个层面,[②] 对于选择不同切入点来研究政治发展的相关理论问题也是不无裨益的。

B 开始思考经济发展、社会进步与政治发展的关系问题

随着越来越多的学者们开始认识到政治发展标准测评体系的复杂性，这一时期对政治发展与经济发展、社会进步之间关系的研究也成为一项重要议题。一些学者结合国外理论界已经达成的基本共识，强调经济发展对于政治发展的积极作用，认为经济发展过程中出现的政治稳定方面的问题并不能归咎于经济发展，而且可以通过更健康的经济发展来加以解决。这就为我国政治发展过程中始终坚持服务于经济发展大局的选择找到了依据。[③] 一些学者还进一步指出，经济发展是政治发展的重要动力之一，而适应于政治发展的经济发展所要解决的主要是建立健全社会主义市场经济体制，并以此培育政治权力的良性运行模式问题。[④] 同时，一些学者也开始对从政治文化建设等角度展

---

① 朱元：《政治稳定、政治发展与后发生型现代化》，《广西社会科学》1991 年第 6 期。

② 郑言：《中国近 20 年的政治发展》，《政治学研究》1998 年第 4 期。李兵：《政治民主与政治稳定：社会主义初级阶段的政治发展》，《探索》1999 年第 4 期。

③ 储建国：《经济发展与政治发展关系的定量研究述评》，《政治学研究》1996 年第 3 期。

④ 包心鉴：《社会转型时期的政治发展》，《政治学研究》1996 年第 1 期。李景鹏：《试论政治发展的动力与目标》，《天津社会科学》1998 年第 3 期。桑玉成：《市场经济与政治发展研究》，《天津社会科学》1997 年第 8 期。蔡拓：《市场经济与政治发展的理论思考》，《南开学报（哲学社会科学版）》1996 年第 7 期。

开对政治发展必要条件的研究进行了一些有益的尝试。值得注意的是，这一时期从政治文化角度进行的研究已经不再仅仅关注传统政治文化对当代政治发展的负面效应，而是致力于以更加理性的态度对待既有的政治发展的文化资源，① 相比于前一个时期对解构传统文化的强调，这无疑是一个巨大的进步。

C 政治发展问题外延的拓展

在这一时期总体研究转向宏观与微观、理论与实际并重的趋势影响下，学者们也开始将政治发展与政府职能转变、政府机构改革、政治腐败治理等内容相结合，从行政管理、公共政策等相关学科视角展开发散性研究，以此细化政治发展的各项具体指标体系。如一些学者从保证政治参与、政治组织制度化、政府决策能力和政治文化建设等角度指出了政府职能转变与政治机构改革是政治发展的内在要求。② 另一些学者认为政治发展在政府能力建设方面的重要任务就是要建立一套人民切实监督权力、制约权力的机制。③ 还有的学者从合法性问题的角度解析政治发展对于政治共同体的影响，把政治发展作为一个社会整合不断稳固完善、政治共同体的合法性不断强化的过程，这就将政治稳定、政治文化建设、公共政策研究等问题全都囊括进了政治发展理论当中，为致力于通过大量个案来分析公共政策问题的研究提供了基本的理论框架。④ 与此同时，对政治改革与政治发展关系的研究成为这一时期十分重要的内容。首先，一些学者通过系统解析政治体制改革的科学含义，如明确政治体制改革的对象是政治体制而非政

---

① 冯钢：《政治文化与西方政治发展理论》，《浙江大学学报（人文社会科学版）》1997年第3期。吴显庆：《传统社会的政治差异与现代政治的发展》，《黑龙江社会科学》1997年第8期。刘京希、宋全成：《当代中国政治发展的文化背景与文化目标》，《江海学刊》1997年第8期。

② 席晓勤：《机构改革与当代中国政治发展》，《浙江社会科学》1999年第7期。

③ 包心鉴：《社会转型时期的政治发展》，《政治学研究》1996年第1期。

④ 胡伟：《合法性问题研究：政治学研究的新视角》，《政治学研究》1996年第1期。

治制度，是不适应于现实发展需要的那部分体制而不是全部体制，强调政治体制改革与经济体制改革的双向辩证关系，强调政治体制改革与保持政治稳定的必然关系等，化政治体制改革为当代中国政治发展的题中应有之义。[①] 在此基础上，还进一步将通过政治体制改革促进政治发展概括为中国政治发展的一条基本经验。[②] 另一些学者将政治体制改革与经济体制改革相提并论，将这两者作为当代中国政治发展的两大动力，并具体指出政治体制改革带来的重塑权威、规范权力、重构机制、深化民主和消除腐败等将成为中国政治发展的主要走向。[③] 此外，这一时期政治发展问题研究的深入还表现在分析体现中国特色的政治发展问题开始成为一个引起广大学者充分重视的研究领域，出现了大量以研究中国农村政治发展为主题的理论和实证研究成果，[④] 这些成果在全面反思前一个时期所忽视的政治发展的普遍性和特殊性关系的问题，全面理解政治发展的中国传统政治资源，系统探讨作为政治发展资源的社会经济文化环境以及系统整理总结改革开放以来中国政治发展历程的经验等方面都有着十分重要的意义。

（3）系统整理社会主义政治发展理论成果，深入发掘邓小平关于政治发展的思想

这一时期中国政治学界致力于形成中国化的政治发展理论的另一

---

① 洋龙：《试论中国政治体制改革的几个理论问题》，《政治与法律》1995 年第 1 期。

② 郑言：《中国近 20 年的政治发展》，《政治学研究》1998 年第 4 期。

③ 林尚立：《九十年代中国政治发展的动力与走向》，《探索与争鸣》1994 年第 2 期。

④ 仇开明：《中国乡村政治发展的动力和机制分析——一种新的乡村发展观》，《社会科学战线》1991 年第 5 期。李敬 、陈能：《乡村政治发展：现状与前景》，《云南民族大学学报（哲学社会科学版）》1993 年第 7 期。晓晨：《农民的政治参与和中国的政治发展——访中国社会科学院公共政策研究中心主任白钢教授》，《中国公务员杂志》1996 年第 8 期。陈明明：《乡村政治发展：自治与政治调控》，《复旦学报（社会科学版）》1999 年第 12 期。于洪生：《中国农村政治发展的地位和社会文化背景》，《东岳论丛》1999 年第 9 期。李敬：《乡村政治发展与“乡村政治学”构建》，《学术探索》1999 年第 3 期。

个重要表现是系统地开展了整理马克思主义理论体系中尤其是邓小平理论中关于政治发展的思想，这既表明政治学界开始更理性、更客观地看待政治发展的既定意识形态条件，力图从中找出能够推动中国民主政治健康发展的因素；又表明学界对把握政治发展的方向问题给予了充分重视，鉴于前一个时期的经验教训，这一时期的研究更加强调把坚持四项基本原则作为中国化的政治发展理论的一项重要内容。

这一时期，邓小平理论继续发展成型并成为中国政治生活和政治发展的重要指导思想。作为邓小平建设有中国特色的社会主义理论的重要组成部分，邓小平同志的政治发展思想最大的特点就是从中国的实际出发，而不是从抽象的原则和教条出发，把中国人民的最大利益放在至高无上的地位，强调政治发展与经济发展的互相配合和社会的全面进步。① 这无疑是符合上文提到的政治发展理论在这一时期的基本发展趋势的，因此，深入发掘邓小平关于政治发展的思想也就成为这一阶段政治发展理论研究的一个重要特色。在具体研究中，学者们分别总结出了邓小平关于政治发展思想中的一些重要经验：例如，有些学者通过系统整理小平同志在重要历史时期就重要历史事件发表的讲话等指出邓小平强调在政治发展中要注意政治稳定问题的思想。② 其中有学者将政治稳定与政治改革这两条经验提炼出来，进一步指出邓小平政治发展战略的要点是将政治稳定与政治改革统一起来，是政治稳定与政治改革并重的战略。③ 有的学者从邓小平关于政治发展中

① 韩旭：《“邓小平政治发展思想与走向21世纪的中国政治学”理论研讨会综述》，《政治学研究》1997年第2期。

② 臧乃康：《邓小平政治发展战略探析》，《江淮论坛》1997年第2期。郭正红、戴海东：《邓小平政治稳定思想初探》，《山西师大学报（社会科学版）》1999年第1期。张雷：《政治稳定：邓小平的治国安邦之道》，《党政论坛》1996年第6期。

③ 臧乃康：《邓小平政治发展战略探析》，《江淮论坛》1997年第2期。邹小华：《政治稳定与政治改革辩证统一——邓小平政治发展战略思想初探》，《南昌大学学报（社会科学版）》1999年第12期。

建设社会主义民主政治的思想入手，点明邓小平所希望的政治民主实际上是一种高于资本主义民主的民主形式，同时将邓小平关于政治发展路径的思想具体归纳为党和国家领导制度的改革，并突出强调在改革中要制定一系列强有力的政治导控原则，从而保证我国政治发展沿着健康的轨道前进。① 有的学者从邓小平关于经济发展、政治和思想建设等影响政治发展相关问题的阐述中，总结出邓小平从发展生产力、实现国家富强、人民幸福、社会进步的高度上认识政治发展的一些具体结论。② 有的学者重点解析了邓小平关于民主建设的思想，认为邓小平所说的政治发展中的民主建设意味着实现人民民主、调动人民积极性、改善人民生活，因此这种政治现代化是具有鲜明特色的中国政治现代化。③ 在上述对具体思想解析的基础上，还有学者系统地总结了邓小平关于政治发展的思想：首先是坚持社会主义道路、注重中国具体国情的国情观，其次是明确政治体制改革目的与任务的改革观，再次是从国家民主整体全局利益出发的国家独立和统一观，再次是保证高水平的政治稳定的稳定观，再次是强调有序法制化的民主建设的民主法制观，最后是坚持党的领导、尊重人才的政治领导观。④

总之，这种较具规模、较系统地对党和国家指导理论体系中关于政治发展思想的研究，极大地丰富了政治发展理论的内容体系，也标志着中国政治学界系统总结和反思前一个阶段的经验后，在理论建设中越来越自觉地注意到理论的中国特色、适用性和建构意义，越来越自觉地将理论研究与政治实践统一起来，使两者相互促进，共同健康发展。

---

① 王崇杰：《论邓小平的政治发展战略思想》，《理论学习与探索》1997 年第 2 期。

② 林昌乐：《略谈邓小平经济政治发展和重视人才的思想》，《探求》1996 年增刊。

③ 唐贤兴、范伟峰、刘罕：《社会主义政治发展的人民性——兼论邓小平的政治发展观》，《理论探讨》1996 年第 4 期。

④ 臧乃康：《论邓小平的政治发展观》，《社会科学》1995 年第 10 期。

3. 研究方法的运用

（1）理论研究与实证研究结合更加紧密

随着理论工作的深入开展和理论中国化趋势的日益显现，这一时期理论研究与实证研究的结合也较前一个时期更为紧密。由于理论的系统化尤其是中国化政治发展理论的系统化工作渐趋成熟，加之政治发展的实践对理论指导的迫切需要，中国政治学界也在坚持不懈地开展理论研究的同时，也开始在实证研究中尝试运用国内外政治发展理论工具进行解释和指导性工作，遵循马克思主义方法论理论从实践中来再到实践中接受检验进而使理论得到升华的原则，众多学者不再将自己束缚于案头理论工作，而是寓理论研究于一线调查中，通过获取一手资料来验证理论的适用性，充实理论体系的内容。这一时期在实证研究方面取得的主要成就包括：其一是从基层民主对政治发展的影响角度进行的研究开始成为一个热点，许多学者不约而同地将中国90年代启动的基层民主实践特别是农村基层民主实践作为研究中国政治发展并总结其经验、预测其走向的重要切入点。① 其二是结合经济学、社会学等学科方法和问题的研究开始大量出现，由于改革开放的深入发展对社会阶层结构、利益格局和人们行为方式的深刻影响在这一时期已经开始充分显现出来，致力于解释实际问题、提供政策建议的学者们自然也把目光倾注到了社会经济文化生活的各个微观层面，其中

---

① 陈明明：《乡村政治发展：自治与政治调控》，《复旦学报（社会科学版）》1999年第12期。李秋洪：《村民自治：走向民主政治之路——从广西看中国农村社会主义民主政治发展趋势》，《学术论坛》1999年第3期。曾锡环：《中国基层民主政治发展的法律解读》，《深圳大学学报（人文社会科学版）》1999年第11期。于洪生：《中国农村政治发展的地位和社会文化背景》，《东岳论坛》1999年第9期。王刚、罗峰：《社区参与：社会进步和政治发展的新驱动力和生长点——以五里桥街道为案例的研究报告》，《浙江学刊》1999年第3期。

也包括了对少数民族和区域政治发展的研究。①

（2）研究方法的主流与拓展

A 坚持马克思主义的研究方法为主流

相比前一个时期，马克思主义基本理论和思想方法在理论研究中的指导地位得到了特别强调，坚持马克思主义辩证唯物主义和历史唯物主义的分析方法成为这一时期研究的主流。这不仅表现在学者们在马列主义经典著作中发掘和继承前人关于政治发展的思想遗产，更表现在运用马克思主义来科学总结中国近代以来政治发展正反两方面的经验；② 来解释、解决中国当代政治发展中遇到的实际问题，从而彻底地将马列主义基本原理同中国实际相结合，建设适应当代中国发展需要的政治发展理论体系。在这一马克思主义中国化的具体过程中取

① 朱光磊：《贫富差距与当代中国政治发展中的新问题》，《南开大学法政学院学术论丛》1999 年第 9 期。储建国：《经济发展与政治发展关系的定量研究述评》，《政治学研究》1996 年第 5 期。高放：《开拓政治学研究的新领域：社区政治——评介〈新视角下的政治：关于社区政治发展的专题研究〉》，《文史哲》1996 年第 7 期。致远：《王松教授谈：经济利益多元化与当代中国政治发展》，《探索与争鸣》1994 年第 10 期。包心鉴：《论我国现实政治发展中的矛盾及其对政治体制改革的选择》，《理论探讨》1998 年第 7 期。任绍芳：《论高等教育与政治发展》，《中国高教研究》1999 年第 12 期。陈义平：《论人口变动对政治发展的影响》，《中国人口科学》1999 年第 3 期。周平：《少数民族政治发展论》，《思想战线》1997 年第 2 期。宋月红：《当代中国行政区域类型及其政治发展动因之分析》，《学习与探索》1998 年第 8 期。李程伟：《社会利益结构：一个研究政治发展的新视角》，《新视野》1998 年第 4 期。

② 高放：《伟大的转折，曲折的历程——从 1971 年 9 · 13 事件到 1978 年 12 月党的十一届三中全会中国的政治发展研究》，《东岳论坛》1995 年第 5 期。郑行：《孙中山政治发展思想初探》，《齐鲁学刊》1996 年第 9 期。关海庭：《“文化大革命”与当代中国政治发展》，《当代中国史研究》1997 年第 1 期。周念忠；祝灵君：《从政治发展看南京国民政府的覆灭》，《探索》1999 年第 2 期。谢庆奎：《新中国五十年的政治发展》，《领导之友》1999 年第 10 期。张伟：《论抗战时期中国政治发展的民主化趋势与集权统治的加强》，《安徽史学》1997 年第 7 期。

得的一个重要成果就是学界对邓小平关于建设有中国特色社会主义理论的系统总结，这也成为下一个时期总结建设中国特色社会主义政治发展道路的重要理论基础。

B 引进国外经验研究的拓展

这一时期对西方理论界研究方法的引进的一个突出特点是更加多元。一方面表现在学者对诸如结构功能主义方法、系统论、比较研究方法等研究方法的理解更加深刻，运用更加熟练；另一方面表现在吸收借鉴国外政治发展经验时不再盲从西方理论界的研究视角和结论，而是将研究对象扩展到各类发达国家和后发现代化国家，扩展到这些国家历史、文化、经济、社会政治制度等各个领域，① 在坚持马克思主义基本原理的基础上，运用国内外各学科的方法来进行研究，由此也得出了一些有别于西方理论界成见的新结论。

4. 该阶段研究状况评述

在改革开放取得阶段性成果和面对现实经济社会政治问题产生进一步需要的动因促进下，政治发展理论研究的进一步发展也被这一时

---

① 周晓慧：《墨西哥政治发展的历程——拉美政治发展的一种模式》，《拉丁美洲研究》1990年第3期。刘靖华：《伊斯兰教、神权政体与发展——伊朗伊斯兰共和国宗教与政治发展的同构分析》，《西亚非洲》1990年第4期。郭定平：《论东亚资本主义政治发展模式》，《社会科学》1991年第7期。唐大盾：《试论刚果独立后的政治发展——兼论多党“民主化”的根源及实质》，《西亚非洲》1994年第1期。李保平：《传统文化对黑非洲政治发展的制约》，《西亚非洲》1994年第6期。张宏明：《论黑非洲国家部族问题和部族主义的历史渊源——黑非洲国家政治发展中的部族主义因素之一》，《西亚非洲》1995年第5期。吴小安：《论美国殖民统治对菲律宾现代政治发展的影响》，《厦门大学学报（哲学社会科学版）》1995年第10期。马勇：《80年代中期以来印支国家政治发展的历程》，《东南亚研究》1999年第4期。陈明明：《西方政治发展的逻辑：从中世纪到近代》，《欧洲研究》1997年第5期。李兵：《二战后影响越南政治发展的重要因素及其经验教训》，《东南亚纵横》1998年第3期。张祥云：《苏联与战后初期东欧的政治发展》，《当代世界社会主义问题》1998年第9期。彭述刚、万灵枝：《一党专权或多党竞争——印尼政党与政治发展的回顾与前瞻》，《东南亚研究》1999年第5期。

期的中国政治学人们摆到了重要议事日程上来。通过总结前一时期以“拿来主义”为主流的种种经验教训，这一时期中国政治学学科发展的整体发展的步伐更加稳健，更加注重关照理论与现实互动，以服务中国社会主义政治发展为首要目标取向的理性研究。在这一时期，与国外政治学界基本保持同步，中国政治学界对于政治发展含义的理解已经抛弃了片面地以政治民主化为中心的狭义范畴和带有强烈西方中心主义色彩的先决立场影响，开始强调政治发展作为人类历史上始终存在的一个政治现象所具有的传承性与超越性相统一的性质，由此，与前一时期相比，对诸如政治发展模式的多样性，发展过程中价值目标实现的不同序列安排，以及是应以激进的方式还是渐进的方式调整政治体制和政治关系等一系列问题都产生了迥异的解释。就对西方政治发展理论成果的解读方面，这一时期的中国政治学者们也明显表现出比前一时期更高的理论素养与认知水平。比如，在对以亨廷顿为代表的西方学者著作的解读中，其对政治稳定重要性的强调被许多学者进一步吸收阐发，其对于传统与现代因素关系的非绝对化的理解也开始被注意到，对政治发展中不变因素的理性关注替代前一个时期对所谓政治转型的极大热情成为中国政治发展理论研究的一大特征。更重要的是，这一时期的研究中，西方现有理论的重要性出现了显著下降，在更全面地理解把握西方理论实质核心的基础上，以政治发展理论服务于中国政治建设现实过程的自觉意识更加突出，开创中国学界政治发展研究新局面的成因中，学界内普遍出现的对西方理论成果运用水平的提高固然是一个重要原因，但与此同时，这一阶段中国现实政治发展的影响也同样不可忽视。在明确了改革开放的基本取向之后，改革事业继续深入发展，在创造了 20 世纪 90 年代中国经济腾飞的辉煌成就过程中，诸多历史遗留问题和社会转型中出现的新问题开始叠加起来发挥影响，而以往无论是西方学界还是中国学界，对此都尚缺乏适用的理论工具，这就对中国从事政治发展理论研究的学者们提出了前所未有的迫切现实需求。在此与前一阶段形成鲜明对照的又一重要特征，是此前在政治发展研究中基本处于“失语”状态的马克思主义政治学研究、中西方政治思想史研究以及政治哲学领域的研究开始引起学者们的广泛关注，中国的政治发展不能离开当代中国既定的政治制度和文化土壤所提供的条件，在对其理论渊源不甚了了，对其哲学内涵把握不准的情况下贸然套用西方理论，只能得到邯郸学步的结果，这些都成为此一阶段中国学界达成的重要共识。

以对政治发展含义的多重解析为起点，中国政治学者在这一阶段展开的关于政治发展定义、内容、目标、模式等较为系统的研究，构建出一套较为完整的理论逻辑体系，由此也标志着学界对政治发展实质的理解上升到一个新层次，即不再执着于诸如以西方民主为标准的政治民主化指标，而是将政治发展与经济发展、社会结构变迁、政治文化转型等领域的问题更紧密地结合起来，并且将其置于一个更广阔的历史维度内加以考察，使政治发展理论在中国的发展初步摆脱了因时论事、视域过窄造成的解释力有限的问题，辅之以这一时期政治哲学研究的初步复兴和围绕自由、民主、公平、正义、平等等政治价值问题展开的基础理论研究工作，政治发展缺乏基础理论的问题也得到了初步解决。更为可喜的是，在打牢政治发展基础理论基石的过程中，许多中国政治学者不约而同地注意到了充分开发利用马克思主义政治学宝库中的丰富遗产的必要性，因而对马克思主义经典作家与政治发展问题相关论述的系统整理工作得以有条不紊地开展，特别是对中国共产党三代领导集体关于促进社会主义政治发展理论的总结，在政治发展理论这个西方舶来品与中国现实政治的生长土壤间架起了一座沟通的桥梁。严格地说，只有在明确重申了马克思主义政治学的主导性地位的前提下，当代中国的政治发展理论研究才步入了正轨，所有那些以中国当代国情为先决条件思考政治发展现实问题的实证研究也才得以顺利展开。这种自觉与中国社会主义政治发展需要保持一致的自觉努力，反映了广大政治学者们不满足于西方理论界给定的理论工具和具体结论，力图开创中国特色社会主义政治学发展新路的衷心愿望。也正是在这种愿望的引领下，前一阶段曾经出现的那种较为普遍地对以中国为代表的后发现代化国家政治发展劣势的夸大表述逐渐退出主流话语体系，代之以对后发现代化政治发展条件更全面、更客观的分析评判。传统与现代因素的对立互动关系在此得到了重新认识，这是政治发展理论在后发现代化国家生存和发挥作用的必要条件使然，也暗示了站在西方中心主义立场上以一种居高临下的姿态任意品评他国政治发展状况做法的不得人心。在此阶段发展得初具规模的政治发展理论体系中，由于广大学者对中国政治发展特征的把握更加准确深刻，政治发展理论在中国的创新才具备了可能性。也正是在这种堪称该阶段所取得的最主要共识的指导下，许多具有相关学科研究背景的政治学者才将纯粹的理论演绎和文献整理工作同深入中国政治发展基层的调研工作在实践中统一起来，开创出了中国政治学发展发扬理论与实际相结合学风的新局面。上述这些进步的取得，意味着该阶段的研究在连接政治发展奠基阶段与中国特色政治发展道路理论形成阶段的过程中具有不可替代的过渡价值。

当然也不可否认，转型时期的政治发展理论在此时期还远称不上已成熟完善。从政治发展理论的完整架构上看，一个核心共识成果的形成还尚待时日，尽管已经有相当一部分理论工作者注意到了政治发展理论中国化的必要性，并且在此思路指导下取得了一系列理论和实证研究的成果，但这些成果总体上看还往往局限于对一些政治发展局部微观问题的解释，缺乏从中国政治发展长远全局的视角上展开的研究，也正因为此，具有中国特色的政治发展理论的缺失也就成为这一阶段研究的重大缺憾之一。究其原因，首先是因为中国政治发展在经历上一个时期政治风波冲击后，整个政治学界出现了短期的迷茫，通过调整达致共识的工作在一个阶段内成为学界工作的重心，由此创新研究就不可避免地受到了影响。更根本的原因则在于，在此阶段相当一部分中国政治学者尚未树立起充分的以中国为中心，构建属于中国、服务中国的政治发展理论研究和实践模式的信心，当然，这种现象从本质上是与此阶段中国政治经济社会发展所达到的水平成基本对应关系的。一方面，此阶段中国政治发展中出现的基层民主政治的蓬勃发展，社会结构的深刻变化都使政治发展理论有了用武之地，但另一方面，诸多发展中新老问题的层出不穷，以及中国综合国力尚未达到产生足够国际影响力的现实，又制约了完全基于中国国情和需要的政治发展系统理论的成型。根据理论发展的一般规律，上述创新的步伐必须配合以政治体制改革、经济社会发展、政治文化转型等现实领域的进步，因此，从整体上看，这一阶段的研究中理论创新的工作不过刚刚起步，中国特色政治发展理论的框架也不过是初具雏形，其中理论与理论之间，理论与现实之间的有机结合的程度还尚待提高，更多的创新工作还有待于中国政治发展翻开21世纪篇章后头十年里中国政治学人加倍的努力。

（三）第三阶段：中国特色政治发展道路理论的形成阶段（1999年至今）

1. 社会背景

进入21世纪，随着改革开放和社会主义建设的深入发展，中国的政治发展有了新气象，以科学发展观和和谐社会建设理论等为标志的中国特色社会主义理论日趋成熟，特别是在中国共产党提出“发展社会主义民主，建设社会主义政治文明”的崭新命题的推动下，中国的政治发展研究也迈上新台阶。同时，在文化和学术领域全面繁荣的背景之下，政治发展实践的丰富和发展过程中经济、社会、文化等各领域、各层次问题的大量出现，也提出了对政治发展理论的更高要求，因此，在前两个时期研究的基础上，这一时期中国政治学界对政治发展理论的系统研究有了长足的进步，取得了前所未有的成就。

2. 出现的观点和争论、交锋情况

（1）总特点

这一时期研究的总特点表现为，学者们普遍开始自觉构建中国特色政治发展理论，理论研究和实证研究的成果丰富；理论体系更加系统、全面；概念界定等更加规范，研究方法更加多元；更加注重政治发展与三个文明建设和和谐社会建设等之间的内在逻辑关系。

(2) 对引进政治发展理论成果的整理和深入反思

在21世纪，中国学者们似乎不再特别关注西方政治发展理论的发展。有关西方政治发展的论述主要集中在以下几个方面：第一，有的学者对国外政治发展理论研究进行综述，对西方政治发展理论归纳总结，并提出自己的看法。① 第二，有的学者对西方的政治发展理论如对亨廷顿的政治发展理论进行专题研究。② 第三，对于西方政治发展理论的新发展，学者们有所关注。如有的学者概述了90年代西方政治发展理论的新动向，还有的学者则介绍了西方关于政治发展的一些新理论成果如政治弹性理论等。③ 总之，这一时期对引进理论成果借鉴和运用的总特点表现为：一是更加客观理性全面地看待西方政治发展道路和相关理论成果，注意历史地、现实地分析这些道路和成果产生的时代背景和各方面资源条件。二是专题性研究更加深入。不仅是对一些经典理论作家及其思想的关注，而且把握西方政治学领域的新动态的敏感性和能力也大大增强了，这其中还包括了西方理论界自身对其典型政治发展道路和理论进行反思的内容。如有的学者就指出，西方政治发展研究的致命缺陷是缺乏唯物主义理论的指导，这导致西方政治发展理论表现出两大弱点：一是宏观上在价值观领域的西方中心

---

① 姚建宗：《国外政治发展研究述评》，《政治学研究》1999年第4期。杜才平：《西方政治发展理论述评》《松辽学刊（人文社会科学版）》2001年第2期。陈文新：《“现代化”到“制度变迁”——当代西方政治发展理论的语境转换》，《云南行政学院学报》2005年第1期。孙景珊：《政治发展研究述要》，《理论界》2007年第1期。李景鹏：《中国政治发展的理论研究纲要》，哈尔滨：黑龙江出版社2000年版，也有专门一章“西方政治发展理论评述”。

② 赵振军：《浅析亨廷顿政治发展与稳定理论》，《河北师范大学学报（哲学社会科学版）》2005年第1期。周慧艳、萧芹：《亨廷顿政治发展与稳定理论》，《中外企业家》2006年第12期。

③ 袁峰：《当前有关“未来政治”的几种理论预测及其分析》，《政治学研究》2000年第2期。吕文栋：《寻求发展的秘密：政治弹性理论的视角——霍伯特·沃林教授的发展观评述》，《山西大学学报（哲学社会科学版）》2004年第1期。

主义；二是微观上在分析工具领域的局限性。①

较之于之前的研究，这一时期对政治发展外来成果研究最大的突破还在于已经出现了较为系统的对于西方传统政治发展理论和模式的质疑，特别是对于那些站在新自由主义立场上对包括我国在内的发展中国家的政治发展状况评头论足的言论，国内学界的警惕性和主动反应明显有所增强。在中国特色社会主义政治发展理论逐渐成型的背景下，中国的学者们早已不满足于亦步亦趋地借助引进的理论工具分析眼前活生生的政治现实，这同样也是因为以往曾被借用为代步工具的西方传统政治发展理论存在着几个重大的缺陷：首先，西方政治发展理论带有鲜明的意识形态特征，同时还与现实政治中西方世界对霸权地位的诉求保持着千丝万缕的联系；其次，西方政治发展理论中或隐或现的西方中心主义色彩直接影响到这一理论工具的实用性，从单纯的学术角度而言并不利于对发展中国家现实政治状况的客观准确分析；再次，从政治实践的角度分析，罔顾现实，盲目地相信和遵循西方政治发展模式，往往会带来灾难性的后果。这一阶段的研究中，通过分析照搬西方政治发展模式重灾区——俄罗斯政治实践的经验教训，②中国的学者们对此已经形成了较为一致的意见。总之，从理论到实践层面的对西方传统现代化理论适用性的深刻质疑，使这一时期学界对外来理论成果的把握和运用能力在整体理论研究重心转移的情况下达到了更高的水平。

（3）对马克思主义政治发展理论的全面梳理

在概念辨析和理论梳理的基础上，有的学者开始尝试建立新的概

---

① 王孝勇、周莹冰：《西方政治发展理论的生成、发展与批判》，《前沿》2008年第1期。

② 张树华：《新自由主义在俄罗斯——泛滥、失败与教训》，《政治学研究》2004年第3期。刘再起：《论俄罗斯的政治发展——从政治与道德相互关系的角度》，《武汉大学学报（哲学社会科学版）》2006年第6期。陈海莹、徐海燕、郭静：《总结经验教训谋求政治发展——“中俄政治发展国际学术研讨会”综述》，《政治学研究》2005年第4期。

念体系来论证中国渐进改革进程。① 在这一过程中，有的学者认为“对于发展观问题的研究，我们有着优于西方学者的条件，那就是我们有马克思主义的理论传统。马克思主义的历史唯物主义是我们进行宏观分析的最有力的工具。”② 因此，许多学者在吸收和借鉴西方政治发展理论精华的基础上，将眼光聚焦到了马克思主义政治发展理论，特别是中国化的马克思主义政治发展理论。中国的三代领导人——毛泽东、邓小平和江泽民始终关注政治发展问题，将马克思主义政治发展理论与中国现实政治发展相结合，创造出了各自独特的中国特色的政治发展理论，并将这些理论付诸实践，引领着中国的政治发展方向。这些经过实践检验的真知所绽放的独特光彩对学者们形成了巨大的吸引力。

A 毛泽东的政治发展思想

毛泽东思想的政治发展思想是毛泽东思想的重要内容。有学者将毛泽东政治发展思想及其对中国政治发展的贡献概括为：以争取民族独立和人民解放，建立人民共和国，巩固和发展社会主义，把中国建成现代化的社会主义强国，实现中华民族的伟大复兴为政治发展的目标体系。创造了中国政治发展的独特的道路，即“农村包围城市”的武装夺取政权，提出了以“四个现代化”为主要内容的社会主义发展道路。阐述了中国政治发展的基本原则：实事求是、群众路线和独立自主。创造性地发展了马克思主义建党理论，保证了中国的政治发展。③ 也有学者对毛泽东和邓小平的政治发展观进行了比较，指出“毛泽东将马克思主义与中国实际相结合，构建了以自主性、群众性

---

① 徐湘林：《从政治发展理论到政策过程理论——中国政治改革研究的中层理论建构探讨》，《中国社会科学》2004 年第 3 期。

② 李景鹏：《中国政治发展的理论研究纲要》，哈尔滨：黑龙江人民出版社 2000 年版，第 2 页。

③ 叶润青：《论毛泽东的政治发展思想》，《广西民族学院学报（哲学社会科学版）》2004 年第 S2 期。

和实践性为主要内容的政治发展原则，为中国政治发展提供了正确的方向和指导，奠定了人民民主的制度基础。”①

B 邓小平的政治发展思想

邓小平理论同样包含着丰富、深刻的政治发展思想。学者们对邓小平的政治发展思想进行了阐述，并将其与中国政治发展的实践相结合，深化了对邓小平政治发展思想的认识。② 具体的研究主要集中在以下方面：

第一，邓小平政治发展思想的内容和意义。虽然学者们各抒已见，具体概括的内容各有不同，但万变不离其宗，对邓小平政治发展思想内容的论述主要包括：社会主义民主是政治发展的目标；政治发展动力在于政治与经济、文化的协调发展；政治体制改革是政治发展的途径；渐进政治改革是政治发展的基本方略；政治稳定是政治发展的条件；中国共产党是政治发展的领导核心；制度化、法制化是政治发展的保障。很多学者在将邓小平政治发展思想的价值、贡献和意义分析或者融进文章的整篇论述之中，或者作为整体文章的结尾，对全文进行总结和提升，普遍认为：邓小平政治发展思想对当代中国的政治发展产生了深刻的影响，对中国的政治发展做出了巨大的贡献；邓小平政治发展思想具有重大的理论意义和实践意义；邓小平政治发展思想对建设社会主义政治文明具有重大的理论指导意义，等等。

---

① 陈鸿惠、陈双鹏：《毛泽东和邓小平的政治发展观比较》，《理论界》2005年第1期。

② 杨爱平、蔡俊豪：《当代中国政治发展的战略思路——邓小平政治发展思想探析》，《江西行政学院学报》1999年第4期。匡和平、黄颂：《论邓小平的政治发展思想》，《求实》2000年第4期。关海庭、吴群芳：《邓小平与当代中国政治发展》，《江苏社会科学》2001年第3期。王树林：《论邓小平政治发展观的价值取向》，《学术探索》2004年第8期。陈勇：《略论邓小平政治发展战略思想》，《毛泽东思想研究》2004年第4期。姜志强：《论邓小平的政治发展观》，《兰州学刊》2006年第12期。姚润田：《邓小平政治发展观分析》，《兰州学刊》2007年第5期。

第二，邓小平的某一重要思想与中国政治发展的关系。有的学者评价了邓小平的政治建设思想，认为邓小平政治建设思想立足于中国的基本国情，提出了当代中国政治发展的路径选择、目标取向和基本方略，有力地推动了当代中国的政治发展。① 有些学者认为，邓小平同志的依法治国理论，是我们党治理国家的基本方式变革的指导思想，它对于当代中国政治的发展，公共生活秩序的转型，具有十分重要的现实意义。② 还有学者阐明了统一战线理论的重大意义：邓小平新时期统一战线理论及实践，从团结和民主这两大主题出发，维护了社会稳定，推进了政治民主，从而极大地推动了改革开放以来中国的政治发展。③

C “三个代表”重要思想中蕴含的政治发展思想。

就“三个代表”与政治发展的关系问题，有的学者明确指出，“‘三个代表’包含政治发展”④；有的学者则认为指出“三个代表”重要思想及时地回应了全球化和社会转型两大语境对当代中国政治发展提出的新要求，为推进中国的政治发展提供了强大的思想武器。⑤ 还有学者运用政治发展理论考察了“三个代表”与我国政治发展之间的关系，并从政治发展的主体、性质、主导力量、动力、基本途径、根本任务、实质、目标、趋势等方面阐明了“三个代表”对于我国政

---

① 邓大贵：《邓小平政治建设思想与当代中国政治发展》，《襄樊学院学报》2004 年第 4 期。

② 张东年：《邓小平法制思想与中国政治发展》，《党史博采（理论）》2005 年第 6 期。

③ 肖红：《邓小平新时期统一战线理论与中国政治发展》，《重庆社会主义学院学报》2004 年第 2 期。

④ 蔡明干：《“三个代表”包含政治发展》，《安顺师范高等专科学校学报》2004 年第 1 期。

⑤ 王中汝：《“三个代表”与中国政治发展》，《科学社会主义》2003 年第 6 期。

治发展的意义。①

建设社会主义政治文明的重要论述为政治发展特别是中国的政治发展研究提供了新的语境。从政治文明与政治发展的关系的视角出发，有学者认为，政治文明是社会主义文明的重要组成部分。加强社会主义政治文明建设的思想是社会主义思想史上的重大发展，政治文明与政治发展密不可分。政治发展实质上就是政治文明的演进过程，中国政治发展过程就是社会主义政治文明的建设过程。中国政治发展就是要建设高度发达的社会主义政治文明。现阶段，建设我国社会主义政治文明，必须加强民主政治建设，坚持党的领导，吸收和借鉴人类优秀政治文明成果，实现理论创新。② 有些学者主张建设社会主义政治文明是我国社会主义现代化建设的重要目标，它不仅有助于深化对社会主义现代化目标的认识，有助于积极稳妥地推进中国政治体制的改革，有助于吸收和借鉴人类创造的一切文明成果，而且有助于实现中国共产党自身建设的现代化。③ 从政治文明在政治发展中的定位问题出发，还有学者认为：21世纪中国政治发展的优选之路，应在全面总结人类政治文明发展，特别是我国改革开放以来政治体制改革的实践经验的基础上，通过理论和实践创新，逐步由通过政治体制改革推动政治发展转移到通过政治文明建设促进政治发展的轨道上来。这种转变，不能简单地视为提法的改变，实则是中国政治发展战略重心的转

① 蔡明干、李红：《论“三个代表”的政治发展意义》，《广西社会科学》2004年第5期。

② 丁志刚、王宗礼：《社会主义政治文明建设与中国政治发展》，《政治学研究》2002年第3期。

③ 秦晓波：《论社会主义政治文明与中国政治发展》，《社会科学辑刊》2003年第5期。李保英：《政治文明：政治发展的体现和实现条件》，《山西高等学校社会科学学报》2004年第3期。王毅：《政治文明建设必须走中国特色的政治发展道路》，《江西行政学院学报》2004年第S1期。

移。这种转变将给予21世纪中国政治发展以深远的影响。①

D党的新一代领导集体关于政治发展的思想

学术界对政治发展的研究所体现出的理论上的与时俱进，不仅表现在对三代领导人的政治发展思想与政治发展进行了深入分析，还在于对于以胡锦涛为总书记的党中央针对当前国家政治统治的新主张和新理念也进行充分的分析和研究。有学者剖析了和谐社会目标提出的历史背景，即由于转型社会很难避免的腐败，利益分配不公及发展不平衡等问题的存在，我国的社会利益分化以及由此所导致的利益冲突日益加剧、社会不稳定因素增多。他认为党中央提出构建和谐社会的目标，可以说是一项战略性、前瞻性的政治考量。这个目标的提出，对于我国改革的顺利进行和社会的健康发展无疑具有极为重要的意义。然而，构建和谐社会并非轻而易举的事情，它不仅有赖于和谐的经济关系、政治关系和文化关系的建构，而且还有赖于公民社会的建构。从一定意义上讲，构建公民社会是和谐社会政治发展的路径选择。②有的学者从社会和谐与不和谐因素的判定出发，把社会结构分解为四个不同的层次，加以具体分析。认为我国社会的不和谐因素主要集中在基层，其根子则在于民主政治发展不足，必须从五个方面积极推进基层民主政治发展。③ 还有学者从和谐社会与政治民主等关系的角度

---

① 虞宗胜：《政治文明建设：新世纪中国政治发展的优选之路》，《天津社会科学》2001年第3期。刘晓苏：《社会主义政治文明：当代中国政治发展的动力机制》，《淮阴师范学院学报（哲学社会科学版）》2003年第4期。鲁建彪：《政治文明是政治发展的新动力》，《云南民族大学学报》2004年第1期。鲁俊杰、包志亮、任中平：《政治文明：当代政治发展的价值取向》，《内蒙古农业大学学报》2006年第3期。

② 叶长茂：《构建公民社会、和谐社会政治发展的路径选择》，《东南学术》2005年第2期。

③ 许耀桐：《构建和谐社会要积极推进基层民主政治发展》，《理论探讨》2005年第6期。

对和谐社会与中国政治发展进行了论述。①

需要强调的是上海社科院民主政治研究中心主编的《中国政治发展进程》一书，对国家每年的政治发展状况都进行及时的分析、研究。2004 年版对胡锦涛同志提出的“以人为本”的中国政治发展的基本理念进行分析时，阐述了当前中国政治发展面临的国际国内环境以及十六大后中国政治发展的基本态势，并对中国政治发展进行了深层次思考。2005 年版中将 2004 年政治发展归纳为“以人为本”理念下的制度建设，即各级政府高度重视贯彻落实“以人为本”的理念，逐步将这一理念转化为治国理政的制度规范和工作机制，中国的政治发展逐步走向制度化、规范化和有序化。2006 年版认为 2005 年中国政治发展的基本向度即从理论创新到政治实践，构建和谐社会成为中国政治发展的聚焦点，和谐社会目标为中国政治发展注入了新活力。2007 年版指出构建和谐社会成为中国政治发展的主线，并提出了和谐理念下中国政治发展面临的新课题。

（4）政治发展一般理论的深入系统研究

A 关于政治发展内涵的研究

关于“政治发展”这一概念的分歧主要表现在三个方面：政治发展是否等同于现代化，政治发展究竟是一元的还是多元的概念，政治发展究竟是一个描述性概念还是目标性概念。而近年来学者们对政治发展的不同定义也就是他们针对这些分歧所选择的立场的明确回答。总体上来说，中国学术界对这些分歧已经有了较为明确的答案，正如有的学者所说，大多数中国学者都认为：政治发展和政治现代化是两

---

① 任宗哲、孔凯：《政治发展与社会和谐——论和谐社会的实现路径与政治发展理论的结合》，《浙江万里学院学报》2005 年第 5 期。刘明涛：《和谐社会：中国政治发展的社会基础》，《宁夏党校学报》2006 年第 4 期。王续添：《和谐社会建设与民主政治发展之关系论析》，《教学与研究》2006 年第 5 期。董文芳、郭秀萍：《政治发展：构建和谐社会的重要途径》，《理论探讨》2007 年第 3 期。熊建、杨爱华：《构建和谐社会过程中的政治发展观》，《中共郑州市委党校》2007 年第 1 期。

个不同的概念，但二者之间相互联系。同时，中国学者大多同意政治发展包括多方面的内容，不过就其具体内容也没有一致的意见，比较认同的方面包括：政治一体化、政治制度化、结构功能分化、政治体系能力增强、政治民主化（或政治参与扩大）、文化世俗化等。将政治发展表述为单个方面的过程显然不能涵盖现实政治生活变迁的丰富内容，但是作为一种研究视角是有益的。政治发展是描述性和目标性相结合的概念，中国学者结合了两种观点“一方面认同政治发展目标的规范分析，将民主、效率、秩序等作为政治发展的目标。同时坚持政治发展目标的性质，特别是政治民主化的社会主义性质，凸显了当代中国政治发展实践的根本特征。中国学者也认为政治发展是一个客观的过程，但和西方学者不同的是，中国学者运用马克思主义的历史发展规律的理论从宏观的层面来揭示政治发展的客观性和规律性”。①

B 有关政治发展内容的研究

由于对政治发展的概念理解各不相同，对于“政治发展的内容包含什么?”这个问题的回答也是各持己见。有的学者将当代中国政治发展的内容概括为：国家与社会关系的演变；政治制度和政权结构的变化；政治文化上的演进。② 有的学者则将发展研究的内容概括为以下几个方面：政治民主化研究、政治稳定研究、政治腐败研究和政治文化研究。除此之外，政治危机研究、政治制度化研究、政治参与研究、政治发展与社会经济发展之关系的研究，也是政治发展研究的重大课题。该研究对象的视角勾勒出政治发展的内容。③ 还有学者全面地介绍了政治发展所包括的内容：政治行为性质、主体、方向、方式的变革和调整，政治体系性质、基本构成和运行方式的变

---

① 唐展风、贺艳菊：《政治发展概念辨析》，《湖湘论坛》2007 年 3 期。

② 胡永佳：《试析当代中国政治发展的逻辑线索》，《政治学研究》1999 年第 1 期。

③ 燕继荣主编：《发展政治学：政治发展研究的概念与理论》，北京：北京大学出版社 2006 年版。

革，政治文化取向、观念、情感、态度、认识、思想、理论规范的变革和调整。①

在纷繁复杂的政治发展的内容中，有的学者将政党与公共权力的关系视为中国政治发展的核心内容，提出了进一步规范政党与公共权力的关系的着力点所在。② 有的学者认为“在当今世界上，任何以民主为取向的政治发展都有赖于政党的作用。在不同的国家，政党以不同的方式作用于政治发展，其中的差异一方面取决于政党的性质，另一方面取决于整个国家政治体系的结构与原则。政党在现代政治中的核心地位决定了政党将直接或间接地决定着整个政治发展的取向、路径与方式”。③ 还有的学者分别从不同的角度强调了政治发展的一个或几个主要方面的内容，比如有学者将政治制度创新作为中国特色社会主义政治发展的必然选择和核心内容，④ 另有学者就社会主义本身的发展创新角度论证了将建设社会主义政治文明作为政治发展重要内容的必要性。⑤

从利益分析的角度来看，有的学者指出人们对于利益的追求是政治发展的直接动力。20多年的经济体制改革，从根本上改变了中国计划经济体制下的社会利益结构。但计划经济时代遗留下来的利益表达机制却没有发生同步的变革，以致于在某种程度上成为影响社会稳定和政治发展的消极因素。遵循党的十六大精神，构建反应灵敏、沟通快捷、运转高效的利益表达机制，对于保持社会稳定、推动民主政治

---

① 姚建宗：《国外政治发展研究述评》，《政治学研究》1999年第4期。

② 董建萍：《中国政治发展的一个核心内容——论进一步规范执政党与公共权力的关系》，《宁波党校学报》2004年第6期。

③ 林尚立：《有序民主化》，《吉林大学社会科学学报》2004年第6期。

④ 李景治：《当代中国政治发展中的制度创新》，《社会科学研究》2007年第3期。

⑤ 丁志刚、王宗礼：《社会主义政治文明建设与中国政治发展》，《政治学研究》2002年第3期。

发展有着十分重要的意义。① 同时，也有学者特别注意和强调了当代中国有别于西方国家和其他第三世界国家的政治发展动力特点，如与西方相比，中国政治民主建设、政治改革走的都是内生型发展道路，同时无论从必要性还是现实性角度考察，中国政治发展的动力也体现出了鲜明的内生性特点，在此特点基础上，中国政治发展的动力来源又是多元的，不仅要强调政府在政治发展中的能动作用，还应该打破传统理论设置的藩篱，在政治发展的动力来源中引入其他社会力量。②

以上所提到的内容都是政治发展内容的题中应有之义。但是，无论学者试图概括的是政治发展的全部内容，还是介绍政治发展的某一方面内容，都仅仅是政治发展内容的一部分，政治发展的内容包括但不限于此。而且，随着时代和历史的发展，社会环境的变化，政治发展的内容还将不断扩展。如何对政治发展内容进行全面、充分的概括和阐述，如何依照历史的发展不断扩充政治发展的内容，依然是学者们肩负的重要任务。

C 有关政治发展目标的研究

政治发展目标为政治发展指明了方向和路径，排除了其他因素的干扰，同时为政治发展也提供了推动力。国内学术界对于政治发展的目标进行了广泛、深入的研究，由于每个人的视角、出发点不同，对政治发展目标的分析和概括也就各有千秋。这些论述对于我们选择、确定政治发展目标具有重要的参考价值和指导意义。

政治发展的终极目标决定了政治发展的根本方向。有的学者认为，政治发展的终极目的是人类的解放与发展。马克思主义在论述人类发展进程时说：历史的进步和人的全面发展，“只能被看作是并合理地理解为革命的实践”。因此，人类政治演变的总趋势是政治参与的深

① 王中汝：《利益表达与当代中国的政治发展》，《科学社会主义》2004 年第 5 期。

② 任溶：《论当代中国政治发展的动力》，《马克思主义与现实（双月刊）》2004 年第 5 期。

度和广度的不断扩大，也就是政治参与主体和主体性的不断扩大。纵观人类发展的历史可以看出，这种解释是符合史实的。从另一个侧面讲，政治发展作为整个社会发展历程中不可分割的一部分，其终极目的必然与社会发展的终极目的——人的解放与发展相一致。[①] 也有学者将人权作为政治发展的最终目标。[②] 还有学者从社会经济发展的角度来确定政治发展的方向，认为政治发展的最终目标就是推动社会经济发展，推动生产力发展。政治发展服务于社会经济发展，并不表明政治发展缺乏自主性。政治体系的服务功能的发挥正是建立在政治体系自身发展的基础上，从政治发展目标的抽象层次看，政治发展研究中，目标设定也随着研究中心的转移而有所改变。一般而言，政治发展的目标包括四个方面的内容：一是政治结构分化和专业化，体现为高效、科学和合理；二是政府能力的提高和权力的有效运用，体现权威、法治、有限政府的原则；三是政治文化的世俗化、理性化，体现为民主参与、权利意识、平等自由等精神；四是政治秩序化，或制度化。意味着确立良好的社会秩序，制度化就是组织与程序获得价值与稳定性的过程，达到高度的适应性、复杂性、自主性和凝结性。这些理论变相揭示了政治发展的价值追求。[③] 有学者指出，由于政治发展自身存在的阶段性，政治发展目标具有一定的可分性。即在政治发展的不同阶段存在着不同的政治发展目标。正是由于各阶段政治目标的实现才能不断向最终目标的实现而推进。[④] 有学者从政治发展目标的政治价值层面总结了政治发展研究的三种趋向：第一，政治发展意味着平等精神和观念的扩大，意味着民众越来越多地参与政治，意味着建立每个人的价值都平等的法律体制，制定明确的法典和法律程序，法律面前人人平等，并根据功绩选择官吏，彻底排除传统因素的影响。

---

① 王彩波：《利益分化与中国渐进性政治发展》，《政治学研究》2004 年第 4 期。

② 杨光斌主编：《政治学导论》，北京：中国人民大学出版社 2004 年版。

③ 吴志华主编：《政治学导论》，上海：上海教育出版社 2003 年版。

④ 黄甫生等主编：《政治学》，长沙：湖南人民出版社 2003 年版。

第二，政治发展意味着民主制度的广泛实行，意味着建立一个开放的社会，让民众能了解和参与政治过程，使政治活动反映民众的要求，能够使民众与政治活动形式具有高度一致的利害关系。第三，政治发展意味着建立良好的社会秩序，意味着政治活动的“制度化”。一般来说，发展中国家政治发展的基本目标，可以概括为两大项，即政治民主和政治稳定。① 还有些学者强调，政治发展的目标是多方面的，政治现代化和政治文化是其重要内容。政治现代化是一个动态的概念，又是一个相对静止的概念。作为相对静止的概念，它具有集合作用，包括若干特征。作为一个动态的概念，政治革命和政治改革是其两个重要方面。政治文化是政治过程的结果，是政治发展的一个重要方面。同时，政治文化对政治过程有一定的反作用力。在政治文化中，既包括描述一般民众的心理的一般意义上的政治文化，又包括作为政治统治思想的占政治文化主导地位的意识形态。无论是政治心理还是意识形态，都有一个政治社会化过程。② 另一些学者则指出了指出一定形式的政治发展目标的顺序安排是必要的，政府不可能同时均衡地追求各个发展目标，某个或某些目标可能比其他目标更具有优先发展的紧迫性。③

具体到中国政治发展的目标，有学者指出：在 21 世纪中国政治发展的基本目标和要求，就是在坚持四项基本原则的前提下，在人民当家作主的基础上，依法治国，发展社会主义民主政治。这一基本目标和要求在实践中的推进和落实，必须要着力于从整体上和全局上有利于下述 5 个方面的发展：①坚持党的领导和增强国家活力；②充分发挥社会主义制度优势；③维护国家统一、民族团结和社会稳定；④合理调整社会利益结构，充分发挥人民群众的积极性、创造性；⑤促进

① 张贵洪主编：《政治学导论》，杭州：浙江大学出版社 2006 年版。

② 李景治、杨光斌主编：《政治学基础》，北京：九州出版社 2003 年版。

③ 李庆钧：《政治学》，上海：上海人民出版社 2007 年版。

生产力的发展和社会全面进步。[1] 有的学者将中国社会主义政治发展的目标分为总体目标和具体目标。认为当代中国社会主义政治发展的总体目标，即政治体制改革的目标，就是建设和发展中国特色社会主义民主政治，建设中国特色社会主义政治文明。中国社会主义政治发展的具体目标，包括五个自成系统又互相联结的内容。[2] 还有学者厘清了战略目标的界定问题，即在经济全球化条件下论述中国政治发展的战略目标，并不是探讨政治发展的终极目标，也不是讨论政治发展对社会其他方面的影响，而是把政治发展战略目标限定在政治发展使政治本身达到何种状态，发展到什么样的水平和境界。这样的战略目标既要适应人类社会政治发展的历史潮流，体现政治发展的本质特征，又要从中国的实际出发。既而提出在经济全球化条件下，中国政治发展的战略目标为政治民主化、政治法治化、政治稳定化和全面建设政治文明。[3] 综上所述，可见新时期学者们对政治目标的认识更加科学，对于政治目标的多层次性有了更加深刻的认识。除了对最终目标、最高价值有了更好的界定，体现了以人为本的原则外，对政治发展目标的长期性和阶段性也有了更好的认识。并将政治发展目标与中国具体的社会政治发展实践结合起来，为未来的社会主义现代化建设指明了方向。

D 有关政治发展途径的研究

对于政治发展的途径或方式，学术界基本取得了较为一致的意见，都将政治革命和政治改革作为政治发展的途径来分析。从创新的角度，有的学者也提出了科技领域的政治发展途径问题。[4]政治发

---

① 袁刚：《政治学原理》，哈尔滨：东北林业大学出版社 2004 年版。

② 杨弘、刘彤：《现代政治学分析基础》，北京：人民出版社 2004 年版。

③ 郑慧主编：《经济全球化与中国政治发展战略》，北京：世界知识出版社 2003 年版，第 1 页。

④ 黄甫生：《政治学》，长沙：湖南人民出版社 2003 年版。

展方式的选择具体到发展中国家的政治实践促使人们进行更加深入的思考：只有政治民主化才能带来经济现代化还是经济现代化是政治民主化实现的基础？从发展中国家政治发展的现实中人们也试图总结出带有规律性的经验，以进一步推动理论层面上的探讨。20 世纪 90 年代以来前社会主义国家俄罗斯和东欧的转型以及中国的改革引起了广泛的关注，特别是关于采取什么样的政治发展道路再一次以“渐进主义”和“激进主义”之争的形式表现出来，人们开始尝试用新的理论视角分析这些国家的改革实践，探讨政治发展道路的选择及其规律。①

E 对政治发展影响要素的研究

这一时期，随着对于政治发展研究从宏观领域深入到微观领域，从理论层次深入到实践层次，学者们对于现实政治中影响政治发展的要素也进行了系统的整理归纳。通过结合相关学科的研究，学者们更加清醒地认识到，政治发展不是一个单纯的政治领域内的孤立问题，政治领域内的其他问题，以及其他领域内问题的解决，都将对政治发展产生深远的影响。同时，研究中国的政治发展，应该更关注中国现实社会经济文化条件这一点，也在学界获得了广泛的认同。总体上看，学者们对于影响中国政治发展的要素主要归纳为以下几点：一、社会结构的变迁因素；② 二、制度变迁因素；三、文化变迁因素；③ 四、外部因素。④ 通过这些分析，中国学者们对于政治发展问题的研究视野

---

① 楚树龙、唐虹编著：《政治学概论》，北京：清华大学出版社 2006 年版。

② 龙立军：《论当代中国政治沟通现代性变迁对政治发展的影响》，《求实》2008 年第 5 期。宋仕平：《论乡村政治发展中的制约因素》，《求实》2002 年第 7 期。

③ 夏莉、杨以谦：《浅议先进文化对于社会政治发展的作用》，《政治学研究》2002 年第 3 期。

④ 刘春荣：《全球化与民族国家：建构开放条件下的政治发展观》，《复旦学报（社会科学版）》2000 年第 5 期。吴德葵：《试论全球化趋势对我国政治发展的影响及对策》，《上海社会科学院学术季刊》2000 年第 2 期。

和思维深度都被大大拓展了，依靠这一层面的研究与社会学、经济学、管理学等相关学科之间架起的联系桥梁，对中国政治发展问题的研究获得了更加充足的动力。

F 有关政治发展特征的研究

从政治发展的表现形式来看，有的学者认为，政治发展过程是阶段性和连续性的有机统一。所谓阶段性，是指一定时期，由于政治有机体内部各种矛盾的不断积聚而呈现出相应的变化和变异。政治发展中的阶段性又必须依托于连续性而存在。发展的本质是连续，而连续的核心其实即是政治发展的不可逆性。① 有的学者认为，政治发展具有阶段性，不能超越社会发展的阶段。由于社会发展的总趋势是向前的，所以政治发展总的看是正向的。社会生产的发展即经济的发展起决定性的作用，政治发展只能是适应经济发展。所谓政治发展具有一定的独立性，主要指政治与文化、民族传统相联系的内容（如政治伦理）以及有关政治技术（如某些活动程序和方法）等方面。② 在此基础上，有的学者强调政治发展至少应包括以下几方面的本质特征：政治发展的终极目的是人类的解放与发展；政治发展是一个阶段性的发展过程；政治发展是一个系统全面的发展过程；政治发展是一个自主的多样性发展过程；政治发展是一个付出代价并扬弃代价的过程。③ 有关人类社会政治发展的常见特点，有的学者归纳了几个方面：①政治发展最基本的特点，即它是具有与人类发展趋向呼应的正向的产生系统增量的政治变迁；②政治发展的普遍性是政治发展的重要属性。它有两方面的含义：政治发展作为一种政治现象是普遍存在的，它不仅是指发展中国家的政治现代化；政治发展是指所有政治现象都是政

---

① 萧永宏：《反右扩大化后党和国家政治生活的异常发展》，《南京师大学报》2003年第5期。

② 邵明阳：《政治发展含义比较分析》，《中共浙江省委党校学报》2003年第5期。

③ 王彩波：《利益分化与中国渐进性政治发展》，《政治学研究》2004年第4期。

治发展的题材，不能把政治发展的题材限定在某个或某几方面。③政治发展具有推动社会发展的能动作用。④政治发展的历史进步性表现在，一方面，它不断地把政治系统推向一个日益民主的存在状态；另一方面，政治发展不断把政治系统推向一个科学而高效的存在状态。[①]对于政治发展的特征，学者们也有不同的概括，如有的学者认为，政治发展的特征包括：第一，政治发展是人类政治生活的伴生物。第二，政治发展的主要形式，尤其是现代政治发展一般采取的是“政治革命和政治改革”。第三，政治发展的目标是政治权威的强化、政治的制度化与民主化，乃至达到人在政治上的彻底解放和全面发展。第四，政治发展的不均衡性、多样性和阶段性。[②] 还有的学者认为，政治发展的特征：①政治发展的核心是围绕国家权力确定的政治关系进行不断地调整和变化，这种变革应当是有序的、不以人们的意志为转移的；②政治发展是国家政治体系的制度化不断提高的过程；③政治发展是包括政治人的价值观念整体进步为标准的全面发展；④政治发展是一个政治体系稳定而有秩序的变迁过程；⑤政治发展是政治权力逐渐弱化的过程。[③]

在这些基础理论层面的探讨之外，学者们也开始更加注重对于中国特色社会主义政治发展特征的总结归纳，比如，有的学者就总结出了体现中国特色社会主义政治发展的几个基本命题：①在不进行大规模制度变革（或称结构变革，“休克疗法”）的条件下改善政府绩效是可能的；②渐进改革不仅是中国国情条件下的“帕累托最优”之选，也可能是任何积极变革的通则；③从微观入手进行调整与改革也可以成为有效制度的生长点；④而且，在现有体制条件下，微观创新

---

① 王楷模等主编：《政治学原理》，北京：中国政法大学出版社 2006 年版。

② 孙景珊：《政治发展研究述要》，《理论界》2007 年第 1 期。

③ 王臻荣、武东升：《政治学》，太原：山西人民出版社 2004 年版。

以促进整体发展的空间依然存在。① 通过这些总结，事实上已经归纳出了中国当代政治发展的基本特点，即渐进、微调、注重稳定、强调宏观制度变革之外的发展可能。尽管对于这些具体的结论，学者们之间尚存在不同意见，但从中表现出的自觉建构中国特色社会主义政治发展理论模式的努力，无疑可以看作是这一阶段理论研究的重大进步。

G 有关政治发展研究意义的思考

学术界充分认识到了政治发展理论的重要性，对研究政治发展的意义均持肯定态度。

从研究政治发展所具有的启示意义来讲，有的学者将其概括为，在进行民主政治建设时，必须首先建立、保持和维护比较稳定的社会政治相对安定而和平的环境之下，才有可能逐渐推进政治民主化的发展。其次，政治发展必须从本国的实际情况出发，决不能照搬西方的民主政治模式，而且必须同时加强中央政府的权力的统一性和权威性。再次，政治发展与法治紧紧地联系在一起的。最后，政治发展不仅仅是指物质的制度、组织和机构的建立和维持，更为重要的还在于政治文化观念，即政治态度与政治情感，以及政治价值的转变。② 也有学者将其概括为：一、顺应政治发展的趋势，大力搞好政治建设，实现政治文明。二、政治发展必须从本国的实际情况出发，决不能照搬西方的民主政治模式。三、政治发展是一个循序渐进的过程。政治发展不仅仅是指物质的制度、组织和机构的建立和维持，更为重要的还在于政治文化观念，即政治态度与政治情感，以及政治价值的转变。③

---

① 燕继荣：《政府改革与政府创新——关于中国政治发展目标与路径的思考》，《中国行政管理》2006年第11期。

② 姚建宗：《国外政治发展研究述评》，《政治学研究》1999年第4期。

③ 孙景珊：《政治发展研究述要》，《理论界》2007年第1期。

在对政治发展本身进行理论研究的同时，学者们也注意到政治发展并不是一个孤立的概念。无论在理论上还是在实践上，它与其他概念都有着千丝万缕的联系。例如，对于政治发展与政治稳定的关系问题，学术界就进行了深入的思考。有的学者从政治发展主题的转变认识到，政治稳定与政治发展是一种动态平衡关系，只有解决好二者的关系，社会才能健康发展。① 有的学者将政治发展与政治稳定认定为社会的现代转型向其政治体系提出的双重目标。指出了两者间的辩证关系。② 此外还有学者将政治发展与政治稳定的关系与我国的政治现实结合起来进行分析，具有很强的实践指导意义。③同时，还有的学者跳出局限在政治领域内思考政治发展意义的框架，分析了政治发展对于经济发展、社会发展的积极后果，指出，我国的经济发展，其实恰恰是政治发展为之发挥了定位、松绑、护航、加油的后果。④ 这种将政治发展与经济发展紧密结合起来的研究，事实上也起到了批判那种将政治发展与经济发展分离开来、甚至是对立起来的观点的作用。

H 对政治发展理论的系统建构

这一时期中国政治学界对中国化政治发展理论的构建已经基本成

---

① 马振超、郑维东：《政治稳定与政治发展的动态平衡分析》，《中国青年政治学院学报》2000 年第 5 期。

② 杨超：《政治发展进程中的政治稳定分析》，《南京政治学院学报》2000 年第 2 期。吴克昌：《政治发展与政治稳定》，《求索》2002 年第 5 期。刘学军：《政治发展与政治稳定问题研究》，《国家行政学院学报》2006 年第 6 期。

③ 庄汉山、黄倩：《中国应该在政治发展中谋求政治稳定》，《求实》2000 年第 2 期。陈泰乾：《论我国转型时期的政治发展与政治稳定》，《五邑大学学报（社会科学版）》2000 年第 2 期。朱静：《政治稳定：转型期中国政治发展的首要目标和条件》，《中共浙江省委党校学报》2006 年第 6 期。

④ 龚维斌：《我国的政治发展怎样推动了经济发展》，《北京日报（理论周刊）》2008 年 5 月 5 日第 17 版。

熟。总体而言，就勾勒中国独特的政治发展轨迹而言，包括：其一是总体论。即选取一定时间段，对该时间段内的政治发展状况进行总体分析。具体又分两类：一类是归纳式的。① 另一类是展望式的。即以21世纪为转折点，对未来中国的政治发展进行展望。其次是重点论。即提取中国政治发展的某一部分进行阐述，力图以小见大，从而更深刻地认识中国政治发展的规律。具体也分两类：一类是战略、策略论。即从战略、策略角度来分析当代中国政治的发展。② 一类是目的论，即从政治发展的目的进行论述。③

就中国政治发展的内在结构的分析而言，具体包括以下几个方面的内容：一、国家与政治发展的问题。④ 二、政党、政党制度与政治

① 杨帆：《论90年代中国政治发展》，《云南行政学院学报》2001年第2期。杨帆：《论十三届四中全会以来的政治发展》，《政治学研究》2003年第3期。谢庆奎：《新中国五十年的政治发展》，《理论学习与研究》1999年第5期。汪玉凯：《世纪之交与中国的政治发展》，《理论前沿》1999年第24期。王敏、叶娟丽：《走向21世纪的中国政治发展》，《华中理工大学学报》2000年第1期。张顺：《中国政治发展在新世纪前十年面对的任务》，《青岛行政学院学报》2000年第3期。陈明明：《新世纪中国政治发展面临挑战和希望》，《探索与争鸣》2000年第3期。包心鉴：《21世纪中国政治发展的若干全局性问题》，《理论前沿》2001年第6期。

② 张定淮、涂春光：《当代中国政治发展的战略与策略》，《马克思主义与现实》2004年第2期。虞崇胜：《新世纪中国政治发展的战略取向》，《中央社会主义学院学报》2003年第1期。熊光清：《21世纪中国政治发展的战略选择》，《学术探索》2006年第1期。康晓辉：《未来十年中国政治发展策略探讨》，《策略与管理》2003年第1期。

③ 汪永成：《论当前政治发展目标的次序和实现策略》，《理论探讨》2000年第5期。李翔宇：《论中国政治发展的价值目标及其现实选择》，《中共四川省委党校学报》2001年第4期。

④ 孙明军：《政治发展过程中的国家能力及其限度分析》，《政治学研究》1999年第3期。江秀平：《国家能力与政治发展》，《厦门大学学报》2000年第4期。龚上华：《论国家能力的强化是当代中国政治发展的战略支撑点》，《江西社会科学》2001年第3期。任勇：《国家自主性：政治发展中的一个变量》，《重庆社会科学》2004年3—4期。

发展的问题。① 三、政府与政治发展的问题。② 四、其他组织与政治发展的关系。③ 五、社会阶层分化与政治发展。④ 六、其他领域的发展问题，特别是经济发展变迁与政治发展的关系。⑤

---

① 吴抒：《中国共产党与中国政治发展——纪念中国共产党诞生八十周年》，《南京社会科学》2001 年第 S1 期。杨松：《政党权威与当代中国政治发展》，《学术界》2001 年第 4 期。吴苗、段小平：《政治发展进程中的执政党政策因素分析》，《理论与改革》2007 年第 2 期。胡伟：《党内民主与政治发展：开发中国民主化的体制内资源》，《复旦学报》1999 年第 1 期。陈晓峰：《党内民主与我国民主政治发展》，《中共浙江省委党校》2003 年第 2 期。陈兆德、徐腾：《党内民主与中国民主政治发展》，《南京行政学院学报 2003 年第 6 期。钱均鹏：《完善多党合作制度推动中国政治发展的理论思考》，《理论探讨》2002 年第 2 期。杨光：《政治发展与多党合作制的关系》，《科学决策》2001 年第 2 期。石光树、王鑫帅：《刍议发展完善多党合作制度与坚持走中国特色政治发展道路》，《中央社会主义学院学报》2006 年第 1 期。桑玉成：《政治发展与我国政党关系的长期和谐》，《上海社会主义学院学报》2007 年第 1 期。

② 王崇杰：《政府施政新理念所显现的政治发展趋势》，《西安政治学院学报》2004 年第 6 期。燕继荣：《政府创新与政府改革——关于中国政治发展目标与路径的思考》，《中国行政管理》2006 年 11 期。郭坚刚、孔凡义：《有效政府与中国政治发展》，《中共浙江省委党校学报》2007 年第 1 期。

③ 刘勇：《论当代中国政治发展视野中的社团角色》，《理论探讨》2004 年第 5 期。代春强：《社会中介组织与我国政治发展探析》，《云南行政学院学报》2000 年第 2 期。张铁军：《民间商会视角下的中国政治发展论析》，《理论探讨》2006 年第 2 期。郭红岩：《中国民间组织的兴起对政治发展的推动作用》，《社科纵横》2007 年第 2 期。

④ 李一平：《当前社会阶层分化对政治发展的双重效应及其对策思考》，《中共杭州市委党校》2001 年第 5 期。朱光磊：《当代中国的阶层分化及其对政治发展的积极影响》，《商丘职业技术学院学报》2002 年第 1 期。白蕴芳、陈安存：《论社会阶层构成新变化对政治发展的挑战》，《陕西师范大学学报（哲学社会科学版）》2002 年第 3 期。颜英红：《当前中国社会阶层分化对政治发展的推动作用》，《甘肃理论学刊》2003 年第 6 期。李元书、薛立强：《社会主导阶层与政治发展》，《学习与探索》2005 年第 1 期。

⑤ 施雪华、张玉芳：《加入 WTO 对当代中国政治发展的影响分析》，《武汉大学学报（社会科学版）》2003 年第 6 期。

（5）对新中国政治发展实践的系统总结

这一时期尤其值得注意的是，以新中国政治发展取得阶段性成果为契机，政治学界开始着力于总结改革开放30年来和新中国建立60年来中国政治建设和政治发展的基本经验和教训，在梳理成就的同时根据时代条件的变化发现新问题，探索学术研究和突破的新领域，并对中国特色政治发展道路的未来进行预测。

就发展经验的总结而言，学者们或是重点强调新中国政治建设和政治发展的中国特色，注重总结体现特殊规律性的原则内容。如有的学者指出，新中国政治渐进发展改革在科学定位中国政治发展历史方位基础上，在注重国体民主的同时，又重视政体民主发挥；政治体制与经济体制互动在保证质的同时，又注重量的适度；政治参与既关注公民参与积极性的提高，又注重参与技能的提升和制度化渠道建设，在这些经验基础上，走出了一条较为成功的有中国特色的政治渐进发展道路。① 也有学者从宏观层面系统地归纳了改革开放30年来中国政治发展的中国特色，如旗帜鲜明、坚持原则；战略目标明确，将民主、法治、稳定、和谐有机地融入政治发展改革进程当中；走适合国情之路，绝不照搬照抄；使政治发展与社会发展相协调；选择循序渐进的发展策略等。② 或是通过纵向比较研究凸显新中国政治发展的改革与变迁特征，有学者认为，改革开放前后新中国的政治发展进程中，可以看出从革命到改革，从斗争到和谐，从专政到民主，从人治到法治，从集权到分权，从国家到社会这样一条清晰的变迁脉络。根据变迁过程中的实践，可以归纳出新中国政治发展道路的几条基本原则经验，即政治发展的程度与社会经济文化发展的程度密切相关，民主政治建设既不能滞后于社会经济文化的发展，也不能脱离现实的社会经济文

---

① 任勇：《“新中国政治建设与政治发展60年”学术研讨会综述》，《探索与争鸣》2009年第12期。

② 杨海蛟、王浩：《中国政治建设与政治发展30年》，《西北大学学报（哲学社会科学版）》2009年第1期。

化条件。在社会转型时期，必须正确处理好经济发展、政治稳定和公民参与三者之间的关系，维持三者的动态平衡。社会主义政治文明的核心内容是高度的民主与法治，两者不可分离；正像没有民主不可能有真正的法治一样，没有法治，也不可能有真正的民主。① 值得注意的是，在系统总结新中国六十年政治发展实践的过程中，学者们主要是在强调新中国政治建设的成就当中总结经验，由此也从一个侧面反映了中国政治学者们对建立在中国特色社会主义政治发展实践基础上的理论体系的充分自信。②

就未来中国政治发展的走向问题，有的学者认为，今后更长一段时间内，中国将继续坚持以科学发展观为导向的政党主导型，将政治合法性与政治有效性相结合为价值核心和主要方法的渐进式政治发展模式。也有学者判断认为，中国未来的政治发展将沿着党的领导方式和执政方式将进一步适应民主法治的要求，社会主义民主和党内民主将不断扩大的道路继续推进。③

（6）构建中国特色社会主义政治发展道路理论体系

在这一时期党中央提出坚定不移地走中国特色社会主义政治发展道路的原则的背景下，学界也开始了积极构建中国特色社会主义政治发展道路理论体系的工作。在中国特色社会主义政治发展道路的完整理论体系中，除了上文提到的关于新中国政治发展历程梳理、成就经验总结的内容之外，学者们还致力于从内涵、特征、内容等方面充实中国特色社会主义发展道路理论体系，并为其未来发展奠定坚实基础。

---

① 俞可平：《中华人民共和国六十年的政治发展逻辑》，《马克思主义与现实》2010 年第 1 期。

② 郑言：《回顾与思考：新中国政治建设与政治发展 60 年》，《政治学研究》2009 年第 5 期。

③ 任勇：《“新中国政治建设与政治发展 60 年”学术研讨会综述》，《探索与争鸣》2009 年第 12 期。

在众多学者开始系统地归纳提出中国政治发展模式这一概念的基础上，① 构建中国特色社会主义政治发展道路理论体系的工作得以有条不紊地展开。具体而言，广泛开展的研究主要涵盖了以下几个方面：

第一，明确中国特色社会主义政治发展道路的内涵

在这一阶段，已经有众多学者直接使用了中国特色社会主义政治发展道路这一概念。② 有学者认为，中国特色社会主义政治发展道路是中国社会各界在政治发展道路选择上的一项基本共识，它的内涵体现在：它是中国特色社会主义政治发展道路，是社会主义性质的政治发展道路，是适合中国国情的政治发展道路，是社会主义初级阶段的政治发展道路，是最大的发展中国家的政治发展道路，是以党内民主带动人民民主发展的道路，是充分发挥基层群众自治积极性的政治发展道路。③ 有学者将中国特色社会主义政治发展道路形象地概括为：以邓小平理论、“三个代表”重要思想和科学发展观为“方向盘”，以中国共产党的坚强领导为“驾驶员”，以人民群众广泛积极的政治参与为强大的“发动机”，以四项基本政治制度为“红旗车”，以选举民主和协商民主为两条“快车道”，以社会主义民主法制建设为安全运行的“交通规则”，以实现党的领导、人民当家作主和依法治国的有机统一为基本目标。④ 还有的学者结合中国特色社会主义发展道路的主要特征，通过强调几个坚持来说明这条道路的内涵，具体包括：坚持党的领导、人民当家作主、依法治国的有机统一、坚持和完善人民

---

① 程竹汝、郭燕来：《当代中国政治发展模式研究综述》，《学术界》2010年第5期。关海庭、韩伟玮：《当代中国政治发展战略论纲》，《太平洋学报》2010年2月。

② 施雪华、孙发锋：《对中国特色社会主义政治发展道路的理论探索——关于中国政治发展的动力、方式、途径和手段》，《马克思主义研究》2009年第4期。许耀桐：《论中国特色社会主义政治发展》，《北京社会科学》2009年第5期。

③ 辛向阳：《中国特色社会主义政治发展道路的科学定位》，《探索》2009年第1期。

④ 庄聪生：《中国特色社会主义政治发展道路的内涵、原则和特征》，《科学社会主义》2008年第3期。

代表大会制度、坚持中国共产党领导的多党合作和政治协商制度、坚持完善民族区域自治制度及坚持和完善基层民主制度。①

第二，强调中国特色社会主义政治发展道路的主要特征

在这一时期的中国政治发展研究中，学者们越来越关注中国政治发展道路所体现出来的中国特色，这首先是基于这条适应中国国情的政治发展道路所带来的积极后果，因此，对新中国政治发展主要特征的归纳研究，往往也与对新中国政治发展成就和经验的梳理结合在一起。总的来看，更多地强调中国特色的政治发展规律并对其给予肯定性评价，② 已经成为这一时期学者们的基本共识之一。比如，就民主建设的问题，有学者认为，民主政治的发展与经济社会发展之间有着紧密的内在联系，在建构政治有效性过程当中，权威、秩序和活力的重要性缺一不可，中国改革开放30多年来所取得的成就，从政治有效性建构促进国家成长和社会发展的层面上来说，就是有效政治创造有效发展的事实。③ 有的学者认为，中国特色社会主义政治发展道路的重要特征之一就是要在坚持社会主义民主质的规定性的前提下，积极探索中国特色的民主建设之路。④ 在民主政治建设中，也有学者认为，中国特色社会主义政治发展的本质特征：即，共产党领导是前提，人民当家作主是基础，依法治国是保障，以人为本是主线。其本质特征也决定了这一新型民主政治发展具有丰富的科学内涵，可以概括为“四大民主”，即：以选举民主为主要标志的人民代表大会制度，以协商民主为主要标志的政治协商制度，以直接民主为主要标志的群众自

---

① 李良栋：《论坚持中国特色社会主义政治发展道路》，《理论学刊》2008年第5期。

② 俞可平：《中华人民共和国六十年政治发展的逻辑》，《马克思主义与现实（双月刊）》2010年第1期。

③ 林尚立：《有效政治与大国成长——对中国三十年政治发展的反思》，《公共行政评论》2008年第1期。

④ 李默海：《发展民主必须坚持中国特色社会主义政治发展道路》，《求实》2008年第5期。

治制度和以党内民主为主要标志的政党政治制度。[①] 还有的学者结合总结改革开放 30 年来党对对中国特色社会主义政治发展道路的理论探索指出，中国特色的政治发展道路的特征就表现在政治发展目标上，主张建设社会主义高效政治和民主政治；在政治发展战略上，主张秩序优先的渐进式改革；在政治发展模式上，主张执政党主导的有限自主和有限控制相结合。[②] 还有的学者从宏观层面系统地提出了中国特色社会主义政治发展道路的几个重要特征，如革命性、渐进性和注重人的主体性，[③] 以及在有效性中积累合法性等。[④]

第三，划定中国特色社会主义政治发展研究的主要领域

在这一时期的研究中，学界关于中国政治发展研究的主要领域和内容的认识进一步深化明确，开始逐渐摆脱根据西方学界研究划定的框架亦步亦趋的桎梏，逐渐形成了适应中国现实政治条件与状况的研究内容体系。就对中国政治发展内容的归纳方面，有学者以问题意识为导向，归纳出了人民代表大会、政治协商、党内民主、基层民主、法制建设和政府改革这六个方面的内容，并具体系统地总结了每一个方面的历史与现状、经验与教训、问题与对策。[⑤] 在这一时期，民主政治建设作为中国政治发展的一项重要内容，仍然是学界的一项普遍共识，在明确民主政治建设地位的基础上，学者们梳理总结了新中国民主政治发展的基本经验。如，第一，必须高举人民民主的旗帜，始

---

① 包心鉴：《中国特色社会主义政治发展的本质特征和政治体制改革的现实任务》，《行政论坛》2008 年第 5 期。

② 施雪华、孙发锋：《改革开放 30 年中国共产党对中国特色社会主义政治发展道路的理论探索——关于中国政治发展的目标、战略和模式》，《马克思主义与现实》2008 年第 6 期。

③ 许耀桐：《论中国特色社会主义政治发展》，《北京社会科学》2009 年第 5 期。

④ 林尚立：《在有效性中累积合法性：中国政治发展的路径选择》，《复旦学报（社会科学版）》2009 年第 2 期。

⑤ 俞可平：《中国政治发展三十年》，《河北学刊》2008 年第 5 期。

终不渝地发展社会主义民主政治。第二，从中国国情出发，走中国特色社会主义民主政治建设自己的道路。第三，民主建设必须有利于社会发展和社会稳定。第四，民主政治必须同健全社会主义法制紧密结合，以制度建设为重点，实现民主的制度化、规范化，程序化等。同时指出了政治发展研究中民主政治建设的重点又落脚在民主制度化建设上。此外，政治体制改革与政府管理体制改革也构成了中国特色社会主义政治发展道路研究的重要组成内容,① 有学者专门从政治体制改革问题入手，强调了中国特色社会主义发展道路要求在涉及深化政治体制改革时，要解放思想，科学借鉴其他国家或地区的经验教训和有益做法，但绝不照抄照搬别国的政治模式，而应以人民当家作主为根本，把全体人民群众的积极性动员起来，最大限度地激发社会的创造力。②

在构建中国特色社会主义政治发展理论体系的过程中，中国学者们研究创新的思维还表现在了凸显中国特色社会主义政治发展道路的重大意义方面。如有的学者就在对我国政治发展和民主政治建设的成就高度概括的基础上，辨明了我国政治体制改革作为民主政治发展基本路径的重要性以及未来走向与战略，以社会主义民主政治内在逻辑的高度审视中国共产党的党内民主模式的价值和意义，并从新的视野上阐释坚持走中国特色社会主义政治发展道路的必要性与合理性，揭示形成民主政治的“中国模式”的世界意义。③ 也有学者从讨论政治发展的路径选择问题出发，指出中国特色社会主义政治发展实际上实现了在政治体系结构与功能的自我完善中累积合法性、在政治体系有

---

① 韩旭、李双胜：《回顾与展望：改革开放以来的中国政治学与政治发展——中国政治学会 2008 年年会综述》，《政治学研究》2008 年第 6 期。

② 郑慧、王英：《深化政治体制改革，坚定不移地走中国特色社会主义政治发展道路》，《政治学研究》2008 年第 6 期。

③ 胡伟：《新中国的政治发展：成就、途径和道路》，《上海交通大学学报（哲学社会科学版）》2009 年第 6 期。

效地推进经济与社会发展中累积合法性与在政治体系预防危机和驾驭风险中累积合法性这三者的有机结合，从而克服了后发现代化国家在政治发展和变革中的种种危机和问题，从而也从一个侧面彰显了中国特色社会主义政治发展道路的理论和实践价值。①

中国特色社会主义政治发展研究的繁荣，也带动了一系列政治发展次级和微观领域研究的深入。如有的学者从改革中社会变迁的角度研究当代中国政治发展，指出中国特色社会主义政治发展道路理论实践体系中，改革，特别是经济体制改革是推动当代中国政治体制改革和政治发展的基本动力；阶级阶层、社会结构和利益关系的重大变化为其提供了强大动因；外部环境变迁直接或间接影响了它的进程；中国共产党自身的改革与建设始终是其主要“带动”力，从而以构建中国特色社会主义政治发展理论的努力带动了对改革与社会政治发展问题的研究。② 有的学者指出，社会阶层分化是当代中国政治发展的必然后果，同时又反作用于政治发展，政治体系只有主动适应而不是消极抑制外在环境的发展变化，采取科学合理的对策，才能保证长期的政治稳定，不断获得政治发展的动力源泉和秩序条件。③ 有的学者从政治文化构建的角度解析政治发展与政治文化之间的关系问题，指出中国政治发展在政治文化结构即体系文化、过程文化和政策文化等三重维度上，丰富和完善了中国政治文化的内涵尤其是政策文化的内容，在保持政治文化同质性的同时，也使一定程度的开放性和包容性成为明显的政治文化特征。经历了改革开放30年的洗礼，中国政治文化的发展迫切需要日益融入更加积极的文化成分和观念要素，中国政治发展的现实也迫切需要一种与中国政治发展现状相容并能有效促进中国

---

① 林尚立：《在有效性中累积合法性：中国政治发展的路径选择》，《复旦学报（社会科学版）》2009年第2期。

② 李景治：《当代中国政治发展动因探析》，《社会科学研究》2009年第4期。

③ 梁波：《社会阶层分化对我国政治发展的影响及挑战》，《理论视野》2008年第6期。

政治持续发展的政治文化。① 还有的学者分别从党内民主建设、基层民主建设、网络政治与政治发展关系、政治发展中的权威构建等角度展开了具体的政治发展问题研究。②

3. 研究方法的运用

A 就研究层次而言由宏观向微观层面渗透

这一时期的政治发展理论研究不仅仅限于对上述政治发展理论各相关内容的研究，很多学者更加深入到不同领域的研究当中，政治发展理论更加具体化，与实践结合得更加紧密，由宏观向微观层面渗透。例如农村政治发展和少数民族政治发展是中国政治发展的重要组成部分。它们承袭了中国政治发展的基本特征，同时它们具有与中国整体政治发展所不同的各自特色。农村政治发展和少数民族政治发展所具有的沿袭性和特殊性，使他们成为学者们理想的理论“试验田”。如程同顺所著《当代中国农村政治发展研究》一书运用现代政治学的观点和方法，从政治稳定、政治制度化、政治民主和政治效能等方面分析了当代中国农村政治发展的特点，重点研究了影响中国农村政治发展的四个因素：农民、农村基层干部、乡镇政权和村民委员会。该书还论述了未来中国农村政治发展的生长点与制约因素，展望了今后农村政治发展趋势。对于将政治发展理论应用于中国农村政治发展研究，学者们的研究可谓细致入微。有的学者从农民这一农村政治发展的主

---

① 王丽萍：《政治发展进程中的中国政治文化构建——兼论改革开放三十年中国政治文化》，《北京大学学报（哲学社会科学版）》2009 年第 1 期。

② 佟德志：《从党内民主和村民自治看中国民主政治发展的合力效应》，《政治学研究》2008 年第 4 期。陈家刚：《协商民主与当代中国的政治发展》，《北京联合大学学报（人文社会科学版）》2008 年第 6 卷第 2 期。于建嵘：《共治威权与法治威权——中国政治发展的问题和出路》，《当代世界社会主义问题》2008 年第 4 期。熊光清：《网络政治的兴起对中国政治发展的促进作用》，《山东科技大学学报（社会科学版）》2008 年第 3 期。

体入手。[①] 有的学者深入分析精英在农村政治发展中的地位和作用。[②] 还有的学者将农村政治发展的重要组成部分——村民自治做为研究对象。[③] 还有学者试图挖掘农村政治发展中更深层次的东西。[④] 还有学者更进一步提出了构建“乡村政治学”的主张。[⑤] 可见，农村政治发展作为中国政治发展研究的重要组成部分，硕果累累，有着广阔的发展前景。

民族问题也是我国政治发展中必须要正确处理的重大问题。学术界，特别是地处少数民族聚居区的专家学者充分认识到了少数民族地区政治发展的重要性，这也带来了少数民族地区政治发展研究的逐渐盛行。学术界发表了多篇文章论述少数民族地区政治发展。除此之外，不少学者还将少数民族地区政治发展理论与云南少数民族地区政治发

---

① 李培文：《农民身份转化：当代中国政治发展的强大推动力量》，《宁夏党校学报》2002年第5期。陈冬生：《简论农民工对中国政治发展的意义》，《湖北教育学院学报》2006年第12期。

② 王茂美、黎仕勇：《乡村精英对欠发达地区农村民主政治发展的影响》，《学术探索》2003年第3期。国林霞：《精英主义视角下农村政治发展的现状解析》，《中共四川省委党校学报》2007年第1期。

③ 胡永佳：《村民自治、农村民主与中国政治发展》，《政治学研究》2000年第2期。魏星河：《村民自治对我国政治发展之影响》，《求实》2000年第6期。陈德顺、蒋一虹：《论村民自治成长与乡村政治发展》，《学术探索》，2000年第2期。马宝成：《村民自治架构下的中国乡村政治发展》，《探求》2001年第3期。袁金辉：《村民自治与农村政治发展》，《新东方》2003年第10期。

④ 陈明明：《乡村政治发展：自治与政治调控》，《复旦学报（社会科学版）》1999年第S1期。于洪生：《中国农村政治发展的地位和社会文化背景》，《东岳论丛》1999年第5期。陈德顺：《村落家族文化复兴对乡村政治发展的影响》，《云南民族学院学报（哲学社会科学版）》2000年第2期。宋仕平：《论乡村政治发展中的制约因素》，《求实》2002年第7期。王晶梅、李熙麓：《宗族势力：当前我国乡村民主政治》，《兰州学刊》2003年第2期。

⑤ 李敬：《乡村政治发展与“乡村政治学”构建》，《学术探索》1999年第2期。

展实践相结合进行研究。[①] 都体现了这一点。有些学者通过考察和分析边疆少数民族地区民主政治建设与政治、社会稳定之间的相互关系和作用机制，进而探求通过加强社会主义民主政治建设，实现边疆少数民族地区政治、社会稳定的途径。[②] 还有学者从政治文化的视角分析了少数民族地区的政治发展状况。[③] 特别是21世纪之初，由《政治学研究》编辑部和云南大学政治学系联合举办的“西部开发与少数民族地区的政治发展和政治稳定”学术研讨会更是将西部大开发、少数民族地区和政治发展紧密联系了起来。

有些学者专门研究县域政治发展。他们认为，县域政治发展是指县级行政区域内的正向政治变迁，即现代化进程中县域范围内政治关系的合理化和县级政治体系适应基层政治参与而产生的制度化并增强自身能力的过程。县域政治发展是县级政治领域内发生的变化，这些变化与现代化紧密相关，最根本的是公民政治参与的逐步扩大及其带来的政治体系结构和功能的完善，因此，县域政治发展主要涉及县域内公民和政治体系两大方面，其基本内容包括县域政治民主化和政治体系的优化，具体而言，包括：政治民主的发展；政治稳定的维系；政治体系权威的巩固；政治决策和决策执行能力的增强；政治制度化水平的提高；政治文化世俗化。县域政治主要涉及我国地方的基层政治系统，并与广大农村地区相联系，这就决定了我国的县域政治发展具有三个明显特征：一是区域性；二是基层性；三是乡村性。[④]而重视

---

① 李若青：《云南乡村政治发展对政策资源的选择》，《曲靖师专学报》2000年第2期。陈德顺：《云南乡村政治发展：阶层分化与政治整合》，《云南师范大学学报（哲学社会科学版）》2000年第2期。李春波：《云南乡村政治发展的制度资源分析》，《学术探索》2000年第3期。

② 马啸原：《边疆少数民族地区政治发展与政治稳定》，昆明：云南大学出版社2000年版。

③ 周平：《政治文化与政治发展》，北京：中央民族大学出版社1999年版。

④ 吴家庆：《县域政治发展刍议》，《政治学研究》2006年第3期。

县域政治发展的意义则体现在：一、它是保持社会稳定的重要前提；二、它是深化乡镇改革的客观需要；三、它是优化县域政治生态的现实需要；四、它是壮大发展县域经济的重要保障。①

还有学者将注意力转向了经济特区，试图以经济特区的设立、发展和逐步与其他地区趋同化的历史变革为线索来解释当代中国政治发展的逻辑和遵循的模式，阐述经济特区对中国政治发展的影响，主要关注的是国际因素如何从“外生变量”转变成“内生变量”，从而促进了当代中国的意识形态嬗变和制度变革。②

B 就研究角度而言体现为视角的多元性

政治发展本身就是一个极其复杂的过程，政治发展所处环境的复杂性使得学者们在观察政治发展这个多维体时更倾向于选择一个角度。一方面，尤其已经认识到任何人都无法穷尽政治发展的全部，而这种企图最终只会导致以偏概全。另一方面，尤其也了解到从不同角度研究政治发展的价值所在，它可以为理论大厦添砖加瓦，为更加客观地认识政治发展铺设道路。因此，更多的学者似乎乐此不疲，从不同视角对政治发展进行分析研究。而且，伴随着时间不断向前推进，社会、政治的发展会为人们提供更多的平台来认识政治发展。新时期就又给人们带来了新视角，视角的多元性这一特点更加凸显出来。

民主、政治参与和机构改革、政治体制改革，一直是政治发展研究的主要对象。新时期，学者们投入了巨大的时间和精力对它们进行分析研究。③ 协商民主作为一个新政治学主题，自提出来以后就为政

① 李铁明：《县域政治发展——中国政治发展的新视角》，《求索》2008年第8期。

② 林尚立：《经济特区与中国政治发展》，重庆：重庆出版社2005年版。

③ 李荣华：《论基层民主与当代中国的政治发展》，《深圳大学学报（人文社会科学版）》1999年第4期。杨山鸽：《试析公民参与团体在政治发展中的意义》，《平原大学学报》2001年第3期。秦德君：《中国政治发展与扩大公民政治参与》，《社会科学》2001年第9期。王彬：《当代中国政治发展与公民政治参与协商民主》，《黄冈师范学院学报》2002年第1期。

治发展理论研究带来了新活力。① 有关机构改革、政治体制改革与政治发展的论文也频频出现。有的学者力图从政治发展的视角去探索隐藏在机构改革背后的必然性以及机构改革对当代中国政治发展的正相关关系，从而揭示机构改革所具有的推动当代中国政治发展这一功能的基本内涵及其时代意义。② 从经济发展的视角分析政治发展也是政治发展研究的重要组成部分。

针对政治发展与经济增长的关系问题，有的学者认为我国政治发展与经济增长的关系表现在四个方面：一是政治发展为经济建设确定了应有的位置，为经济发展确立了正确的方向；二是为经济发展清除了观念、体制和机制上的障碍，为经济发展创造宽松的环境；三是加快制度建设，为社会主义市场经济保驾护航；四是鼓励人们创新和发展，调动一切积极因素投身社会主义市场经济建设。③ 有的学者从经济结构多元化对政治稳定、政治一体化、政治参与和政治机构发展这四个层面的影响，系统分析了市场经济对当代中国政治发展的影响。④ 还有学者将经济发展作为一个大前提研究政治问题、社会动员、政治参与、社会公平、社会稳定、腐败及其治理、民主建设等问题，⑤ 也

---

① 林尚立：《协商民主：对中国民主政治发展的一种思考》，《学术月刊》2003 年第 4 期。何卫星：《论协商民主对我国政治发展的重要启示》，《襄樊职业技术学院学报》2007 年第 3 期。吴光芸、李建华：《协商民主与和谐社会的政治发展》，《学术论坛》2007 年第1 期。

② 席晓勤：《机构改革与当代中国政治发展》，《浙江社会科学》1999 年第 4 期。祝灵君：《试论机构改革与当代中国政治发展的互动关系》，《达县师范高等专科学校学报》2000 年第 1 期。

③ 龚维斌：《政治发展对经济增长的贡献》，《人民论坛》2006 年第 23 期。

④ 邹丽莉：《经济结构多元化与当代中国政治发展趋势》，《菏泽学院学报》2006 年第 4 期。朱光磊：《贫富差距与当代中国政治发展的新问题》，《中共天津市委党校》2000 年第 1 期。张利华：《论我国市场经济与民主政治发展的有机联系》，《辽宁大学学报（哲学社会科学版）》2003 年第 2 期。董尚朝、王静：《经济市场化视野下政治发展的要素分析》，《世界桥》2006 年第 12 期。

⑤ 杨龙：《发展政治学》，北京：高等教育出版社 2006 年版。

可谓是对政治发展的一种扩展研究。还有的学者从中国共产党在经济高速增长、社会结构深刻变革情况下扮演“利益综合者”角色的角度概括出改革开放以来中国政治发展模式的重要技术性特征。①

从其他角度进行的政治发展理论研究也成绩斐然，如从政治文化角度进行的研究就在这一时期取得了丰硕的成果。例如，有学者提出，先进文化总是立于时代前列，体现社会生产力发展的要求。先进文化因其先进性构成社会政治发展的思想基础和积极向上的文化力，具体、历史地推动着社会政治发展。在当代中国，发展先进文化，就是发展有中国特色社会主义文化。中国共产党代表中国先进文化的前进方向，不断推进社会主义政治文明的建设发展，为社会主义民主政治提供了坚实的政治领导保证和不竭的精神文化力量。② 有些学者从政治文化的内涵与功能的界定出发，分析了现阶段中国政治文化的基本特征，探讨了处于变革与发展中的当代中国创建社会主义新型政治文化的现实意义，并进一步提出了加快社会主义新型政治文化建设的有效方法和途径，以更好地推动中国今后的政治发展。③ 有一些学者从文化对不同类型社会的影响方面展开论述。④ 就利益角度展开的研究仍然是一个重点。有些学者以马克思主义关于政治发展与经济发展关系的论述为理论起点，就如何看待和解决利益分化过程中产生的一系列问题，

---

① 张彬、朱光磊：《从“利益综合”环节入手深化中国政府过程研究——对近三十年中国政治发展的一个技术性分析》，《天津社会科学》2009年第1期。

② 夏莉、杨以：《浅议先进文化对于社会政治发展的作用》，《政治学研究》2002年第3期。

③ 范静：《政治文化与当代中国政治发展》，《上海财经大学学报》2001年第1期。

④ 戴敏敏：《政治发展研究中的文化回归趋向辨析》，《复旦学报》1999年第4期。蒋凤想：《试论社会主义文化对经济和政治发展的促进作用》《江西社会科学》1999年第12期。陈怡华：《试论政治文化对政治发展的意义》，《华东理工大学学报》2000年第3期。刘京希：《民主文化：当代中国政治发展的文化方向》，《济南大学学报》2000年第6期。李培文：《推动与制约：农民在当代中国政治发展中的双重作用》，《兰州学刊》2003年第1期。邓薇：《政治文化对当代中国政治发展的影响》，《青海社会科学》2006年第4期。

对中国的政治发展提出了更为现实的迫切要求。① 此外，权力腐败的现实也促使学者们从学理上考虑如何遏制腐败，促进中国的政治发展。② 还有些学者们将注意力集中到了对全球化的审视和对未来中国政治发展的设想上。这些论述讨论的问题集中在：经济全球化条件下，中国面临的处境是怎样的？面对全球化这把双刃剑，中国政府应该如何抓住机遇，迎接挑战，以促进中国政治发展的不断向前推进？在经济全球化条件下，中国政治发展的战略目标是怎样的？根据不同的学科背景和研究角度，学者们给出了各自的解答。③ 另外，就加入

---

① 王彩波：《利益分化与中国渐进性政治发展》，《政治学研究》2004年第4期。杨山鸽：《利益结构的变化、利益集团的出现与中国的政治发展》，《兰州学刊》2004年第6期。李景鹏：《再论社会利益结构的变化与政治发展》，《天津社会科学》1999年第1期。杨超、杨书初：《当代政治发展中利益群体的双重效应及其制度对策》，《上海社会科学院学术季刊》2000年第3期。李承、杨超：《当代政治发展视野中的利益群体分析》，《江苏社会科学》2001年第5期。王中汝：《利益表达与当代中国的政治发展》，《科学社会主义》2004年第5期。胡英华：《利益集团及其对政治发展的影响》，《江汉论坛》2007年第6期。

② 王中汝：《遏制权力腐败与中国的政治发展》，《探索》2001年第4期。

③ 杨宏山：《经济全球化与政治发展——以政治合法性为视角》，哈尔滨：黑龙江人民出版社2003年版。郑慧主编：《经济全球化与中国政治发展战略》，北京：世界知识出版社2003年版。俞可平：《全球化与政治发展》，北京：社会科学文献出版社2005年版。王敏：《全球化与中国政治发展》，《华中科技大学学报》2000年第4期。刘春荣：《全球化与民族国家：建构开放条件下的政治发展观》，《复旦学报》2000年第5期。程道平、陈国跃：《当代中国政治发展的背景及其理论建构》，《理论探讨》2000年第2期。许宝友：《全球化对亚太地区社会政治发展的影响及其回应》，《当代世界与社会主义》2001年第5期。郑慧：《经济全球化与中国政治发展战略目标》，《学习与探索》2003年第5期。王英津：《关于全球化背景下中国政治发展的思考》，《国家行政学院学报》2004年第3期。熊光清：《经济全球化背景下中国政治发展道路的几点思考》，《唯实》2007年第1期。

WTO、① 网络时代、② 知识经济③对政治发展的影响等新角度进行的研究也表明了这一时期学界视野的开阔。

C 研究方法具有综合性和多样性，并不断创新

正如我们前面所讲的，政治发展是一个结构复杂的概念，政治发展理论的研究方法也具有综合性、多样性。具体有以下几项基本内容。第一，政治发展理论研究方法的指导性原则是以马列主义、毛泽东思想，邓小平理论，“三个代表”重要思想为指导，特别是把马列主义的基本理论与中国改革开放的实践紧密结合起来，强调政治发展道路的中国特色。第二，沿用马克思主义的研究方法，如历史分析方法、经济分析方法、阶级分析方法、利益分析。第三，吸收西方的研究方法，如系统分析方法、政治沟通分析方法。需要强调指出的是，新时期政治发展理论研究中采用了制度主义的分析方法，强调制度在政治发展中的重要作用。第四，我国的政治发展理论研究还借鉴了其他学科的研究方法，如社会学、经济学、心理学等。特别是近期创新性的提出的生态政治学成为政治发展理论的一个重要创新。当然，还有学

---

① 李一文：《加入 WTO 对中国政治发展的影响》，《理论与现代化》2001 年第 3 期。王靖：《经济全球化对我国民主政治发展是一柄双刃剑》，《中共南京市委党校南京市行政学院学报》2002 年第 2 期。施雪华、张玉芳：《加入 WTO 对当代中国政治发展的影响分析》，《武汉大学学报（哲学社会科学版）》2003 年第 6 期。张玉芳、施雪华：《加入 WTO 对当代中国政治变迁的负面影响及其对策》，《华中师范大学学报（人文社会科学版）》2004 年第 6 期。张锐昕、乔立娜：《简析入世对中国政治发展的影响》，《天津社会科学》2005 年第 1 期。

② 杨伟民、吴显庆：《论网络政治在我国的建立和发展》，《学习与探索》2004 年第 5 期。闫增武、郑庆久：《试论网络技术对社会政治发展的几点作用》，《南京政治学院学报》2002 年第 6 期。黄甫生：《政治学》，长沙：湖南人民出版社 2003 年版。罗海林：《论网络对政治发展的影响》，《安徽工业大学学报》2003 年第 3 期。陈畅：《网络对我国民主政治发展进程的影响探究》，《中国集体经济》2007 年第 2 期。

③ 陈强虎：《知识经济视角中的政治发展》，《安徽教育学院学报》2000 年第 2 期。袁峰：《知识经济时代的政治发展》，《上海师范大学学报（哲学社会科学版）》2000 年第 1 期。

者指出，政治发展的整体研究范式由于存在巨大的先天缺陷，其解释力与预测力已经逐渐衰竭，因此有必要寻求其他的替代研究范式，如政治转型范式来研究原属政治发展研究的相关问题。①

4. 该阶段研究状况评述

随着进入21世纪以来，中国社会主义现代化建设事业取得全面进步，中国的综合国力水平和人民生活水平也上升到了一个新的层次，在此条件下，中国政治学界在政治发展理论研究问题上的主攻方向也悄然发生了变化。从最开始引进西方政治发展理论阶段更多关注于纯粹的政治民主化问题转向了更广泛领域内的政治改革与发展问题。在改革开放继续深入发展的实践中，越来越多的国内外学者开始注意到当代中国的政治表现出以往西方的政治发展模式所无法解释的独有特征，比如经济的持续快速健康发展与政治发展保持同步、互相促进，社会转型并未从根本上动摇政治稳定的基础，中国的民主政治建设表现出自上而下的推动与自下而上的动力相互配合的特征等。上述这些都表明，以往的政治发展的既有理论和研究范式在探讨当代中国政治发展问题时已日益显现出力不从心的颓态，而在政治发展理论发展成熟过程中形成的强烈的理论与现实相结合的问题意识，促使广大中国政治学者把目光聚焦到了总结本国经验，揭示中国政治发展独特规律的方向上来，作为上述努力的结果，在21世纪的最初十年破土而出中国特色社会主义政治道路理论体系，正是凝聚了政治发展理论在中国生根结果过程中全部智慧的阶段性结晶成果。关于这一阶段学界在构建这一系统理论过程中所取得的具体成就，上文中已有较多评述，在此也就不再赘述。与形成系统理论体系同样重要的是，这一时期以来，中国政治学界对于政治发展问题的研究呈现出了越来越多的理性化色彩，在建立了包含政治发展定义、内容、目标、路径等基本共识的讨论平台上，具有不同学科和专门问题研究背景的学者们创造出了百家

① 王金红、黄振辉：《从政治发展到政治转型——当代民主化进程研究的范式转移》，《开放时代》2009年第7期。

争鸣的研讨氛围，使得包括政治发展问题在内的中国政治学研究呈现出坚持主流价值前提下充分保证多元化特征的繁荣景象，对于中国政治学的长期健康发展，这无疑也是这一时期所留下的最为宝贵的财富之一。

二、中国政治发展理论研究的特点

党的十一届三中全会以来，伴随着政治学学科重新迎来发展的春天，政治发展理论在中国政治学界也经历了一个从全新的研究课题到形成一个从基本理论到研究方法都具有鲜明本土特色的内容丰富的理论体系的过程。通过简单回顾30年的发展历程，我们可以发现，正是由于一大批中国政治学者们以不断求索的科学精神激励自己，在结合对实践的观察中加深对政治发展理论核心内容和本质精神的把握，拓展政治发展问题的研究领域，在学习中修正，在修正中学习，特别是唤起了建设符合中国特色社会主义发展要求的政治发展理论的政治发展理论的自觉性，才使得政治发展理论这一原本作为舶来品的政治学学科分支得以在中国的土地上生根发芽，开花结果。总结这些发展中的经验，对于我们来说也将是一笔宝贵的财富。

（一）政治发展理论研究经历了一个从引进成果到成为本土理论的过程

政治发展理论作为二战后兴起的政治学理论研究的一个新领域，标志着当代政治学研究领域和研究范式的重大转变。由于政治发展既是一个理论问题，同时又与政治社会化、政治稳定、政治民主、政治改革等现实问题紧密联系，因此，对这一政治学新研究领域的开拓极大地推动了中国政治学的学科建设，充实丰富了亟待重建的政治学学科体系的内容，把政治学界运用系统、科学的理论解释当代中国现实政治问题的水平提高到了一个新层次。首先是通过引进政治发展的概念和成形理论，政治学研究的新问题和新领域得到了拓展；同时，由于政治发展或者说是政治现代化理论是在一个政治学的研究日趋体系化、规范化的基础上成形的，因此，通过引入政治发展理论研究，中国政治学界熟悉了有别于传统政治学的研究范式，开始按照社会科学研究的规范将政治发展问题分解为价值体系和实践体系，确定政治发展的核心价值，规划政治发展在经济、政治、社会、文化等各方面的具体指标体系，同时从政治文化、政治社会化等多学科研究交叉领域的视角来分析政治发展问题，初步超越了以往政治学研究对象、研究方法的限定范围，对学科体系的进一步健全提供了基本框架，注入了促进发展的动力。另一方面，实践需要催生的理论才是最有价值的理论，与实践相结合的理论才是最科学的理论。虽然毋庸讳言，中国政治学是在引进西方政治学基础上发展起来的，政治发展理论本身也是引进的成果，但改革开放以来中国日新月异的政治发展进程本身就为中国政治学发展提供了丰富的思想资源和经验对象，加之掌握的马克思主义的思想方法，中国政治学完全能够在学习西方的同时，以对中国社会和政治全面、深入的研究为基础，实现超越和独立发展，从而最终发展出能表达中国价值、体现中国文化精神，以及揭示中国社会和政治发展内在逻辑的中国政治学。因此，在发展过程中，中国政治学者们又及时注意到了建立在引进理论成果、研究方法的基础上的初创阶段的研究还存在着诸如研究对象的现实意义、研究方法在中国国情条件下的解释力等问题，并已经开始敏锐地意识到政治发展理论中国化的问题，他们有的致力于将马克思主义研究同政治发展理论结合起来，有的则开始研究西方理论界未予充分关注的一些微观层面的中国政治发展问题。这些探索中国特殊政治发展道路的努力很快产生了积极影响，催生了一批中国特色政治发展理论的成果。中国政治学界这种贯穿始终的自觉中国化的努力，在系统地总结中国特色政治发展理论的基础上，强调了我们应该坚持的原则方向和理论指导，也就是注重社会主义质的规定性；强调了全面理解和掌握中国国情、国外理论实践的正面经验和中国具体实践的成功经验，从而成功地构建了中国特色政治发展理论，并确定了其坚实的主导地位。

（二）政治发展理论从纯粹的解释模式转变为自觉服务实践需要的理论工具

政治发展首先是一个现实问题，尤其是刚从政治发展的非常态状况中走出的中国所面临的迫切的现实问题。政治发展理论明确地回答了十一届三中全会后中国政治发展的主要方向问题，奠定了实现现代化任务的基调，适应了改革开放和发展经济的需要。尽管在政治发展的核心价值和一些具体指标体系的研究中仍存在学理和认识上的分歧，但政治发展与现代化、与政治民主、与政治文化、与政治改革等的必然关系已经成为学界的共识，中国特色的政治发展研究也基本上是沿着上述几个维度展开的，这种理论发展的延续性意味着中国现实政治和政治学学科建设的发展方向都已步入正轨。随着对政治发展含义的理解更加深刻，基础性理论工作更加扎实系统，特别是政治发展理论的中国化进程，政治学界通过理论与实践相结合的研究，明确了中国政治发展的特殊目标体系，突出了坚持马克思主义和中国共产党领导的发展前提，在政治发展的各项指标中着重强调了政治稳定与政治改革的意义，并从多角度展开了对其价值内容、制度条件、问题与对策等方面的研究。这些研究，对于客观看待、科学应对深入改革时期暴露出来的种种矛盾，对于中国的社会整合和经济发展提供了力量源泉。同时，由于新时期中国所面临的主要政治发展问题已经不再仅仅是传统意义上的政治现代化理论所面对的诸如政治民主化和政治共同体建构的问题，而更多地表现为经济社会文化全面的发展进程中所遇到的种种新矛盾，以往的和外来的理论对此都没有给出现成的答案，理论界的研究工作存在着巨大的发展空间，于是，在对政治发展理论中基本理论体系的设计，关于政治发展的含义、内容、目标体系等的规划等方面的工作都取得巨大成就的基础上，通过结合政治体制改革认识基本政治制度、政党制度、基层民主制度、政府管理和运行机制等的有利资源、实践经验和存在问题，学者们全面地梳理了中国特色政治发展道路的内容，形成系统的理论成果。同时，学者们还特别注意正确认识中国政治发展中遇到的问题，尤其是发展不平衡和社会结构重组的问题。客观理性看待中国政治发展的现有资源，如文化、制度、社会构成等对政治发展的影响也成为总结中国特色政治发展的特殊经验之一。见微知著，中国政治学界政治发展理论本身的日益成熟，日益成为自觉服务于解释现实、服务现实、指导现实发展的理论工具，这一政治学学科体系的完善过程，同时也标志着政治学研究乃至相关的社会科学研究的不断发展进步。而学界将理论研究与实证研究相结合所产生的一系列成果转化为政策意见和建议，对于建设中国特色社会主义事业也产生了相当程度的积极影响。

与此同时，学界对政治发展理论研究方法的运用经历了从理论到实证、从静态到动态、从宏观向微观层次的拓展，从引进工具到创新工具的历程，在上文对政治发展理论过程的综述中，已经分期对此特点进行了总结，在此就不再赘述。

三、结语

如前文所述，政治发展理论首先是作为西方政治学战后发展的一个分支产生的，标志着西方政治学研究对象和研究范式的重大转变，而对于中国而言，在改革开放带来政治学的恢复和重建的背景下，引进西方政治发展理论的研究成果和研究方法同样意义重大，这使中国政治学界在与世界同行隔绝了数十年后第一次把握住了战后政治学发展的新动态和新趋势，综合其他相关学科的研究方法为中国政治学的复兴注入了强大的动力，也为我们提供了一个站在世界政治学理论研究前沿的难得机遇；同时，在中国政治学界将政治发展理论中国化的自觉努力下，我们在 30 年的发展中成功地实现了政治发展理论从纯粹的舶来品到中国本土理论的转变，广大政治学者也经由借用西方理论方法进行解释方面的试验到在实践中探索中国特色的政治发展理论研究对象，研究方法和尝试建立中国化的政治发展理论基本框架的转变，基本吃透了政治发展的核心概念和研究规范，从而能够较好地弥合理论发展初期存在于中西方研究范式之间的断层和分裂。当前，作为一个主要以研究和服务于中国本土和时下的政治发展实践的理论体系，学界在政治发展的基本概念、核心内容、理论架构和研究方法等宏观方面业已达成的共识为中国政治发展理论的进一步发展奠定了坚实的基础，因此我们完全有理由对中国政治发展理论的进步保持信心。

但与此同时，我们也不应回避，由于我们在相当一个时期内拉开了世界政治学发展潮头之间的距离，在学科体系完善、理论积淀方面的亏欠还有待于今后扎实研究的弥补。此外，随着世界政治学发展的日新月异，特别是全球化带来的客观影响，中国政治发展理论要进一步提升发展层次，拓宽发展空间，就已经不能停留在孤立地对中国政治发展的局部问题的关注上，也不能停留在对西方或中国的现有理论成果的简单批判继承上。在这样一个为政治发展定大方向，定主基调的理论研究领域里，广大从事政治发展研究的学者们更应该本着强烈的历史责任感，打破学科间和学科内部不同分支间的藩篱，以一种更为开阔的学术视野，自觉地将研究中国的发展与研究世界的发展结合起来，将总结过往的经验与提供未来的规划结合起来，将宏观与微观、静态与动态、理论与实践研究结合起来，以期全方位地推进政治发展理论的发展，使中国特色的政治发展理论能够在世界政治发展理论的舞台上占据一席之地，并切实地为中国21世纪政治发展建言献策，指明方向。

（作者单位：中国社会科学院政治学研究所）

公平正义：社会主义核心政治价值的精髓

虞崇胜

在社会主义核心政治价值构建中，有一个不可回避的问题是：社会主义核心政治价值的精髓是什么？如果不能明晰社会主义核心政治价值的精髓，所有对于社会主义核心政治价值的理解都会流于片面和肤浅。毫无疑问，社会主义核心政治价值是一个相对完整的政治价值体系，而社会主义核心政治价值的精髓应该是最能体现人类社会政治价值最一般要求的，同时又必须是最能反映社会主义政治价值本质的东西。从一定意义上讲，把握了社会主义核心政治价值的精髓，也就把握了社会主义核心政治价值。那么，什么东西称得上是社会主义核心价值的精髓呢？如果严格根据社会主义制度的性质和政治价值的特点，我们大致可以将公平正义视为社会主义核心政治价值的精髓。

一、之所以说公平正义是社会主义核心政治价值的精髓，是因为公平正义是人类社会政治文明的普遍原则，无论什么政治形态都必须遵循

公平是政治文明的衡器，正义是政治生活的道德原则，公平正义

是人类政治文明的核心表征。从价值层面看，任何时代的政治都是一种社会价值的追求。自古以来，人们都是用公平、正义、公正、正道等道德要求来解释政治的。孔子说："政者，正也。子帅以正，孰敢不正？"① 这里所说的"正"，就是指的正道、正义、公正。《尚书》中也说："道洽政治，润泽生民。"②这里的"道"，也是指的正道、教化，意识是说，倡导正义和谐的政治，就可以像春风化雨一样给百姓带来好处。

在西方，柏拉图和亚里士多德也是把政治与伦理价值联系在一起的。柏拉图认为，政治的本质在于"公正"，他的理想国就是"正义"的城邦，而这种理想国中的公民都具有智慧、勇敢、节制和公正等种种美德。亚里士多德的《政治学》开宗名义就写道："我们见到每一个城邦（城市）各是某一种类的社会团体，一切社会团体的建立，其目的总是为了完成某种善业——所有人类的每一种作为，在他们看来，其本意总是在求取某一善果。"③关于城邦（政治组合）存在的目的或价值，亚里士多德认为完全是为了追求良善的生活。既然政治的组合是为了美善的行为，那么研究政治行为的学问也就是在追求一种至善的良知。亚里士多德明确地将政治学称为"一切学术中最重要的学术"，强调政治学的终极追求就是达到"至善"，而这种"善"也就是正义，"正义以公共利益为依归。"④ 后世的思想家雅赛也指出："从柏拉图时代起，政治理论从整体上就倾向于把政治看成是希望的目标，而不是害怕的对象。大部分政治学说都具有目的论的性质，期望利用

① 陈成国点校：《四书五经》，长沙：岳麓书社 1991 年版，第 41 页。

② 陈成国点校：《四书五经》，长沙：岳麓书社 1991 年版，第 275 页。

③ ［古希腊］亚里士多德：《政治学》（吴寿彭译），北京：商务印书馆 1965 版，第 3 页。

④ 同上，第 148 页。

集体选择的权力实现一个或一系列的目标。”①

这里要特别提到的是，正是由于自古以来人们都将理性、公平、公正、正义等文明因素作为政治正统性的基础，所以历代统治者都不敢偏离这一基础，即使是非法僭取的权力，他们也是想方设法地将其说成是合乎正统的。基佐在研究欧洲文明史时发现了这一“政治秘密”。他指出，在权力起源问题上，没有一个掌权者承认是依靠武力造成的结果。“单单这个事实就证明武力观念并不是政治正统性的基础，而它是建立在一个完全不同的基础上。所有这些制度如此正式地否定武力究竟表示什么呢？它们是在宣布说，存在着另一种正统性，它是其他一切正统性的确定的基础，即理性、正义和公理的正统性，而这是它们希望与之联结的那个根源。”②

公平正义的内涵十分丰富。公平是一种追求合情合理的价值观，也是一种评判政治生活的价值准则。“在许多情况下，人们往往把公平看作是法律的同义词。人们制定了法令来建立‘公平施政’，在许多国家里，法院也被称为‘公平之宫’。但普遍的看法是，公平是法律所应当始终奉行的一种价值观。”③

正义内涵十分丰富，但其中最重要的是制度正义和程序正义。根据罗尔斯的观点，制度的正义性是指：在某些制度中，当对基本权利和义务的分配没有在个人之间做出任意的区分时，当规范使各种对社会生活利益的冲突要求之间有一恰当的平衡时，这些制度就是正义的。制度正义最重要的价值就是使正义具有某种优先性。而正义的主要问题是社会的基本结构，是社会主要制度分配基本权利和义务，决定由社会合作产生的利益之划分的方式。一个社会体系的正义，本质上依

---

① ［英］安东尼·德·雅赛：《重申由主义》（陈茅等译），北京：中国社会科学出版社 1997 年版，第 124 页。

② ［法］基佐：《欧洲文明史》（程洪逵等译），北京：商务印书馆 1998 年版，第 44 页。

③ ［英］彼得·斯坦等：《西方社会的法律价值》（王献平译），北京：中国法制出版社 2004 年版，第 86 页。

赖于如何分配基本的权利和义务，依赖于在社会的不同阶层中存在着的经济机会和社会条件。①在当代，人们对制度正义问题的思考主要集中于对法律正义的思考。因为对于当代法治社会而言，法律规定涉及社会生活的各个方面，法律正义确实是当代社会正义的关键。

程序正义是指政治过程本身必须符合正义的基本要求，即确保参与者在政治生活的每个环节中都能依法自由表达自己的意志，并且影响最终的决策。程序正义所要求的是政治过程本身的公正，而不是最终结果的公正；只要政治程序本身符合正义的标准，由这种程序所产生的结果也就被视为是公正、合理的。在一定意义上讲，程序正义是一种借助程序而彰显的精神力量。“就程序问题而言，如果涉及物理强制力，最终的决定权应属于整体的最密切和最好的代表者；但是在所有物理强制力的背后有一种更为深沉的正义动力，最终的至高权威并不是任何组织，而是在最有智慧的人的心中所隐约领会的精神力量，由于这个原因，即使最卑下的人也可合法地诉诸这种力量。”②

公平正义既是人类社会追求的目标，同时也是人类社会文明进步的的根本标志。也就是说，公平正义既是追求的目的，也是实现目的的手段。“正义作为一种使得人们为其同伴着想的善德，如同所有的善德一样，表明了一种理性规则。这种正义的善德可能是普遍的，也可能是具体的；后者具有看得见的具体利益或权利，而前者则与公共福利或总体利益（权利）相关联。这里，使我们感兴趣的主要是这种普遍的正义。从某种意义上说，所有源自其他德行的行为可能都与正义有关，因为它们有助于公共福利或公众利益。”③

---

① ［美］约翰·罗尔斯：《正义论》（何怀宏等译），北京：中国社会科学出版社1988年版，第1—5页。

② ［英］伦纳德·霍布豪斯：《社会正义要素》（孔兆政译），长春：吉林人民出版社2006年版，第163页。

③ ［美］卡尔·弗里德里希：《超验正义——宪政的宗教之维》（周勇等译），北京：三联书店1997年版，第3页。

公平正义作为一种行为范式，它必须是人类自觉的行为，只有在人们普遍认同的前提下才能实现，正如卡尔·弗里德里希所言："正义的行为就应该是行为人自觉（sciens）、有意（eligens）且坚决地作出的。"① 从这个意义上讲，公平正义是具有普适意义的政治价值，是进步人类共同的价值追求，社会主义作为人类进步的社会制度和社会形态，理应以公平正义作为自己不懈追求的核心政治价值。

二、之所以说公平正义是社会主义核心政治价值的精髓，是因为公平正义最能反映社会主义和社会主义政治价值的本质

从根本上来说，社会主义的核心政治价值应该是与社会主义的本质联系在一起的，它既社会主义本质的价值体现，同时也是社会主义本质的价值支撑。

自中共十六届六中会通过的《中共中央关于构建社会主义和谐社会若干重大问题的决定》第一次提出建立社会主义核心价值体系后，人们围绕着什么是社会主义核心价值体系提出了许多看法。目前比较一致的看法认为，马克思主义指导思想，中国特色社会主义共同理想，以爱国主义为核心的民族精神和以改革创新为核心的时代精神，社会主义荣辱观，构成了社会主义核心价值体系的基本内容。

我们这里讨论的是社会主义核心政治价值的精髓。根据人类政治生活的本质和社会主义本质的要求，我们大致可以将公平正义作为社会主义核心政治价值的精髓。

那么，什么是人类政治生活的本质呢？对此，我在《政治文明

① ［美］卡尔·弗里德里希：《超验正义——宪政的宗教之维》（周勇等译），北京：三联书店 1997 年版，第 30 页。

论》中作过一些探讨。①我以为，人类之所以要过政治生活，并不是什么阶级斗争的需要，也不是因为争权夺利的需要，而是人类生存和发展的需要。而人类生存和发展之所以需要政治生活，则是由于人们通过结合成一定的共同体，能够创造较没有共同体时代更加优良的生活（即1加1加1能够产生大于3的结果），这正是人类社会不同于一般生物界，能够不断发展和优化的奥秘所在。因此，如何组成良善的共同体（国家、民族、政党、团体等人群的组合），就成为人类政治生活的本源性要求。人类为了组成良善的共同体，就需要遵循一定的原则，这种原则可以有很多，但其中最核心的就是公平正义，因为如果不能体现公平正义，任何共同体都是不可能长久的。因此，公平正义就成为人类政治生活的本质要求。

社会主义的本质是什么？以前人们存在许多误解，有的说是生产资料的公有制，有的说是人民当家作主，有的说是共产党的领导，有的说是共同富裕，等等。依我看，这些都只是反映了社会主义本质的某些侧面。其实，社会主义的本质很简单，就是以社会全体为主义，即以存在于社会中的每一个人为主义。然而，实际社会生活中的每一人，由于历史、社会、人为等种种原因，其社会和政治处境却是千差万别的，如何能够做到平等地对待每一个人呢？

自古以来，有无数的政治家和思想基于对社会民生的关注和弱者的同情，不断地举起平等的旗帜，或扯旗造反，或劫富济贫，或慈悲为怀，或倡导平等主义、平均主义、平民主义，但都未能从根本上解决社会的普遍不平等的问题。其实，要做到绝对的平等是绝对不可能的，甚至连做到相对的平等也是不可能的。因为世界本来就是差异的世界，一切社会存在是不可能达到整齐划一的，无差别的平等只能存在于思想家的头脑里，在现实社会中是不存在的。相反，如果现实社会的事物都是一致的、平等的，那将是一个死寂的世界、一个可怕的

① 虞崇胜：《政治文明论》，武汉：武汉大学出版社2003年版，第60—79页。

世界。因此，问题并不在于社会存在差异，而在于能否实现差异的共存和共荣。如何才能实现做到差异的共存和共荣呢？就价值理念上来说，这就是倡导社会公平和正义。

如上所述，公平正义是任何时代、任何制度都在追求的价值理想，但在阶级统治的社会里，由于阶级的局限（狭隘的利益和眼界）都不可能实现真正的公平正义。从社会性质的角度看，只有社会主义才能真正实现公平正义。何以只有社会主义才能真正实现公平正义呢？这是因为社会主义无论从其性质或其词义上都与公平正义有着天然的联系。

"社会主义"一词的词根源自拉丁语 sociare（社会），意指联合或共享。在罗马和后来的中世纪法律中与之相关的较为专业性的术语是 soietas。这个词既有同伴关系和友谊关系的意味，也意指自由人之间基于一致性同意而订立契约的一种法律观念。① "从共同体和伙伴关系的角度来理解'社会的'一词，还有另外一种含义，即是指它与拥有主权的民众观念相联系。如果'社会'等同于整个共同体的话，那么它可能会被合法地看作是所有民众的代名词，这样的话，'社会意志'可能暗含着'大众的意志'或'普遍的意志'了。社会所有制即是人民所有制，社会财富属于全体公民，社会福利或社会医疗体制将为所有人提供服务，管理中的社会参与是一种民众参与。从这个意义上说，'社会'与民主和人民主权思想有着强有力的联系。"②这也就是说，社会主义中的"社会"既包含了全体社会成员，同时又包含了社会中的每一个人。换句话说就是，社会主义中"社会"是由每一个个人组成的社会（而不是抽象的整体的社会），而每一个个人必须是在社会中存在和活动的个人（而不是脱离社会、离群索居的孤立个人），在这

---

① ［澳大利亚］安德鲁·文特森：《现代政治意识形态》（袁久红等译），南京：江苏人民出版社 2005 年版，第 140 页。

② ［澳大利亚］安德鲁·文特森：《现代政治意识形态》（袁久红等译），南京：江苏人民出版社 2005 年版，第 141 页。

里真正实现了每个人的发展与全体人发展的统一（即《共产党宣言》中所说的：每个人的自由发展是一切人的自由发展的条件）。正是由于社会主义社会实现了全体人发展与每个个人发展的统一，所以社会主义就从价值内涵和制度内涵上都体现了公平正义（对所有人一视同仁）的要求，完全可以说，公平正义精确地体现了社会主义的本质特征，公平正义是社会主义题中应有之义。

三、之所以说公平正义是社会主义核心政治价值的精髓，是因为社会主义制度较之其他社会制度能够更好地实现公平正义

如前所述，人类历史上不时有要求公平正义和呼声，也有争取公平正义的斗争，这些都是公平正义思想的萌芽，是先人们留给后人的宝贵财富。但是，由于历史时代的限制，这些呼声和斗争并没有形成时代潮流，而且先后都被统治者扼杀了。因此，在以往的社会形态下，公平正义不可能成为国家制度的核心政治价值。即使是新中国成立后的前30年，由于坚持以阶级斗争为纲的错误路线，也没有认识到公平正义是科学社会主义核心政治价值的精髓。

改革开放以来，由于突破了原有的“苏联式”的社会主义制度模式，打破了人为设置的“姓资姓社”的思想禁锢，并给予社会主义以全新的理解和规范，从而使社会主义制度内涵了人类政治文明的普遍原则，这就为将公平正义作为社会主义核心政治价值的精髓而提出来奠定了思想基础和制度前提。

2005年2月，胡锦涛在中共中央举办的省部级主要领导干部提高构建社会主义和谐社会能力专题研讨班开班式上科学界定社会主义和谐社会的六个要素时，把公平正义放在比其他要素更突出的地位。他说：“我们所要建设的社会主义和谐社会，应该是民主法治、公平正

义、诚信友爱、充满活力、安定有序、人与自然和谐相处的社会。”①这是胡锦涛在论述和谐社会时，首次把公平正义放在仅次于民主法治的地位。

2007年3月16日，温家宝在十届人大五次会议记者招待会上回答中外记者提问时谈到民生问题时指出：“解决民生问题还要让人民生活得快乐和幸福。这就要保障人民的民主权利，推进社会的公平和正义。”在谈到社会主义民主政治建设时，他说：“社会主义由不成熟到成熟、由不完善到完善、由不发达到比较发达，还需要一个很长的过程。在这个阶段中，我们要实现两大任务，推进两大改革。两大任务就是：一是集中力量发展社会生产力；二是推进社会公平和正义，特别是让正义成为社会主义国家制度的首要价值。两大改革是：一是推进以市场为取向的经济体制改革；二是以发展民主政治为目标的政治体制改革。”②温家宝的以上说法，实际上是公开宣示了社会主义核心政治价值就是实现社会公平和正义。

不知道人们注意到没有，在中共十七大报告中有一个出现频率很高的词汇——“公平正义”。据统计，在胡锦涛所作的十七大报告中先后五次提到“公平正义”：(1) 在谈到贯彻落实科学发展观时，他指出：“深入贯彻落实科学发展观，要求我们积极构建社会主义和谐社会。要通过发展增加社会物质财富、不断改善人民生活，又要通过发展保障社会公平正义、不断促进社会和谐。”(2) 在谈到实现全面建设小康社会奋斗目标的新要求时，他指出：“扩大社会主义民主，更好保障人民权益和社会公平正义。”(3) 在谈到扩大人民民主，保证人民当家作主时，他强调要“加强公民意识教育，树立社会主义民主法治、自由平等、公平正义理念。”(4) 在谈到建设社会主义法治国家时，他又指出要“加强宪法和法律实施，坚持公民在法律面前人人

① 胡锦涛：《在省部级主要领导干部提高构建社会主义和谐社会能力专题研讨班开班式上的讲话》，《人民日报》2005年2月20日。

② 《温家宝答中外记者问》，新华网，2007年3月16日。

平等，维护社会公平正义，维护社会主义法制的统一、尊严、权威。”（5）在谈到社会建设时，他特别强调：“必须在经济发展的基础上，更加注重社会建设，着力保障和改善民生，推进社会体制改革，扩大公共服务，完善社会管理，促进社会公平正义。努力使全体人民学有所教、劳有所得、病有所医、老有所养、住有所居，推动力建设和谐社会。”①

2008年3月两会期间温家宝答记者问又讲道：公平正义就是要尊重每一个人，维护每个人的合法权益，在自由平等的条件下，为每一个人创造全面发展的机会。如果说发展经济、改善民生是政府的天职，那么推动社会公平正义就是政府的良心。并再次强调公平正义是社会主义国家制度的重要价值。

2009年3月，温家宝在两会结束时回答记者提问时又说：我们要积极推进政治体制改革。我以为在当前最重要的是三个方面：一是要发展社会主义民主政治，保障人民的自由和权利；二是推进司法体制改革，促进社会公平正义；三是加强各方面的监督，使政府的行政运转依法进行，并置于监督之下。

2010年3月14日，温家宝在回答新加坡联合早报记者提出的“民意对于中国政府对外政策有多大影响力”这一问题时再次表示：“我们国家的发展不仅是要搞好经济建设，而且要推进社会的公平正义，促进人的全面和自由的发展，这三者不可偏废。集中精力发展生产，其根本目的是满足人们日益增长的物质文化需求。而社会公平正义，是社会稳定的基础。我认为，公平正义比太阳还要有光辉”。他还说：“我们要推进经济体制改革、政治体制改革以及其他各方面的改革，其根本目的就是要促进生产力的发展，实现社会的公平正义。同时，能使每个人也有自由和全面发展的机遇。”“中国的现代化绝不仅仅指经济的发达，它还应该包括社会的公平、正义

---

① 胡锦涛：《高举中国特色社会主义伟大旗帜，为夺取全面建设小康社会新胜利而奋斗》，《人民日报》2007年10月25日。

和道德的力量”。①

2010年6月1日，正在日本访问的国务院总理温家宝在接受日本广播协会（NHK）电视台主持人国谷裕子专访时表示，要在余下的三年左右任期内，竭尽所能实现社会公平和正义，解决收入分配问题。他说：中国发展不平衡的一个主要问题就是城乡之间、地区之间存在贫富差距，个人收入之间也存在贫富差距。坦率地讲，这种差距还有拉大的现象。一个社会如果财富只集中在少数人手里，那么注定这个社会是不公平的，因而它也是不稳定的。在今后三年任期内，我们在应对国际金融危机、促进经济发展的同时，要更加注重促进社会公平。在这方面，我要尽最大努力。在谈到政治体制改革问题时明确指出：我们的改革是全面的改革，包括经济体制改革、政治体制改革和社会管理体制等方面的改革。没有政治体制改革的成功，也不会有经济体制改革的成功，我们从一开始就是这样想的，也就是这样做的。政治体制改革概括起来应该注重解决四方面问题：第一是建设社会主义民主政治，保证公民的选举权、知情权、参与权、监督权；第二是完善社会主义法制，依法治国，建设法治国家；第三是实现社会的公平正义；第四是实现人的自由和全面发展。②

透过以上中国领导人在不同场合对公平正义的阐述，可以清楚地看出以下几个要点：其一，公平正义是社会主义本质的一种体现；其二，实现公平正义是建设社会主义和谐社会的内在要求；其三，公平正义是社会主义制度的首要价值；其四，维护公平正义是社会主义法治的基本功能；其五，政治体制改革的目的之一是实现社会的公平正义。

需要特别指出的是，中国领导人在不同场合对公平正义的论述和阐释，不能简单地理解为只是针对社会中存在的种种不公平不正义现

① 《国务院总理温家宝答中外记者》，人民网，2010年3月14日。

② 《中国国务院总理温家宝在东京接受日本NHK电视台主持人国谷裕子专访》，人民网，2010年6月1日。

象的鞭挞和对公平正义的呼唤，更重要的是要看到这是对社会主义核心政治价值的高度概括，是对社会主义政治制度的价值规范。正是通过这种阐释和宣示，将社会主义政治制度与实现公平正义勾连了起来，从而在政治制度和政治价值层面使社会主义体现了公平正义的内涵，进而大大地提升了社会主义政治制度的宽容性和广涵性，并为最终实现公平正义提供了思想前提和制度保障。正是从这个角度，完全可以说，只有社会主义制度才能够更好地实现公平正义。

四、之所以说公平正义是社会主义核心政治价值的精髓，是因为坚持公平正义原则能够较好地解决个人与社会关系的难题

记得有这样一个富有东方哲理的寓言：一群饿汉围坐在两张摆满美食的桌子，每人面前放着一双六七尺长的筷子，让他们用筷子夹食物吃。这一桌，每人各自拿起筷子自己夹食物自己吃，由于筷子很长，夹起的食物根本到不了口，因此谁也没有吃上东西；而另一桌，每人拿起筷子并不为自己夹食物，而是互相将食物夹起送到对面那个人的口里，这样每个人都吃到了食物。这个寓言蕴含的一个深刻的价值观就是：在人的关系网络中，只有相互合作、相互帮助，才能相互促进、相得益彰，也就人们通常所说的“我为人人，人人为我”。

从根本意义上讲，社会主义社会就是一个“我为人人，人人为我”的社会。因为社会主义中的“社会”既包含了全体社会成员，同时又包含了社会中的每一个人。如前所述，由于社会主义的本质是以社会全体为主义，以社会中的每一个人为主义，因此社会主义社会中最基本的关系就是个人与社会（或者说是每一个个人与全体人）的关系。从社会主义的本质属性来看，它应该是最能够解决好个人与社会的关系的。但是，以往有些思想家由于缺乏对社会主义本质的科学理解，片面地将社会主义等同于集体主义、计划经济和全民所有制，因

而包括托克维尔和哈耶克这样的思想大家，都误解了社会主义的本质，认为社会主义是与个人主义、与个人发展完全对立的社会制度。其实，这也是自托克维尔以来许多自由主义思想家和政治家攻击社会主义最集中和最激烈的地方。仔细分析不难看出，托克维尔和哈耶克等自由主义思想家，都是先将社会主义设定为与个人主义完全对立的，然后再论证个人主义与民主的相关性，最后再分析社会主义因限制个人自由而与民主背道而驰。这正如哈耶克在《通往奴役之路》中引用托克维尔的话时所说的："没有人比托克维尔更清楚地意识到，民主在本质上是一种个人主义的制度，与社会主义有着不可调和的冲突。"（托克维尔1848年9月12日在制宪会议上关于劳动法问题的演讲中的原话是："民主扩展个人自由的范围，而社会主义却对其加以限制。民主尽可能地赋予每一个人价值，而社会主义却仅仅使每个一人成为一个一个数字。民主和社会主义除了'平等'一词毫无共同之处。但请注意这个区别：民主在自由之中寻求平等，而社会主义则在约束和奴役之中寻求平等。"）①

对社会主义误解的另一个偏见，是将法西斯主义视同为社会主义。第二次世界大战前后，由于法西斯主义者墨索里尼和希特勒都曾以社会主义或国家主义的名义推行法西斯主义，片面推行"国家至上"和"社会整体主义"，结果是将全世界都卷入战火之中，给人类带来了极其严重的灾难。第二次世界大战期间特别是结束后，欧美国家的政治家和思想家有意无意地将法西斯主义等同于社会主义，借此来证明社会主义的不伦，这也使社会主义蒙受了不白之冤。

对社会主义误解的再一个偏见，是将斯大林主义等同于社会主义。由于苏联模式和斯大林个人的原因，导致许多人对社会主义的精义缺乏科学理解，而片面地将社会主义等同于斯大林主义。马克斯·伊斯

---

①《亚里克西·德·托克维尔全集》第9卷，第546页。转见［英］弗里德里希·奥古斯特·哈耶克：《通往奴役之路》，（王明毅等译），北京：中国社会科学出版社1997年版，第30页。

门在批判斯大林主义的野蛮、残暴、秘密等时指出："在这样一种意义上，斯大林主义就是社会主义，它是国有化和集体化不可预料但却是不可避免的政治附属物，而这两者都要是他赖以建立一个无阶级社会计划的一部分。"① 他们进而否定社会主义与民主在本质上的不相容，"社会主义者肯定会证实，至少在开始时，不是通往自由的道路，而是通往独裁、通往最惨烈的内战的道路。以民主手段实现并维持的社会主义，看来确实属于乌托邦世界。"②

表面上看，法西斯主义的施虐似乎初步证明了社会主义的失败，后来斯大林主义的结果似乎再次证明了社会主义的失败，特别是前苏东国家的崩塌更是使人们确信社会主义已经失败，因此在 20 世纪后期，当人们回头再次去阅读哈耶克写于 1944 年（二战期间）的《通往奴役之路》时，不由得不佩服哈耶克的先见之明。一时间，哈耶克似乎成了预测社会主义失败的最权威的预言家。

然而，另外一个方面的重要事实往往被人们所忽视了：一是二战结束后一批社会主义国家纷纷建立；二是中国、越南、古巴等国始终坚持社会主义；三是 20 世纪后期和 21 世纪初中国社会主义的空前发展；四是二战后资本主义世界的调整，社会福利政策相继出台；五是 20 世纪后期和 21 世纪初金融危机对资本主义的冲击。所有这些似乎不仅不能断定社会主义真的失败了，反而印证了社会主义的生命力和优越性。

毫无疑问，目前的社会主义仍然是不完善的，社会主义如同任何其他社会制度一样，它有一个在实践中不断发展和完善的过程。但是，

① 马克斯·伊斯门：《斯大林的俄国与社会主义的危机》（1940 年），第 82 页。转见［英］弗里德里希·奥古斯特·哈耶克：《通往奴役之路》（王明毅等译），北京：中国社会科学出版社 1997 年版，第 32 页。

② W. H. 张伯伦：《伪乌托邦》（1937 年），第 202—203 页。转见［英］弗里德里希·奥古斯特·哈耶克：《通往奴役之路》（王明毅等译），北京：中国社会科学出版社 1997 年版，第 32 页。

必须看到，社会主义的暂时挫折，并不等于社会主义就彻底失败了。或者更确切地说，社会主义的挫折并非科学的社会主义造成的，而是僵化的社会主义模式造成的。因此，社会主义发展到今天，即社会主义制度建立近百年后，有一个重新认识和准确把握社会主义本质的任务。

关于社会主义本质，我们在前文中已经论证过。由于社会主义坚持以社会为本位，因而较之资本主义能够更好地体现和实现公平正义。众所周知，资本主义以资本为核心，以资本的占有为出发点，以追求利润最大化为目的。尽管资本主义最初为了获得发展的机会，曾倡导过民主、自由、个性发展等，但这些都是为集聚资本为目的的。由于资本垄断是资本主义的痼疾，而资本垄断必然导致社会的不公平，导致社会的两极分化和族群的分裂，因此在资本主义制度下是不可能真正解决公平和正义问题的。

以往人们普遍认为社会主义是一个过渡阶段，现在看来，社会主义将是一个独立的长期发展的阶段。社会主义以社会为本位，以社会中存在的每一个人为主义，以实现全体人民的利益为依归，因此社会主义已经脱离了片面追逐资本的狭隘眼界。而社会主义所依托的社会是由一个个具体的个人构成的，个人是社会主义社会的最小细胞。因此，从本质上讲，社会主义是以追求全体社会成员（包括一个个具体的社会成员）的福祉为目的的。正是由于社会主义是以追求全体社会成员的福祉为目的的，因而社会主义就是最能够体现和实现公平正义的。反过来说就是，由于社会主义坚持了公平正义的原则，所以社会主义社会能够最终解决人类社会发展中类似于“哥德巴赫猜想”式的难题——即个人与社会关系的难题。

公平正义是衡量社会全面进步的重要尺度。实现公平正义的关键，是在发展经济的基础上，实现每一个个人的发展与全体人发展的统一。对此，马克思主义老祖宗有许多深刻而精辟的阐述，其中恩格斯的论述具有经典的意义。恩格斯的《反杜林论》共三编，其中第三编是专论社会主义的。他在这里不但提出了“社会主义基本特征”的概念，而且阐述了社会主义基本特征的价值取向——人的自由而全面发展。恩格斯说：在社会主义社会，“通过社会生产，不仅可能保证一切社会成员有富足的和一天比一天充裕的物质生活，而且还可能保证他们的体力和智力获得充分的自由的发展和运用”①恩格斯的这一段话，用我们今天的话来说，就是通过发展生产促进人的自由而全面的发展，其实也就是《共产党宣言》中所阐述的各个个人的发展与全体人的发展的统一（每个人的自由发展是一切人自由发展的条件）。恩格斯的这段话与《共产党宣言》中关于“自由人的联合体”的结论，是对社会主义价值问题所作的最深层的回答，可以理解为社会主义和社会主义政治价值的基本取向，同时也是社会主义生命力的集中体现。

正如人们在总结苏联解体的教训时提到的：社会主义是有生命力的，“但这种有生命力的社会主义不是‘苏联的’社会主义，它是民主的，市场的社会主义，即‘具有人的面貌的’社会主义，它以人的正常追求和经过千百年来人类经验验证的经济规律为依据。”②

这种社会主义“不是一党政权，不是指令性经济管理体制。它只意味着承认不仅人的政治权利、公民权利，而且社会权利——人的劳动权、受教育权、医疗服务权、社会保障权、文化发展权等——都是宪法所规定的权利。国家是这些权利以及整个宪法得到遵守的保障，因此国家被称为社会国家，这些权利在社会上受保护的范围和水平，决定社会的社会主义性质的程度。”③

“正确理解的社会主义思想肯定每个人自由发展和个性自我实现的权利，就更无须说，它包含有对巨大的道德力量和文化意义的历史选择了。社会主义思想的这个品质，是任何宗教信仰、保守主义价值

---

① 《马克思恩格斯选集》第 3 卷，北京：人民出版社 1995 年版，第 633 页。

② 俄罗斯社会经济和政治国际基金会编：《奔向自由——戈尔巴乔夫改革二十年后的评说》（李京洲等译），北京：中央编译出版社 2007 年版，第 284 页。

③ 俄罗斯社会经济和政治国际基金会编：《奔向自由——戈尔巴乔夫改革二十年后的评说》（李京洲等译），北京：中央编译出版社 2007 年版，第 284 页。

观、民族主义思想、甚至消费天堂的福利都代替不了的。社会主义思想在捍卫人的自由方面比自由主义走得更远。而且无论如何不会否定人的自由。”①

正是通过对苏联社会主义模式导致苏联解体的教训的深刻总结，人们对于什么是社会主义有了更为科学的理解和认识。历史教训证明，科学意义上的社会主义不是苏联式的“社会主义”，而是坚持公平正义的、民主的、市场的、充分保障公民权利的、充分保障人的自由发展的、将每个个人的发展与全体人发展统一起来的社会主义。理论逻辑也充分证明，科学意义上的社会主义由于坚持以社会为本位——既以社会全体为主义，又以社会存在的每一个人为主义（中国已经明确提出要让改革开放的成果惠及社会的每一个人），因而能够最大限度地体现公平正义的原则，实现了个人发展与社会发展的逻辑统一，从而从根本上破解了人类历史上类似于“哥德巴赫猜想”式的难题——即个人与社会关系的难题，实现了人类社会发展史上的重大飞跃。

（作者单位：武汉大学政治文明与政治发展研究中心）

① 俄罗斯社会经济和政治国际基金会编：《奔向自由——戈尔巴乔夫改革二十年后的评说》（李京洲等译），北京：中央编译出版社 2007 年版，第 285 页。

国家能力认知的历史向度

何　颖　霍建国

现代社会的一个重要特征，是国家作用的空前发展。国家是各国经济发展、政治变革、社会转型的主要驱动者。亨廷顿指出："各国之间最重要的政治分野，不在于它们政府的形式，而在于它们政府的有效程度。"① 福山也指出："在过去几年中，世界政治的主流是抨击'大政府'，力图把国家部门的事务交给自由市场或公民社会。但特别是在发展中国家，政府软弱、无能或者无政府状态，却是严重问题的祸根。"② 可见，国家能力是经济发展的关键，是分析政治发展与社会进步的一个重要范畴，标志着一个国家的整体发展水平。当前，全球化的进程给民族国家提出了全新的挑战，迫切需要民族国家顺应现代社会发展趋势，全面提高国家能力。由此，国家能力的研究自然而然地走上政治实践的前台，并呼唤理论研究的支持。而传统的理论研究将国家能力作为政治权力活动的一个既定前提存而不论，更多的是关于国家的性质、政权的组织形式、权力的分配状况等问题的研究。到了 20 世纪特别是二战以后，由于发展理论的兴起，在对广大发展中国

① ［美］亨廷顿：《变化社会中的政治秩序》，北京：三联书店 1989 年版，第 1 页。

② ［美］弗朗西斯·福山：《国家构建——21 世纪的国家治理与世界秩序》北京：中国社会科学出版社 2007 年版，第 1 页。

家现代化进程的研究中，人们逐渐认识到国家能力对经济和政治发展乃至对社会发展的重要作用，国家能力也逐渐成为学界研究和关注的热点问题。就事实而言，自国家诞生之日起，国家能力就已经存在，但是随着历史时代的变迁，国家本质、国家形态、国家职能的不断演进，国家能力也有不同的表现形式。从总体上而言，人们对国家能力的认知经历了一个从国家权力到国家职能再到国家治理的历史发展过程。从社会发展的进程中把握国家能力的历史发展向度，有利于重新理解现代国家本质以及未来国家发展趋势，对于国家理论研究与实践发展具有重要的意义。

一、国家权力向度中的国家能力

国家能力是伴随着国家的产生而产生的，并以国家权力为最初表现形式。国家能力的实现主要是通过国家权力的运行体现出来的，国家通过自己所拥有的权力对其他主体施加影响，从而使国家能力产生效果。同时，国家权力与国家能力又是两个不同的概念，无限的国家权力在一定程度甚至会导致国家能力的下降，因此，二者之间又存在着一定的悖论。所以，只有适度的，受到监督和制约的国家权力才能够成为国家能力的基础与支撑。

（一）国家权力与国家能力的统一与背离

从根本上讲，国家是社会在一定发展阶段上的产物，是社会阶级矛盾冲突的结果。恩格斯指出：“这种从社会中产生但又自居于社会之上并且日益同社会相异化的力量，就是国家。”① 国家是统治阶级实施阶级统治和进行社会控制的机器。“由于国家是从控制阶级对立的

① 《马克思恩格斯选集》第4卷，北京：人民出版社1995年版，第170页。

需要中产生的，由于它同时又是在这些阶级的冲突中产生的，所以，它照例是最强大的、在经济上占统治地位的阶级的国家，这个阶级借助于国家而在政治上也成为占统治地位的阶级，因而获得了镇压和剥削被压迫阶级的新手段。”① 作为一种阶级统治的工具，国家的一个重要特点，就是公共权力的出现。按照恩格斯的思想，拥有公共权力是国家区别于其他社会组织的主要特征。他指出：“这种公共权力在每一个国家里都存在。构成这种权力的，不仅有武装的人，而且还有物质的附属物，如监狱和各种强制设施”②。“文明国家的一个最微不足道的警察，都拥有比氏族社会的全部机构加在一起还要大的‘权威’”③。列宁也指出：“国家正是这种从人类社会中分化出来的管理机构。当专门从事管理并因此而需要一个强迫他人意志服从暴力的特殊强制机构（监狱、特殊队伍即军队，等等）的特殊集团出现时，国家也就出现了。”④ 可见，马克思主义经典作家是从国家权力，甚至是从暴力的意义上来思考国家的本质和职能，因此将国家能力等同于传统意义的国家权力，即宏观意义上的权力与暴力。国家权力作为一种具有强制或命令性质的“特殊的公共权力”，也直接地构成了国家能力的基本组成部分，或者说，国家权力是国家能力的根本，国家能力直接表现为国家权力。

尽管国家能力最初表现为国家权力，但是国家权力与国家能力是两个不同的概念，而且国家权力的无限增长也可能导致国家对社会的淹没，对公共利益的偏离，而致使国家能力弱化。事实上，国家权力与其他权力一样具有天然的自我膨胀性，在到达社会认同临界点之前，国家权力与国家能力的增强是一致的。从历史发展来看，几乎所有新建国家都在一个时期里经历了国家权力的巩固和发展、国家能力的增

---

① 《马克思恩格斯选集》第4卷，北京：人民出版社1995年版，第172页。

② 同上，第171页。

③ 《马克思恩格斯选集》第4卷，北京：人民出版社1995年版，第168页。

④ 《列宁选集》第4卷，北京：人民出版社1995年版，第28页。

强与提升的共同协进的过程。但是一旦国家权力的扩张超越了社会认同的临界点，国家权力就已经变成“反动的”存在物，会因为对社会的淹没以及社会公众对国家权力的抵制而致使国家能力的衰微。同时，如果国家权力发展越发完善，它就越可能产生自身的特殊利益，而这种特殊利益会影响到国家权力行为对公共利益的偏离。一旦国家权力背离了公共利益，就会使国家合法性遭到挑战，国家能力也随之失去效力。国家权力无限扩张所导致的对社会的淹没以及对公共利益的偏离都背离了国家能力存在的价值和目标，使国家权力成为销蚀国家能力的基本要素。一旦国家能力仅仅建立在强制性的国家权力基础上，这个国家要么是军事独裁的，要么是专制主义的。

（二）国家权力与国家能力的关联与悖论

从国家的起源来看，国家能力是以国家权力为基础并统一于国家权力的，即国家能力是国家依据其拥有的公共权力实现国家目标的能力。国家的任何能力都是为维护统治阶级的根本利益，都是从统治阶级的政治意志转换而来，国家能力源于国家权力，而其国家权力是由统治阶级赋予和委托的，目的是为了让国家有能力完成统治阶级交给它的统治和管理的任务。特别是由于国家权力的扩展，致使国家能力与国家权力融为一体。正如安东尼·吉登斯指出：“只有现代民族—国家的国家机器才能成功地实现垄断暴力工具的要求，而且也只有在现代民族—国家中，国家机器的行政控制范围才能与这种要求所需的领土边界直接对应起来。占有垄断暴力工具的权利以及使这种垄断同某种领土观结合起来，这都是一般意义上的国家的特征。”① 可见，国家能力的提升首先表现在国家权力的扩展方面。国家权力作为一种强制性的政治权力，表现为各种统治权力的总和，为实现统治阶级的利益，在实际政治过程中体现为对社会价值的支配能力以及对其他组织

① ［英］安东尼·吉登斯：《民族—国家与暴力，北京：三联书店 1998 年版，第 20 页。北京：三联书店 2003 年版，第 36 页。

和个人的制约能力。因此，就国家发展的历史而言，国家权力与国家能力之间存在着正相关关系，国家权力的强大必然带来国家能力的增强。因为，国家能力的实现过程必然要以相应的国家权力作为支撑，国家权力是国家能力的根本。拥有强大权力的国家，可以支配更多的资源，国家作为的空间也比较大，因而相应地会提升国家能力。反之，一个软弱无权的国家，由于不能对社会施加影响，其能力必然低下。

虽然国家权力与国家能力之间存在着正相关关系，国家权力的扩张在一定程度上可以带来国家能力的增强。但是就现代国家的发展与理性建构而言，国家权力与国家能力之间存在着一定的悖论。施密特在讨论国家权力时曾引入“全能国家”（total state）的概念，为了进一步解释他的观点，他区分了“质的全能国家”（qualitative total state）和“量的全能国家”（quantitative total state）。前者指在行使职能方面有绝对权力的国家，后者指在权力界域方面毫无限制的国家，即不存在国家与市民社会之间界限的国家。施密特希望建立的强国家是“质的全能国家”，而不是“量的全能国家”。[①] 迈可·曼区分了两个层面的国家权力。其一是国家的专制权力（despotic power），即国家精英可以在不必与市民社会各集团进行例行化、制度化讨价还价的前提下自行行动的范围（range）。其二是国家的基础性权力（infrastructural power），即国家能力。它指的是国家事实上渗透市民社会，在其统治的领域内有效贯彻其政治决策的能力（capacity）。[②] 通过施密特和迈克·曼的分析，我们发现国家权力与国家能力之间的明显悖论。即集权国家与强国家并不是一个等同的概念。一个享有宽泛权力的国家，完全可能是一个在能力上比较弱的国家。也就是说，在相当多情况下，国家权力过大会削弱国家能力，如对国家权力进行限制和制约的典型有限国家、宪政国家、民主国家在一定程度上可以大大增强国家能力。

① 李强：《宪政自由主义与国家构建》（《公共论丛》第七卷），北京：三联书店2003年版；王焱：《宪政主义与现代国家》，北京：生活·读书·新知三联书店2003年版。

② 转引李强：《国家能力与国家权力的悖论》，《中国书评》1998年第11期，香港。

二、国家职能向度中的国家能力

从国家职能的角度来看，国家能力是在实现国家职能的目标和任务的过程中所拥有的力量和能力。如香港学者吴国光在《国家、市场与社会》中从实现国家职能的意义上将国家能力分为消极国家能力、积极国家能力和超国家能力。消极国家能力是指国家调节基本的社会冲突、维持起码的社会秩序、防止暴力和犯罪等方面的能力；积极国家能力主要表现为促进经济发展和发展社会福利的能力；超国家能力是指国家为实现某种意识形态目标，在深层次上改造社会，并在这个意义上重新安排社会秩序，实现社会福利的能力。可见，国家职能和国家能力有着密切的内在关系，不同的国家职能对于国家能力有着不同的要求。

（一）国家职能与国家能力之间的关系

国家职能是确定国家应履行的职责和承担的任务，明确国家活动范围、管理幅度的范畴，涉及国家“想干什么”“要干什么”或“应该干什么”等问题，而国家能力是国家作用的强弱和有效性程度，涉及国家“能干什么”“会干什么”等问题，二者有着本质上的区别。但是二者同时又存在着一种十分复杂的对应关系。若国家职能定位过宽，国家活动范围越广，国家管理和控制的复杂性也势必增强，对国家的组织能力、控制能力、协调能力等方面的要求也就越高，同时一旦过于宽泛的国家职能超出了国家的承受能力，国家便不能完全充分地履行其职能，则表现为国家失灵或国家失败，影响国家能力的发挥。若国家职能定位过窄，不能满足社会公众的需求，没有履行国家的必要的职能，则表现为国家职能的缺失和国家的合法性危机，这必然导致国家能力的相应缺失。因此，国家职能范围直接影响到国家行为的合理性、有效性程度，从而影响国家能力的状况。同时，国家职能的实现是以国家能力为基础的，缺少有效能力的国家即使具有广泛的职能，但实际上也很难有真正的作为；而国家能力的实现又必须依赖于国家职能，国家职能为国家能力的形成和发展提供了保障。因此，国家职能与国家能力是一种互动关系。也就是说，国家职能框定了国家能力的基本内容和发展方向，国家能力必须依托于一定的国家职能。

（二）国家职能理论对国家能力的不同要求

从西方国家发展进程来看，不同时期的国家职能理论关于国家能力的主张是不同的，特别是关于国家干预经济的主张是不同的。20 世纪 30 年代以前，西方国家主要以亚当·斯密的古典自由主义为理论指导。古典自由主义主张自由竞争、自动调节、自由放任，国家仅仅只是“守夜人”，奉行管得最少的国家才是最好的国家。1929—1933 年资本主义世界的严重经济危机证明“自由放任”的理论的局限性。世界经济危机导致西方经济大萧条之后，凯恩斯主义大行其道。“凯恩斯革命”直接导致了对国家能力的重新要求，赋予“国家干预行为”以深厚的理论依据，主张国家积极干预经济的“罗斯福新政”应运而生。20 世纪 70 年代以后，西方市场经济国家出现了低增长、高通胀为特征的“滞胀”现象，理论界对凯恩斯主义以及国家全面干预社会经济的实践的批判性反思由此兴起，以哈耶克、弗里德曼等为代表的新自由主义理论学派全面分析国家干预的局限性以及国家失败的成因与表现，主张限制甚至取消国家干预，弱化国家能力，充分发挥市场机制的作用。而本次由美国次贷危机引发全球金融危机在很大程度上是由新自由主义思潮所导致的，奉行消极国家和小政府的新自由主义陷入困境。从世界各国的“救市”措施来看，大有宣告新自由主义终结之势，同时世界各国政府在应对金融危机的过程中充分发挥国家的作用，凸显出国家能力的重要性。从总体上看，西方国家职能理论一直在亚当·斯密的古典自由主义和凯恩斯的国家干预主义之间徘徊，国家能力也相应地呈现此消彼长，时强时弱的特征。

（三）国家职能转变中的国家能力结构向度

随着国家职能的转变，国家能力的内容也发生着相应的变化。在传统农业社会，国家职能的重心在于政治统治，国家能力就表现为维护、巩固这种统治的能力。建立在农业（畜牧业）和手工业基础上传统农业社会形态，由于生产力水平低下，生产方式十分保守，社会结构相对单一，社会分工不发达，公共事务较少，国家的职能主要是在政治统治上。奴隶制社会和封建制社会的国家能力就主要表现为国家的政治统治能力。私人占有制度的独特性决定了国家的主要职能，是通过对内进行阶级压迫、对外进行军事扩张，以此维护奴隶主阶级和封建统治阶级的特殊利益，国家能力运用完全以服从和服务于统治阶级的政治利益为根本出发点。在现代工业社会，国家职能的重心在发展经济、管理社会，国家能力表现为经济发展能力、社会管理能力。马克思主义国家理论认为，国家不仅仅是阶级统治的机器，还具有一定的社会性。作为公共的政治机构，“国家是整个社会的正式代表，是社会在一个有形的组织中的集中表现”①。恩格斯认为：“政治统治到处都是以执行某种社会职能为基础，而且政治统治只有在它执行了它的这种社会职能时才能持续下去。”② “一切政治权力起先都是以某种经济的、社会的职能为基础的”③。可见，国家除了具有政治统治职能外，还具有管理社会公共事务的社会职能。但是由于在农业社会中，国家能力的社会管理因素体现的较少，而更多的是政治统治能力的强化。随着工业文明的发展以及经济和社会的进步，特别是资本主义市场经济以强大的力量冲击着封建社会的经济基础和上层建筑，现代工业社会的生产力水平大幅度提高，社会生产从个体化、家庭化转向集团化、社会化，社会结构与社会分工日益复杂和丰富，社会公共权力

---

① 《马克思恩格斯选集》第3卷，北京：人民出版社1995版，第755页。

② 同上，第523页。

③ 同上，第526页。

结构的变化，社会公共事务的增多，这些社会条件的显著变化迫切要求调整国家能力的结构向度，即通过收缩国家政治统治职能的范围，扩大国家社会管理的范围，转国家政治统治能力为经济发展、社会管理能力，以此为现代社会国家能力的全面发展提供广阔的空间。

三、国家治理向度中的国家能力

就现代社会中的国家能力而言，在本质上是一种国家治理能力。20世纪80年代末兴起的治理理论是对传统国家理论的巨大挑战，打破传统国家与社会之间的二元对立关系，倡导国家权力向社会的回归，认为国家与社会之间是一种良好合作关系。治理挑战了传统的国家“统治”行为和国家权力的运行向度，同时也超越了自由主义与国家干预主义之间的论争，是对市场失灵和国家失败的反思与替代。治理的兴起不再是“国家中心主义”的，对国家能力的要求是围绕着国家与社会的关系等问题而展开的。治理为国家能力的转型提供了新的思路，国家在治理结构中扮演着重要的角色，并且国家在社会治理过程中将发挥关键的作用。

（一）国家治理中的国家角色定位

在国家统治能力占主导地位的时代，它关注的核心问题是社会秩序与稳定，国家能力在本质上表现为一种“权治”，是一种单纯依靠权力的统治方式，整个社会呈现同质性与一元化的特征。随着现代化的进程，民族国家逐渐由封闭转向开放，社会构成要素呈现多元化特征，社会治理主体也趋向于多元化。在治理模式下，“不再是中央集权，而是权力分散；不再是由国家进行再分配，而是根据市场原则的管理；不再是由国家‘指导’，而是由国家和私营部门合作”①。治理一方面要求国家权力回缩以适应全球主义的发展，另一方面要求国家权力下放到社会组织身上。尽管如此，国家仍在治理过程中扮演着规则提供者和秩序维护者的重要角色。正如鲍勃·杰索普认为，国家不仅是治理中的一个重要主体，其作用更加体现在所谓的“元治理”上。“元治理”并不是建构一个至高无上、控制一切治理安排的国家主体，相反，它担当制度设计，提出远景设想的任务，从而促进不同领域、不同形式的社会治理之间的协调。也就是说，“元治理”是要修正各种治理形式之间的相对平衡，重新组织和重新整合各种治理形式之间的复杂合作。在此模式下，“国家不仅要调整传统社会职能的范围，适应新形势承担起新的社会职能，还要在行为过程中不断改进履行职能的方式和手段；国家行政的自主性受到一定的限制，但国家主权原则却并不因此受到削弱，国家仍将发挥主导经济和社会的作用。”②

（二）国家治理中的公共服务能力诉求

根据社会契约论的观点，国家行使公共权力，理所当然地要为公民提供服务。然而随着公共权力的异化，国家开始漠视公共利益，追求自身的特殊利益，国家成为异己的存在变成控制公民的工具。特别是在传统公共行政模式的谋划与设计之下，国家发展出一套科学的、严密的控制社会、公民的技巧，使得国家行为无论在内部取向上还是在外部取向上都达到极高的控制水平。特别是建构在“合法—合理”基础上的官僚制国家在本质上是以统治能力为前提预设的。拘泥于工具理性基础之上的官僚制国家不能真正满足人们对公共服务的需求。国家漠视了公民的真实愿望，忽视了国家公共服务能力本质。国家凌驾于社会和公民之上，国家能力的表现形式是以管理和控制为导向的，

---

① 转引俞可平：《治理与善治》，北京：社会科学文献出版社 2000 年版，第 6 页。

② 郁建兴：《马克思国家理论与现时代》，上海：东方出版中心 2007 年版，第 279 页。

而拒斥了服务能力。

从国家起源上看，国家产生于社会，是公共权力的象征，代表公共利益行事。因此，国家需要服务于整个社会，为了社会的整体利益而治理社会。即使是专制国家或者剥削阶级国家，也具备一定程度的服务能力，要采取一系列服务于社会大众的政策。但是，从社会与国家的关系来看，国家能力最初表现形式是国家统治能力，此后逐渐凸显国家的社会管理能力，尽管如此，二者均是建立在以国家自身为中心的基础之上。到了现代社会，特别是在社会治理的进程中，国家要突出发展国家公共服务能力。事实上，作为服务层面的国家能力与作为统治层面的国家能力是任何社会形态下各种类型国家得以存在和发展的必要条件。当国家无力履行其社会服务职能时，国家的其他职能就失去了整体性结构平衡。当国家公共服务能力下降达到一定程度，国家的政治统治能力就会被削弱甚至会全部丧失。

随着社会的不断发展，社会需求的层次和内容不断丰富，对社会公众进行公共服务日益成为国家的主要职能，因而，国家公共服务能力也随之在国家能力体系中占据重要地位。在社会治理进程中，国家提供的服务是多方面的，要为市场、企业和公民提供各式各类服务，特别是提供制度性的公共产品以满足现代社会发展的需要。政府是否具备公共服务能力，既是社会运行和发展的重要基础，也是国家合法性基础的重要来源。因此，在现代社会治理过程中，要充分凸显国家公共服务能力。

综上所述，国家能力是伴随着国家的产生而产生，是随着国家的发展而不断变化的历史过程。因此，不同的历史时期、不同的理论学派对国家能力内涵的认知也不尽相同。从历史发展的视野下，基于对国家能力发展规律的理性认知，进而有目的、有意识地改善和优化国家能力结构，以便更有利于国家作用的有效性发挥。这对于国家理论研究以及现代国家构建与发展具有重要的价值意义。

（作者简介：黑龙江大学哲学与公共管理学院）

全球化时代地缘政治研究的新视野

刘雪莲　徐立恒

经济全球化时代，由于技术的进步和资本的全球流动给自威斯特伐利亚形成的以主权国家为核心的国际体系带来了巨大的冲击。似乎出现了这样一个事实，“自人类出现伊始便承载着其全部活动的地理空间正在被超越。”全球化所裹挟的各种要素正以前所未有的态势冲击着由特定的领土、边界所限定的主权国家。弗朗西斯·福山在冷战结束后宣称，“马克思—列宁主义已成为过去，西方自由民主的胜利和自由市场主义将促成一个统一而和谐的社会。在这种理想的社会中，地理上的差别，包括地缘政治，将不再起什么作用。”① 似乎大多数的人们都乐观的笃信全球化所带来的“零距离的世界”触手可及。但是，被很多人所忽视的一点是，对于未来一厢情愿的憧憬是否足以将眼前的世界置之不理？不可否认，时至今日由科学技术所带来的对于地理空间的超越远不足以达到无视这一重要因素的时刻。由领土所规定的民族国家，仍旧是国际舞台上的“主角”，基于地缘政治的考量依然规定着国家的对外政策。地缘政治的逻辑并未没落，而是以全新

① Francis Fukuyama, *The Great Disruption: Human Nature and the Reconstitution of Social Order* (New York: Free Press, 1999), pp. 10-26, pp. 187-93, pp. 249-82，转引自胡莹，《全球化时代的地缘政治图像》，《山东社会科学》2007 年第 5 期。

的方式继续左右着世界。

一、区域研究——地缘政治研究的新领域

冷战后的国际政治现实表明，不但地缘政治的范畴在拓展，许多传统的地缘政治领域也获得了新的发展。其中，关于地区化和地区的研究是现时代地缘政治关注的重大问题之一。

伴随着去殖民化和全球化的进一步发展，有关地区问题在国际政治研究中越发重要起来，冷战的结束加速了这一进程。“事实上全球化的过程是一个相互矛盾、相反运动的双重力量发展并行不悖的过程：一种是分裂、冲突与无序；另一种是统一、合作和有序……当代世界政治变迁的动因包含着分散化和一体化两个同时起作用的趋势，这两个因素在当代全球政治的进程中又分别指涉了全球化和地方化的现象。”① 在此两种合力的共同作用之下，一方面基于经济和技术因素推动的全球一体化蓬勃发展，另一方面基于地域的安全、宗教及民族等因素滋生的地区问题也日渐突出。“冷战后各种民族分离主义运动和所谓的新认同政治，都是全球地方化的一个重要体现”②。

首先，区域是国家发展的地缘依托。无论是存在于地区的大国基于自身的综合实力，统合周边的国家形成功能性的区域组织，还是地区内普通国家为了增强在国际社会的竞争力及话语权而联合起来的行为，都是基于同样的地缘政治考量：由于地理位置的相临而有着相同或相近的历史文化传统，或有着长期的经济或文化上的联系及历史渊源，这些国家很容易组成稳定的集团。区域范围内的经济合作以及基于安全目标的政治、军事合作日益频繁和深化。可以认为，在现时代，一个和平有利的地缘环境是国家发展的首要依托。东京大学教授北冈

---

① 赵可金：《全球化时代的新地缘理论》，《清华大学学报》2008年第5期，第103页。

② 同上，第104页。

伸一就曾就指出："日本所承担的大国责任应当有地域之分，在亚洲，日本能够也应当承担更大的国际责任。"① 这一点在日本近年从"脱亚入欧"的国家战略轨道向"脱欧入亚"战略的转变可以得到印证。全球化的发展使国家意识到，与邻国建立良好的合作关系，在地区内塑造一个良性的区域地缘环境是国家得以发展的现实要求。

其次，从区域的层次出发来审视国际关系符合时代的要求。传统的地缘政治研究主要是从国家视角出发解析国家的权力和地理因素之间的关联。但是在全球化的背景下，仅仅对于一国所处的地缘环境进行研究已经不能满足时代对地缘政治的要求。同时由于全球地缘的概念过于宏大，在分析世界上形态各异的地缘政治结构时尚未形成普遍性的分析框架，所以对于区域的研究就显得越发重要起来。区域地缘的概念，早就出现在地缘政治的研究当中，最近的十年间，大量的区域性组织的出现如亚太经合组织，东盟地区安全论坛等，皆表明了地理单元日益重要的地位。一个源于西方的新词汇"glocal"，越来越受到全世界的关注，这个词语意思是从全球到地方。在现时代，地理位置和距离依然是构成国际社会行为体之间的相互依存程度的核心变量。地理上相邻的国家之间政治、经济以及社会层次上的互动更加频繁，地区环境塑造了区域内国家安全认知和发展条件。在邻国之间，冲突爆发的概率更高，而成熟的秩序也较为容易在邻国之间出现。笔者认为，区域地缘的地位将会超越国家地缘，并对全球地缘形成支撑。因此在全球化时代，对于区域的关注是地缘政治研究的重中之重。

二、非传统安全的地缘性

冷战之后，苏联的解体以及两极格局的瓦解，使世界爆发全面军

① ［日］北冈伸一：《日本外交的定位》，《朝日新闻》2000年1月11日，第4版。

事对抗的概率有所降低，人类所面临的传统安全威胁程度有所减少。但诸如民族宗教冲突、武器扩散、跨国犯罪、非法移民、金融动荡、资源危机、环境污染、疫病流行、网络攻击和恐怖主义等“非传统安全”问题，却对国际社会的所有成员的安全构成了新的威胁。由于非传统安全问题具有的跨国传播的特性，导致一国的地缘政治边界难以对其产生有效的控制，以致非传统安全问题对各国的边界形成渗透，并不断向外扩散。

与之相对，传统的地缘政治安全观念也发生了重大的变化。传统的地缘政治安全从属于现实主义的安全观，即追求国家的政治、军事安全。由于传统地缘政治的核心是地理空间和国家行为的关系，所追求的地缘政治的安全更集中体现在国家的“领土安全”，表现为对地缘战略要地的控制和建立缓冲地带以保障国家安全的行为。但现时代，国家主权神圣不可侵犯的原则早已被国际社会所普遍接受，除去存在的领土历史遗留问题，各国的边界已经基本确定。因此，传统的对于领土的争夺和控制不仅在现实上具有不可操作性，在法理上更是不被世界所接受的。同时，由于非传统安全问题的大量涌现，地缘安全观也在逐步发生变化。从地缘政治的视角出发，非传统安全问题将成为地缘政治安全所关注的新问题，同时由于非传统安全问题自身的特性，也需要地缘政治的分析视角。

首先，许多非传统安全问题的产生基于地理的原因。人类的历史活动自古以来便难以超越地理的承载，地理环境给人们提供了丰富的自然资源和活动空间。同时，基于地理的因素，所产生的许多议题也给人类造成了极大的困扰。非传统安全问题作为当今世界的重要关切，它的出现和发展同样有着地缘上的原因。例如，一直以来被俄国媒体炒得很热的“非法移民”问题，正是由中俄边界的自然环境和经济发展水平的巨大差异所导致的。在俄罗斯的经济构成中，其工业的主要增长点集中在中部和西北部。而和中国交界的俄远东地区由于自然条件的艰苦和基础设施的滞后，导致该地区人口稀少、经济欠发达。据统计，“10年来，有10%的居民迁移到外地，其中包括具有一技之长的专业人员。"① 而这部分的空当很快就被中国北方的剩余劳动力所填补。这一现实也成了一些俄罗斯民族主义者用以大做文章的借口，在俄国内大行其道的"黄祸论"便是根源于此。这也成为危害两国国家关系及合作进程的阻碍因素之一。不仅是非法移民问题，其他许多非传统安全问题如"环境安全""恐怖主义"等，都存在着地缘上的原因。

其次，非传统安全问题的解决需要地缘上的合作。"尽管非传统安全威胁不尊重国家主权和边界，但非传统安全问题的解决却必须以尊重国家主权和边界为前提。"传统的地缘政治受冲突的地缘观所主导，信奉"零和"的地缘政治逻辑。因为领土的唯一性，所以一国所得即一国所失。而由于非传统安全问题的跨国性特征，限制了一国在解决非传统安全问题上的政策选择。因此，往往非传统安全问题的处理最终要依靠国家间的合作。值得注意的是，并非所有的非传统安全都是全球的问题，由于世界存在着不同的地缘环境区域，由此所引发的安全问题也不尽相同。由于某一地区的国家在地缘上日益相互依赖的特质，所以某些非传统安全问题往往在特定的地理区域内表现得更为突出。这使得身处该地缘环境区域内的国家在某些非传统安全领域形成了一荣俱荣、一损俱损的共生关系，使地缘上相近的国家拥有了共同的安全利益，这便成为区域内国家在非传统安全领域合作得以实现的基础。

三、政治、经济相结合的地缘政治研究

冷战时期，由于美苏对峙的两极格局，使得地缘政治因素空前活跃。在当时的世界地图上，美苏的战略互峙可以从泾渭分明的地理分界一目了然。将当时的两大阵营关系，归结为地理上的对抗似乎也不

① 朱显平、李天籽：《俄罗斯东部开发及其与我国东北振兴互动发展的思路》，《东北亚论坛》2008 年第 4 期。

为过。1989 年冷战结束，曾经以意识形态划分敌友，两大阵营各自内部从事经济的活动的局面被完全打破，经济全球化进入了全面发展的时期，国际关系呈现出国际政治经济化、国际经济政治化的全新局面。在一国外交中，对外经济政策，例如对外投资、对外贸易、汇率政策等经济手段，常常成为政治目的实现的方式；同时，对外政治政策的选择，甚至诉诸战争的手段，往往被用于经济利益的实现。

随着 20 世纪末国际格局的转变，原本在地理上清晰的政治地理格局似乎也不再清晰。在经济全球化和区域集团化的浪潮之下，世界俨然被分割成了许多经济地理单元，似乎政治经济化的趋势正在重塑着原本以地缘政治引领的国际关系格局，世界经济的政治效能也越来越被人们所重视。在传统的地缘政治看来，相邻的国家之间更倾向于奉行“远交近攻”的外交策略，这便使相邻的国家更易于发生冲突。但是，随着经济全球化的发展，在地缘上相邻的国家往往具有相似的或互补的经济结构，更易于经济合作的实现。正如新功能主义所言，经济上相互依赖的日益加深，有利于政治合作的进一步实现。以欧洲一体化为例，以“欧洲煤炭联营”为起点的欧洲一体化带来了宿敌法德的和解，欧洲各国因为经济合作的深化走向了联合，同时也为昔日战火不断的欧洲大陆带来了和平。

20 世纪 90 年代，西方学者提出了地缘经济学的概念，“以影响促变化，即发达资本主义国家凭借主要是经济方面的优势控制世界上不同地区的变化取向，因此，谁掌握了国际经济命脉和生态优势，谁就在国际事务中拥有较大发言权。兰德公司的前政治部主任索罗门认为，人类正在进入地缘经济时代，贸易、资金、技术等的流动变化将决定着这个时代国家间力量的对比，国家安全观正在从传统的军事实力均衡拓展到经济领域，商业力量、技术力量同军事力量一样都是国家实力与影响的重要组成部分。”① 显而易见，在全球化时代，经济作为影

---

① 丁志刚：《新兴地缘经济学独特的地缘战略视角》，《国际论坛》2001 年第 2 期。

响国家对外决策的重要因素已经毋庸置疑。经济利益在某种程度上已经弱化了传统国家政治利益在外交决策中的地位。在为争夺国家的“生存空间”而进行的领土扩张手段已经失去其可行性的时代，从地缘关系出发用经济的视角来解释和处理国际关系的方法是具备其合理性的。经济的地缘效应将会对地缘政治关系产生影响。而许多的地缘经济观点中争夺的重点往往也是地缘政治战略中所要争夺的重点区域。对于一些在地缘上具有重要战略意义的地区，西方国家仍旧千方百计地试图控制，只不过在方式和方法上有所转变，从赤裸裸的占据到间接的控制而已。

所有的现象正在告诉我们，对传统的地缘政治因素的考量已经不足以解释当前的许多国际问题，地缘政治研究需要一种政治、经济相结合的研究视角。

四、地缘政治研究的增量空间

科技进步是人类社会向前发展的源动力，在不同的时代的科技发展水平决定着人们认识世界、改造世界的能力。作为一门具有悠久传统的社会科学，地缘政治同样也受到科技因素的制约。蒸汽机的出现，揭开了海洋时代的帷幕；内燃机技术和交通网络的普及，推动了围绕广阔的欧亚大陆所展开的陆权学说。当然，无论是海权还是陆权，其运作的基础都局限于地表，而飞机和可进入外层空间的飞行工具的诞生，使“空权”和“天权”进入了人类的研究领域。“某种意义上，地缘政治理论总是力求反映一定科技条件下地理环境与国际活动的相互关系，反映人类控制与利用自然条件的能力，以及在该技术条件下人类行为的边界。”① 当技术条件发生变化时，受技术所规定的空间也

① 沈伟烈等：《国家安全地理》，北京：时事出版社 1995 年版，第 10 页。

必然会发生变化，这种变化体现在空间自身的重新定义或新的空间出现。

首先，海洋空间相较于旧时代有了更加重要的地位。由于海洋自身四通八达、不受阻隔，所以一直是人类交通运输的主要通道。其中，许多海域由于所处的位置或所链接的地理空间，成为极具价值的战略要地。时至今日，海洋空间的重要性超越了过去的任何时候。海洋不再仅仅是运输通道和战略要塞，随着海洋开发技术的不断进步，它也成为弥补人类陆地资源日益匮乏的新选择。

其次，外层空间日益被地缘政治研究所关注。冷战时期，里根总统提出了“星球大战计划”，在这一时期，美国的外太空技术取得了长足的发展。而这一计划的主要目的一是为了使美国在外层空间取得在军事上对苏联的绝对优势，二是为了通过军备竞赛在经济上拖垮苏联，这个时期对于外层空间的研究主要被用于战争的目的。冷战结束，科学的进步为人类对空间的探索提供了新的助推力，太空对于人类生存、经济、政治价值的不断攀升，外层空间的战略意义也愈发重要起来。大国争相“进军太空”，争夺其在外层空间的战略优势，不仅为可能的战争未雨绸缪，同时也为未知的人类未来蓄势待发。

最后，信息革命的蓬勃使人类身处信息时代，人类在享受互联网所带来的便利和海量信息的同时，也对网络空间产生了极高的依赖。“信息空间不再是传统四大领域中的附属物，而由其自身构成一个新的空间。这个新的信息空间是虚拟的、非物质的，又在物质世界中无所不在。”① 网络空间的出现，拓展了传统地缘政治的外延，虽然该空间是并不具有地缘和物质实体的“虚拟空间”，但是由于信息社会的特殊属性，网络空间实际上为在技术上拥有优势地位的大国提供了影响和控制实体领域的新手段。

总而言之，虽然运输工具和导弹等远程作战工具的发展使传统地

① 张研：《信息时代的地缘政治与“科技权”》，《现代国际关系》2001年第7期。

理边界被超越，承载人类的地理空间在内涵和外延上发生了巨大的变化，但是由于国家在技术、经济等领域综合实力的天然差距，对于空间的不平衡使用和占据依旧客观存在，地缘政治的本质并未因此丧失作用，地缘政治的空间领域的争夺依然演绎了地缘政治的逻辑。对于新出现的增量空间的控制能力，将决定未来国家在战略序列中的位置，对于空间的争夺，似乎在科技因素的提升之下，又有着回归传统地缘政治的趋势。

综上所述，在全球化深化发展、科学技术飞速进步的现时代，地理环境对于国家行为的影响效能依然存在。当今世界所出现的新问题和发展的新方向都难以摆脱地缘空间的羁绊。地缘政治的思维依然是分析当前国际关系的重要切入点。当然，对于社会科学的研究，我们应当秉持一种客观的态度，既不能片面地夸大地缘政治的作用从而回归“地理决定论”，也不能彻底的忽视地缘政治的逻辑。当今世界所出现的许多问题，都是有着其地理根源的。抛弃了地缘政治，我们就很难全面理解为何某些地区更容易滋生恐怖主义，为何当今世界区域集团林立，为何大国接二连三地探索太空……时代赋予了地缘政治新的命题，也给地缘政治提出了新的挑战。地缘政治的研究需要新的视野，我们不能囿于传统地缘政治的思维局限，任何的社会科学都是一定时代的反映，它不能够超越时代所限定的种种要素。现时代，对于领土之争的淡化，并不代表地缘政治失去了作用，基于地缘所衍生的许多问题依然存在，我们仍旧需要地缘政治的思维来进行解析。

（作者单位：吉林大学行政学院）

政治正义：政治文明的价值之维

何俊武

政治，是人类社会中的一个古老现象，也是历代思想家所关注的一个永恒话题。作为一个现象，政治总是围绕着国家政权而存在，总是与公共权力的获取、运用相关联，总是一个在社会生活中占据着全局性、关键性位置的重大问题。因此，政治文明是人类文明不可或缺的一个重要组成部分。作为一个话题，政治总是折射出人类对良好公共生活的理想追求，而蕴涵着诸多价值。政治正义就是政治生活所追求的重要价值之一。因而考量政治与政治文明之关联，不妨从探讨政治正义对于政治文明的作用着手。

一、概念界定：政治正义与公共秩序

在政治哲学看来，无论就政治制度抑或就政治生活而言，政治正义都是首要的价值。“对政治权力的占有和行使以及它所提供的政治秩序是否正当的根本性追问就是政治正义问题。政治正义既是一种观念，又是一种社会现实，它首先体现为一种规范性的理论和价值原则，同时又在不断地向现实挑战过程中部分地落实为社会现实"①。政治正义，从性质上可以分为政治实质正义、政治形式正义和政治程序正义三类，从结构上可以分为政治正义原则和政治正义制度两层次，从功能上可以分为分配性的政治正义、补偿性的政治正义和交换性的政治正义三种。

在政治哲学看来，政治文明就是人类社会发展进程中在政治上所有成果的总和，具体包括政治价值规范、政治组织体系和政治制度安排。

二、理论解析：政治正义对政治文明的重要价值

具体地说，政治正义对于政治文明建设与发展所起的作用主要体现在以下方面。

（一）政治正义确保公民平等与自由，奠定了政治文明的公正性基础

政治正义是以社会基本制度作为其主题的。社会基本制度是指社会中的主要政治制度、经济制度和社会制度。这些制度，分配着公众的基本权利与义务，决定着社会合作中收益与成本的分派方式，从而十分深刻且自始至终地影响着公众在社会生活中的前景，即他们的成就和希望达到的理想状态。因此，社会基本制度决定了公民的平等与自由，也决定了公共秩序的公正与否。政治正义首要关注的是"基本制度的框架和应用于该框架的各种原则、标准和戒律"②。政治正义的核心是两大原则："（1）每一个人对于一种平等的基本自由之完全适

① 麻宝斌：《政治正义的历史演进与现实要求》，《江苏社会科学》2003 年第 1 期。

② ［美］罗尔斯：《政治自由主义》（万俊人译），南京：译林出版社 2000 年版，第 12 页。

当之体制都拥有相同的不可剥夺的权利，而这种体制与适用于所有人的同样自由体制是相容的。(2) 社会的和经济的不平等应该满足两个条件：第一，它们所从属的公职和职位应该在公平的机会平等条件下对所有人开放；第二，它们应该有利于社会之最不利成员的最大利益(差别原则)"①。凭借两大原则，政治正义就能为社会中权利与义务、收益与成本的分配提供标准。

政治正义的两大原则之间是一种以词典式序列排列的关系，第一正义原则优先于第二正义原则。第一正义原则的优先性确定了基本自由的优先性，表达了政治正义所追求的目的和最高价值，即保障公民个人的独立、平等和自由的权利，也就是说，人应当被平等地对待。因此，公民平等的自由权利是第一位的，具有绝对性和不可补偿性，社会基本制度必须对此予以无条件地保证。然而，人们在现实中所享有的自由，事实上是不平等的。"在社会生活中由于个人的天资、禀赋不同，个人的财富、地位甚至机会不等，人的自由价值的实现是不同等的"②。第二正义原则试图从分配结构着手来解决这一问题。这一原则由机会公平平等原则和差别原则两部分构成，其中前者又优先于后者，它们在分配结构中各自发挥着不同的作用。"机会公平平等原则设定了社会合作体系的一种程序正义，社会所有职务、地位和机会都均等地向所有人开放，即每个人都具有平等地参与社会管理的机会，这是保证每个人的平等的基本条件"③。公民平等的自由权利也能借此而获得保障。但是，在收入和财富分配存在着极大悬殊的社会背景下，机会的公平平等是难以实现的。"因此，为了保证机会公平平等原则的优先性，罗尔斯又求助于差别原则。差别原则贯穿于整个正义原则

---

① ［美］罗尔斯：《作为公平的正义：正义新论》（姚大志译），上海：上海三联书店2002年版，第70页。

② 姚大志、郭玉芳：《自由与平等的张力——罗尔斯的正义理论述评》，《中共长春市委党校学报》1999年第2期。

③ 同上。

体系的始终，首先在分配中，一种财富和社会地位的不平等分配必须最有利于最少受惠者的最大利益；其次，在政治领域中，一种不够平等的自由权必须是具有较少自由权的那些人所能够接受的，不够广泛的自由权应能使人人享有的自由权的总体系得到加强”①。这样，政治正义就凭借着差别原则对社会中现存的不平等进行了限制，“首先在经济领域达到相对平等，从而达到政治领域平等的自由”②。通过两大正义原则，政治正义得以使社会基本制度有效地保障公民平等与自由的实现。

政治正义确保公民享有平等与自由，有利于政治文明的建设与发展。这主要体现在第二正义原则所发挥的作用上。对于政治文明的挑战来自多个方面，但深层次的、根本的挑战则是财富、机会和社会地位分配上的不平等。这种不平等导致了社会中利益格局的失衡，当失衡超过一定界限时，就会阻碍政治文明的发展。第二正义原则就是要解决这个不平等问题。一方面，机会公平平等原则强调社会中的所有机会和地位，不仅要在形式上具有开放性，而且要确保所有人都有获得它们的公平机会。也就是说，“在社会的所有部分，对每个具有相似动机和天赋的人来说，都应当有大致平等的教育和成就前景，那些具有同样能力和志向的人的期望，不应当受到他们的社会出身的影响”③。这样，机会公平平等原则就有助于消除社会偶然因素对分配的不良影响，减少分配中的不平等现象。另一方面，差别原则要求以处于社会最底层的“最少受惠者”为基准，以“有利于最少受惠者的最大利益”为标准来进行机会和财富的分配。差别原则强调，利益的分配应首先着眼于社会中的处境最差者，然后依次上升直到天赋最高者、

---

① 姚大志、郭玉芳：《自由与平等的张力——罗尔斯的正义理论述评》，《中共长春市委党校学报》1999年第2期。

② 同上。

③ ［美］罗尔斯：《正义论》（何怀宏等译），北京：中国社会科学出版社1988年版，第73页。

社会条件较幸运者，而每一个天赋较高者、较幸运者都必须通过帮助处境最差者来获益。这样，差别原则就有助于消除自然因素对分配的不良影响，为通过某种补偿或再分配而使社会所有人都实现地位平等创造了可能性，从而有利于缓解和消除“最少受惠者”的不满情绪。第二正义原则消除了导致分配不平等的社会偶然因素和自然因素，开辟了实现公民平等与自由的道路，从而奠定了政治文明的公正性基础。

（二）政治正义催生公共理性，奠定了政治文明的合法性基础

政治正义，罗尔斯称之为“作为公平的正义”。他认为，“作为公平的正义”，意指政治正义是在一种公平的原初状态下得到公众认同的，换言之，是意味着社会合作的公共条件是在公平的前提下为社会中的全体成员所一致同意的，他们所达成的是一种公平的契约，所获得的也将是一种公平的结果，这种公平的结果也将催生出公共理性。

公共理性表明了政治正义观念的内容，是彼此共享自由而平等之公民身份的所有人都具有的理性。欲使每个人都认可同样的政治正义原则，有赖于公共证明。公共证明就是运用公共理性来说服人们在政治正义的判断上达成共识。用公共理性来完成公共证明的过程，也即政治正义获得政治合法性的过程。尽管政治权力是以政府对合法强制力的垄断为后盾、具有强制性，但是，在民主制度下，政治权力也是为全体自由而平等的公民作为一整体所共享的权力，具有公共性。因此，政治权力的运行应当使全体公民都能根据其自身的理性而公共地加以认可，此即政治合法性的内涵。

因为政治正义关系到“对政治权力的占有和行使以及它所提供的政治秩序是否正当”的问题，所以，政治正义凭借公共理性获得了政治合法性，也就意味着政治权力的运行和政治秩序具备了合法性，得到了公众的普遍认可。而政治权力的合法运行和政治秩序的确立，就标志着政治文明得以具备了合法性。由是观之，政治正义催生出公共理性，也就同时为政治文明奠定了合法性基础。这种合法性意味着政治文明在公众的心目中是合理的，是可以被认同和接受的。因而合法

性保证了政治文明与公众的主观评价相一致，“与社会占主导地位的价值观念、文化公理相一致”①，并且是以公众的自愿合作和普遍承认为条件的。

（三）政治正义成为重叠共识，奠定了政治文明的道义基础

在罗尔斯看来，所谓重叠共识，是指信奉不同宗教教义、哲学流派和道德理念的人们，在排除各种意见对立和分歧之后，就政治正义观念所达成的共识。受政治正义所指引的社会，具有以下特征：“第一，在该社会中，每一个人都接受、且知道所有其他的人也接受相同的正义原则。第二，它的基本结构——也就是说它的主要社会制度和政治制度，以及这些制度如何共同适合于组成一种合作系统——被人们公共地了解为、或者人们有充分的理由相信它能满足这些原则。第三，它的公民具有正常有效的正义感，所以他们一般都能按照社会的基本制度行事，并把这些社会基本制度看作是公正的”②。在这样的社会中，政治正义通过两个步骤，成为公民之间的重叠共识。“第一步以对宪法的共识作结束。宪法满足政治正义的某些自由原则。……第二步才是实现重叠共识。宪法共识一旦产生，政治团体必然会进入政治讨论的公共论坛，并诉请那些与自己拥有不同综合学说的团体。这一事实使这些团体跳出自身观点较狭隘的圈子并发展出一些政治观念，根据这些观念他们能够向更广泛的公众解释并证明自己所选择的政策，以便形成多数。做到这一点后，他们便导向形成正义的政治观念。”③

重叠共识主要有三大功能。一为描述性功能。重叠共识描述人们

---

① 周光辉：《政治文明的主题：人类对合理的公共秩序的追求》，《社会科学战线》2003 年第 4 期。

② ［美］罗尔斯《政治自由主义》（万俊人译），南京：译林出版社 2000 年版，第 36 页。

③ 顾速：《重叠共识如何可能？——后期罗尔斯的自由主义理念》，《南京大学学报（哲学·人文·社会科学版）》1999 年第 3 期。

的重叠共识来自何处、究竟是何物，揭示出那些信奉不同宗教、哲学和道德的人们，不可能在所有事物上都达成共识，他们的共识只能限于政治正义方面，这是一种交叉性的共识。二是解释性功能。重叠共识解释了多元化的民主社会是如何实现稳定和统一的，当然，这个问题的答案就是使政治正义成为全社会的重叠共识。三是规范性功能。重叠共识力图说明其他各种不同的学说和所有理性的公民必须接受罗尔斯的政治正义观。这种理性说服工作其实也是重叠共识的重构工作。①

从重叠共识的形成过程来看，它的形成证实了“政治正义观念是为各种理性的然而对立的宗教、哲学和道德学说所支持的”②。这样，重叠共识自然就是以政治正义观念为中心的。政治正义观念“本身是一种道德观念，它是在道德的基础上被确认的，包括社会观念、公民作为人的观念、正义原则以及关于合作性美德的解释”③。政治正义观念认为所有人都是自由而平等的公民，都具备拥有正义感的能力和拥有善观念的能力。这些能力帮助公民培养了众多能在公共生活中发挥合作功能的政治美德，“如合乎理性和公平感，和解精神和履行公共的公民职责之义务的意志等等”④。“当这些美德在社会中得到了广泛传播并维护了该社会的政治正义观念的时候，它们就构成了一种重大的公共善”⑤。正是依靠这种公共善，政治正义的价值才得以压倒其他一切有可能同它相冲突的社会价值，政治文明才能“成为有理由、有

---

① 何包钢：《民主理论：困境和出路》，北京：法律出版社2008年版，第121—122页。

② ［美］罗尔斯：《作为公平的正义：正义新论》（姚大志译），上海：上海三联书店2002年版，第55页。

③ 同上，第321页。

④ 同上，第192页。

⑤ 同上，第192页。

根据和有价值的存在呈现在人们的共同意识之中”①。而“有理由才可能被理解，有根据才可能被视为正当，有价值才可能被接受”②。从这个意义上来说，政治正义在变成重叠共识的过程中，也就同时为政治文明赋予了价值，奠定了道义基础。

三、现实思考：实现政治正义、建设政治文明的路径

当前，我国正处于经济转轨、社会转型、体制转变的现代化进程中。随着改革事业和市场经济的发展，我国社会中经济成分和分配方式的多元化、生活方式和组织形式的多样化、利益关系和贫富差距的显性化都表现出日趋明显的势头。随之而来的，将会是意识形态领域的混乱和无序。形形色色的人生观、价值观、文化观，互相碰撞、冲突，令人无所适从，难免会使得部分人出现信念动摇、信仰危机、思想困惑、行动盲目等问题。所有这些，加上我国的特殊国情，如人口众多却资源稀缺、地域辽阔且发展失衡，这一切都严重威胁了我国公共秩序的稳定。而政治正义对于维护公共秩序又具有极大的意义和价值。因此，着眼于现实并展望未来，我们应采取以下途径来实现政治正义，为政治文明的建设与发展奠定坚实的基础。

（一）各项制度建设要体现政治正义的精神

随着我国改革事业的逐步推进，在制度建设上不断创新已是大势所趋。制度创新合理与否，首先取决于制度本身的正义性，“即制度

---

① 周光辉：《政治文明的主题：人类对合理的公共秩序的追求》，《社会科学战线》2003年第4期。

② 同上。

在建立时是否具有正义的根据，是否被赋予了正义的属性”①。这种正义属性主要体现在两个层面上，“一是制度所蕴涵的价值和目标符合实质正义的要求，二是制度的实施方法和保障措施符合程序正义的要求”②。因此，各项制度在建设与创新的过程中均要能体现出政治正义的精神实质。具体说来就是要做到，“在创立法律制度体系过程中，始终将恰当的正义观念作为一项立法原则贯穿于法律和制度创制的全过程；在法律制度体系的构成上，将制度从抽象的实质正义转化为具体的程序正义，使之有利于形成形式正义；在制度创新与法制创设过程中要能够准确反映民意，遵循民主的决策程序”③。

比如，利益保障制度的建设与创新应能体现政治正义的精神。市场经济的竞争机制必然导致优胜劣汰，产生贫富分化及社会不公平问题，危及部分人的生存需要，造成社会不稳定，威胁到公共秩序。这就需要国家建立利益保障制度，来满足全体社会成员的生存需要。然而，我国现行的社会保障制度存在着覆盖面过窄、社会化程度低的问题，尚未惠及占全国人口绝大多数的农村居民，因而难以起到这样的作用。因此，国家应当通过利益保障制度的创新，逐步建立一整套完善的适应市场经济要求的利益保障制度，使得“每个社会成员，在需要时能获得由政府提供的社会财富的再分配，保证每一个社会成员都有基本的生存条件，从而提高社会公平的程度”④。

又如，公共财政制度的建设与创新应能体现政治正义的精神。作为国民收入与社会财富再分配的手段，公共财政应成为真正意义上的服务型财政，体现出公平原则，而不再充当“吃饭型财政”“建设型财政”的角色。公共财政的这种公平性主要从两方面的创新来实现。

---

① 麻宝斌：《政治正义的历史演进与现实要求》，《江苏社会科学》2003年第1期。

② 同上。

③ 同上。

④ 王晓林：《马克思主义利益视角的社会稳定及政府控制》，《北京行政学院学报》2004年第6期。

其一，公共财政“要扩大均衡性转移支付的规模，调节地区之间的收入分配，使全国各地区的基础教育、医疗卫生、公共基础设施等公共服务水平逐步接近，保证地区之间各项社会经济事业的均衡发展”①。特别地，国家可以“通过财政补贴、项目投资等财政转移支付手段和政策倾斜，帮助贫困地区和贫困人口进行基础设施建设，发展公共事业和资源开发，加快社会经济发展速度，缩短区域、阶层和群体间的贫富差距”②。其二，对于因各种原因而陷于贫困的“最少受惠者”，公共财政除了为他们提供生存保障使其衣食无忧，还应通过各种途径为他们创造接受教育与培训、重新就业、开展生产经营的机会和条件，使他们能够自我发展、脱贫致富，而共享经济与社会发展的成果。这样就会尽可能地缓解和消除他们的不公平感、被剥夺感以及对政府、社会的不满，巩固并扩大公共秩序的公正性基础和合法性基础。

再如，政治参与制度的建设与创新应能体现政治正义的精神。目前，我国政治体制的发展现状客观上难以完全满足人民群众扩大政治参与的要求，不利于公共秩序的稳定。为此，国家应通过政治参与制度的创新来满足人民群众的这一要求。一是要充分发挥人民代表大会在社会政治生活中的代议作用，保证公众的利益要求在这一过程中得到及时全面的传递和表达。二是要充分发挥社会组织在社会政治生活中的代言作用。我国的社会组织具体包括社团、行业组织、社会中介组织和基层自治组织，它们分别代表着不同的社会阶层和群体。在政治生活中，应通过这些社会组织的参与来实现公共决策的“充分酝酿、协商讨论、广泛磋商，以利于更好地沟通、协商、整合各阶层和群体的利益，化解社会矛盾”③。

---

① 孙开、彭健：《财政管理体制创新研究》，北京：中国社会科学出版社 2004 年版，第 139 页。

② 王晓林：《马克思主义利益视角的社会稳定及政府控制》，《北京行政学院学报》2004 年第 6 期。

③ 龚正荣：《转型时期中国社会稳定的政治构建》，《广西社会科学》2005 年第 9 期。

（二）制度执行过程要符合政治正义的要求

“制度本身只是一套正式的规范体系，只是社会所期望的观念性的可能力量，它要成为一种现实的社会力量，就必须付诸实施”①。因此，要维护公共秩序，就必须按照政治正义的要求，来执行各项既定的制度与规则。其一，作为国家的代理人和公众的受托人，政府在分配公民的基本权利与义务时，应当基于客观公正的立场，严格按照规则办事，确保公民享受权利和承担义务的平等，确保竞争起点的平等性，而决不允许不公平发生在起跑线上。其二，政府对于公众通过诚实劳动、合法经营所取得的收入与财产，应当依法予以保护。这样，既能满足其合理的利益要求，调动了其积极性、有利于提高效率，又能在不损害社会和他人的前提下增加社会财富，实现公共利益的最大化，可谓是一举两得。其三，政府对于那些通过贪污受贿、损公肥私、损人利己、欺行霸市、巧取豪夺等不法途径取得的非法收入与财产，应当坚决予以依法取缔。这样就保证了收入与财产取得的合法性基础，满足了政治正义的要求，奠定了公共秩序的公平基石。

总之，正是缘自政治正义对于公共秩序的重大意义和价值，我们才应当在制定和执行各项制度的过程中，始终注重政治正义的实现、维护和发展，借此奠定政治文明的价值根基。

（作者单位：淮海工学院法学院）

① 麻宝斌：《政治正义的历史演进与现实要求》，《江苏社会科学》2003年第1期。

在焦灼中前行

——中国政治学的十年反思

李德满

理性能力与反思精神是人成其为人并区别于其他物种的根本特征之一。正是通过将自我对象化，对其进行反思，人类才得以不断改进自身，人类社会才得以不断发展。从这一意义上来说，反思精神乃是人类的根本特质，反思既是进步的源泉，也是发展的必由之路。个人与社会的发展需要反思，一门学科的发展也有赖于从业者的反思。

从内容层次上来看，反思往往表现为对整个学科所仰赖的基础性概念、原则进行重新检视与批判。那些在日常的研究过程当中，被研究者视为理所当然的基本价值、理念、原则、概念、方法，都会在反思当中被重新审视；从时间维度上看，反思立基于对学科发展的历史与现状进行总结与思考。分析发展历史中的成功经验，批判现状中存在的问题，为未来的发展树立新的导向；从性质方面看，反思不同于日常研究过程中的学术批评，它并不频频出现，而往往在学科发展遇到困境时产生。一般说来，当学科的发展遇到瓶颈，从业者对现状明显不满，希望重新审视、批判性思考学科的发展历史以及现状中的基础性价值、原则与方法，以便实现学科基础上的突破，为学科的未来发展提供新的导向。因此，从学科发展的经验表象看来，当某一学科的发展遇到瓶颈，从业者就其中的一些根本性问题未能达成共识，普遍接受的学科“范式”仍未形成时，大量的反思性文章与评论便会出现。由此看来，十多年来，关于中国政治学的反思性文章频繁出现，是这一学科某种特定的发展现状的体现。

无论就学科自身来看，还是就学科间的比较而言，根本性反思的频繁发生是中国政治学的特色。就前者而言，主要表现为反思性文章的数量大①，反思群体涵盖各个层面，② 反思内容涉及所有重大问题。③ 就后者而言，中国政治学的反思无论在比重、性质和深度上都远远超过经济学、社会学、心理学等社会科学，也超过了文学、历史

---

① 与其他类型的研究论文不同，很多反思性评论文章的标题并不直接反映内容主旨，因此确定反思性文章的数量是一件非常困难的事情，笔者在确定反思性文章的数量上花费了很多精力。第一步是以“中国政治学”“政治学反思”“政治学回顾”“政治学”等作为主题词进行检索，然后打开相关文章，查看每一篇文章后面的参考文献，通过参考文献互相连接的方式下载文章。通过参考文献的不断连接，检索到尽量多的文章。还通过文章后面的参考文献，检索书籍等非网络出版物上的相关文章。在检索之后，还要粗略阅读每一篇文章，才能对其内容进行确认。在中国知网上的检索日期是2010年6月10日，检索年限主要在2000—2010年间。经过多重检索与确认，共找到对中国政治学进行总体性反思的文章389篇。当然，笔者肯定这一数据远不够准确，真实的数据要比这高出很多。

② 这里的反思群体指的就是反思性文章的作者，从多种分类体系中都可以看出反思群体涵盖各个层面。从反思群体的工作单位上看，既有各类社科院、党校系统，也有大专院校；从反思群体的年龄分布上看，既有王惠岩、徐大同等老一辈政治学者，也有杨光斌、徐勇等新一代研究骨干；从政治学研究基地来看，北京大学、中国人民大学、复旦大学、华中师范大学、天津师范大学、武汉大学、吉林大学、中国社会科学院政治学研究所等，几乎所有较为著名的政治学研究基地都包含在内。

③ 几乎所有的反思性文章都是对整个中国政治学的反思，当然不同的反思者的问题也有所差异。关乎中国政治学的所有根本性问题，都在反思中得到了深刻的讨论，这一点将会在后面的内容论述中得以体现。

学等人文学科。① 因此，解释根本性反思会在中国政治学中频频出现的原因，揭示中国政治学的特殊境遇，梳理一系列让中国的政治学研究者们感到困惑并争论不休的根本性问题，对于中国政治学的发展意义自不待言。毫无疑问，要做到这一点，必须回到学者们的反思本身，必须从学者反思的主要问题和观点出发。

就当下中国政治学反思的主要内容而言，包括以下几个根本主题。一是对百年来特别是30年来中国政治学的发展历程进行反思与总结，这是鉴往知今的需要；二是关于政治与学术的关系，也是中国政治学的实践性与学术性关系问题；三是发展导向上的本土化与国际化的问题；四是研究方法上的科学性与规范性的问题。毋庸置疑，这些问题对于中国政治学的发展具有根本导向性。

一、发展历程的解释

历史往往是反思的首要对象。反思中国政治学面临的首要问题，也是如何理解、解释中国政治学的发展历程。当然，从大的范围来说，一切根本的问题都包含在发展历程之中。但此处所指的发展历程，是就中国政治学的发展史本身而言。具体说来，包括三个面向：一是历史定位，即当下中国的政治学可以上溯的历史起点为何；二是发展的分期，主要指的是中国政治学的发展可以细分为哪些不同的阶段；三是发展转向，意在从总体上说明中国政治学发生了怎样的根本性转变。

① 但就数量而言，政治学类的反思文章并不比经济学、社会学、心理学等社会科学，哲学、文学历史学等人文科学，但考虑到政治学的学科规模和学科体系健全程度远远低于这些学科，因此在比重上而言远远超出其他学科。更为关键的是，其他人文社会类学科更多的是常规性的学术批判，而非对整个学科根本性问题的反思。它们的“反思”大多针对具体研究过程和研究成果中的理论、方法问题，质疑的问题是学科基本价值、概念、理论、方法在具体研究中的应用是否确当，而非这些基本价值、概念、理论、方法本身。

当代中国政治学的历史起点在哪里，这一重要问题在学者们的反思中频频提及。有些学者是在探讨其他问题的时候，表明了在这问题上的立场，而有的学者则专门探讨这一问题。对于这一问题，学者们主要有三种不同的答案。

第一种观点认为现代意义上的中国政治学可以上溯到百年前。“作为一门独立科学的政治学，在我国产生于清末民初，肇始于译介西方近代政治学著作。”① 而“1903年，京师大学堂的课程共分八科，其中就包括‘政治学’。这是中国在大学开设的第一门政治学课。随后，陆续兴办起来的大学都设立了政治学系。”② 将中国政治学的直接渊源上溯到这一时期，其目的在于将清末民初到中华人民共和国建立之前的政治学发展历程联系起来，强调两者之间尽管出现过明显的断裂，但内在原则与经本精神应该是一致的。这一观点还特别突出了新中国成立之前中国政治学所取得的巨大成就，培养了一大批政治学专业人才，产生了一系列政治学专业著作，学科体系基本建成，学术活动比较规范。

第二种观点认为当下中国政治学的历史源头应该追溯到中华人民共和国的成立。新中国成立之前，“中国资产阶级政治学的学科体系日见端倪……与此同时，马克思主义政治学在中国得到传播。”正是“中华人民共和国的成立，为马克思主义政治学的发展开辟了广阔的天地和前景。”③ 新中国成立之后，尽管政治学的教学与研究出现了断裂，但是中国共产党在政治实践中形成的理论成果实现了政治学理论的巨大发展。

第三种观点则以改革开放以来政治学的恢复与重建作为当下中国政治学的历史起点。“改革开放30年，几乎与之同生的现代意义的中

---

① 俞可平：《中国政治学的进程——一个评论性的观察》，《学术月刊》2007年第5期，第5页。

② 赵宝煦：《中国政治学百年历程》，《东南学术》2000年第2期，第39—40页。

③ 刘翰、洋龙：《50年来的中国政治学》，《政治学研究》1999年第4期，第1—2页。

国政治学也相伴走过了将近30个风雨征程。”① 当下的中国政治学，才是现代意义上的政治学，它仅仅是在改革开放以来，伴随着特定的政治环境和学术环境，才得以诞生。邓小平的改革开放政策为中国政治学提供了实践基础和研究对象，邓小平在1979年的谈话则直接促进了中国政治学的形成与发展。

这三种关于中国政治学历史起点的不同观点，争论的焦点不在于历史事实本身，而在于对中国政治学的看法不同。将中国政治学的历史上溯到一百年前，就意味着承认新中国建立之前的政治学为中国政治学的先导阶段，要求承认并继承这一时期特别是民国政治学所取得的巨大成就；把中国政治学的源头定位在新中国成立时期，就是将之前的政治学视为资产阶级的伪政治学而排除掉，确定无产阶级的政治学为唯一的政治学，并将当代政治学视为其直接继承；第三种观点强调改革开放以来恢复的政治学的独立性，力图摆脱历史的束缚，为其自身的发展和创造性提供更大的开放性空间。对于大多数追求创新和发展的政治学研究者而言，他们更愿意强调当下中国政治学的独立性。

改革开放以来的中国政治学，至今仅有30年的发展时间。学者们普遍认为这30年时间虽短，内容却极为复杂，并取得了巨大进步和成就。② 这30年的发展历程，包含了不同的发展阶段，这就产生了所谓的阶段划分问题。王一程等学者认为改革开放至今，中国政治学的发展历程可以划分为三个阶段，从1980年中国政治学正式恢复到1986年左右为第一阶段，这一阶段中国政治学迅速恢复并发展；1987年左右到1989年为第二阶段，中国政治学在西方政治学之下迷失并导致严重实践后果；1990年以后，中国政治学进入二元并立的发展阶段，马

① 孙爽：《回顾与展望：中国政治学发展30年》，《中州学刊》2009年第1期，第7页。

② 王惠岩：《回顾与展望：发展中的中国政治学》，《吉林大学社会科学学报》2005年第4期。

克思主义政治学和西方崇拜的政治学并行发展。①

王惠岩等政治学研究者则将改革开放以来的中国政治学划分为四个不同的时期。“1980—1986年是政治学的恢复和初建时期”，1987—1989年上半年是政治学研究过度实践化时期，1990—1992年十四大的召开是自由化反思与批判时期，十四大以后是政治学研究与政治社会实践良性循环共同发展时期。②

林尚立也将改革开放以来的中国政治学划分为四个发展阶段，分别是学科恢复阶段（1977—1985年）、范式转换阶段（1985—1988年）、价值确定阶段（1988—1992年）以及学术发展阶段（1992年至今）。第一阶段主要完成了学科重建的基本工作，包括研究机构设立、学科设立等内容；第二阶段则力图实现政治学研究的专业化、规范化和科学化；第三阶段则为中国政治学进行价值定位；最后阶段则是将政治学变成一门独立的学术研究。③

不同的阶段划分方式，说明中国政治学在30年来的发展历程不仅曲折多变，而且内在理路错综复杂，多种因素交相作用。每一种阶段划分的背后，都暗含着中国政治学特定的发展脉络。王一程的分段方式，力图说明马克思主义政治学与西方政治学这两种派别在中国政治学发展历程中的互相关系；王惠岩等人的划分则着重政治学研究与政治社会实践之间的互动关系；而林尚立则将政治学作为一种学术研究，从学术与学科建设基本要素积淀的角度来看待中国政治学的发展历程。

尽管存在多种内在发展脉络，很多学者还是从30年来的中国政治学发展历程中发现了特定的总体性转向。尽管呈现出多元化的发展局面，改革开放以来的中国政治学仍然以革命理论为总体范式，但是建设理论正在不断发展。总体上看来，从革命理论到建设理论的范式转

① 王一程：《当代中国的政治学与政治发展》，《政治学研究》2005年第4期。

② 王惠岩、王书君：《论当代中国政治学的发展》，《社会科学战线》1996年第2期。

③ 林尚立：《政治学与政治发展：中国政治学发展20年》，《政治学研究》1998年第2期。

换，是中国政治学30年来的根本性转向，尽管这一过程的完成仍然有待时日。① 另一种观点则认为，中国政治学的"重心论域、思想方法、研究视角、分析范式、主导思维、主题内容"等方面都经历了某种特定的转换，这些转换体现出30年来中国政治学的研究逻辑正从阶级斗争转向人民共和。②

面对着共同的基本事实，学者们却对中国政治学的发展历程有着不同的观点。对中国政治学发展历程的不同解释，背后蕴藏着特定的观点与理论脉络。学者们用当下的眼光观照过去，才形成了关于历史的不同理解。在历史问题上引发的争论，与其说是纠缠于历史事实本身，毋宁说它体现了当下政治学研究中，不同理路、流派之间的竞争与紧张关系。当然，这种竞争与紧张关系绝不可能局限在对学科发展史的争论当中，在其他一些关键性领域，它们表现得更直接有力。

二、实践性与学术性

学科研究的实践性，指的是与社会现实的关系问题；学科研究的学术性，则指代学术研究内在的规范问题。任何一门独立的学科，必须具有健全的内在规范体系，独立的研究逻辑，与此同时，它也无法脱离社会现实和人类的行动而存在。因此实践性与学术性的关系，始终围绕着一门学科的建设与发展。在特定的环境之下，这两者会呈现出不同的关系样式，或互相依托，共同促进；或相互竞争，关系紧张。

对于中国政治学而言，实践性与学术性的关系问题就显得更加突出。一是中国政治学的主要研究对象——中国政治具有特殊性，这一

① 王金红、郭正林：《21世纪中国政治学的总体性转换——从革命理论到建设理论》，《社会主义研究》1998年第1期。

② 王浦劬：《从阶级斗争到人民共和——我国政治学研究的逻辑转换析论》，《北京大学学报（哲学社会科学版）》2009年第1期。

点已无须赘言；二是中国政治学受政治的影响巨深，其学科的中断与恢复都是政治直接影响的结果；三是作为一门恢复以来发展时日仅30年左右的学科，其内在的学科规范体系远未成形。因此，实践性与学术性具体含义为何，如何处理实践性与学术性的关系，是学者们对中国政治学根本性反思的重大主题之一。当然，在这一问题上，又出现了三种不同的观点，一是实践性高于学术性；二是学术性高于实践性；三是采取笼统折中的观点，要求实践性与学术性的互相融合。

在有的学者看来，对于中国政治学而言，阶级性和实践性是其根本特征。在共产主义到来之前的有阶级的社会里，阶级性是政治学根本属性。阶级性要求“政治学比其他学科更直接、更集中地为维护统治阶级的利益服务。”① 中国的“政治学的性质和任务，社会发展的现实对政治学的要求，决定了政治学研究绝对不能祛除价值，搞所谓的价值中立。”② 中国的社会性质决定了中国政治学必须站在马克思主义的立场上，从为人民服务、为社会主义服务的根本目标出发，开展研究工作。这就是中国政治学的阶级性，也是中国政治学的实践性。

强调政治学的阶级性和实践性，在政治学研究中包含几个连续性的步骤。一是强调政治学研究的内容主要源自于中国的政治社会实践。“它必须也应该与政治生活密切相关，及时地观察和研究政治现象变化、发展的过程，解决社会存在的现实政治问题。”③ 二是要求政治学研究为政府的政治决策与政治发展提供建议。“政治学研究必须面向我国改革开放和现代化建设的实践，特别是贴近政治体制改革和民主政治建设的实际，……为党和政府的决策提供及时、科学而富有成效

---

① 金太军：《论当代中国政治学研究的政治性与学术性》，《社会科学动态》1999年第7期，第34页。

② 李慎明：《当前中国政治学研究中的几个问题》，《河北学刊》2007年第3期，第49页。

③ 金太军：《论当代中国政治学研究的政治性与学术性》，《社会科学动态》1999年第7期，第34页。

的理论依据和对策建议”①。但在具体的研究实践中，由于政府的政治决策和政治学研究都将马克思主义政治学原理作为共同的指导思想。因此所谓政治学研究，得出的结论与政府决策只能是大同小异。在有意无意中，政治学研究成为政府政策的宣传与注释。这些现象的存在使得有的学者认为“成为政治实践的点缀是中国政治学的现实。”②

但在另一派的观点看来，中国政治学的学术性仍未完备，“中国政治学作为一门独立的学科，其独立性体现不够，学术领域比较狭小”。③ 强调政治学的学术性的学者认为，政治学首先是一门研究性学科。任何政治学研究，首先都必须遵循特定的学术规范。中国政治学的学术性应该体现在三个层面上。一是学科与学人的“独立性”；二是在具体的学术研究中必须保持一定的价值中立和“超人格性”；三是在与政治实践相交融时，政治学研究应该具有一定的反思性和批判性。

学科与学者的独立性是政治学成其为一门学科的首要条件。“政治学家进行科学研究必须具有独立的学术人格。在政府、研究机构和大学之间，在政治家（政府官员）和政治学家之间，应该保持各自的相对独立性。”④ 在具体的研究中，保持一定的价值中立，对研究对象的超然态度是捍卫政治学独立性的内在要求。“如果中国政治学是‘超人格性’不够的政治学，如果研究者体现的‘政治关切’或‘政治家情节’，承担了过重的‘启蒙’任务，则往往会导致只顾思想创

---

① 金太军：《当代中国政治学的发展现状与前景展望》，《探索》1999 年第 2 期，第 49 页。

② 张国清：《从政治学到政治科学——中国政治学研究的难题与范式转换》，《厦门大学学报（哲学社会科学版）》2004 年第 5 期，第 28 页。

③ 朱光磊：《中国政治学发展中的两大尴尬和两大转变》，《中华读书报》2004 年 8 月 11 日。

④ 张国清：《从政治学到政治科学——中国政治学研究的难题与范式转换》，《厦门大学学报（哲学社会科学版）》2004 年第 5 期，第 29 页。

新而脱离中国社会政治实际，与中国社会实际问题相分离，忽略中国政治文明建设和政治实践的具体规律探索，使政治学成为当前政治行为或政策的注释学。"[①] 具备了独立性，继而能够拥有相对超然的态度，在研究与政府政策等政治实践紧密相关的问题时，政治学者应该独立评判甚至于批评政府与政策。"作为政治学家，他要忠诚于政治科学的科学性和学术性，他所需要的是一种对政治的理想性、公正性和完备性的关切，表达的是一种'来自公众的声音'，这赋予了政治学家一种超越性和批判性品格。"[②] 当然，坚持政治学的学术性，并不排除政治学的实践性，只是强调实践性是建立在学术性之上的。只有通过学术性的方式，政治学才能参与政治实践。"政治学的任务是作为一门学科来研究政治现象……政治学是通过学者的学术活动而不是政治活动来为社会服务的。这就要求政治学实现学术化"[③]。因此，"在政治学研究的学术性和政治性关系上，国家政策应该由强调政治学研究的纯政治性导向变化为政治学研究以学术性为主、学术性与政治性兼顾的国家政策性导向。"[④]

持第三种观点的学者则认为，中国政治学的政治性与学术性不可偏废，两者应该互相统一。"要坚持政治学的科学性与实践性的统一。"[⑤] 在这部分学者看来，政治学之所以对科学性或曰学术性提出了

---

① 张国清：《从政治学到政治科学——中国政治学研究的难题与范式转换》，《厦门大学学报（哲学社会科学版）》2004年第5期，第29—30页。

② 张国清：《从政治学到政治科学——中国政治学研究的难题与范式转换》，《厦门大学学报（哲学社会科学版）》2004年第5期，第29页。

③ 谭君久、童之伟：《中国政治学应进一步加强自身建设》，《政治学研究》1997年第1期，第45—46页。

④ 蔡立辉：《论当代中国的政治学研究及其发展》，《社会科学研究》2002年第4期，第4页。

⑤ 孙爽：《回顾与展望：中国政治学发展30年》，《中州学刊》2009年第1期，第9页。

更高的要求，是因为政治学的实践性更强。有的学者则认为所谓政治学的学术性与实践性关系问题，就是作为学问的政治学与作为实践的政治发展之间的关系问题。政治学与实际政治发展两者互相促进，相互统一。政治学对实际政治具有重要的作用与功能，“为政治权威提供合法性，这是政治学最基本的也是最重要的社会政治功能。”① 改革开放以来，中国政治学与政治发展是一种相互促进的关系。“20 年的中国政治学发展得益于 20 年的中国改革开放和政治民主化进程；而 20 年的中国政治发展和政治体制改革，又从中国政治学发展中得到重要的推动力量。”② 中国政治学与中国政治，在互相给予中，共同发展。③

这三种不同的观点之间的争论，聚焦于一些根本观念。无论是强调中国政治学的阶级性，还是突出政治学的实践性，实际上都共享这么一个基本的假定，即在中国特定的环境之下，政治性与学术性之间存在着二选一的冲突性关系。政治性的增强必然意味着学术型的减弱，反之亦然。概括说来，强调实践性要求中国政治学研究必须以服务于政治统治和社会管理为根本目标，价值立场十分明确；强调学术性则希望中国政治学研究必须以增进理论认识为首要目标，独立性和价值中立是它们的必然要求。第三种观点则预设了中国政治学的学术性与实践性的统一和互相促进关系。政治学研究的学术性与实践性之间并非不能形成良性互动、互相促进的关系。但这种关系的形成本身有赖于中国政治学学科建设的不断完善，以及政治体系为学术发展提供更大的自由空间。很显然，第一、二种观点的基本假设已经成为学者们

① 程竹汝：《政治学的社会政治功能与二十世纪中国政治学的历史地位》，《中共福建省委党校学报》1999 年第 7 期，第 37 页。

② 林尚立：《政治学与政治发展：中国政治学发展 20 年》，《政治学研究》1998 年第 2 期，第 1 页。

③ 林尚立：《相互给予：政治学在中国发展中的作为——中国政治学 30 年发展的反思》，《山西大学学报（哲学社会科学版）》2008 年第 3 期。

关于现实的基本共识，第三种观点则体现了学者们对中国政治学的希冀与乐观展望。

三、本土化与国际化

在这个全球化与地区主义共存的世界，普遍主义与多元主义的争论几乎遍布每一个角落，学科建设也未能幸免。就中国政治学的建设而言，这种争论具体表现为走向本土化与国际化的争论。所谓本土化，强调中国政治学的本土特色；所谓国际化，强调中国政治学与国际接轨。本土化与国际化的争论，实际上引导着中国政治学的重要发展方向。在这个问题上，学者们有不同的观点。值得注意的是，学者们是在不同的意义上使用本土化、国际化这些观念的。在本土化、国际化的导向背后，含有不同的具体层次与要求。因此，只有分析这些观点的真实内涵，才能真切理解这些争论背后的不同目标。

支持中国政治学本土化的第一种观点，是站在普遍主义的立场之上的。这种观点承认，政治学是研究人类社会发展普遍规律，特别是政治规律的学科。但是这一学科具有不同的发展阶段和发展水平，而发展水平的高低又取决于指导思想的先进与否。马克思主义是关于人类社会发展普遍规律的最高总结，是最先进的意识形态。因此，中国政治学必须以最先进的思想资源——马克思主义作为自己的指导思想，形成马克思主义政治学。“马克思主义是党和国家的根本指导思想，也是中国政治学研究的旗帜和灵魂。也可以说，我们强调要坚持以马克思主义为指导思想，其根本原因在于马克思主义的科学真理性，它揭示了人类在实现共产主义之前的社会发展基本规律。”① 因此，中国政治学的本土化，就是坚持马克思主义的领导，就是坚持中国政治学

① 李慎明：《当前中国政治学研究中的几个问题》，《河北学刊》2007年第3期，第49页。

的先进性。如果全面接受西方政治学，则是一种堕落与倒退，尽管西方资产阶级政治学的个别知识成果值得我们学习借鉴。

支持中国政治学本土化的第二种观点，源自于多元主义的立场。这种观点认为，经济全球化实际上是确立以欧美为中心的资本主义世界体系。所谓全球化，不过是一场精心伪装的骗局，学术界亦不例外。所谓政治学的全球化，与国际接轨，就是与西方政治学，欧美政治学特别是美国政治学接轨。尽管标榜价值祛除和超然中立，欧美政治学仍然暗含着欧美中心主义的基本思想，依托于欧美的思想文化与价值观念。欧美文化仅仅是世界多元文化体系中的一部分，并不高于其他文化体系。"西方政治学……其思想、观念、结论和方法，由于有比较强的西方文化和价值背景，并非都具有普遍意义"。① 因此，"政治学的'本土化'不仅是基于对传统政治学理论欧洲中心主义的批判，而且也是对现代世界体系中西方政治、经济、文化乃至学术强势所作出的反应。"②

支持中国政治学本土化的第三种观点，则源自于某些对政治学的本质和任务的特殊看法。政治学研究的目标和任务并不是探讨整个人类社会政治现象的普遍规律，这种规律也许并不存在，因此西方的政治学说也并不是政治学的普遍原理。"笔者不赞成把西方的政治学说当作政治学的普遍原理来定位和讲授。"③ 政治学的研究目标，与其说是揭示社会政治现象的本质特征或人类社会政治活动的基本规律，毋宁说是"正确地认识人民的根本利益。"推动各类政治现象产生、形成的根本力量不是所谓的普遍规律或者制度因素，而是人民的根本利益。只有正确地认识到人民的根本利益，才能够彻底理解各种政治现

① 林尚立：《为中国政治学寻求学术支撑》，《天津社会科学》1997 第 4 期，第 19 页。

② 洋龙、韩旭：《迈向 21 世纪的中国政治学：发展中的几个问题》，《政治学研究》1998 年第 1 期，第 9 页。

③ 奚广庆：《关于建设中国政治学学科的一些看法》，《宁夏党校学报》2006 年第 3 期，第 86 页。

象。而对人民根本利益的探讨并不是基于一般意义上的经验现象，也不能采用经验研究的基本方法。人民的根本利益是一种形而上的存在，这种形而上的存在既不能从简单经验中发现，却又存在于具体的社会政治形态之下。因此，政治学必然是具体的，在不同的时代、不同的国家有不同的政治学。中国的政治社会条件，与西方国家迥然有异，因此中国政治学是根本独立的。① 还有的学者强调政治学研究的实践性和功利性目标。中国政治学“应该以中国人民的基本利益和中国社会发展进步的需要作为出发点和归宿……最根本的是在深刻分析和总结中国政治发展的社会条件、民族传统、历史遗产和新鲜经验的基础上，真正阐明新的时代条件下的中国特色社会主义政治发展与民主建设的特殊规律和正确道路”。② 以此为基础，在马克思主义的指导下，中国政治学必须形成自己的学科范式。③

坚持认为中国政治学应该国际化的学者，也举出了他们的不同理由和观点。第一种观点是强调政治学作为一门科学的普遍性。持这种观点的学者明确指出，“在全球化时代，政治生活、政治现象的共同性、规律性日益显现。对政治学作为一门科学的学科认同，是承担这一艰巨任务的前提和基础，而深入研究这些具有共同性、规律性的政治生活、政治现象，就是这一共同任务的主要内容。”④ 因此，政治学在全球范围内是同一的，其基本对象和任务是相同的。所以“当我们指出构建中国政治学的目标时，首先必须指出，这里的‘中国政治学’指的是政治学的中国类型，而不是说在不同的国家或地域存在着

---

① 吕嘉：《关于重建中国政治学理论体系的探讨》，《学习与探索》2002年第5期。

② 奚广庆：《关于建设中国政治学学科的一些看法》，《宁夏党校学报》2006年第3期，第89页。

③ 吕嘉：《中国政治学需要自己的学科范式》，《学习与探索》2008年第6期。

④ 郁建兴：《政治学发展的自我反思与中国政治学的建构》，《教学与研究》2005年第5期，第21页。

不同的政治学。”① 中国政治学首先是政治学，然后才是中国的。普遍性、全球性、国际性是中国政治学的首要特质，与此相对应，普遍化、全球化和国际化也是中国政治学的首要任务。这自然要求中国政治学在研究目标、任务、方法、概念、框架等一系列问题上与国际接轨，走上国际化的道路。

坚持政治学国际化的第二种观点，源自寻求他人尊重的渴望。这种观点强调，中国和中国政治在国际上的地位正不断上升，中国政治学显然也应该对人类有较大贡献。而中国政治学要对整个人类的政治学产生作用，就必然要与国际主流的政治学沟通，得到国际主流政治学的承认。这也就要求“我国政治学成为世界政治学不可或缺的一支，具有与国际政治学界对话的地位和能力;”② 但就现状而言，由于“中国的政治学研究起步相对较晚，中国政治学与西方国家相比仍有很大的差距。”③ 如果中国政治学想要得到国际性的承认和尊重并在将来做出自己的贡献，那么“了解国外理论前沿，掌握国外学术热点，在国际学术平台上提炼中国本土的问题与课题，应该成为中国政治学未来发展的方向。”④

支持中国政治学国际化的第三种立场则强调，中国现代意义上的政治学本身就是从西方引进的。“当代中国政治学走向世界不仅是对社会主义中国作为世界民族之林的一员应有的要求，而且政治学作为一个学科本来就是世界性的……纵观中国政治学发展史，政治学最早就是从西方传过来的。近 20 年来政治学的恢复和重建事实上也引进了

① 郁建兴:《政治学发展的自我反思与中国政治学的建构》,《教学与研究》2005 年第 5 期，第 20 页。

② 洋龙、韩旭:《迈向 21 世纪的中国政治学：发展中的几个问题》,《政治学研究》1998 年第 1 期，第 9—10 页。

③ 陈岳:《世界视野与本土关怀下的中国政治学》,《教学与研究》2009 年第 1 期，第 44 页。

④ 同上。

当代西方政治学研究成果。"① 实际上，改革开放以来中国政治学的发展，极大地依靠西方政治学基本思想和方法的引进。"中国政治学研究水平的提高有赖于中国政治学走向世界，与世界政治学界进行交流与对话。"② 闭关锁国就会停滞不前，这点不仅在政治与社会发展上如是，在政治学研究上亦如是。

源自于某种特定的辩证法思维，很少有学者会明确表示支持本土化、反对国际化或者持相反的观点。绝大多数学者在表面上都强调中国政治学应该坚持本土化与国际化的统一，尽管他们所持的观点实际上大相径庭。那些认为中国政治学应该国际化的学者，鲜有人会否认马克思主义在中国政治学中的指导作用；那些强调中国政治学应该本土化的学者，也不会否认对外交流，学习国外政治学的必要。表述中本土化/国际化互相统一的辩证法思维，并不能掩盖内在逻辑的巨大差异。总体说来，在中国政治学的本土化与国际化这一问题上，存在着两种不同的观点流派。一派强调政治现象的地域性、特殊性，政治学研究的特殊性和功利性，以及马克思主义在中国的特殊地位；另一派强调政治现象的全球性、规律性，政治学研究的普遍性和科学性，以及国际统一的学术平台。当然，前者是本土化派，后者是国际化派，无论在公开的表述中，双方的差异看起来是多么的模糊。就内在理念说来，两派之间的差别非常之大，但两派又都共享一个目标，即希望得到世界政治学的尊重，为世界政治学做出自己的贡献。对于本土化派来说，国际化注定了中国政治学只能跟在西方政治学后面，亦步亦趋，想要得到西方政治学的接纳与尊重似乎绝无可能；对于国际化派来说，过度本土化的政治学无异于自言自语，不可能得到西方政治学的关注，何谈尊重与贡献。

① 曹沛霖：《新世纪中国政治学的三个走向》，《天津社会科学》2001年第2期，第15页。

② 聂军：《改革开放以来中国政治学研究方法的回顾与反思》，《内蒙古社会科学（汉文版）》2009年第5期，第87页。

四、科学化与规范化

对于学科建设和学科发展而言，研究方法至关重要。一门学科的知识能否发展，学科体系能否自我更新，关键在于研究方法是否系统、完备。在政治学的恢复与重建时期，处于改革开放的政治实践发展的要求，学者们关心的主要问题是以政治学的知识与思想为现实服务，因此在政治学的学科发展当中，相当程度上忽视了政治学研究方法的建设。这一倾向对中国政治学的学科发展，产生了重大的影响。其结果之一，便是20世纪以来关于政治学研究方法的反思文章大量发生。这些反思大致可以划分为两个部分，一是检讨中国政治学研究中的方法论现状；二是对中国政治学研究方法的发展提出观点与建议。

在检讨中国政治学研究方法的文章中，学者们的基调比较一致。大多数学者认为，自恢复与重建以来，中国政治学研究取得了巨大的成绩，但在研究方法方面却非常落后。有的学者以公开发表的中国政治学研究论文为样本，对其进行方法论评估，结果说明中国政治学研究的规范性较差，可靠的经验研究极度缺乏，研究方法较为单一。① 有的研究者则对1979年以来出版的86本有关政治学方法论的教材进行分析，发现中国政治学的方法论研究在“研究规范、体系划分、模型设置、逻辑论证、价值取向”五个方面都存在很大的缺陷。② 还有研究者指出，当下中国的政治学研究中，存在着主流理论范式缺位、

① 肖唐镖、陈洪生：《经验研究方法在我国政治学研究中应用的现状分析》，《政治学研究》2003年第1期。值得注意的是，2003年以后，该论文所揭示的现象有所好转，但根本的问题依然如故。

② 冯志峰：《政治学方法论30年：现状、问题与发展——一项对86本有关政治学方法论教材的研究报告》，《政治学研究》2008年第4期。

研究方法单一、定量研究稀缺等问题。① 有的研究者认为，中国的政治学研究在方法上存在着随意性和模糊性，明确的方法论意识远未形成。② 有的学者则通过中美政治学研究的方法论状况进行比较，认为由于发展历时未久、方法论训练不足、科研经费缺乏等系列原因，中国政治学的研究方法尚处于美国行为主义革命之前的水平。③

针对中国政治学研究中规范研究并不规范，经验研究缺乏资料④等方法论上的问题，学者们普遍认为应该加强政治学研究的学科规范性。对于中国政治学研究方法的未来发展问题，学者们大都强调规范性研究与经验性研究相结合，共同发展。⑤ 但实证研究与规范研究的二分仍然存在，而且在这种二分的基础上，学者们又产生了分歧，有的学者强调经验研究与科学化的研究方法，有的学者强调形式研究以及规范化的研究方法。

强调经验研究与科学化的研究方法，首先是基于上文提到的中国政治学研究经验研究缺乏，科学化水平较低的现状；其次是要提倡中国政治学作为一门科学必然要求经验研究与科学化的研究方法。⑥ 正如有的学者所指出的那样，中国政治学研究方法之所以必须走经验研究和科学化的道路，原因之一是“我国政治学研究在理论和方法上还

① 罗依平、马爱军：《变革中的中国政治学：方法与创新》，《河北学刊》2009年第3期。

② 张国清：《从政治学到政治科学——中国政治学研究的难题与范式转换》，《厦门大学学报（哲学社会科学版）》，2004年第5期。

③ 谢韬、Lee sigelman：《中美政治学研究方法之比较》，《浙江社会科学》2008年第5期。

④ 肖唐镖、郑传贵：《主题、类型和规范：国内政治学研究的状况分析——以近十年复印报刊资料〈政治学〉中的论文为对象》，《北京行政学院学报》2005年第2期。

⑤ 任剑涛：《试论政治学院的规范研究与实证研究的关系》，《政治学研究》2008年第3期。

⑥ 陈振明：《科学化、现实性与跨学科研究——走向21世纪的中国政治学必须着重解决的三大问题》，《政治学研究》1998年第1期。

停留在类似于政治哲学的思辨水平……我国政治学的科学化道路还很长。”因此“在当前，我们必须以确立一种解释理论为目标，加强实证研究或实证分析方法及技术的研究与引进，把定量分析方法及技术放在突出的位置”。① 也有的学者分析了实证研究在中国的发展历程，强调主要通过村民自治研究，实证研究才被引入到中国政治学研究中来。实证研究的引入推进了中国政治学研究的发展，但仍然存在着理论性不强、规范性不够等问题。因此继续加强实证研究，走进一步科学化道路应该是中国政治学未来的发展方向。② 当然，也有的学者指出，学习西方政治学特别是美国政治学的研究方法需要具体分析和区别对待。主流政治学杂志中的定量研究泛滥与其特定的研究议程有关，而在比较研究等领域的个案研究和比较研究方法则因其研究问题与中国类似因而更具学习参考价值。③

强调形式研究和规范方法的学者并不否认中国政治学研究中规范性较差以及实证研究稀缺的现状，但他们认为，中国政治学的特殊性以及行为主义和经验研究的缺陷决定了中国政治学研究应该着重拓展形式研究和规范研究。有的学者强调，中国政治学以马克思主义为指导思想，在基本的研究方法上也要继承马克思主义的辩证分析、历史分析、阶级分析等基本方法。④ 有的学者着重指出，政治学并不是真正的科学，并不存在普遍意义上的政治学。中国政治学有其不同于西方政治学的特殊的目标与内涵，“中国政治学一开始就面临着政治研

---

① 郁建兴：《政治学发展的自我反思与中国政治学的建构》，《教学与研究》2005 年第 5 期，第 22 页。

② 徐勇：《政治学研究：从殿堂到田野——实证方法进入中国政治学研究的历程》，选自邓正来、郝雨凡主编《中国人文社会科学三十年：回顾与反思》，复旦大学出版社 2008 年版。

③ 杨光斌：《中国政治学的研究议程与研究方法问题》，《教学与研究》2008 年第 7 期。

④ 李慎明：《当前中国政治学研究中的几个问题》，《河北学刊》2007 年第 3 期。

究中最困难的问题——人民的根本利益是什么？怎样的政治才能体现人民的根本利益？这些问题，具有典型的形而上性质，关于现实政治的经验的、实证的分析、研究，并不能圆满解答。……中国政治学的未来，决定于政治学自己的努力。最主要的，决定于政治学能否跳出经验科学的局限。”① 发展形式研究，推进规范性研究方法，才能解决中国政治学的根本任务，这当然也是中国政治学研究方法的发展方向。

还有的学者则从批判政治学研究中的实证方法和经验方法出发，来证明中国政治学在方法论上应该加强规范性研究方法。学者指出，政治学研究中的科学化浪潮，实证主义式的经验研究在西方的兴起是以行为主义政治学研究为载体的。行为主义政治学的发展历程表明，政治学中追求科学化、价值中立的经验研究遭遇了研究对象与研究主体之间、研究目的与研究手段之间、科学方法与意识形态之间的两难矛盾。② 行为主义研究所存在的这些问题，导致了规范研究方法在西方政治学研究中的复兴。③ 而当今中国政治学研究中的学术化和科学化，“由于过度讲究科学性，以及研究的技术性规范，加上研究目的的功利性，从而可能导致人文精神的缺失。”④ 很显然，中国政治学应该着力提升规范研究，而非标榜价值中立、缺乏价值关怀的科学化的经验研究。

综合看来，中国政治学研究发展到今天，方法论上的缺陷已经为逐渐为学者们所认识。研究的规范性不足，规范研究并不规范，经验

① 吕嘉：《中国政治学研究方法的困境与出路》，《探索》2001年第5期，第49页。

② 叶丽娟：《政治学研究方法的悖论——兼论行为主义政治学的启示及教训》，《武汉大学学报（哲学社会科学版）》2004年第5期。

③ 金太军：《规范研究方法在西方政治学研究中的复兴及其启示——兼论当代中国政治学的发展》，《政治学研究》1998年第3期。

④ 孙关宏、蒋一澄：《中国政治学发展的走向：人文精神与科学精神的融通》，《同济大学学报（社会科学版）》2005年第6期。

研究缺乏资料，研究技术过于单一落后，过分偏重规范研究等问题都为学者们所认识到。提升方法论意识，加强研究的规范性已经成为研究者的共识。尽管对现状和问题有着共同的认识，甚至有着共同的目标和渴望，但基本观念和倾向的不同仍然让学者们在对未来的发展上做出了不同的选择。很多学者在呼唤科学研究与规范研究的共同促进与互相统一，但对科学化与规范化的偏重仍然存在。强调政治学研究的普遍性、规律性，对现实政治的独立性以及国际化趋向的学者们，选择了科学化和经验研究方法；强调政治学研究的特殊性、地域性，为现实政治服务以及本土化取向的学者，选择了规范研究和形式研究的方法。

五、“焦灼”及其背后

从前述四个方面的综合看来，当下中国政治学界的反思当中存在着一个非常明显的现象，即在一系列根本性问题上存在着歧见与争论的两个流派，都渴望中国政治学能够达成共识，在一个共同的框架、范式之中，促进中国政治学的发展。两大流派的争论是激烈的，但他们所表达的愿望又是共同的。而且对于中国政治学的发展来说，他们的愿望至关重要。两大流派在根本问题上分歧巨大、针锋相对，却又都渴望统一以促进中国政治学的发展。这便是我们从学者反思中看到的，中国政治学所处的“焦灼中前行”的状况。

中国政治学中所存在的这两大流派，尽管并没有形成紧密的学术集团和学术派别，但两者都在内部共享一些基本的观点，而这些观点对于政治学及其发展而言至关重要。一派强调中国政治学应该坚持马克思主义的指导。在这一派的学者看来，政治学并非科学，政治学的研究对象不具有普遍性而具有强烈的阶级性和时代性。在不同的时代、不同的环境下，存在着不同的政治学。政治学研究并不是探求所谓的普遍规律，而是为现实政治建设和特定的阶级服务。为现实服务、为政治建设服务，为特定的阶级服务，注定了政治学应该采用规范性的思考方法，去发现阶级利益和政治关系。具体到中国政治学来说，中国是一个以马克思主义为指导的社会主义国家。政治学研究自然也应该以马克思主义为指导思想。中国政治学研究必须为中国的政治发展，为统治阶级——广大人民的利益服务，必需研究中国的特殊问题，采用多样特别是规范性的研究方法去发现广大人民和政府的真正利益何在，去寻找适合于中国当下的特定的政治安排。因此，当这一派的学者在反思中国政治学的时候，他们将只能将中国政治学的发展历史追溯到中华人民共和国的成立，他们更强调政治学为现实政治和人民利益服务的实践性，他们突出了中国政治学的特殊性，指出了中国政治学本土化的本质需要，在研究方法上，自然强调规范性的形式研究。

另一派的观点可能与前者是针锋相对的。在这些政治学者看来，与其他的社会科学一样，政治学的研究对象是人类社会中政治现象的普遍规律。在一个全球化的时代，政治现象的规律性更加鲜明。作为一门科学，政治学研究的目标在于发现、揭示、提炼政治规律，增进政治学的知识积累。他们不否认任何人类的认识都最终会服务实践，但更强调作为一门学科和研究，首要的、直接的任务是也只能是知识积累。因此，采用科学化的、实证主义的经验研究方法，在技术手段上不断科学化，以求无限接近政治现象的真理，是政治学研究最根本的目标。具体到中国政治学上来说，他们强调，真正意义上的中国政治学是由西方传入的。中国政治学的历史应该追溯到百多年前，现代意义上的西方政治学被引入中国的时刻。在经历了长期的曲折之后，中国的政治学研究已经远远地落在了西方之后。继续向西方学习，与国际接轨是中国政治学发展的必经之路。在具体的研究过程中，坚持学科研究的独立性，与现实政治保持必要的距离和张力，加强学术规范性，是政治学研究进一步发展的必然要求。中国政治学研究在方法上仍然非常落后，科学性缺失，着重发展实证研究、经验研究尤其是量化研究方法，从中国具体的政治现象出发，提炼出一般性的政治学知识，才能对政治学以及中国政治实践做出贡献。

尽管没有形成规范的学术流派，但这种两派划分的格局可以从很多方面显现出来。从人员构成上来看，中国政治学的恢复与重建几乎是白手起家，主要的研究人员都是从马列主义和科学社会主义等研究领域转到政治学研究中的。这些成员构成中国政治学的开创者，并占据着大量的学术资源，他们构成第一种观点的主要支持与信奉者；而第二种观点是在与西方政治学的交流中逐渐形成的。一大批到国外留学的政治学者归国任教，在西方的学习经历使他们将西方政治学的研究与话语体系带到中国来。随着时间的增长，他们在中国政治学中的影响越来越大，导致了第二种观点的形成并逐渐发展；从研究机构上看，大学和各级社科院成为中国政治学研究的主要领地。大学作为一个教学与研究机构，更加重视学科建设，强调与国际接轨，对现实政治的独立性也更强，因而往往成为第二种观点的领地。而各级社会科学院作为一个政府设立的研究机构，与政府的关系更为紧密，其研究往往成为政府决策的参考，缺乏独立性，与政府的观点更加统一、接近，更适用第一种观点；从学术刊物来看，中国政治学的研究成果主要在专业期刊和大学学报上刊出。政治学研究的专业期刊往往掌握在各级社科院手中，大学学报则主要由大学编辑出版。总的说来，两种类型的学术刊物在政治学研究方面的倾向性较为明显，这种倾向性又与中国学术的地域不平衡联系起来，使得两种观点拥有各自的学术期刊，为两者的共存与争论提供了空间。

尽管在基本观点上争论不休，而且在研究成员、研究机构和学术期刊方面形成了各自的领地，但两者仍然拥有一些共同的目标，并清楚地了解这些共同目标的达成需要两派的统一。对政治实践有更大的促进作用，在国际上得到更多的尊重和承认，统一的知识体系和学术范式，规范的研究样式和研究方法，这些目标是两派学者共同的期望。这些期望的达成，有赖于两派观点之间的真正和解与统一。当然，在这种“焦灼”现状中，中国政治学仍可通过两派各自的发展而得到发展。那些从辩证思维出发，强调两者本身的统一性，忽视两者之间的实质性冲突的论说，对于问题的根本解决无所助益。由此看来，在相当长一段时期内，中国政治学仍将“在焦灼中前行”。

（作者单位：中国人民大学）

新制度主义政治学的内在张力与理论取向

马雪松

政治科学中的新制度主义各流派在20世纪80年代的兴起，为新制度主义政治学的蓬勃发展奠定了基础。然而，包括历史制度主义、理性选择制度主义、社会学制度主义在内的新制度主义各流派，在分析视角和研究旨趣上存在很大差异。在直观层面上，可以从不同研究传统和不同理论取向的角度来解释这些差异，但新制度主义政治研究实际上具有更深层面上的分歧。针对这样的深刻分歧，很多研究者从本体性原初关切、认识性争议或方法性差异的角度进行说明，并指出这种差异主要表现为新制度主义在分析层次和研究途径的内在张力，即能动与结构以及解释与诠释之间的持久冲突。①只有对政治科学乃至社会科学中的上述疑义予以清晰的阐述和全面的把握，才有可能真正了解政治科学中的新制度主义，进而为新制度主义政治研究的理论建构确定基本的研究取向。

① 陈敦源：《新制度论的范围与方法——一个理性选择观点的方法论检视》，《行政暨政策学报》2001年第3期，第135—140页。

一、新制度主义分析层次上的分歧：能动与结构

针对新制度主义关注不同研究层面的问题，社会学者摩尔（John W. Mohr）和怀特（Harrison C. White）指出，制度作为某种连结机制（linkage mechanisms），可以“把微观的社会互动体系同中观或宏观的组织连结起来，并使符号同物质，能动同结构结合为一体”。①社会学者希克斯（Alexander Hicks）也提出新制度主义研究中存在不同的分析层次（level of analysis）和方法视角，这主要表现为理性选择制度主义同社会学制度研究之间的典型性差异。②上述研究者尽管没有明确提出新制度主义在根源上存在内在分歧，但他们已经触及了相关问题的核心领域。这就是社会学者科埃勃（Thomas A. Koelble）所概述的制度研究及社会科学的基本问题——“我们应该如何解释人们的行为？制度、组织及效用计算（calculation of utility）在决策当中发挥着怎样的作用？应该如何权衡个体、决策得以制定的制度性背景？如何理解诸如文化、社会规范和习俗之类宏大的环境性因素”？③对于政治科学中的新制度主义研究而言，它的“新”主要体现在研究者对制度研究方法论上的“分析层次”与“研究途径”给予充分的重视，并认识到新制度主义研究所具有的“本体性两难”（ontological dilemma）。这种本体性两难的实质，则是“能动”（agency）和“结构”（structure）或“个体选择”（individual choices）和“结构约束”（structural constrains）

---

① John W. Mohr and Harrison C. White, “How to Model An Institution,” *Theoretical Sociology*, Vol. 37, 2008, p. 485.

② Alexander Hicks, “Is Political Sociology Informed by Political Science?” *Social Forces*, Vol. 73, No. 4, 1995, pp. 1221-1222.

③ Thomas A. Koelble, “The New Institutionalism in Political Science and Sociology,” *Comparative Politics*, Vol. XXVIII, No. 1, 1995, pp. 231-232.

之间的关系。①

首先，新制度主义在分析层次上的分歧，主要表现为适宜逻辑和后果逻辑的不同。制度分析或制度理论的建构方式受到不同研究传统的深刻影响，并留下学科研究取向尤其是基本理论逻辑的烙印。理性选择理论和理性选择制度主义产生于经济学研究传统之中，尽管同主流的新古典经济学存在很多理论立场上的差异，但仍然共享某些基本的理论假设，这就是位于不同情境下的理性经济人做出策略性的选择行动，从而使后果（consequence）符合其偏好。与此不同的是，社会学研究从其学科确立以来，方法论整体主义就占据着理论优势，社会学研究的核心问题是社会的构成，以及社会规范和意识形态等因素对个人行动的塑造。因此，有研究者认为经济学是一门关于个体做出选择的学科，社会学则是一门关于个体无法做出选择的学科。②社会学制度主义和历史制度主义在对待特定制度形式下的人类行为时，往往坚持适宜逻辑（logic of appropriateness），而理性选择制度主义则坚持后果逻辑（logic of consequence）。瑟伦（Kathleen Thelen）和斯坦默（Sven Steinmo）在这个意义上指出，政治科学内部的理性选择制度主义同历史制度主义“这两个分析视角基于不同的假设，反映了政治研究中不相同的理论路径”。③

其次，新制度主义在分析层次上的分歧，以文化路径和算计路径作为主要特征。一些新制度主义者认为，适宜逻辑强调个体总是嵌植

---

① 陈敦源：《新制度论的范围与方法——一个理性选择观点的方法论检视》，《行政暨政策学报》2001 年第 3 期，第 135—138 页。

② 由学者詹姆斯·杜森伯利（James Duesenberry）最早提出，参见 Kenneth A. Shepsle, “Studying Institutions, Some Lessons from the Rational Choice Approach,” *Journal of Theoretical Politics*, Vol. 1, No. 2, 1989, p. 133。

③ Kathleen Thelen and Sven Steinmo, “Historical Institutionalism in Comparative Politics,” in Sven Steinmo, Kathleen Thelen, and Frank Longstreth, eds., *Structuring Politics: Historical Institutionalism in Comparative Politics* (New York: Cambridge University Press, 1992), p. 7.

(embedded）于文化或组织之中，他们的自我利益和个体效用受到文化及组织的深刻影响。组织分析中的新制度主义理论尤其重视文化、社会和组织认同（identity）对个体利益的界定作用。①历史制度主义由于坚持社会背景和观念因素的重要性，因此在理论立场上同社会学制度主义有相似之处。哈伊（Colin Hay）和温科特（Daniel Wincott）认为，社会学制度主义和历史制度主义在一定程度上反映出文化路径（cultural approach）的研究特征。②与之形成对照的是，理性选择制度主义坚持算计路径（calculus approach），主张个体及其策略性的算计行动是制度分析的核心主题。西蒙（Herbert Simon）从文化路径出发，对算计路径做出了批评。他认为，个体在做出决定时几乎从未建立效用函数（utility functions）并据此计算其成本与收益。③

再次，新制度主义在分析层次上的分歧，就其实质而言是能动与结构的关联问题。新制度主义的充分发展，必须建立在对结构与能动的关联问题进行全面考察的基础上。④基于这样的认识，政治学者克拉克（William Roberts Clark）根据结构与能动的关联将新制度主义划分为两个不同的分支，即围绕能动的制度主义（agency-centered institutionalism）和基于结构的制度主义（structure-based institutionalism）。⑤这种划分不仅揭示了结构和能动作为新制度主义的两种分析层次，还反映出它们代表

---

① Thomas A. Koelble, "The New Institutionalism in Political Science and Sociology," *Comparative Politics*, Vol. XXVIII, No. 1, 1995: 232.

② Colin Hay and Daniel Wincott, "Structure, Agency and Historical Institutionalism," *Political Studies*, Vol. XLVI, 1998, p. 951.

③ Thomas A. Koelble, "The New Institutionalism in Political Science and Sociology," *Comparative Politics*, Vol. XXVIII, No. 1, 1995, pp. 233-234.

④ Colin Hay and Daniel Wincott, "Structure, Agency and Historical Institutionalism," *Political Studies*, Vol. XLVI, 1998, p. 951.

⑤ William Roberts Clark, "Agency and Structure: Two Views of Preferences, Two Views of Institutions," *International Quarterly*, Vol. 42, 1998, p. 245.

着新制度主义的根本分歧。对待结构和能动或客体性和主体性关系的不同认识，实际上也是社会科学的核心问题，它试图回答究竟是个体还是整体在社会领域中发挥主导的作用。就新制度主义的研究现状而言，社会学制度主义和理性选择制度主义大致上分别以结构和能动作为自身流派的社会本体性（social ontology）。此外，历史制度主义并没有明确的本体性立场，而是在结构和能动之间游移不定。在制度研究中，与"能动——结构"这组重要范畴对应的是，制度之下的个体行动者发挥能动性的程度以及制度性结构的约束性。无论在社会学制度主义还是在理性选择制度主义那里，它们的关系都是研究者所关注的重点。对于没有确定的社会本体性立场的历史制度主义而言，"历史制度主义所理解的制度，尽管可以对政治策略产生重要的塑造或约束作用，但它们本身也是人们深思熟虑的后果"。①新制度主义各个流派均承认个体选择和制度约束的重要意义，但它们在能动和结构之间哪一个居于首要地位的问题上，仍然存有深刻分歧。从这个意义上来说，由于新制度主义既假定行动者具有某种自主性，又强调行动者受到制度的约束作用，因而制度研究表现出一定的张力。化解这一张力的关键在于，不仅解释制度性结构对于政治行为的约束作用，还要说明人类能动性（human agency）所具有的重要角色。②

二、新制度主义研究途径上的分歧：解释与诠释

新制度主义内在分歧的另一个表现是，在制度理论的"研究途径"（research approach）方面，存在"社会科学能否作为科学"的问

① Colin Hay and Daniel Wincott, "Structure, Agency and Historical Institutionalism," *Political Studies*, Vol. XLVI, 1998, p. 955.

② B. Guy Peters, *Institutional Theory in Political Science: The "New Institutionalism"* (London and New York: Pinter, 1999), p. 141, p. 144.

题。根据政治学者陈敦源的观点，社会科学研究中从未弥合的“认识性争议”（epistemological debate），主要体现为“科学解释”（scientific explanation）与“系络阐释”（contextual interpretation）之间的冲突。① 下图将新制度主义在分析层次和研究途径上的内在分歧予以综合呈现，有助于对其更为直观地认识和把握。“科学解释”主张社会科学应当如同自然科学那样，寻找到一般通则（universal law）并以其作为理论建构的基础。“系络诠释”则对建立一种关于“人”的科学的可能性持有保守的态度，主张通过诠释人的行为和信念来获得对社会领域问题的理解。②

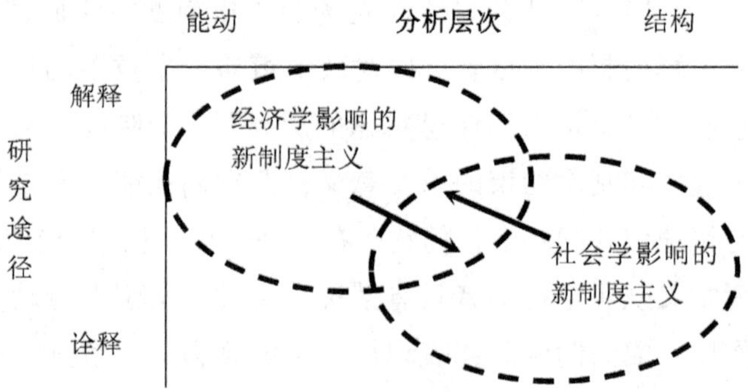

新制度主义从方法论上的分类

资料来源：陈敦源：《新制度论的范围与方法——一个理性选择观点的方法论检视》，《行政暨政策学报》2001 年第 3 期，第 142 页。

对新制度主义的不同流派分别予以审视的话，可以发现它们在解释和阐释的研究途径上存在显著的分歧。其一，作为实证政治研究主

---

① 陈敦源：《新制度论的范围与方法——一个理性选择观点的方法论检视》，《行政暨政策学报》2001 年第 3 期，第 142 页。

② 关于解释（explanation）和诠释（interpretation），在一定程度上同德国历史主义的研究传统有关，即“诠释”（Verstehen）与“解释”（Erklaren）这两个概念之间作以区分。双方都承认自然科学与“解释”（explanation）有关，所不同的是“解释”的领域是否也可以扩展到用来理解人类的社会制度。参见［英］安东尼·吉登斯：《社会理论与现代社会学》（文军、赵勇译），北京：社会科学文献出版社 2003 年版，第 19 页。

要路径的理性选择制度主义，实际上蕴涵着经济学意义上的高度理论化和科学化的追求。理性选择制度主义主张以科学化的方法从事制度研究，这主要体现在从抽象的逻辑假定出发，使用数学工具对相应数据进行实证分析，以期得出具有普遍适用性的结论。而理性选择理论者自身的科学理论抱负也反映在谢普斯勒对理性选择制度主义的期许上，即认为它“致力于将政治思想同政治理论予以区分，并使后者具备真正的科学能力。政治科学再也不需要把制度研究转让给经济学了”。①其二，不同于理性选择制度主义，历史制度主义更为重视重大而复杂的现实问题，而且对长期事件过程充满兴趣。因此，对于建构精致的理论框架或得出普遍适用的结论来说，历史制度主义并没有十分强烈的理论抱负。②其三，社会学制度主义研究之中，尽管统计方法被大量应用，但由于研究对象多为宏大的社会现象，因此同经济学或理性选择制度主义相比，很难在科学化的理论建构方面取得突出的成果。

新制度主义的各个流派不仅在科学化和理论化取向上存在明显差异，它们还在这个问题上充满着激烈的争议。一方面，理性选择制度主义对于共同位于政治科学之内的历史制度主义提出尖锐的批评，认为后者不仅缺乏普遍性的理论体系，而且习惯于对事件进行“故事叙述”而非理论解释。③此外，部分历史制度主义者也对自身流派在理论

---

① Kenneth A. Shepsle, “Studying Institutions: Some Lessons from the Rational Choice Approach,” *Journal of Theoretical Politics*, Vol. 1, No. 2, 1989, p. 146.

② Paul Pierson and Theda Skocpol, “Historical Institutionalism in Contemporary Politics,” work paper prepared for Presentation at American Political Science Association Meetings, Washington D. C., 2000.

③ Vivien A. Schmidt, “From Historical Institutionalism to Discursive Institutionalism: Explaining Change in Comparative Political Economy,” paper prepared for presentation at the American Political Science Association Meetings, Boston August 2008.

的普适性程度和可证伪能力上的不足进行了反思。①另一方面，多数历史制度主义者并不认同理性选择制度主义的精致化理论模式，也不持有理想化的一般通则式的科学抱负。针对理性选择理论将其理论模式无限概括，并认为这是提供最佳理论方式的做法，皮尔逊（Paul Pierson）和斯考切波（Theda Skocpol）曾予以严厉的批评。②瑟伦和斯坦默也对政治科学尤其是比较政治学对科学化的过度强调表达不满，认为以物理学方式构建政治理论会使政治科学走向还原论（reductionism），即为了得到精致且不切实际的通则而忽略人类政治行动的复杂性。③另外，两位研究者还援引比较政治学者阿尔蒙德（Gabriel A. Almond）和甘柯（Stephen Genco）对社会科学过分科学化的批评，“社会科学研究者如果出于哲学或方法论的理由，将人类行为看作如同钟表计时那样，从而对某些解释逻辑（explanatory logic）过分坚持的话，这不啻于根据经验上可以证伪的假设来构建科学”。④

三、新制度主义政治学的理论取向

新制度主义政治学的确立主要表现为新制度主义在政治科学中的

① Ellen M. Immergut, “The Theoretical Core of the New Institutionalism,” *Politics & Society*, Vol. 26, No. 1, 1998, pp. 26-27.

② Paul Pierson and Theda Skocpol, “Historical Institutionalism in Contemporary Politics,” work paper prepared for Presentation at American Political Science Association Meetings, Washington D. C., 2000.

③ Kathleen Thelen and Sven Steinmo, “Historical Institutionalism in Comparative Politics,” in Sven Steinmo, Kathleen Thelen, and Frank Longstreth, eds., *Structuring Politics: Historical Institutionalism in Comparative Politics* (New York: Cambridge University Press, 1992), p. 7.

④ Gabriel Almond and Stephen Genco, “Clouds, Clocks, and the Study of Politics,” *World Politics*, Vol. 29, No. 4, 1977, p. 493.

蓬勃兴起，其发展的契机则蕴含在制度研究者对新制度主义政治学内在张力的认识和化解上。如前所述，制度概念与制度研究在当代社会科学中重新获得关注，并在不同研究领域得到长足的发展。对于新制度主义政治学研究而言，一方面，制度研究在理论和方法论方面的进展以新制度主义各个流派内涵的丰富性作为支撑，并为制度研究空间的进一步扩展奠定了必要的基石。另一方面，新制度主义各个流派的蓬勃发展也在一定程度上展现出彼此竞争的色彩，分析层次和研究路径的多样化为获得一个更具内在一致性的新制度主义政治学范式设定了障碍。当前政治研究中要么存在着三个或三个以上版本的新制度主义政治学分析路径，要么缺乏一个更具广包性（comprehensive）的新制度主义政治学研究框架。早在 20 世纪 80 年代，马奇（James G. March）和奥森（Johan P. Olsen）在奠定新制度主义政治学兴起的重要论文中，就提出了以更为一般化的视角审视制度理论建构的可能性。①基于这样的考虑，下面将概述新制度主义政治学的理论取向。这种取向不仅直接来源于克服前述新制度主义政治学内在分歧的理论抱负，还受到制度研究在政治科学中的历史发展方式的影响。

首先，新制度主义政治学须要充分认识政治科学的科学化与人文化这两个重要取向。从社会科学和政治科学的本身属性进行考虑，以及从政治科学所经历的科学化过程来看，可以得出两方面的认识。一方面，很多研究者认识到社会科学与自然科学的区别，并不主张完全采用自然科学的研究方式，而政治科学在社会科学之中特有的属性也使其在科学化方面有着更为特殊的立场。英国社会学者吉登斯（Anthony Giddens）的论述具有深刻的启发意义，“在逻辑清晰的理论建构和严格规范的经验研究方面，社会科学与自然科学有许多共同之处。但是，社会科学不是徒劳无功地跟在自然科学这艘豪华舰艇后面的破船。尽管它们拥有许多相同的航程，但他们毕竟是在不同的海洋

① James G. March and Johan P. Olsen, “The New Institutionalism: Organizational Factors in Political Life,” *American Political Science Review*, Vol. 78, No. 3, 1984, p. 735.

上航行”。①国内政治学者何俊志也指出政治科学是一门特殊的社会科学，“这门科学的特殊性表现为它的学科性质既不同于自然科学，也不同于一般的社会科学。政治科学与自然科学的差异表现为：在获取知识的方式上，政治科学很难像自然科学那样通过对变量加以分离和控制的实验途径来获取知识；在研究对象上，政治科学的研究对象并不像自然科学那样具有严格的可重复性”。②另一方面，政治科学在学科确立之后的科学化历程尤其是行为主义革命之后的发展，暴露出政治科学在科学化方面的困境。英国政治学者海伍德（Andrew Heywood）就曾提出建构社会科学的尝试必然面临三个难题，即准确资料的获取问题，隐含价值的存在使政治科学研究很难开展，以及社会科学研究中很难实现政治中立性。③

其次，新制度主义政治学需要在概念分析和理论建构方面取得平衡。政治科学中的新制度主义各个流派在基本立场上乃至方法论上存在严重的分歧，对其进行一致化的理论建构尽管十分必要，但那些主张新制度主义各流派之间展开充分对话和广泛交流的理论者，并不提倡只是做出粗糙的综合（crude synthesis）。④马奇和奥森不仅肯定了政治制度理论建构的必要性和可能性，还强调建立一套全面的政治制度理论框架是一项任务艰巨且规模宏大的工作。⑤在对新制度主义各流派

① ［英］安东尼·吉登斯：《社会理论与现代社会学》（文军、赵勇译），北京：社会科学文献出版社2003年版，第19页。

② 何俊志：《结构、历史与行为——历史制度主义对政治科学的重构》，上海：复旦大学出版社2004年版，第23—24页。

③ ［英］安德鲁·海伍德：《政治学》（张立鹏译），北京：中国人民大学出版社2006年版，第21—22页。

④ Peter A. Hall and Rosemary C. R. Taylor, “Political Science and Three New Institutionalisms,” *Political Studies*, Vol. XLIV, 1996, p. 940.

⑤ James G. March and Johan P. Olsen, “The New Institutionalism: Organizational Factors in Political Life,” *American Political Science Review*, Vol. 78, No. 3, 1984, p. 743.

理论进行综合的过程中，鉴于各流派之间理论内容上的显著差异，以及分析层次和研究途径上的内在分歧，新制度主义政治学研究框架的确立必须降低理论概括性和分析抽象性的要求。这突出地体现在，相应的研究框架在立足于当前新制度主义研究成果的同时，可以适度地容纳既有制度研究中的差异方面，从而在政治研究中创造性地提出一般化的制度理论。另外，关于政治制度的理论建构，吉登斯对现代社会学理论发展的见解也可资参考。他认为，“理论建构（theory building）这个概念以及社会学理论的首要关注点——即社会世界的一般建构的观点”，可能是存在严重问题的。“‘理论建构’带有经过精心思考抽象而来的预设成分，它与经验观察的累积有关”，因此在获致目标上存在很多问题。而在社会科学之中，“概念创新（conceptual innovation）至少与有创意的理论解释一样重要，因为这种概念的创新开辟了看问题的新维度”。①与这种强调概念分析具有和理论解释同等重要性的观点相呼应，有研究者认为，“理智探究并不存在截然分明的界限，概念分析也是理论化的一种形式”。②所以，在构建新制度主义政治学的一般性研究框架时，对于制度分析中的重要概念予以充分的创造性界定，无疑是制度理论建构的题中之义。

再次，新制度主义政治学的理论建构需要重视能动和结构之间的关联问题。社会理论的主要问题是结构和能动的关联，③而政治研究的核心问题之一则是选择（choice）和约束（constraint）的关联，④它们

① ［英］安东尼·吉登斯：《社会理论与现代社会学》（文军、赵勇译），北京：社会科学文献出版社2003年版，第46—47页。

② ［英］杰弗里·托马斯：《政治哲学导论》（顾肃、刘雪梅译），北京：中国人民大学出版社2006年版，第23页。

③ John Parker, *Structuration* (Buckingham: Open University Press, 2000), p. 114.

④ Kathleen Thelen and Sven Steinmo, “Historical Institutionalism in Comparative Politics,” in Sven Steinmo, Kathleen Thelen, and Frank Longstreth, eds., *Structuring Politics: Historical Institutionalism in Comparative Politics* (New York: Cambridge University Press, 1992), p. 28.

实际上对应着新制度主义分析层次上的内在分歧。对于新制度主义政治学理论框架的建构而言，既不能把制度视为决定个体行为的外在因素，也不能把个体能动性看作独立于制度约束之外的先在力量。对于选择与约束之间关系的认识，吉登斯的理论观点具有重要的意义。吉登斯在对待结构与能动之间关联的问题上，反对以“二元论”（dualism）的方式来对待结构与能动之间关联，主张“人类行动与结构在逻辑上是相互关联的”。结构作为社会系统中的制度框架和资源背景，它正是构成人类能动之中“人类”（human）因素的主要媒介。与此同时，能动也是结构的媒介，个体在其活动过程中不断复制着这种结构。①这种将结构与能动理解为二重性（duality）而非二元论的“结构化”（structuration）理论，在肯定结构具有约束作用的同时，也肯定了人类主体的能动性和创造性。它不仅反对把人视为受规则和外部结构限制的傀儡，也反对不受任何约束的个体主义和主观主义的观点。②实际上，这种对于结构和能动的相互作用（interplay）予以强调的理论主张，愈益受到新制度主义政治学者的重视。③

最后，新制度主义政治学须要汲取传统制度研究的突出成果。政治学具有悠久及深入的制度研究传统，在新制度主义兴起之前，政治制度便是政治学研究的主要对象，制度研究也是政治学的重要组成部分。一方面，政治科学中的新制度主义尤其是历史制度主义在很大程度继承了旧制度主义的研究成果；另一方面，传统制度研究以及更广泛的传统政治研究中的重要概念和核心问题，对新制度主义政治学产

---

① ［英］安东尼·吉登斯：《社会理论与现代社会学》（文军、赵勇译），北京：社会科学文献出版社2003年版，第239页。

② ［英］菲利普·史密斯：《文化理论——导论》（张鲲译），北京：商务印书馆2008年版，第217页。

③ Thomas A. Koelble, “The New Institutionalism in Political Science and Sociology,” *Comparative Politics*, Vol. XXVIII, No. 1 , 1995, p. 242; Colin Hay and Daniel Wincott, “Structure, Agency and Historical Institutionalism,” *Political Studies*, Vol. XLVI, 1998, p. 956.

生重要影响。制度理论者彼得斯（B. Guy Peters）提出，新制度主义不仅反映了传统的政治研究路径，而且为旧的研究路径增添了新的理论研究方向或实证研究方向。①因此，在新制度主义政治学的理论建构中，应该重视权力、国家等政治学研究的核心概念，应该继承旧制度主义和历史制度主义对意义、价值的重视，在一定程度上还应该对正义、正当等具有强烈价值判断色彩的范畴予以审视。②

（作者单位：吉林大学行政学院）

① B. Guy Peters, *Institutional Theory in Political Science*: *The* "*New Institutionalism*" (London and New York: Pinter, 1999), p. 3.

② 举例而言，罗尔斯（John Rawls）指出，“正义是社会制度的首要价值，正像真理是思想体系的首要价值一样”，参见［美］约翰·罗尔斯：《正义论》（何怀宏等译），北京：中国社会科学出版社 1988 年版，第 3 页；德国著名哲学家奥特弗利德·赫费（Otfried Hoffe）反对一种“无伦理的制度理论”，参见［德］奥特弗德·赫费：《政治的正义性——法和国家的批判哲学之根基》（庞学铨、李张林译），上海：上海人民出版社 2005 年版，第 12 页。

地区概念的引入与地缘政治学的中观层次研究的加强

于海洋

无论是阿富汗战争还是希腊主权债务危机，某些节点发生的变化都受到世界范围内的深刻关注，这里除了全球化带来的积聚效应外，更为深刻的原因在于政治家们都相信某些地点具有比其他地区更为重要的地理和政治价值，这些价值必须列入国家外交战略的考虑范畴。这种思想的普遍存在使我们看到，地缘政治无论作为一种学说还是一种倾向，依然活跃在国际关系的整个过程当中。但与地缘政治所蕴含的巨大吸引力相比，地缘政治理论的发展却令人沮丧地陷入了长期停滞当中，国际关系理论在20世纪70年代以后普遍经历的科学化、社会化改造，并没有对传统地缘政治理论带来太多影响；冷战结束后国际关系的深刻变化也使我们必须在一个全新的背景下探讨传统的地缘政治问题。地缘政治学说只有在理论上进行新的探索才能对国际关系发生的一系列变化做出有说服力的解释。

一、地缘政治学海陆两极理论的解释力缺陷

K. Э. 索罗金在总结了地缘政治学发展史后将其内容划分为两个

层面——“基础”型与“应用”型，“前者从综合的角度研究地球地缘政治空间的发展；后者制定国家或国家集团在世界舞台上的行为总路线的原则建议。”① 无论“基础”型还是“应用”型的地缘政治理论，都是从在全球范围的视域探讨国家权力的地理分布及相互作用的。从这一意义上，传统地缘政治理论都可以划归到体系主义的范畴内。无论是海权论、陆权论还是空权论，地缘政治学者都试图把地理因素嵌入大国的全球政治战略当中，大国要么被地理特征赋予模式性的行为特征，要么围绕着具有全球价值的区域展开争夺，地缘政治学也因此找到了区别于其他理论的独特价值。

但是，基于体系主义和全球主义的地缘政治在解释力上存在着巨大的空白。因为地缘政治学普遍强调的海陆两极结构实质上是一个因为全球层次交往异常密切因而实现了“平滑化”的世界。② 在地缘政治理论的描述中，世界性的海权和陆权大国要么合作要么冲突，但是这些行为的发生是无障碍的，海陆两极权力的交集可能存在于全球任何具有战略意义的土地上，而无须顾及空间局限、地理或政治经济环境带来的制约性因素。无论是麦金德的世界岛说还是斯皮克曼的边缘地带学说，都将广阔的地理空间设定为海陆权国家斗争的舞台，这其中暗含的假定就是大国为实现自己的世界战略其权力投放在各个地理区域，其代价是均等的或者说是可以忽略不计的。另外，海陆两极理论还特别强调对世界范围内的重要地理区域的控制，这些地理区域往往远离海陆大国的本土，但它们却对海陆大国具有不逊于临近地区的重要意义。这种看似正常的假设其实意味着地缘政治理论所假定的海陆大国应该与全球各地区都普遍存在着密切的利益联系，地理间隔已经不构成减弱利益联系的有效阻力。而从全球性世界的发轫开始，符

① ［俄］K. C. 哈吉耶夫：《地缘政治学：学科的历史和现代内容》，《国外社会科学》1997 年第 2 期，第 81 页。

② Lake David A. and Patrick M. Morgen, *Regional Orders: Building Security in the New World* (University Park: Pennsylvania State University Press, 1997), pp. 61-62.

合这样条件的大国屈指可数。

从地理大发现开启全球化时代以来，不仅具有全球利益、保持全球存在的海陆大国数量稀少，而且能够摆脱地理束缚实现海陆两极对抗或合作的案例也甚为罕见，这意味着地缘政治理论只能解释极少数国家的极少数活动。大多数国家的冲突或联合，要么发生空间不是全球范围的，要么影响力不是全球性的。也就是说，绝大多数国家无法摆脱奥沙利文的距离磨损（Distance friction）效应的影响。“距离摩损”理论认为“一个国家在它的边境之外施加强权，不管其目的如何，这个发动国的力量将随着距离的延长而减弱。”① 因为地缘政治学是一门强调地理因素对国际政治影响力的理论，同时，生产力与交通技术的发展也还没有达到突破地理因素的限制使各国进行无障碍沟通的程度，因此国际政治中所关心的权力和安全问题都需要在具体的地理环境内加以理解和解决。对于全球地缘政治体系内的绝大多数国家而言，它们既不存在实质性的全球利益，也缺乏对一定区域外发生事件的干预能力，因此它们视野内的国际体系不是平滑的，国家间的交往密度和利益分布也不是平均化的，外交战略的构建会依据国家影响力的地理限度有所侧重和放弃。事实上，在近现代国际关系史中，因为对地缘磨损效应和国家权力的地缘限度缺乏正确认识造成重大损失的例子不胜枚举。第一次世界大战前的德国，在俾斯麦执政后期与威廉二世时代的初期，国家实力和国际环境变化不大，但是两人对地缘政治的理解完全不同，俾斯麦将德国定位于一个中欧强国，威廉二世却相信德国应该有一个全球战略，并试图将国家利益的地理范围扩张到世界范围之内。可以说，正是这种全球主义和海陆兼顾的国家身份再定义让德国陷入了第一次世界大战。

因此，只要我们重拾奥沙利文的距离磨损理论，并把这一原理视为地缘政治理论的基础，那么任何地缘政治的全球主义思考就必须接

---

① ［英］奥沙利文：《地理政治论——国际间的竞争与合作》（李亦鸣等译），北京：国际文化出版社1991年版，第11页。

受地理因素的严格限制：全球地缘政治的棋盘会因为地理条件的差别形成不同的阻力区，哪怕是全球大国其影响力的辐射也会随着地理距离和地理限制逐渐削弱，海权和陆权国家影响力的比较往往受制于其所在区域的地理条件和自然潜力。国家在制定国际战略时需要把政治地理状况与国家交往的社会性后果结合起来考虑。① 这意味着具有国际影响力的国家也必须明确的区分其全球利益和区域利益，而不能将二者混为一谈。由于干预能力的迅速磨损，大多数国家在安全问题上考虑的不是海陆两极的全球对抗问题，而是与周边地理毗邻地区的陆陆冲突或者海海冲突，国家间更多是在近似地理条件及其带来的一系列客观限制中寻求政治和安全问题的解决。绝大多数国家包括强国只能保持在一定区域内的影响力，在所谓的地理极性下，不同地理区域之间疏离性很强，多极化优先考虑的不是极与极之间的密切合作而是它们的相互隔离。马汉与麦金德理念中的全球海陆两极结构更准确的表述不是海权国家对陆权国家具有优势，而是海权国家在分割和隔离各地理政治区方面更加便利，占有优势。

二、地缘政治区：地缘政治解释力的新来源

地缘政治的全球主义框架并非没有意义，它给我们描述了一个使各国都受到普遍限制的整体环境。但是正如前文指出，单纯的体系主义地缘政治理论不能解释大多数国家大多数情况下需要面对的实际状况。因此，如果没有地区这个中观分析层次，地缘政治理论的解释力会大打折扣。因为全球性国际关系是由国家的跨区域互动、区域内国家间关系和区域之间互动这三组变量的不均衡分布组成。这其中区域内的国家间关系既占到国家间关系的最大部分，也是国际体系结构的

① Paul F. Diehl, "Geography and War: A review and Assessment of Emperical Literature," *International Iinteractions*, No. 1, 1991, pp. 11-27.

中观基础。没有区域的存在，也就没有了全球国际体系的存在。随着区域主义的发展，把区域的概念引入国际关系的分析已经成为常态。这为地缘政治理论地区分析的发展，提供了一个很好的借鉴。但是，区域主义对区域问题的分析大多数情况下并不延用地缘政治的方式方法，因此，地缘政治理论迫切需要建立自己的地区分析框架。

目前具有较高学术影响力的区域主义理论包括区域化理论和地区安全理论两大方向。地区安全复合体理论的代表人物巴黎·布赞和奥利·维夫认为："地区，几乎不论如何界定，都必须包括地理上聚集在一起的这类单位的集体，而且这些群体必须内嵌于更大的国际体系。"① 区域化理论则认为区域"指地理位置毗邻、人文传统相近和历史上交往密切的国家所构成的自然地区，但也可以指由某一地理界线划定的地区；有时，政治或军事结盟也可以形成国家的区域观念。"② 从定义中可以看出，二者对区域所包含的地理相邻性都予以承认，但是在区域主义的研究中，区域的社会建构色彩更强。区域化理论是在假定区域共同体可以实现的前提下，研究区域成员如何走向共同体的问题。无论是功能主义、新功能主义还是联邦主义、经合主义，区域主义的视角基本是内向化的，对区域与国际体系的关系涉及不多。在他们看来，区域是一个比全球更容易实现良好治理的舞台，因此区域化理论本质上说一种国际治理理论。区域安全理论相较于区域化理论而言，一是对区域差别和独特性更加重视，对区域治理经验在其他区域的复制持极为谨慎的态度，二是它更强调区域与全球体系的关联性，因此在许多方面都与地缘政治的学术传统表现出相似性，但是地区安

---

① ［英国］巴里·布赞、［丹］奥利·维夫：《地区安全复合体与国际安全结构》（潘忠岐、孙霞、胡勇、郑力译），上海：上海世纪出版集团2010年年版，第26页。

② Bruce M. Russett, "Imternational Reigionas and International System," in Richard A. Falk and Saul HMendlovitz, eds, *Regional Politcs and World Order* (San Francisco W. H. F. reeman and Company, 1973), pp. 181-187。转引自朱锋：关于区域主义与全球主义，《现代国际关系》1997年第9期，第41-46页。

全理论是以安全的获得与保障为核心组织自己的研究的，就像奥利·维夫指出的，“安全化的指涉对象既有地缘政治上的对象，又很大程度上有价值和原则。”① 对不同地区的地理差异及由此带来的权力现象、权力关系及国家战略选择等一系列问题，并没有进行专门的研究。

地缘政治理论如果要提出自己地区理论，首先需要按照地缘政治学的学理要求对地区进行概念界定。区域主义在整体上对地区间如何划分的问题采取了模糊的态度，或者说它们更喜欢按照所研究问题对地区进行划分。以欧盟的边界为例，土耳其究竟是不是欧洲的一部分至今无法得出定论，因为历史上近东问题在各种场合时而成为欧洲问题的一部分时而成为伊斯兰世界与基督教世界之间的问题。这种对地区界限划的模糊性分经常会导致各国战略意图的对立和国际冲突的发生，各国都愿意把自己有影响力的区域最大化理解，并且这种理解在历史与文化考证中又往往是说得通的。地缘政治学作为研究人境关系和国家战略选择的一门科学，有必要在全球各地缘政治区域的划分上采取更清晰的态度。米尔斯海默在阐述离岸平衡手战略时笼统的把英美两国的对手指定为欧亚大陆上任何有威胁的大国，② 这种思维继承了马汉和麦金德的衣钵，但却因为不顾欧亚大陆内部各地区的巨大差异因而缺乏最起码的针对性。因此，地缘政治意义上的区域在划分上必须考虑两个要素：

第一个要素就是大国影响力在地理磨损原理作用下的实际界限。地缘政治中的地区与自然地理中的地区，在划分上最大的区别是地缘政治坚持国家主义的研究视角，它立足于国家在地缘环境中的处境和选择进行研究，因此对于地缘政治而言，任何有效的可以用来分析的

---

① ［英国］巴里·布赞，［丹］奥利·维夫：《地区安全复合体与国际安全结构》（潘忠岐、孙霞、胡勇、郑力译），上海：上海世纪出版集团 2010 年年版，第 271 页。

② John J. Mearsheimer, “Power and Fear in Great Power Politics,” in G. O. Mazur, ed., *One Hundred Year Commemoration to the Life of Hans Morgenthau* (1904－2004) (New York: Semenenko Foundation, 2004), pp. 184－196.

地理区域都是围绕着地区性大国划分的。这些国家会按照其影响力所能到达的界限制定战略目标，促进目标的实现；同时，它们也会因为其他区域大国的竞争调整自己的影响力范围。妥协的结果往往是区域内的地理屏障成为大国间实际的影响力界限，克什米尔地区因为其特殊地形就在印巴之间充当了这种天然边界的角色。除了那些因为地理隔绝性只有单一大国的特殊地区外，任何地缘政治地区都会因为两个或两个以上的大国存在，存在一定程度的紧张状态。特定的自然屏障存在意味着，在某种地理条件难以抗拒的影响下，它会被动地起到国家间竞争均衡器的作用，因此天然边界的位置及其位移就成为考察区域国际关系的重要指标，通常在权力竞争中处于弱势地位的国家会更加重视对地理界限的保护，而缺乏天然边界的地区安全形势会经常呈现出更为复杂和严峻的态势。在欧洲历史上，德国的安全忧虑远大于其邻国的原因中很重要的一条就是东中欧大平原使德国无法获得地理屏障的保护。①

第二个要素就是地区间的地理疏离性。鉴于政治大国的影响力并没有达到完全超越或无视地理界限的程度，依靠海洋、山脉、高原、沙漠等大量存在的地理屏障，各个地区经常性隔离了起来。这种隔离在彼此不直接相邻的区域间更为明显。鉴于每个地区与外界的隔离程度并不相同，隔离程度较低的地区在开放程度上往往相较其他地区更高，但跨区政治互动也会带来区域独立性和稳定性差的问题：斯皮克曼所阐述的边缘地带就属于区域间隔离性较差的地区。正如亚里士多德、孟德斯鸠、让·布丹反复指出的，相互疏离的地理环境事实上使每个地区之间出现了巨大而全面的差异性，这也是各个地区凝聚力的来源之一。同时，地理疏离使区域内和区域间的相互依赖在成本上存在差异，从长远看，这种差别差异会鼓励地区一体化的发展。

根据影响力的距离磨损程度和地理环境的自然疏离，世界被分割

① 刘靖华：《霸权的兴衰》，北京：中国经济出版社 1997 版，第 153—154 页。

成相互区别的地缘政治区域，而各国也划定了基本的活动范围。地缘政治区的存在，使我们从人境结合的视角对国际体系的复杂性和各国战略的差异性有了更为清晰的认识。正是在差异性的基础上，不同地区不同发展道路才有了比较和借鉴的可能。从传统地缘政治理论的角度出发，简单的海陆两极划分往往无法涵盖国际政治中的复杂内容。在地缘政治区这一分析层次引入后，我们就可以依据不同地区天然边界的具体差异和国力磨损的现实情况，将海权与陆权国家的战略诉求和行为模式进一步细分。例如，同样是海洋国家，日本在两次世界大战期间奉行的政策却与英国和美国截然对立，这种更倾向陆地扩张的黩武政策有很多原因造成，但是日本在东亚和东南亚大陆地区面临的磨损效应远小于控制南太平洋，是一个很重要的理由。① 也就是说，通过对国家的地缘位置、区域内国家力量对比和大国间天然屏障的分布状况的综合研究，我们可以对地区及国家间关系的历史模式、稳定程度和发展方向有一个大概的认识。这种基于人境关系的分析可以重新界定地缘政治与其他国际关系分析模式业已模糊的分野。

三、地区间：争议中的分析层次

在古代区域性国际体系当中，区域间的互动从未上升到形成全球体系的程度。从地理大发现和欧洲扩张开始，相互隔绝的地理区域才被工业革命和殖民主义的浪潮打破。不同大陆之间的沟通一直随着全球化的迅猛发展在一步步走向紧密化，但这不意味着地区间互动在全球结构中开始发生重要作用。这是因为生产力的发展促进了国家和非国家行为体的相互交往，但是它们并不是以区域成员的身份进行交往的，区域也还没有变成具有独立利益诉求的行为主体。即便是欧盟这

① ［美］入江昭、孔华润：《巨大的转变：美国与东亚（1931—1949）》，上海：复旦大学出版社 1997 年版，第 2 页。

样发达的地区共同体，也没有发生全面的“忠诚转移”现象。因此，地区间如果想成为一个有价值的分析层次，那么首先需要地区的发展达到实现高度机制化或共同体的程度。当前区域主义研究中，虽然有部分学者认为国家、地区、地区间和体系构成了国际问题研究的四个层次，但毫无疑问地区间层次的现实价值是最为薄弱的。

地区间层次的研究存在着空洞化的非议，但是这并不意味着地区间层次可以被忽略。当前，国际关系领域的地区间研究（interregionalism）主要研究以下几个方面的问题：全球化把地区间交往视为经济全球化发展的自然结果，认为地区间交往是人类社会、市场与国家间关系全面重塑过程的一部分；区域主义研究地区间的共同发展，认为地区间交往是地区一体化过程的自然延伸。研究全球治理的学者还从治理方式的角度把地区间交往视为美国单边主义和全球多边主义之间的一种治理状态。① 由于理论架构的差别，地缘政治理论对区域间层次的研究应该基于不同的视角：地缘政治区强调地区之间的疏离性和差异性，也正是地区间疏离程度的不同造就了不同地区间交往程度的差异，并由此引发了一系列国际关系的变化。地理距离的远近、交通条件的便利与否，使各地区间关系要么冲突要么合作。那么，在现有情况下，有哪些带有典型的地缘政治特征的现象应该被纳入地缘政治研究议程当中呢？

首先，地区间的相邻地带应该被纳入地缘政治的研究议程当中。斯皮克曼把海陆两极相邻的边缘地带视为全球地缘政治环境中最重要的部分，② 但除了海陆两极之外，任何地区间的边缘地带都会因为地区的差异性而带来某种关系的紧张状态。这些边缘地带有时表现为前文所提的自然界限，有时没有特别的地理特征，但是这些边缘地带经

① Mathew Doidge，“Joined at the Hip：Regionalism and Interregionalism，” *Journal of European Integration*，Volume 29，Issue2，May 2007，pp. 229-248.

② ［美］尼古拉斯·斯皮克曼：《和平地理学》（刘愈之译），北京：商务印书馆1965年版，第78页。

常同时受到两个地区的影响，随着地区间政治经济发展的不平衡状态而不停地向某个方面倾斜。这些地区的安全状态与权力分配因为涉及不同地区多个国家，不属于区域关系；其重要性又往往无法对国际格局造成重要影响，因此不属于体系层次的问题。它就构成了地缘政治中颇为引人注目的区域间议题。在奥斯曼土耳其帝国瓦解后，土耳其和希腊在塞浦路斯问题上的摩擦，俄罗斯、美国和加拿大对北极圈内领土主权的矛盾，都可以划归到区域间层次上加以考察。

其次，因为地缘政治理论一直有大国政治的研究传统，所以区域间问题往往被一些学者简化为大国之间的问题：布热津斯基用地缘政治棋手来概括全球重要的战略区域就集中体现了这种倾向。由于地区性大国如何在一个固定区域内发挥影响力，还有全球性大国在区域间如何发挥控制和影响作用，这些问题在理论上已经可以进行充分的概括。区域间层次的地缘政治问题就必然包括区域性大国如何跨区行使政治权力的问题。如果我们坚持地理磨损原理的基础性地位，那么一个大国的影响力必然是有限的并且随着距离本土距离的拉长逐渐减弱的。但地理条件的限制作用会受到科技发展、地貌环境等因素的变化而出现波动，地区性大国的影响力也会因此不同。例如海洋国家影响力所能达到的距离通常就会比陆上国家更长，因为海洋国家克服自然条件限制更为容易、成本也更为低廉。一方面，地区大国跨区活动能力是不同的，它们在全球地缘政治结构中的角色也会相应有所差别，另一方面它们之间是否会形成一个都能施加影响的共同区域也是影响跨区关系稳定的重要因素。

最后，无论是区域间的边缘地带还是大国的跨区域交往，都一直随着生产力的进步而逐渐发展。全球化带来的深刻影响促进了区域间互动的深入进行，由此带来了地区的开放性与封闭性问题。区域主义往往以区域化和全球化互动的程度来判断一个区域是否是开放的。对于地缘政治学而言，一方面地理条件的限制对地区开放会造成一定程度的影响，另一方面这种影响不是绝对的。开放还是封闭对决定一个地区的战略价值十分重要，而判断开放性的标准应当定义在区域大国突破地区界限的难易程度上。

四、地区的发展：走向全球地缘政治之路

强调地区和地区间两个分析层次的价值，并非要否定体系主义和全球主义地缘政治学的学术价值和现实意义，而是希望寻找从地区走向全球地缘政治格局的完整逻辑链条和分析模式。只有能够解释各个主要地理区域的现实状况，有关国际体系的分析才是可信的。同样，任何体系层面的变化，都是由微观和中观层次的具体变化逐渐发展演变而成的。因此，对地区和地区间层次的地缘政治研究是丰富和发展地缘政治系统理论的必由之路。

传统的地缘政治理论把国际体系概括为两极的历史性对抗，乔治·里卡斯在总结地缘政治冲突的现实基础时指出，“海上强国和陆上强国在性质上殊异，无论是相互竞争还是彼此交往都不能消除彼此的差别。”① 无论是心脏地带、边缘地带还是内新月地带、外新月地带，不同学者观点的交锋大致可以概括为海洋大国和陆地大国对抗的战场在哪里的问题。海陆两极的对抗，不仅是海权霸主和陆权霸主之间的两国对决，而是海权和陆权两种地理和文化类型的国家之间的总体对抗。这些国家为什么会依附在具有领导力的霸权国家身边，投入全球范围的两极对抗？它们中的大部分不仅地理位置远离斗争的焦点地区，影响力也不会像霸权国那样有能力跨地区投送？大部分国家参与两极对立地缘结构的理由无法在传统的地缘理论框架内解决。这就要求区域理论为这些国家投入某一极的联盟行为做出解释。依据我们前文的分析，地区大国的影响力受到距离磨损效应影响，这会限制它们的跨区影响力。但在一定的区域内，地区大国间的影响力距离发生

① Gaddies Smith, “Quest for Equilibrium : America and the Balance of Power on Land and Sea,” *Foreign Affairs*, 1978 (4), p. 4. http://www.foreignaffairs.com/articles.

重叠是很常见的，这种处于两国影响力交集的地区一旦缺乏公认的地理界限或两国的默契，就会成为地区冲突的爆发热点区域。区域冲突，尤其是区域内具有海权性质和陆权性质的国家间的冲突为全球性海陆大国的干预提供了条件。它们的干预往往可以改变权力均衡的天平，也会客观上产生海权、陆权国家的全球联盟的产生。没有了地区性冲突的中观基础，全球海陆对抗格局就缺乏普遍的验证。

地区分析的价值不仅在于证实海陆两极对抗结构的合理性，它也为地缘政治合作与联合进程的发展提供了依据。后冷战时代经济全球化深入发展，国际社会的主题转向和平与发展。这些国际体系宏观环境的变化如何作用和影响到地缘政治全球结构呢？由于地理环境和一个国家的海陆极属性具有不变性，地缘政治相较于其他类型的国际关系也具有更加顽固的特性，只有从国家间关系和地区形势的具体变化，我们才能为全球地缘政治结构的变化做出令人信服的判断。从全球各地区的区域化进程着眼，地区大国的影响力距离确实有很大的交集。但是这种交集不仅仅会带来冲突和对抗。首先，很多地区普遍存在着极大限制人类活动的天然界限，这些诸如难以逾越的高山大河之类的天然屏障往往限制了国之间冲突的程度，削弱大国间对抗的烈度，最终使地区内部的国家间关系趋于稳定。第二，各国影响力距离交集地区的长期存在，客观上使地区大国之间建立了密度更高的相互联系。众所周知，密集的互动是社会性共识与合作行为产生的必要条件。这意味着大国影响力交集的扩大和长期存在有利于地区一体化进程的发展。

在地区间层次，自然界限的作用更为明显。各地区大国影响力距离的有限性使不同地区大国之间会出现双方力量达不到的空白地区，这些空白地区客观上成为隔离地区大国的自然界限。因为彼此权力的缺乏直接接触，大国之间海陆性质差异也难以变成难以化解的冲突形势。从这个意义上讲，地理因素给大国关系带来的不只是冲突和敌对，也会提供合作的可能。在这种情况下，因为全球化带来的国家间密切经济关联会很自然的改变两极对抗的心理基础，各国可以根据区域化进程和全球化进程的发展程度选择和其他国家相处的模式。

人类从相互隔离的地区性国际体系，走向全球性的世界体系，是历史发展的必然趋势。在这个过程中，地理条件带来的障碍和便利同时存在着。生产力的发展、国家实力的变化，还有地理条件的共同作用，使疏离性的差异构成了影响各国关系亲疏远近的一个重要变量。地区为区域成员提供了一个相对固定的使地理疏离性逐渐消解的舞台。在研究地区层次、地区间层次和全球层次地缘政治结构的相互作用时，地理的疏离性与大国政治传统相结合，地缘政治理论就可以从不同国家影响力距离之间的交叉和偏离这个视角来解释。究竟是影响力交集区容易产生国际冲突，还是影响力的空白区容易产生国际冲突，它们的冲突与海陆两极结构的关系是怎样的，这些问题的回答在国际关系历史上可以找出不同的经验材料加以解读，而地缘政治地区理论的中观化发展正好可以为理论概括提供一个更为明晰的视角和框架。

（作者单位：吉林大学行政学院国际政治系）

现代国家的理论变迁与国家建设

陈　毅

现代国家的政权建设是所有走上现代国家道路的国家都在进行的政治实践活动，这一未尽的和全新的活动中荆棘丛生，我们回溯现代国家的理论变迁和重新反观不同时期的国家建设的侧重点对于清醒我们的认识就显得非常有助益。

一

现代国家起源于绝对君主制国家，随着时代变迁，现代国家越来越为“概念化的国家权力”。著名史学家昆廷·斯金纳在《近代政治思想的基础》一书中指出，在13世纪后期到16世纪末这一时期，近代国家概念逐渐形成，“从‘维持他的国家’——其实这无非意味着支撑他个人的地位——的统治者的概念决定性地转变到了这样一种概念：单独存在着一种法定和法制的秩序，亦即国家的秩序，维持这种秩序乃是统治者的职责所在。这种转变的一个后果是：国家的权力，而不是统治者的权力开始被设想为政府的基础，从而使国家在独特的近代术语中得以概念化”①。这意味着现代国家的第一次重大转变，从维护“统治者的权力”走向创设“概念化的国家权力”。统治者为国家服务，而不是国家为统治者服务，国家有权力选择统治者，赋予国家权力概念化存在，从而获得自足性和自主性。近代国家观念的产生，很重要，至上的国家，有限的政府的观念越来越被人们所接受，国家成为“铁打的营盘”，政府成为“流水的兵”，推翻一个非法的政府有其合法性，而任何一个想取代主权国家的行径在现代国际社会都是难以容忍的。国家权力可以抽象为至上的权威，一种公意的代表，一种符号、一种传统、一种精神，一种元乌托邦的道德框架，包含了诸多小共同体的善的最大的政治共同体的善，民众信仰、认同的国家不再是某一君主、某一王族、某一朝廷，这一历史性的转变或明或暗地指出了基础性的责任指向问题，在封建王朝，臣民对国王及其家族负责，而近代立宪国家以维续国家秩序为宗旨，政府至少在形式上是对选民或者选民选出的代议机构负责的。责任指向的这种关键性转换表征着近代国家的成长，实现从霍布斯的“主权者主权”到洛克的“议会主权”，再到卢梭的“人民主权”的转变，为民族国家的构建提供越来越牢靠的合法性基础，契约论者通过重新思考政府的起源、范围和目的等终极性问题对此作了规范性论证。

随着启蒙运动和工业革命浪潮的席卷，政治世俗化运动也迅速加剧，它促使形成功能主义现代国家观，意味着现代国家的二次转型，即从抽象的“概念化的国家权力”走向可量化和可评估的政治绩效的转变。前现代政治的合法性一般建基于传统、习俗、惯例或者某位魅力型的领袖之上，政府存在的理由或是“历来如此，无须追问”，或是臣民们认为追随具有某种魔力的领袖会给他们带来福祉。总之，传统国家及其统治者往往被神秘或神圣的光环所笼罩。随着宗教改革，国家祛魅化进程加速，政府的合法性越来越立基于合理的法律制度之

① ［英］昆廷·斯金纳：《近代政治思想的基础》（奚瑞森等译），北京：商务印书馆2002年版，第12页。

上，现代国家建基于一整套人为建构的现代制度之上，诸如统一的法治和统一的税制，及其统一的现代官僚制度，现代国家的理想只有寄希望于功能性的制度载体才能很好地得以实现。也即是说，政府越来越表现为某种功能性的机械装置，政府存在的理由以及统治者的职责正是在于维护功能的实现。在封建王朝向近代国家转型过程中，实质理性渐为形式理性取代，不可思议的王权转变为世俗的抽象主权，统治者成为维护客观的国家秩序之人，统治者以政策的绩效换取民众的选票，决定着其去留。按此逻辑再往下推，自然会发出这样的疑问，"国家究是何物，国家究有何用？"最直白而世俗的回答是，国家的建立是为了实现某些功能。英国史学家约翰·麦克里兰生动地表述为，"国家之设立如果是为了做某件差事，那么，明确界定这件差事是什么，以及研判国家需要什么权力来完成这件差事，至少原则上应该不难。国家这就变成一套机制、一部机器，人发明这部机器，就是建立一些标准，根据这些标准来判断国家是否失灵。国家就如其他一切机器，可能会失灵，可以随环境改变而加以改善，有时甚至可以整个拆掉，重新设计"①。如果将这一观念进一步引申，受结构功能主义思想的影响，就会逻辑地得出评价政府绩效必要性的重要结论。特别是，随着功利主义的兴起，政府的政策乃至政治合法性问题越来越被置于世俗、客观、理性的评价标准之下，更多地体现在政制设计之中，更多地体现在给老百姓提供了多少实惠，公共利益更明确的表现为看得见摸得着的利益，以边沁为代表的功利主义认定趋乐避苦乃人之本性，且快乐与痛苦大致可以计算，一切立法、政策乃至道德原则的最终判定标准是实行之后可能达到的功利水平。"一项行动总的来说，如果产生快乐多于痛苦，就是好的行动。产生的快乐如果远多于痛苦，则是非常好的行动"②。这一主张深含激进意味，一切经济、社会、政治

---

① ［英］约翰·麦克里兰：《西方政治思想史》（彭淮栋译），海口：海南出版社 2003 年版，第 216 页。

② 同上，第 494 页。

秩序如不符合“最大多数人的最大幸福”的原则，那么在功利主义者看来就须除旧布新。功利主义将功利原则应用于政府，实质上为评判政府优劣树立了重要标准。边沁曾敏锐地指出，契约论者评判政治合法性存在“非有即无”的局限，即一个政治秩序要么有合法性，要么没有合法性，没有中间地带，这种评判方式实质上表明只有武装造反，才能挑战现存政治秩序的合法性。从这个意义上说功利主义的评判方式实现了从根本的政体层面向具体的政策层面的转移，这无疑为责任政府的实践提供了更具建设性与操作性的思路与设计。正如维尔所言，西方政治思想史描绘的一套价值并不会自动实现，只有在合宜的制度结构和程序中，这些价值才能在实践中实现并相互和谐①。结构功能主义就有了产生的社会现实需要。

对现代国家的反思：人们最初选择“概念化的国家权力”来赋予现代国家自足性和自主性，为的是扭转统治者维护统治的政治基础，与传统政治决裂和代表自然权利觉醒的契约论思想家费尽周折进行了政治合法性的论证，极大地推进了主体性政治文明在世界范围内的确立，民族国家独立也成为世界范围的政治解放运动，主权的概念、国家的精神、国族的共识、国民性建设和公民的资格等现代政治概念开始深入人心。然而，政治世俗化的浪潮猛烈地冲击着政治共同体的边界和政治共同体的精神，使现代国家寻求制度化功能装置来负载国家的精神，但是，在一次次的可视性物欲的诱惑和交换面前，现代国家的精神家园越来越离人们而远去，人们只能活在物欲横流的当下，如何走出制度的桎梏而重新使现代国家焕发新的生机是我们急迫需要解决的时代命题。从结构和功能来审视和装置现代国家并没有错，而考虑的难点是如何不使结构和功能僵化，甚至退化到为恶的境地，需要不断以现代国家的理念植入到结构和功能的制度化设计中去，预设其反思和评判的修错机制。

---

① ［美］M. J. C. 维尔：《宪政与分权》（苏力译），北京：三联书店1997年版，第11页。

二

伴随现代国家理论基础的变迁，回顾现代国家的生长过程所经历的如下几个阶段，每个阶段的国家建设的侧重点都有很大的不同：

（一）君主制国家时期的“国家建设”（1648—1789）

1648 年，欧洲各国结束了 30 年的战争，建立了威斯特伐利亚体系。威斯特伐利亚体系的建立标志着在欧洲大陆形成了边界清晰的绝对主义国家体系。绝对主义国家是现代民族国家的开端。正如戴维·赫尔德所言：“现代国家的直接来源是绝对专制主义和绝对专制主义创造出来的国家间的体系。”①

“现代政治的一个重要特征，是君主行使对于国家的管辖权、统治权与治理权，因此，君主论以及君主统治的合法性及权威性，在早期现代那里，就一直是一个重要的思想内容，也是聚讼纷纭的理论争斗之所”②。尽管 17 世纪初的欧洲“国家”处于非常原始的状态，在一定程度上还是君主的一种“私器”，但是，相对于几个世纪西欧社会充满战乱的松散权力结构而言，君主制代表的是“一种创新的革命性制度”③，有助于解决中世纪西欧封建社会小国林立、疆界模糊、领土纷争的版图状况，在权力分割的土壤上形成集中而单一的中央权力，即王权，并以明确的领土疆界划分建立更广阔的统一市场，以便对财富积累、商品贸易和公民权利的保护，“君主权威之所以凸显出来，

① ［英］戴维·赫尔德：《民主的模式》（任军锋译），北京：中央编辑出版社 1998 年版，第 92 页。

② 高全喜：《西方“早期现代”的思想史背景及其中国问题》，《读书》2010 年第 4 期，第 30 页。

③ 同上。

是因为君主不仅作为最大的领主，而且作为国家主权的担纲者，行使战争与和平的权力，承担起合法性”①，领土主权国家的出现要求君主必须建立起一套有效的国家机器，消化包括教会和贵族在内的公开和潜在的敌对势力，有效地汲取资源，巩固权威基础并建立秩序。也即是说，绝对君主国家建立在当时代表了一种先进生产力和满足了时代的迫切需要，也只有先把权力集中起来，才存在下一步限制权力的问题。“几乎所有历史上的欧洲大国，基本上都经历了一个真正的卓有成效的君主专制的时代，对于构建代议制的人民主权，都具有重要的阶段性意义。在这个时间段中，真正的欧洲现代社会中的政治与法律斗争，是在君主与贵族之间进行的，无论是英国、法国还是其他一些国家，君主都是代表新兴的、先进的、革命的势力，而贵族则是传统的、落后的、反革命的势力”②。从15世纪末到18世纪这三百多年的时间内，大多数欧洲国家都是处于绝对主义君主制的形成和稳固阶段。

君主制国家控制经济资源的方式是通过建立以重商主义为基础的经济和商业政策，而国家不是过多地干预经济，而是为自由竞争的市场经济提供必要的安全和秩序，“夜警国家”是其形象的比喻。市场经济也为君主制国家提供充足的货币支持，以组建自己的军队，走出过去依赖雇佣军的时代，从而为发动战争和领土扩展做好准备。国家的基本任务就是提供社会安全和社会公正的保护，为此国家自己保持着对法律实施和暴力控制的垄断权。它们是规定并保护社会赖以组成的权利关系的垄断权，没有这样的垄断权，秩序无法维持。君主制国家的“国家建设”另一个内容是收集和掌握与国家能力和安全相关的重要信息，全面摸底、盘查一系列重要信息的掌握，包括国家的地理、自然资源和人口信息资料，以此作为制定税收和开支的重要依据和基础，这对于君主制国家的扩张和维持尤其重要。因为它涉及税收问题，

---

① 高全喜：《西方“早期现代”的思想史背景及其中国问题》，《读书》2010年第4期，第32页。

② 同上，第30—31页。

制定统一和有效的税收政策是早期国家建设的最重要内容。“从某种意义上说，西欧的现代国家更多是一种意外的结果，因为当初的国家建设者们心中并没有一个绝对主义国家或现代国家的蓝图，他们只是要解决迫在眉睫的问题。对于过往来说，主要的目标就是战争，正是为了筹措战争的资源，为了支持战争或备战的需要，他们才不得不建立相应的机构与设置去募集资金。而募集资金的最重要的手段就是抽税。开始是临时性的捐税，后来逐渐发展为定期的税收，随着定期的普遍的税收制度的建立，一支常规性的行政及财政队伍‘意外’地建立起来，并以国家行政权力的形式向社会全面渗透扩张。从而构成了现代国家的一个本质性特征。而这种拼命扩张税源与竭力反抗国王的肆意敛财的斗争就成为下一个阶段资产阶级国家建立的关键”①。因此，这一时期的“国家建设”主要集中在建立税收制度、集权式官僚体制、收集和整理国家信息、垄断对武力的使用、垄断对外贸易等。在某种意义上，这一时期是“现代国家”的统一和整合时期。

作为现代国家源头的君主制国家主要与实实在在的物质紧密相关，诸如领土秩序、物质资源，国家还是君主的私器，随着资产阶级的壮大，人们权利意识的觉醒，为一己之私的国家机器越来越成为维护公共权力的利器，也越来越具有抽象性和价值至上性，成为“脱俗精神”的象征，这构成民族国家的重要特征，也成为从权利出发追问政治统治合法性的依据。

（二）民族国家时期的国家建设（1789—1945）

1789 年的法国大革命更是摧毁了绝对主义君主统治，从而为资产阶级获得统治权奠定了基础，1789 年是欧洲历史的一个转折点。

在君主制国家时期，国家是一种建立和巩固统治的工具和手段，“国家建设”的重心是建立国家对资源的控制和对秩序的维持。而另

① 郭圣莉：《货币、税收与军事暴力：西欧绝对主义国家的形成》，《复旦政治学评论》2009 年第 7 辑。

一方面，民族和民族主义也是现代国家的特有属性，民族的形成是现代国家形成的重要标志之一。民族建构按照安东尼·史密斯的说法，“它主要包括共同体的记忆、神话以及象征性符号的生长、培育和传递；共同体的历史传统和仪式的生长、选择以及传递；‘民族’共享文化（语言、习俗、宗教等）可信性要素的确定、培育和传递；通过标准化的方式和制度在特定人群中灌输可信性价值、知识和态度；对具有历史意义的领土，或者祖国的象征符号及其神话的界定、培育和传递；在被界定的领土上对技术、资源的选择和使用；特定共同体全体成员的共同权利和义务的规定等”①。主权的确立和民族的形成，表明现代国家的基本框架才已经形成。法国革命转换原始民族主义的内容，将 Nation 的含义扩展成包含整个国家的公民群体，“国民性建设”成为“国家建设”的重要内容，以政治国家为基础的民族主义思潮开始兴起。拿破仑战争之后，欧洲大陆的民族主义和自由主义思潮并行，冲击着各国君主制国家的合法性基础。“随着民主政治（代议制）的成长和滥觞，君主或者消失（为民主共和制所取代），或者成为一个符号（君主立宪制或虚君共和制），所谓的人民主权堂皇登场”②。人们追问君主私权到公共权力转变的意义？君主与国家分离的意义？国家不再是某一人的私器，可以任其掠夺、任其挥霍，而是要必须满足更多的利益相关者的利益，公共权力越来越回归他的本意，让更多从“权力边缘”的群体通过合法的权力斗争走向“权力中心”，分享“议会主权”，进而走向共享“人民主权”。君主与国家的分离是被动进行的，由议会通过行政机关来“架空”君主的权力，“那就是众所周知的手中握有大量资源的新兴资产阶级利用国王采取军事行动所迫切需要的资源、传统权利与议会制度等与国王讨价还价，最终限制了王权

---

① ［英］安东尼·史密斯：《全球化时代的民族和民族主义》（龚维斌、良警宇译），北京：中央编译出版社 2002 年版，第 107 页。

② 高全喜：《西方“早期现代”的思想史背景及其中国问题》，《读书》2010 年第 4 期，第 30 页。

并彻底清除封建贵族的传统权力建立现代资产阶级国家的过程”①。以资产阶级为主力的自由主义者，联合其他被旧体制排除的社会力量，要求扩大选举权，拥有新闻自由，废除国家教会，实行宗教容忍政策、建立宪政，“国家”和“公民”是自由主义者的最常用的意识形态武器。行政机关的权力也由国家机器这一装置来分配其权力，实现权力所有者与权力的行使者之间的分离，为国家这台机器服务的公职人员也不过是为国家打工、为人民服务的普通人而已，靠纳税人的薪金养活自己，如果不能很好地履行职责，人民可以罢免废黜他（她）。现代政治的制度设计中心就转移到如何设计好国家这台机器的架构，以便使它高效地运转起来。

在民族国家时期，现代国家的新中国成立运动是民族认同的塑造和公民身份的塑造双管齐下，国家代表着一种目的和理想，“概念化的现代国家”在人们心中生根发芽，国家也因此获得一种自主性身份而存在。那什么是国家自主性呢？斯考切波指出：“作为一种对特定领土和人民主张其控制权的组织，国家可能会确立并追求一些并非仅仅是反映社会集团、阶级或社团之需求或利益的目标，这就是通常所说的国家自主性”②。自主性意味着国家能够超然于各社会特殊利益上，更好地代表公共利益。自主性并不意味着无限性，而是国家与社会之间有着严格的界限，因而其活动范围是有限度的，有限的权力恰恰是其能够集中力量履行自身职能的前提。黑格尔也认为，国家不只是一种政治组织形式，也是一个市民社会、政治社会和道德社会，具有超越个人权力的自身的权威，这种“国家民族主义”的思潮，为当时处于分裂状态的德国提供了一种动员和联合德意志人的意识形态，引发了一场改造旧国家的运动。“国家的权力对价值观、象征符号、

---

① 郭圣莉：《货币、税收与军事暴力：西欧绝对主义国家的形成》，《复旦政治学评论》2009 年第 7 辑。

② ［美］彼得·埃文斯等：《找回国家》（方立维等译），北京：三联书店 2009 年版，第 10 页。

记忆以及诸如此类的东西进行创造、证实、培育、选择、确定、保存和灌输。民族建构和国家建构往往相互为用，民族建构通过国家的权力使特定的文化价值观制度化，国家建构则从民族建构中获得国民的认同和社会凝聚力。”①

可见这一时期“国家建设”的内容与民族精神和公民身份的构建紧密地联系在一起。如果说绝对主义的君主国家是实现现代国家的统合和理性建构，那么民族国家时期可以说是现代国家从民主化角度确立起国家权威，为现代国家打下牢固的心理认同的基础。民族国家建构的“国家”和“公民观念”有何积极意义？民族国家建设又有哪些主要内容呢？为公民所塑造的公共身份创造了对国家的认同，也在全体国民中间创造出一种政治凝聚力，既是现代国家建构的主体保证，也为现代国家在世界政治格局中确保独立的民族身份提供有力保证。国家公民教育是民族国家的国家建设之重要内容，好国家需要好公民，好公民成就好国家，国家具有像人一样的精神品格和不可分割的主权统一性，国家主权越来越从君主私权中剥离出来，抽象为一种统摄一切社会力量的至上权威，公民需要从国家那里获得权利保障。同时，民族国家也需要从公民那里获得政治认同，来自于人民主权代表的国家主权成为最具象征性的权力，代表国家的意志也成为最具权威性的合法性来源。民族国家的认同感和国家统一形象的塑造是“国家建设”和“国民性建设”的结果，也是其基础，它延伸和强化了国家对社会、家庭和个人的渗透与规范，也通过各种途径向公民灌输国家制定的知识结构和价值观。

民族国家在有意识地利用民族主义来实现现代国家的秩序建构的过程也要注意防止极端民主主义：墨索里尼的国家学说将民族主义与国家的绝对崇高结合起来，他主张建立一个强大的、民族主义的和军事化的国家。德国纳粹主义利用中下阶层选民对凡尔赛和约的愤怒和

① 王建娥：《国家建构和民族建构：内涵、特征及联系——以欧洲国家经验为例》，《西北师大学报（社会科学版）》2010年第2期。

民族主义情绪，鼓吹建立权威国家，稳定秩序，统一意志。墨索里尼和希特勒都使用了“民族社会”的口号，将非本民族的人排除在外，导致了法西斯主义国家的产生。可见，民族国家既可以成为凝聚共识的精神之源，又可能被专制独裁者所利用，而成为万恶的根源。然而，民族国家成为世界范围内各国为之奔走呼号的理想这一趋势是不可动摇的。这就要处理好代表民族国家的“国族”与代表具体某一民族的“小民族”观之间的关系，“国族”概念代表的是诸如：中华民族、美利坚民族、法兰西民族、英吉利民族等，是综合一个国家精神的象征，而不是狭隘的某一小民族观念，狭隘的民族观念往往被蓄谋分裂的分子所利用，以此制造民族分裂运动。现代民族国家在多民族差异性基础上塑造“国族”认同的途径已经不再仅仅依靠原来作为民族共同体基本要素的重要特征，如共同祖先的血缘纽带、共同的宗教信仰、共同的文化习俗，等等，这些逐渐退居次要地位，而建立在对政治共同体认同基础上的新型权利义务关系成为首要考虑的对象，如地域共融性经济利益的联系、人民主权、制度安排、承认政治、对差异及多样性的包容等制度和观念情感的因素，决定着民族认同和民族整合的成功与否，也决定着现代国家这个政治共同体的存在与巩固。

“仅仅通过行政整合组成的国家，不能在它的公民中间建立起一种自觉的政治联系。甚至共同祖先的神话和共同的历史传统，也不足以发挥社会黏合剂的作用，创造出一种发自民众内心深处的利害相依、命运与共的归属感。而且，创造的历史、编造的神话和发明的传统，在一定程度和一定范围内能够起到增进社会凝聚力的作用的同时，也常常会受到来自各方面的质疑和挑战。因为它无法解释现代国家疆域中确确实实存在着的种族文化多样性和习俗、传统的差异性，无法把具有明显的历史文化差异的地方性民族集团的记忆都统一到官方的历史解释之中。建构现代民族，在国家疆域之内的所有居民中培育出一种不惜为之抛洒热血、牺牲生命的忠诚情感，创造全体国民对国家的高度政治认同，还有一个最重要的内容，那就是社会平等和政治民主。通过社会和政治的民主化，在全体成员之间创造一种集体认同和归属感。这种归属感和认同意识是现代民族存在的重要前提，是动员民众参与战争和民族事务的最深厚的力量源泉。正是它把个人的命运与民族的命运和国家的命运紧紧结合在一起，调动起千百万人为之奋斗献身的情感和热情，使现代国家这个政治共同体变成为所有成员利害相依的命运共同体。”① 所以说来，现代国家的建构过程，不仅要确立起国家对疆域的物理控制，而且更要求从公民身份、“国族”概念出发培养其高度的政治认同感，从而确立起政治权威的统治，而这需要通过在共同体各部分之间建立起一种新型的政治联系，以一种显而易见的身份特征确立起区别于其他共同体的政治共同体的基础。“在多元社会建构共同的民族文化和民族心理的关键，就是能够创造一种建立在平等承认基础上的包容分歧、缓和冲突的政治机制。制定怎样的法律，明确各个民族的法律地位，如何通过宪政渠道协调多民族国家国内民族之间的张力，从制度层面上保证各个民族对国家权利的共享，在全体人民之间创造出对国家的政治认同。所有这些内容，都不是一蹴而就的。缺乏这种制度机制的建构，缺乏民族平等的教育，缺乏平等的承认，就不可能在国家的各个部分之间形成明确的规范性的交往关系，创造出制度的凝聚力。”②

（三）福利国家时期的国家建设（1945—）

随着现代国家的生长演进和制度建构，国家建设内容也随之而发生变化。君主制国家时期的政府部门主要为战争、外交、领土和财政；民族国家时期增加了国家共识与民族精神、公民权利与司法保障、国民教育与心理认同、多元治理与政治保障、产业的现代化与社会进步等。随着国家政权建设的下渗和国家集权能力的增强，国家承载的使命也越来越丰富，尤其进入福利国家阶段，国家的功能性作用越来越

---

① 王建娥：《国家建构和民族建构：内涵、特征及联系——以欧洲国家经验为例》，《西北师大学报（社会科学版）》2010年第2期。

② 同上。

凸现，国家干预的广度和深度也越来越加大，诸如交通、能源、通讯、劳工、福利、公共健康、住房、贸易、工业、航空、航海、计划、技术等领域。19 世纪欧洲各国已经开始建立公共教育制度、社会救济制度、公共卫生制度和有限的养老保险和工伤保险制度。二战以后，为了缓和国内的阶级矛盾和区域矛盾，防止极端的社会革命发生，欧洲国家纷纷开始了福利国家（Welfare state）建设。政治参与、经济利益的再分配和生活方式的自由选择等成为"国家建设"的新内容。在福利国家时期，现代国家除了阶级整合和心理整合之外，还借助现代工业化大生产所带来的经济变化、民主政治建设进一步完善所带来的公民平等的政治身份由于普选权而得到有力的制度保障，以及给弱势群体提供保障的现代福利制度，等等，在某种程度上缓解了现代化进程中贫富悬殊的社会分化，奠定了普通民众认同和支持国家政治的最广大的社会基础，也给现代国家的巩固提供了强大的社会凝聚力和众望所归的政治认同，这主要依赖现代国家坚实的物质基础作为后盾。

经济大萧条时期出版的凯恩斯经济理论为战后国家建设提供了理论支持。二战期间欧洲国家的战争总动员使战争成为全民战争，国家在战后必须承担其对国家经济、公民权利和公民生活提供保障的职责，这成为战后的一种政治共识，也成为战后福利国家的思想基础。国家对社会、经济和政治生活的监管、组织和控制已十分深入，国家与社会之间的屏障也愈来愈薄弱。国家已经承担起与公民生活相关的所有条件的责任，从空气、食品、饮水到公民必须涉及的关系、他们必须养成的习惯、他们的教育、他们的健康，以及他们为了生活必须要具备的能力的培养等。国家对公民社会和公民生活的干预和影响达到空前的程度。福利国家阶段，国家的公共性（公共意志）必须通过有效的国家机制和功能来实施。"国家"成为调节社会经济生活、保障公民生存和生活环境、提供更多的优质的公共物品、提高公民生活质量的核心机制。显然，福利国家的建设大大有利于战后欧洲的经济重建和自由民主制度的巩固。

然而，福利国家在 20 世纪 80 年代也受到严重的挑战。税收的增加、通货膨胀和机制的缺陷使得福利国家的成本增高。为了维持社会福利的刚性需求和效率，欧洲国家不得不赤字运作。与此同时，保守势力借机攻击福利国家的计划，在政治上利用大众的不满心理，重返政治舞台。从70年代后期开始，一些国家开始限制福利计划的规模。国家力图将公共养老金计划逐渐私有化，公共住房的建设也曾一度终止。国家从大量的社会服务中退却，消减了许多救助性计划（包括失业救助等），导致贫困人口增加和贫富悬殊增大。

福利国家通过把“蛋糕做大”以提供更多福利来获取统治的合法性，“绩效合法性”也构成第四种合法性的理据。国家的整体性权威和再分配权威转变为基于对物质层面的占有和控制，在民族国家时期，国家至上权威是基于国家主权的至上性和民族精神的崇高性。然而，随着对社会资源的汲取能力的增强，国家的控制也越来越加剧。因为人们的福利需求越多，国家控制也就会越多，作为公共物品提供者的国家在人、财、物方面的控制越来越加剧，而且国家也越来越被官僚集团所垄断，技术统治使得民众离政治生活越来越遥远，变相垄断了公共决策的决定权，公民由主体性逐渐沦落为消费者的趋势越来越明显，国家与公民之间的代理与委托关系就是一种基于物质的交换关系，民主参与也越来越形同虚设，这种局面又该如何应对？政府应该承担起什么责任？当下，“福利分配型国家”转向“福利投资型国家”成为拯救福利国家危机的出口。

（作者单位：复旦大学国际事务与公共关系学院；
华东政法大学政治学与公共管理学院）

比较政治学研究中的个案选择及应用

周忠丽

自20世纪80年代以来，我国比较政治学在基础理论研究、研究方法探索、对国外相关著作的翻译与引进以及学科体系建设方面取得了丰硕的成果。但不可否认的是，我国比较政治学研究现状仍滞后于我国日益深广的国际交往与政治领域的改革和实践，亟待改进和加强。

从认识论的角度来看，比较研究是人类认识未知事物的主要方法之一，"有比较才有结果"讲的正是这个道理。事实上，自柏拉图和亚里士多德时起，政治学体系就包含有历史比较的成分，所有那些出自政治学的研究传统以及分支领域的研究都能够且确实应当贴上"比较研究"的标签。因此，"从本质上讲，政治理论的大传统是比较的、分类的和类型学性质的"①。和所有其他学科一样，比较政治学研究的深入与发展也不可避免地要归结为方法论问题。同时，理解我国目前转型期的政治发展也离不开比较个案研究方法。经过30年的改革开放，中国已经一跃而成在国际上具有巨大影响力的国家，但也不可否

① 转引自张小劲：《比较政治学的历史演变：学科史的考察》，《燕山大学学报》2000年第1期。

认的是，中国还是一个非均衡发展的发展中国家，各地区、各产业和各行业之间的发展水平和速度千差万别，甚至是严重失衡，只有在比较过程中才能认识千差万别的世界和非均衡发展的中国。

一、个案研究方法及特征意义

在比较政治学研究的实践中，研究者所使用的研究路径一般包括两类，一类是个案研究取向，另一类是变量研究取向。个案是某个更加宽泛类别中的一个案例。个案研究（Case Study），进而言之，就是要研究其意义超出于其边界之外的某个对象，是对客观世界的某个具有典型性特征的事件进行实际描述和理论分析的方法。这意味着一个单一个案总是能够为某种更加宽泛的学术兴趣主体提供极其详尽的显示。例如，律师研究案例往往是为了确定某个具有更加广泛的适用性的法律原则。这一取向的研究重点在于集中考察这一特定国家或特定主题之中的各种因素之间的互动和演化及其衍生出的特定场景，并在此基础上展开理论推论包括个案研究以及个案研究为基础的集中比较。

个案研究是选择研究主题的一种战略，而不仅仅是进行研究的一种方法。在实践中，个案研究通常涉及多种技术方法，会借用政治科学家积累的大量资料，包括阅读学术文献、考察二手文件如新闻报刊、搜集原始材料如未公开出版的报告，以及最为理想的方法——同参与者或其他观察者进行访谈。个案的研究总是“深挖穷掘，埋首于资料文献之中”①。因此，案例研究的最大优势是，集中于单个案例可以使案例得到深入的考察，即使在研究者可支配的研究资源相当有限的条件下也能做到这一点，其最显著特征是“描述客观世界的真实故事”。从此种意义上讲，个案研究具有较高的文献价值。比较政治学在很大

① Gary King, Robert Keohane and Sidney Verba, *Designing Social Inquiry: Scientific Inference in Qualitative Research* (Princeton: Princeton University Press, 1994).

程度上是不同研究对象在内容上的对比，对一个个典型个案进行深入细致的研究，包括收集有关个案的背景、具体材料、调查访问结果及有关人员做出的评定和反应。因此，个案研究需要回答下述问题，即究竟发生了什么事件？是如何发生的？是否某些特性尚不能用现有理论加以解释？能否总结概括出新的理论？个案研究的过程，实际上就是寻求解答上述问题的过程。具体而言，这一过程包括以下四个步骤：一是从客观世界中搜寻和确定有意义的个案；二是收集个案素材，真实、客观地描述其发生发展的来龙去脉；三是充分地分析个案中的各种变量要素，并从中归纳出一个或数个经验性的结论①。

个案研究的研究对象不能通过随机抽样取得，而是根据研究需要选定的某一特定研究对象，“一个研究项目只有在其明确究竟研究什么个案时才能成其为个案研究”。一如斯卡罗所指出的，如果“其分析是在比较的视角下展开，而其原则着眼于将有关具体对象的描述按照更广泛的分析性结构加以安排”②。同样地，利普哈特在其一篇富有创意的文章中将比较研究方法定义为“一个视野开阔的、一般的方法，而非狭窄的、特殊的技术”③。换言之，个案研究的意义不是仅仅拘谨于对个案本身的描述，甚或是深描（thick description），更是某一单一个案能够为某种更加宽泛的学术兴趣主题提供极其详尽的显示，能够对政治学的一般知识做出贡献，力图解释、预测或控制客观世界的发展变化。因此，比较政治学中的个案研究，无论研究者多么谨慎，无论他们多么刻意地限制自己研究结论的使用范围，他们事实上都有“走出个案”的学术抱负。因此，个案的选择必须是在一个广阔的场景之中来搜寻和定位，视域宽广，而又不失审慎，即研究者选择的个

---

① 彭兴业：《比较政治学研究中的个案方法探析》，《政治学研究》1998年第2期。

② Howard A. Scarrow, *Comparative Political Analysis*: *An Introduction* (New York: Harper & Row, 1969), p. 7.

③ ［美］阿伦特·利普哈特：《比较政治学与比较方法》，《经济社会体制比较》2006年第3期。

案是否具有研究潜力。罗伯特·斯特克认为，研究者在个案选取时要综合考虑多方面的因素，包括他个人的兴趣、是否有从事研究的途径等，特别是要选择那些令研究者认为会使自己获得最大收获的个案。即该个案的研究潜力要比代表性更重要。有时候甚至有必要选择一个不典型的个案①。

二、个案的类型与选择

个案选择之所以值得给予特别的注意，除了上述原因之外，还因为比较政治研究的质量在很大程度上取决于期间所容纳的个案。只有当个案具有可比性时，将比较研究方法应用于某一假说的严格检验才是可能的②。根据不同的标准，可以对个案研究进行不同类型的划分。根据研究目的，斯特克将个案研究分成三种类型，分别是内在的个案研究（intrinsic case study）、工具性个案研究（instrumenntal case study）和多个个案研究（multipe case study）。在内在的个案研究中，研究者研究某个个案，并非因为该个案具有代表性或是具有某种特殊的性质，而是出于对该个案本身的兴趣。在工具性个案研究中，研究者更多地将个案当作探讨某种议题、提炼概括性结论的工具，对于个案本身的兴趣退居次要地位。多个案研究实际上是一种更为极端的工具性个案研究，研究者旨在研究某个总体或一般情况，对于特定的个案本身则没有什么兴趣③。本文对个案研究的分类，主要是根据研究涉及的需要或对理论建构（theory-building）的兴趣来确定。这里借用

---

① 转引自卢晖临、李雪：《如何走出个案：从个案研究到扩展个案研究》，《中国社会科学》2007 年第 1 期。

② Burnham, al., *Research Methods in Politics* (London: Palgrave, 2004), fifth Edition.

③ Robert E. Stake, "Qualitative Case Studies," In Norman K. Denzin and Yvonna S. Lincoln (eds.), *The Sage Handbook of Qualitative Research* (Sage Publications, 2005), p. 444.

利普哈特对个案研究进行的分类，划分为六中不同类型①：（1）非理论型（atheoretical）案例研究；（2）解释型（interpretative）案例研究；（3）产生假说型（hypothesis-generating）案例研究；（4）理论证实型（theory-confirming）案例研究；（5）理论证伪型（theory-infirming）案例研究；（6）异常型（deviant）案例研究。

以上划分的六种类型都是理想类型，对单个案例的任何特定研究也许符合其中的好几种类型。例如，在陈德军所著的《乡村社会中的革命——以赣东北根据地为研究中心（1924—1934）》一书中②，作者的研究目标：（1）革命在多大的程度上是人为努力的结果；（2）农民响应革命的程度和方式；（3）以党为核心的组织体系与乡村革命的关系，就是要选取某一特定的时段和特定的地区切入，作为探讨中国革命与中国社会之间关系的起点，并且由此去证实或证伪了原有的一些相关的理论观点。同时，也是对文中具体个案（赣东北根据地）的前因后果的一个解释。因此，就这个例证中的个案而言，包含了解释型案例研究、理论证实型案例研究和理论证伪型案例研究三种类型。同时，此处个案研究的目的和主要动机不在于创建新理论（develop a totally new theory），而在于检测及延伸修正（testing，extending and modifying）已有理论（established theories），凭借此做法将理论体系向前推进探讨文献中所提供的可能答案。

具体到如何根据案例类型来确定个案的选择，首先要确定研究目的的定位和研究者的旨趣所在，一个研究项目只有在其明确究竟研究什么个案时才能成其为个案研究。在文章接下来的部分，针对每种案例研究类型的特点来确定个案的选择。

非理论型案例研究是传统的单个国家或单个案例分析。它们完全

---

① ［美］阿伦特·利普哈特：《比较政治学与比较方法》，《经济社会体制比较》2006年第3期。

② 陈德军：《乡村社会中的革命——以赣东北根据地为研究中心（1924—1934）》，上海：上海大学出版社2004年版。

是描述性的，而非理论性的。它们既不为已建立的或假说的归纳所指导，也不为阐述一般假说的愿望所驱动。如在单一国家研究中，意大利政治、新西兰政治和加拿大政治等。因此，如果研究者的目标就是要尽可能多地获取世界上政治制度的信息，纯粹的描述性案例研究作为基本的资料收集活动是很有效的，并且，“这些研究的累积效应将导致卓有成效的归纳”。当然，能否在大量的描述性案例中提炼出极具解释性的结论，还依赖于对这些非理论型案例作进一步的理论分析。一般来说，非理论型（描述型）个案研究是较适合初学者的一种个案研究形式。

如果研究者仅仅是对案例本身产生兴趣，而非阐述一般理论，可以挑选用于分析的案例。解释型案例研究与非理论型案例研究的差别在于，明确使用已建立的理论命题。不过，对理论命题的使用在于考察案例而不是以任何方式改进理论命题，从这种意义上讲，它们是名副其实的“应用科学”研究。比如，要解释某一有重视女性教育传统的地区，家庭教育较有成效，人员整体素质较高，可以借用“家庭教育质量的高低，更多地取决于母亲一方”这一命题。

理论证实型与理论证伪型案例研究是在已建立归纳的框架中进行单个案例分析，其研究目的是为了对已知命题进行检验，这些被检验的命题最终可以被证实或者证伪。如果案例研究是理论证实型的，那么它就会强化原命题。但是，如果命题严格依赖于许多案例，那么多一个案例证实也不会有多大的强化作用。同样，理论证伪型案例研究只是在边际上弱化了归纳，这也正是案例研究方法的科学地位多少有些模糊的地方，因为科学是一种归纳活动，基于单个或数量有限的案例研究既不能进行有效归纳，也难以反驳已建立的归纳。当然，如果所选案例是对众多变量中极为关键或极端的变量的分析，将能极大提高证实或是证伪的力度，《来自上层的革命》就是这方面的一本力作①。根据作者的研究结果，苏联体制的瓦解，不是源于与经济崩溃一道而来的群众暴动，而是源于其自身的统治精英对个人利益的追逐。有力挑战了原有的观点，即苏联旧体制的终结是由苏联经济崩溃、人们要求放弃社会主义所引起的。又如，在当前比较热门的中国研究中，大量研究属于这两种类型的研究，通过新的研究材料的发现（如档案资料的解密），解构已有的解释框架，或是做出重新解释。如有关新中国成立前后政治动员、土地革命及资本主义工商业改造的研究。通过此种研究，打破了原先在特定意识形态主导下的分析和解释模式。

异常型案例研究是对单个案例的研究，这些个案背离了已建立的归纳命题（即不在因变量和已知原因的关系范围内），也称之为变异个案研究或非典型个案研究。选择它们是为了揭示这些案例为什么会异常，换言之，是揭示以前没有考虑到的其他有关变量，或发生了变化的部分。例如，罗德斯曾试图解释为何英国直到19世纪中期尚未发展出强大的中央官僚制，远远晚于西欧其他大部分国家。最后的研究结论是英国的岛国特点和稳固的海疆使得英国根本不需要欧洲大陆国家所必需的那种庞大的常备军，也无须为军队提供行政管理支持所必需的官僚制。由此可见，异常型案例研究往往内在地含有解释性案例研究和理论证伪型案例研究的方面，通常会用来加深我们对于例外和异常的理解，因而具有较大的理论价值，在弱化原有命题的同时，提出更具解释力的改进命题，特别是，通过案例研究得出的改进命题的有效性依赖于更多的案例研究来支持。依照托马斯·库恩的说法，常规科学恰恰就是依据这种方式发展的，其特征在于研究者试图表明那些明显悖论能够在支配性的知识传统中得到解决。异常型个案研究通过重构理论产生一般性法则，即用个别个案来观照、修正理论，进而产生新的一般性法则，因而总是引起研究者的巨大兴趣，但危险在于变异个案往往得到过度的研究，例外往往比常规更加引人注目。

---

① ［美］大卫·科兹、弗雷德·威尔：《来自上层的革命：苏联体制的终结》（曹荣湘、孟鸣歧译），北京：中国人民大学出版社2008年版。

任何新理论的提出，都是在对某种假说进行仔细严谨验证的基础上得出，而假说的产生往往得益于实践活动中的具体个案及对不同个案之间进行比较的结果，这类个案研究被称为产生假说型案例研究。在这类案例研究中，假说的产生既可以是源于相似个案的比较研究，但更多的是对相异个案进行比较后的结果。这种差异发现的比较是通过检视个案之间的系统性差异来建立一种差异原则，这种差异涉及具有多种形式的某个现象的强度或特征。作为比较研究的集大成者，摩尔把比较当作一种检验（而且经常是驳斥）潜在的、或许可以说明特殊个案的经验概括的方法来使用。在《民主和专制的社会起源》一书的研究中，其所用研究方法正如其在前言中所言，"比较考察可为公认的历史解释提供初步的否证，比较研究还可以引出新的历史概括。在实践中，这些特点贯穿于整个思维过程之中，使得这样一种研究既区别于也优越于有趣势力的堆砌"。摩尔通过运用跨国分析的方法，对法国、俄国、中国、日本、印度、德国等国从农业社会过渡到现代工业社会的进程中，土地贵族和农民阶级在政治舞台上的种种角色进行研究，概括出从农业社会推进到现代工业社会的三种道路，建立了从农业社会到工业社会的差异原则，得出这样一个结论，即现代政治体系基本上是由前工业社会的贵族和农民塑造的。农业的商品化虽然为城镇提供了事务，增加了用于纳税的现金，但改变了贵族。农民以及国家的地位及关系、三者的冲突和调和决定了各国社会在近代的不同发展路径。并指出这些社会阶级关系或联盟关系的不同，造成了暴力使用的对象和目标的差异，从而导致了民主政体、法西斯主义和共产主义的产生。在某种程度上可以说，摩尔开创了比较历史个案的研究方法，把西方社会与非西方社会放在同一个分析框架中进行研究，使理论研究更具体成形①。

作为摩尔的学生，斯考切波在研究路径和研究方法等方面都深受

---

① ［美］巴林顿·摩尔：《民主和专制的社会起源》（拓夫等译），北京：华夏出版社1987年版。

摩尔的影响，她本人对这种直接影响也直言不讳，甚至认为“摩尔的研究班是培养比较分析技巧的‘熔炉’”，在《国家与社会革命》一书的研究中，她通过对18世纪末法国革命、20世纪初俄国革命和1911—1949年中国革命的研究和分析，她把国家看作一个具有潜在自主性的活动者。国家有时追求的利益可能与统治阶级的要求相悖，但其独立追求目标的能力是由其组织强制力量的能力以及它与国内外其他强大利益集团的关系决定的。虽然三个社会的内部结构和历史处境不同，但是革命的结果都产生了一个中央集权的、官僚制的、吸引民众的民族国家。自上而下的官僚制管理和自下而上的民众参与都加强了。斯考切波对国家“自主性”的强调对其他学者产生了很大的影响。这个概念一方面有助于对国家构建进行动态理解，另一方面也有利于避免过多的意识形态判断，不必纠缠对西方与非西方社会的刻意区分。

三、比较个案研究的局限与研究方法的超越

就像比较研究方法有许多优长一样，许多原因可以解释为什么比较个案研究最后变得毫无意义。政治学之所以很少运用实验控制研究方法，是因为一直深受“变量太多，个案不足”这一问题的困扰。政治世界作为比较政治学的研究环境过于丰富和多样化（这意味着包含了太多的变量），从而使得研究者难以找到足够的可以控制所有变量影响的个案，因而不可能将其最初感兴趣的问题的动因离析出来①。此外，比较个案研究始终受到所谓“位移”在两方面的影响，即理论概念或经验测量都无法在跨时空的环境中保持一贯，有关这一问题的一个著名案例就是对所谓投票行为的政党定位模型的测量，以致于以

① Ragin, Charles C., *The Comparative Method: Moving Beyond Qualitative and Quantitative Strategies* (CA: University of California Press, 1987), pp. 23-26.

比较个案研究见长的斯考切波也不得不指出，研究者很难选择出完全符合要求的个案，因为个案太少，变量太多，而且无法实施控制，所以有些个案的选择不得不退而求其次；其次，研究者必须假定进行比较的这些个案之间相互独立，而事实上这是不太可能的。缺乏对个案之间的相互作用的考察，必然会减弱所得结论的力量①。此外，可比较性的问题也是比较个案研究难以解决的。两个或多个个案的比较研究，首先要求各个案之间具有等值性，也即待比较个案在诸方面的界定上具有完全的一致性，这样才能就其内容进行比较。但由于社会情境的复杂性，以及意义系统的相互独立性，无论研究者多么精心地选取个案，严格来说个案之间根本没有可比性。仍然以斯考切波的《国家与社会革命》一书为例，她在该书中比较了六个国家的农业阶层结构。虽然阶层这个词汇存在于许多社会，但是阶层体系、阶层数量、成为某个阶层一分子的意义，以及阶级类别或界限，在每个社会中都有所不同，这使得跨社会的社会阶层研究变得困难，其所得结论也难免大打折扣。由此不难看出，比较个案研究始终面临着如何处理特殊性与普遍性、微观与宏观之间的关系问题，尤其是定量方法在20世纪中后期大规模地被引入到比较政治学研究中，对个案研究提出了更大的挑战。

作为比较政治学从个案走向理论而非相反的发展趋势的一种体现，“走出个案”是比较个案研究事实上的共同追求。但是，如何走出个案，是否可能？对于个案研究能否以及如何实现从独特个案走向概括的问题，比较政治学中常见的处理方式是通过原创个案来进行“个案超越”。以法国大革命为例，研究者往往会指出，这一事件改变了整个革命的概念，将其改造为一种进步性的、现代化的推进力量。从这个意义上讲，正是法国大革命将“革命”与“动乱”“暴动”一类无序的状态区别开来，造就了此后所有的现代革命。如果只是简单地将

---

① ［美］西达·斯考切波：《国家与社会革命：对法国、俄国和中国的比较分析》（何俊志、王学东译），上海：上海人民出版社2007年版。

1789年的法国经验看作是一个更大类型的代表性“个案”，将无法全面地说明其意义。法国革命不仅是一个原型（prototype），即一种早期的模型，而且是一个原创个案（archetype）即定义型个案。依照同样的方式，美国总统制不仅仅体现了美国本国的政府体系，而且作为一种模式影响了此后所有那些力图创立类型的政府体系、特别是在拉丁美洲创立类似体系的尝试①。除了原创型个案以外，个案还会以另外两种方式产生更加广泛的作用。个案或是因其具有代表性而具有意义，即所谓典型的个案，某种更加宽泛类别的标准例证，并将其归属为某一门类，这也正是类型学的思路；个案还可以因其异于或悖于常规而入选，这可以帮助我们理解相对于规律的例外所在。在这两种路径中，代表性个案更为常见，也是个案研究设计中最为常用的方法。

总之，比较个案研究方法的魅力不在于要像大规模抽样调查那样，用样本的结论推断总体的特征，而在于其辅助理论建构的力量。

四、结语

任何一种研究方法都不可避免地具有自身的局限，比较方法与案例研究方法同样也存在这样或那样的不足之处。不过，也正因为是这些方法论上不可避免的局限性，才使得如何充分和有效地利用这些方法，成为研究者面临并亟需解决的问题，即如何对自己选择的研究方法进行最大限度地“趋利避害”。无论是比较政治学学科建设与发展本身，还是加强我们理解和概括我国当前正在进行的伟大改革开放实践，比较和个案的研究方法都是不可或缺的。党的十七届四中全会特别强调，国际上，当今世界正处在大发展大变革大调整时期。在国内，工业化、信息化、城镇化、市场化、国际化深入发展。世界在变化，

① ［英］罗德·黑格、马丁·哈罗普：《比较政府与政治导论》（张小劲、丁韶彬、李姿姿译），北京：中国人民大学出版社2007年版，第213页。

形势在发展，我们只有在国际的比较和历史的比较中，才能更好地认识和理解我国当下的处境，更好地应对国内外新形势带来的发展机遇和挑战。同时，中国还是一个非均衡发展的发展中国家，各地区、各产业和各行业之间的发展水平和速度千差万别，甚至是严重失衡。当下，有些学者过分鼓吹所谓“中国模式”的神话，在改革攻坚晦暗不明，“深水区”的改革远未完成的情况下，强调具有成功和定型意义的所谓“中国模式”无异于故步自封，相较于自我陶醉，睁眼看世界，通过比较和深刻理解世界其他各国的治理之道远远比自我吹嘘要重要得多。也正因为如此，加强比较个案研究对于理解和促进我国转型期中国改革与政治发展具有独特的理论及实践价值。

（作者单位：中共江苏省委党校）

当代中国政治学理论 30 年发展的回顾与思考

彭 斌

自从改革开放以来，我国政治学学科开始得到全面恢复与重建，政治学理论方面的研究也得到不断发展与进步。从政治学学科发展的角度讲，政治学理论的不断发展进步既是政治学繁荣的重要标志，同时也为政治学学科内部不同专业的发展的基本前提与保障。值此当代中国政治学恢复与重建 30 周年之际，本文将回顾与思考改革开放以来我国政治学发展的基础上，探讨我国政治学基础理论的发展状况，分析我国政治学理论发展中存在的问题与解决方案，以期有助于进一步促进我国政治学的发展。

一

作为一门独立的社会学科，我国政治学自清末开始就得到了一定的发展。在新中国成立以前，虽然当时的政治学者也撰写了一批优秀的政治学研究成果，但是，由于旧中国政局腐败、经济困顿、民生凋敝，整个政治学的发展始终处在时断时续的艰难状况中。新中国成立以后，经过1952年院系调整，尽管在少数大学与科研机构内有关政治与国际关系问题的教学与研究依然存在，然而，政治学专业大部分课程被调到其他相关专业，作为一门独立学科的政治学被取消了。改革开放以后，面对着当时中国政治生活中存在的问题，中国政府与社会公众亟需从政治学的角度为中国政治生活提供解读与指导，为中国社会主义建设提供理论支持与学术服务，促进我国社会主义政治文明的发展与建设。1979年3月30日，邓小平同志在党的理论工作务虚会上明确提出："政治学、法学、社会学以及世界政治的研究，我们过去多年忽视了，现在也需要赶快补课。"① 在此以后，经过30来年的不断建设，我国政治学得到了恢复与发展，逐步形成了自身独立的学科体系与知识体系。

在过去30年的辉煌历程中，我国政治学的发展可以分为三个时期。

第一，重建与发展时期（1980—1989年）

在邓小平同志讲话精神的指导下，中国政治学会于1980年成立，标志着我国政治学学科开始进入全面重建与发展时期，我国政治学的学科体系、知识体系与学术共同体也开始得到逐步发展与完善。

在中国政治学得以重建之后，我国政治学者开始对中国政治学的学科定位进行了认真探讨，对中国政治学的学科体系与学科范畴进行了深入研究，对中国政治学的研究对象、研究体系与研究方法进行了比较详细的界定，初步形成了以马克思主义为指导的政治学学科体系。在我国政治学的学科体系的发展过程中，政治学理论、中国政治、比较政治、公共政策、公共行政、国际政治与政治学方法论等不同分支学科都得到了长足的进步。在此期间，政治学研究领域日趋完善，政治社会学、政治心理学、政治传播学等政治学与其他学科之间的交叉

① 《邓小平文选》第2卷，北京：人民出版社1994年版，第180—181页。

学科得到迅速发展，政治学研究方法逐渐得到完备。通过20世纪80年代将近十年的迅速发展，我国政治学基本上形成了独立的、完备的学科体系，为进一步的深入发展奠定了坚实的基础。

在政治学恢复与重建以后，我国政治学者深刻地探讨了中国现实政治生活实践，对国家、阶级、权力与民主等政治学基本理论问题进行了认真的研究，逐步形成与确立了以马克思主义政治学基本原理为指导的政治学知识体系。在此发展过程中，赵宝煦先生主编的《政治学概论》、徐大同先生主编的《西方政治思想史》、王惠岩先生主编的《政治学原理》、夏书章先生主编的《行政管理学》、王邦佐等先生主编的《政治学教程》与王浦劬教授主编的《政治学基础》对我国政治学知识体系的发展与完善发挥了非常重要的作用。我国政治学界在坚持马克思主义政治学基本原理的同时，也注重借鉴与汲取西方政治学研究理论与方法中的某些长处，相继翻译出版了一系列重要的西方学术著作，促进了我国政治学界重新理解、分析与思考西方政治学。

在我国政治学重建与发展期间，政治学教育体系逐步完善，全国与地方各级政治学会得到发展。从1983年起，北京大学、复旦大学、吉林大学开始重新设立政治学系，政治学专业的本科生与研究生教育体系得到重建，政治学人才培养体系逐步完善，开始为国家与社会培养大批优秀的人才。中国社会科学院于1985年成立政治学研究所，部分省市的社会科学院也开始成立政治学研究所或研究室，开展政治学的科研与教学工作，推动了中国政治学的发展。同时，全国性专业期刊《国外政治学》与《政治学研究》相继创刊，国内社会科学重要期刊都开始设立政治学研究的栏目，成为政治学者进行学术交流的重要平台。

第二，反思与发展时期（1990—2002年）

在20世纪80年代，中国政治学从重建开始得到不断发展，为我国社会主义政治文明建设做出了巨大的贡献。然而，由于中国政治学毕竟才开始重新起步，个别学者对于中国政治发展问题的复杂性与艰巨性认识不足，对于西方政治学知识与理论缺乏必要的批判与分析，主张照搬照抄西方政治理论与政治制度。在1989年政治事件之后，人们开始逐步认识到，中国政治发展具有自身的特殊性，中国的政治建设必须走适合中国国情的具有中国特色的社会主义道路，而不可能照抄照搬任何国外已有的政治发展模式。在1990年以后，中国政治学步入反思与发展时期，政治学界开始重新探讨中国政治学的学科定位，分析中国政治学发展的内在规律，并从不同维度拓展了中国政治学发展的学科体系与知识体系。

在20世纪90年代初期，中国政治学界经过三年的讨论与反思基本上达成了如下共识，即：我国政治学的研究与教学既必须坚持马克思主义政治学的基本原理，同时又要批判性地借鉴与汲取西方已有的政治理论成果；既要探讨人类政治文明发展中的普遍发展规律，同时又要尊重中国传统政治思想与政治实践，从中国具体国情出发进行政治学的研究与思考。这一时期的讨论与反思既是对我国政治学在80年代发展过程中存在的不足的反省，同时也为我国政治学以后的发展提供了基本准则与指南。

1992年，在邓小平同志的南行讲话与中国共产党十四大的胜利召开后，我国社会进入到新的发展时期。在此以后直到2002年十年间，我国政治学经过90年代初期的反思逐步进入到稳健发展时期，在政治学研究的学科体系与知识体系等方面取得新的进步。在此期间，虽然政治学在学科体系基本上仍然沿用20世纪80年代的框架，但是，这一时期政治学的学科体系建设得到了发展与充实，学科结构日益合理，研究机构日益完善，政治学分支学科与跨学科研究不断充实完善。同时，经过将近十年的发展，我国政治学研究的基本理论日益发展，研究内容、方法与领域得到不断发展，我国政治学者在国家理论、权力理论、民主理论等方面的研究都取得了巨大的成就。在上述发展时期，政治学在实现自身学术发展的同时也为政府与社会提供了很多相关服务，其重要性与作用越来越得到社会公众的认可。

第三，新的发展时期（2002—）

2002 年，中国共产党第十六次全国代表大会的胜利召开标志着我国改革开放与社会主义现代化建设事业进入到一个新的历史发展时期。经过改革开放以来 30 年的不断发展，我国政治学的发展开始逐步进入到成熟时期。这主要体现在我国政治学基本上形成了独立完备的学科体系，构建了专业化的学术机构与学术组织，同时也实现了学科知识的不断进步与发展。

1. 我国政治学基本上形成了独立完备的学科体系，确立了本学科的研究领域，本学科的专业化程度与分科内部的分工程度越来越高，本学科内部各个子学科与专业都具有非常成熟的研究成果。

经过改革开放 30 年来的不断发展，在高等院校和科研系统中，我国政治学的学科体系逐步齐全，学制、课程设置与学位体系都已基本完备和定型，政治学的教材、刊物与图书出版物都达到了比较高的学术水平。在学科体系的发展中，我国政治学基本理论的研究不断深化，政治制度、政治行为、比较政治学、国际政治学、公共政策与公共行政学、政治科学方法论等分支学科领域的研究不断深化进步，基本上概括了政治学科研究领域的全部内容，具有比较科学的内在结构性与逻辑性。同时，政治社会学、政治经济学、政治人类学、政治传播学等交叉学科与跨专业学科也得到了充分发展，既展示出政治学学科体系的开放性，同时也有助于巩固与提升政治学在整个社会科学领域中的地位。

通过 30 年来的不断发展，我国政治学的学科意识已经比较明确，政治学研究也变得日趋专业化。作为一门重要的社会科学，我国政治学已经完全从社会科学其他学科中分离出来，存在着区别于其他学科的明确的学科意识、学科体系与学科研究领域，具有公认为合理的政治学研究方法，拥有不同于其他学科的知识生产领域、方式与内部分工。这也就是说，我国政治学研究的专业化程度已经越来越高。在政治学专业化的过程中，我国政治学的学科子领域也得到了有序的分化发展，富有创造性的学科子领域不断丰富。同时，政治学学科专业化程度的不断增强与学科内部的学术分工不断分化形成新的研究领域，使得各个子学科之间的交流也在不断深化。政治学研究的专业化程度不断提高也意味着政治学学科内部的评价体系日趋完善，既有助于学科知识的评价，同时也有助于对于本学科学生的学术训练与监督。随着政治学科的发展，新的子专业不断拓展，本科生与研究生教育的不断普及，政治学课程与教职人员也不断增长，受到国家社会科学基金等方面资助的政治学研究项目也在不断发展。

2. 我国政治学研究的专业学术机构与学术组织得到不断发展，政治学知识生产的组织化程度得到不断提高。

中国政治学队伍的建设是一个不断发展与完善的过程。在政治学恢复与重建初期，由于学科专业队伍很多研究人员是从哲学、法学、经济学等其他学科专业转过来的，这种状况虽然有助于政治学与其他学科之间的交流，但是，也使得学科的专业化程度不高。自从 1983 年北京大学、复旦大学与吉林大学开设政治学本科专业以来，经过改革开放 30 年的发展，现在全国几乎所有高等院校都已经设立了政治学科的相关院系。同时，社科院与党校系统的政治学研究机构的数量也在不断发展，以中国政治学会与各地方政治学会为代表的学术机构在推动政治学发展方面发挥着越来越大的组织、协调与交流的作用。

值得注意的是，除了政治学研究的专业学术机构与学术组织得到不断发展之外，我国政治学知识生产的组织化程度也越来越高。这一点在政治学课题研究的组织构成、人员配置与运行机制等方面都得到了充分体现。首先，在政治学重大研究课题中，往往是由若干单位、若干个人组成课题组的形式来完成的，课题组依据课题要求和目标细化成不同的子课题，形成不同的课题研究方法，集体写出研究论著或者调查报告。其次，在政治学重大研究课题的人员配置上，既有不同学科的有关研究人员，同时也有除专业社会学者之外，有时也会有行政官员参与其中。再次，在政治学重大课题研究的机制运行方面，横向交流与纵向交流相辅相成，本学科内部不同专业的交流以及跨学科的交流相得益彰。当然，需要指出的是，政治学知识生产的组织化主要在于经验研究中的数据采集和分析中，而在理论分析与综合等领域组织化的知识生产效果并不理想。

3. 我国政治学研究的规范化、科学化程度不断增强，政治学的学科知识得到了不断进步与发展。

在社会科学领域，知识生产必然是在现有的知识体系基础上进行的，科学的、规范的知识体系是进行知识生产的基本前提。政治学研究亦不例外。正是依赖于规范化的知识体系，具体的政治学知识的生产才具有可以遵循的基本原理、原则、程序、方法与技术，也才有可能最大限度地描述与阐释政治生活世界的本来情况，揭示出隐藏在大量政治生活现象背后的政治本质属性。通过改革开放30年来的不断发展，我国政治学研究的科学性与学术规范程度得到不断提高，学者们已经能够运用规范的政治学概念和语言来代替一般性的政策性语言和大众用语，同时也注意通过理论分析的论据、论证来支撑其学术观点，运用翔实的学术资料进行论证代替主观性很强的分析。

在社会科学研究中，知识生产的规范化不仅要求学者在研究过程中必须遵循本学科的基本原理、原则、程序、方法与技术，而且还意味着学科应当具有普遍认可的知识评价体系与评价标准。事实上，任何具体社会科学研究的程序、方法及其成果，都必须接受学术共同体的检验和评价，其检验和评价的依据应当是所在学科的基本原理、原则与规范化的研究方法。在我国政治学研究中，我国政治学界已经确立了马克思主义政治学基本原理与原则为指导方针，能够科学地把握与处理学术指导思想的一元性与学术观点的多样化之间的关系，从而推动了我国政治学知识的不断进步发展。同时，我国政治学在研究方法方面已经具备了基本的规范性，为高水平的政治学知识的生产提供了前提。

总之，通过改革开放30年的发展，我国政治学科已经基本成熟，政治学的学科体系已经形成，学科内部的专业化与分工程度越来越高，各个子学科都具有非常成熟的研究成果，政治学研究的规范化与科学化程度也越来越高，学科知识得到不断发展进步。

二

通过30年来的发展，我国政治学已经取得了巨大的成就，政治学的学科体系已经臻于完备，知识体系已经得到不断发展，政治学理论已经对我国社会主义政治文明的发展起到了极其重要的作用。然而，从整个学科的发展情况来看，我国政治学基本理论在很多方面仍然需要我们不断努力。

第一，在中国政治基本理论的研究过程中，政治学者应当强化政治学研究的责任意识，增强政治学理论研究所具有的服务于社会主义政治文明和和谐社会的责任感与使命感。

在现代社会，学术伦理不仅要求学者们具有献身于学术事业的信念，而且要求学者们具有一种责任意识。这正如德国思想家马克斯·韦伯曾经指出的，“唯有那发自内心对学问的献身，才能把学者提升到他所献身的志业的高贵和尊严。”① 作为一门经世致用的学问，我国政治学的发展更是要求政治学者具有强烈的责任意识。这不仅要求政治学者承担起培养学生与生产知识的责任意识，更重要的是承担起服务于国家与社会的责任意识。

作为现代教育体系中的成员，政治学者对于研习政治学的学生应当承担起培养、教学与指导的责任，通过政治学专业的研究与教学使学生掌握一定的专业知识，形成科学合理的知识结构、能力结构和素质结构，具备相应的学习能力与工作能力，成为具有创造性的社会个体。在政治学的研究与教学过程中，政治学者不仅仅是政治学知识的传播者，而且是政治学知识的生产者，应当具备生产政治学知识的责

---

① ［德］马克斯·韦伯：《学术与政治》（钱永祥等译），桂林：广西师范大学出版社2004年版，第165页。

任意识。当代中国政治学是应中国现实政治文明的发展而不断发展的，应当将中国问题作为政治学研究的出发点和支撑点，正确地描述、分析与解释中国政治文明发展进程中的问题，促进政治学的知识生产、理论创新与学术进步。

在政治学研究的过程中，政治学者不仅应当承担起培养学生与生产知识的责任，也应当承担起服务国家与社会的责任。任何社会科学都来自于人们需要解释社会的要求，应当能够对某种社会生活现象予以科学合理的说明，为解决某些社会问题提供理论指导。政治学的发展也是来自于现实政治的需要，它也只有通过积极回应现实政治的需要、服务于国家与社会才能得到更大的发展。赵宝煦先生曾经指出，“政治学研究要想得到社会认同，就必须能回答当前社会主义建设实践中提出的问题，提供解决当前中国现实政治问题的最佳方案。”① 王惠岩先生也曾指出，“在当代政治学的研究中要坚持正确的指导思想与正确的立场、观点和方法，使政治学的研究符合现实政治发展需要。”② 政治学者服务国家与社会的主要方式就在于科学客观地阐释我国政治生活的基本规律，为我国社会主义政治文明建设提供学术支撑与理论解释，为政府进行科学民主决策提供知识、信息与智力基础，积极参与到构建文明、有序与合理的社会主义政治秩序中去。

第二，我国政治学基本理论的发展应当不断增强学术自主性，逐步形成具有中国特色的政治学知识体系与学术观点，使政治学的本土化研究与国际化研究结合起来。

在社会科学领域，任何具有价值的知识生产都是研究者对于现实社会问题进行自主研究与反思的结果。王国维曾经指出：“学术之发达，存在于其独立而已。”陈寅恪也认为：“吾国大学之职责，在本国学术之独立，此今日之公论也。”然而，在全球化的时代，西方在全

---

① 赵宝煦：《中国政治学百年历程》，《东南学术》2000 年第 2 期。

② 王惠岩：《王惠岩文集》第 4 卷，北京：中国大百科全书出版社 2007 年版，第 191 页。

球知识生产和消费体系中处于中心位置，主导着世界社会科学知识的生产。虽然中国政治基本理论通过30年来的发展取得了巨大成就，但是，这种状况必然也会影响到我国政治学基本理论的发展，中国政治学基本理论研究的自主性仍然需要提高。政治学基本理论研究的学术自主性实际上涉及学术研究的主体意识、在学术自主化过程中如何对待外来政治学研究成果和本土社会已有的学术资源等方面的问题。

在中国政治学知识生产的过程中，我国政治学者在研究对象、研究主题与研究方法上也应当更多地表现出主体性。在社会科学领域中，人们不可能完全超然于研究对象之外，任何社会科学知识在某种程度上都只是一种地方性知识，都只能在某种社会文化区域内发挥作用。所以，在政治学基本理论的研究中，我国政治学者不应当将西方国家政治发展规律和模式作为世界各国社会政治发展的普遍规律和唯一模式，而是应当在既有的政治学存量知识的基础上，结合中国政治生活的具体情况，立足于我国实际情况，将政治学研究具有普遍性的原理、程序、方法与技术同我国具体的特定研究对象与内容结合起来，生产出适合我国国情的具有科学性与客观性的政治学知识。只有这样，中国政治学才能够具有与国际政治学界进行平等对话的能力和地位，才能够成为国际政治学知识生产中不可或缺的组成部分，而不仅仅是简单地传播国外政治学理论知识；中国政治学者也才能够从人类政治文明发展的高度看问题，构建出具有中国特色的理论体系，而不是简单地传播西方政治学理论成果。

在政治学研究中，我国政治学者进行自主地知识生产就必然需要具有批判精神与反思意识，通过对国外政治学知识的批判与反省，认清机械地搬用外来政治学知识的危害性，坚信学术自主性的必要性和重要性。只有在自主生产具有科学性与客观性的政治学知识的基础上，我国政治学界才能具备平等地与国外学者进行学术交流的资格，也才能在国际政治学舞台上取得一席之地，得到国际政治学界的认可和承认，我国政治学界也才可能成为世界政治学知识生产的中心。这并不是盲目排斥与西方进行学术交流，同时也不是否定政治学研究中的国际化合作。事实上，强调政治学研究与知识生产的学术自主性，并不是反对国际学术交流与合作，而是反对脱离本国实际政治生活状态简单地运用国外政治学理论的方式，反对依附于国外政治学理论，反对将国外现成的政治学理论与观点照搬照抄过来解释中国问题。事实上，强调政治学知识生产的学术自主性与强调国际合作交流是相辅相成的，我们既应当批判地吸收和借鉴国外政治学理论的合理成分，同时也应当积极参与国际学术合作进行比较政治学、国际政治学与政治学理论方面的研究。改革开放 30 年来，中国政治学正是在坚持马克思主义基本原理的基础上，通过设立留学制度、派遣访问学者、进行国际学术会议交流、举办国际学术会议、合作研究和翻译相关著作等方式不断汲取国外政治学发展研究成果而得到发展进步的。

第三，在政治学基本理论的研究中，政治学者应当成为政治学知识生产的主体而不是成为传播国外政治学知识的载体，应当强化政治学知识生产的意识与能力。

在自然科学与社会科学领域中，作为一种职业的学术研究所以能够得到社会成员的普遍承认，其原因主要在于它能够进行相关知识的生产与传播。作为社会科学的重要组成部分，政治学亦不例外，“政治科学的本质目标在于创造知识”①。在改革开放后特别是 80 年代中后期，我国学术界认识到中国与西方在知识生产与学术研究水平方面的距离，翻译与引进了大量西方社会科学的重要著作、新理论和新方法，在社会科学理论和方法上掀起了学习西方的潮流，使二战以来西方学术界产生的各种不同的社会科学理论与方法在中国学术界被重新演绎一遍，并且被大量的用来研究中国历史、社会、政治和经济等方面的问题。经过 20 世纪 90 年代初期的讨论，我国政治学界对于西方政治学的科学性、有效性和适用性问题进行了反思，逐步认识到我国政治学本土知识生产的重要性。

---

① ［美］罗伯特·古丁、汉斯-迪特尔·克林格曼主编：《政治科学新手册》，北京：三联书店 2006 年版，第 69 页。

作为一门得到不断发展的应用性学科，政治学应当能够帮助人们解释与分析社会公共生活中的相关问题，应当能够对政治生活进行科学合理的解释与回应。中国政治学知识的生产，必须积极发现与回应我国政治与社会生活中存在的公共问题，在科学研究方法的指导下努力探索与回答我国改革开放中出现的新问题。值得我们注意的是，政治学科的发展动力与政治学知识的生产不仅来自于解决社会公共问题的要求，而且来自于政治学科内部的基本理论与方法的发展，来自于政治学科内部不同分支领域的发展和融合，来自于政治学与其他学科的交流以及跨学科与交叉学科的比较分析和综合研究。只有既能够回应现实政治生活的需要，同时又能够回应政治学知识自身发展的需要，我国政治学科的知识生产才能够顺利实现，也才有可能建立起具有中国特色、中国风格与中国气派的政治学学科知识体系。

在不断推进我国政治学基本理论发展的过程中，我国政治学者应当妥善处理好如下几方面的关系：

1. 学术与政治的关系

任何政治学知识的生产与传播都无法离开其所处时代的社会公共事务管理的需要，作为社会科学的政治学的研究与发展必然会受到社会公众的关注。但是，政治学作为一门经世致用的学科，它要求政治学者既不能远离政治生活世界，同时也不能完全卷入到对政治生活的影响与干预中去。

在社会公共问题越来越复杂的现代社会，政府不可能完全采取过去那种依据领导人经验进行决策的方法，而是必须依据科学决策解决社会政治问题，需要政治学研究者为政策制定取向进行调查和研究，希望能够以科学的政治与公共政策理论作指导，避免方针、政策和办法的不科学性。中国政治学的发展也希望获得政府人力、物力与财力的支持，通过回应中国现实问题提供自身的研究成果为国家与社会公共利益服务，并且在此过程中实现本科学的发展。从这种角度上讲，在政治学理论的研究中，学术与政治并不是一种对立的关系，而是相辅相成、互相促进的互利关系。中国政治学的发展应当更多注重研究现实社会政治问题，为政府政策提供科学的服务，在政策制定、政策实施与信息反馈等方面服务于国家与政府需要。值得我们注意的是，在政治学研究影响政治生活的过程中，政治学者仅仅是对相关社会公共事务管理进行研究与思考的工作者，而不能越俎代庖，将自身等同于社会公共事务管理者，过度干预政治生活领域。这也就是说，在政治学研究中，学术与政治两者应当保持一定的张力。

2. 政治学研究的科学性与价值性之间的关系

在政治学研究中，政治学者在进行知识生产时应当以科学性与客观性为前提，需要真实准确地描述与阐释政治生活现象与规律。但是，这并不能将研究的科学性与价值论割裂开来，片面强调科学性而否定价值性，排斥价值判断问题。

在政治学的研究过程中，当研究者提出自己的研究选题、研究设想与研究计划时，无论是其采用的概念、思想与理论，还是其运用的那些似乎中立的经验研究方法，实际上都不可避免地在一定程度上包涵着某种价值判断与价值取向。作为生活在社会结构与社会关系中的行动者，政治学研究者所运用的符号体系不仅仅是认知与交往的工具，而且其自身就是内在地蕴涵着文化与价值因素的载体。在这种意义上，那种所谓绝对科学与客观的价值中立的经验研究方法实际上是不可能做到的。同时，政治学者在其研究中通常会自觉地或者不自觉地关心其研究成果对社会公共生活可能产生的影响，这也就使政治学者的研究并不能成为完全价值中立的知识生产。事实上，所有的社会科学研究都不可避免地存在着价值介入的问题，即使是那些倡导价值中立的学者也不可能完全避免价值取向。正如诺贝尔经济学奖获得者缪尔达尔曾指出的，“研究的客观性不能仅仅通过试图排除价值观念来解决。相反，社会问题的每项研究，无论范围多么有限，都是且一定是由价值观念决定的。‘无偏见的’社会科学从来就不存在将来也不会有。努力逃避价值观念是错误的，并且注定是徒劳的和破坏性的，价值观念和我们在一起，即使把它打入地下，它们仍然指导我们的工作。”①

当然，尽管在政治学研究中不可避免地存在着价值判断的问题，然而，这并不意味着政治学研究者可以凭借其个人偏好和经验就能做出科学的价值判断，同时更不意味着研究者在研究过程中可以将自身的主观偏好与价值取向强加于研究对象。政治学是一门科学，政治学者在研究过程中不能以价值判断代替事实判断，应当尽可能地使得知识生产本身不受自身主观偏好与价值取向的影响，应当尽可能地减少自身价值倾向所导致的可能偏离甚至是歪曲经验事实的情况。有学者在这种意义上指出，“社会科学家完全可以申明自己的社会理想与个人的价值倾向，但不能用它取代、混同甚至歪曲科学研究所得出的结论。”②

3. *政治学的规范研究与经验研究之间的关系*

在社会科学中，规范研究主要是涉及价值判断的应然性研究，经验研究则主要是涉及事实判断的实然性研究。虽然规范研究与经验研究之间存在着很多差异，但是，两者实际上是相辅相成的辩证关系。任何经得起历史考验的规范研究都是从大量相关的经验材料分析中总结出来的，没有经验研究就不可能存在规范理论；同时，任何经验研究也必须具有理论指导，必须能够上升为一定的规范理论。规范研究与经验研究两者是不可偏废的，它们在解决特定的社会公共问题的过程中是相互促进的，缺乏系统性、理论性的经验研究必然不可避免地会成为一种低水平的重复性研究，因而会影响到政治学知识生产的质量与发展，缺乏经验研究支撑的规范理论则很可能成为一种形而上学的研究，脱离现实生活实际。

在政治学研究中，规范政治理论与经验政治研究最终都需要揭示和解释政治现象所具有的客观规律。事实上，规范政治理论离不开经验研究进行检验，规范的政治理论研究越来越向依赖于经验研究领域

---

① ［瑞典］缪尔达尔：《亚洲的戏剧》，北京：经济学院出版社1992年版，第13页。

② 李金：《为“价值中立”辩护》，《社会科学研究》1994年第4期，第59页。

中所取得的研究成果和研究方法，依赖于精确的实证信息、缜密的逻辑分析与推理。科学的经验实证研究是进行理论创新和知识生产的前提，只有在对可靠的第一手经验材料进行系统分析的基础上才可能得到政治生活的实际情况，也才能进行新的知识生产。同时，政治学的经验研究也必须有规范研究作为指导，作为经验研究重要途径和方式的定性研究则有着特定的方法论、资料收集与分析方法、研究技术和技巧。

4. 政治学知识生产与学术评价机制之间的关系

作为一种学术制度，学科评价机制是学术共同体为推动学术继承与创新而进行的重要活动，它对于学术知识生产与学术创新起着非常重要的作用。在学术共同体内部，学术评价机制的形成依赖于学术共同体内部的自治与约束。在我国政治重建与发展30年之际，我们有必要从学科知识生产的视野出发，构建出适合我国政治学知识生产的科学合理的学术评价机制。

在学术评价机制上，学术共同体应当根据不同学科知识生产的特点制定出不同的评价准则，进行分类管理，确立合理的学术评价程序与过程。在政治学的研究中，虽然学者们的知识生产都是围绕政治生活问题进行的，但是，即使在政治学学科内部，不同分支领域的知识生产方式也存在着很大的区别。这就要求在学术评价方面采取多样化与差异化的标准，对政治学的基础性研究与应用性研究进行适度区分，根据政治学不同分支分科与研究领域的特征确立学术评价机制。在具体的学术评价指标上，不应当过分强调量化指标，不能仅仅通过研究成果的数量来衡量研究者的水平，忽视学术产品的质量问题，而是应当重视学术研究成果的质量水平，重视政治学知识成果的科学性、合理性与原创性。只有这样，我国政治学界才能提高政治学知识生产的水平，促进我国政治学知识生产的原创性，使我国政治学界能够成为国际政治知识生产的重要中心。

总之，通过改革开放30年来的恢复与发展，尽管我国政治学的发展还存在着这样与那样的不足，但是，我国政治学的学科体系已经形成，政治学研究的规范化与科学化程度日益臻于完备，政治学科内部的专业化与分工程度越来越高，不同子学科的发展也日趋成熟。这些都有助于我国政治学的进一步发展。

（作者单位：吉林大学行政学院）

类型学与比较政治理论建构：以利普哈特的“共识民主”理论为例*

邢瑞磊

作为政治学学科中一门重要的分支学科，比较政治学正日益引起人们的关注，吸引了越来越多学者研究的兴趣与精力。这种状况的出现一方面是由于比较政治学本身所具有的跨越学科界限的沟通与对话能力，以及联结经验研究与理论探讨的创新能力①；另一方面则是因为比较政治学的研究主题与界限相当模糊，几乎涵括政治学所有的理

* 此文的最初观点来自于2009年作者的导师张小劲教授与人大时殷弘教授在上海的一次小聚。当时，两位学者在谈及中国政治学现状时，就科学主义与历史主义的方法论进行过精彩的论战。张小劲教授在谈到如何将两种方法加以融合时，提及了类型学分析可行性的观点。在两位教授精彩之语频现的论战中，作者不但受益匪浅，更是萌发了对类型学方法探究的好奇心，直接促成了本文的完成，在此对两位老师尤其是张小劲教授长年来的方法论训练和无私的帮助表示感谢。

① 张小劲：《比较政治学的历史演变——学科史的考察》，《燕山大学学报》2000年第1期。

论与方法，且涉及更为广泛范围的政治活动①。比较政治学本身固有的这些特点推动了该学科的快速发展，尤其是 20 世纪 60 年代，在美国行为主义革命的影响下，比较政治学遇到了发展的黄金期，几乎垄断了西方学术界的政治学研究。然而或因缺少明确的研究主题以及协调一致的理论和概念，或因比较政治学体现出的美国本土意识②，比较政治学在发展的同时也一直饱受争议，甚至就连其学科地位也受到过质疑。阿尔蒙德坦言，“当代比较政治学与其说是一门学科倒不如说其是一种运动”③。当然，乐观的学者则认为这一切都是由于比较政治学发展太快，相应的研究方法与议题暂时滞后导致的，而学界的困惑与迷茫正是比较政治学再度复兴的沃土和基石④。

相比欧美学界比较政治学的跌宕起伏，中国的比较政治学界则沉寂得多，基本上停留在接受海外信息、转译西方著作的阶段，少见中国式的创新性著作出台。出现这种状况的原因是多方面的，缺少一套中国本土的研究范式、理论体系和研究方法是中国比较政治学界在国际学界集体失语的主要原因之一。然而，30 年的改革开放为比较政治学在中国的本土化建构提供了大量丰富多彩的个案和生动的制度变迁轨迹，使本土化研究有了更为明确的对象⑤。在这样的历史机遇面前，如何建构中国本土的比较政治学理论就显得极为迫切。

---

① ［美］罗纳德·H. 奇尔科特：《比较政治学理论——新范式的探索》（潘世强译），北京：社会科学文献出版社 1998 年版，第 3 页。尼考劳斯·扎哈里亚迪斯编：《比较政治学：理论、案例与方法》（宁骚、欧阳景根等译），北京：北京大学出版社 2008 年版，译丛总序第 1 页。

② 张小兵：《美国视角的比较政治学》，《政治学研究》2009 年第 3 期。

③ Gabriel Almond, “Comparative Politics,” *International Encyclopedia of Social Science* (New York: Free Press, 1966), V13, p. 331.

④ 程同顺：《比较政治学：走向没落，还是再度辉煌》，《政治学研究》1997 年第 1 期。

⑤ 杨雪冬：《关于比较政治学和中国研究范式重构的断想》，《天津社会科学》2000 年第 3 期。

对此，笔者认为相比宏观理论和研究范式的重构，在中层理论和研究方法层面上的探索更为符合当前中国政治学界的现实。正如拉帕隆巴拉（Joseph LaPalombara）所主张的，比较分析的最佳策略便是发展中层理论，这种理论是构建更具通则性理论的基础①。马奎迪斯（Roy Macridis）也认为区域性的中层理论建构更有优势：“相对于追求宏观理论，区域性研究为这个领域带来了新的活力，且最终可能为某些统一模型及优先性的发展铺路。”② 因此，笔者不揣新学后进，并不打算从事宏观的综述式全景考察，而是尝试以利普哈特的“共识民主”理论为例，旨在分析类型学方法在中层理论建构过程中的作用，并就中国本土比较政治学理论发展谈一些初步的看法。

一、比较研究的一般路径与类型学分析

对人类而言，相互比较是一种自然而然的举动。从古至今，世世代代的人们皆试图了解并解释他们所观察到其自身与他人之间的异同。作为研究人类社会联系和活动的社会科学而言，比较研究很自然地成为学者们选择的方法之一。事实上，比较方法在科学研究中具有普遍性与统摄性特征。一方面比较方法具有普遍性，自觉不自觉地会用到，是一种理性方法的基础。另一方面它具有统摄性，在某种意义上弥散性地渗透在各个具体的操作方法中，具有包囊性和渗透性。然而，如何使比较的过程更具科学性呢？或者说国家间的比较如何协助我们了解更为广阔的政治世界呢？对这类重要问题的回应，就需要从事比较政治研究者们以一种更为科学的方法进行研究设计。

---

① Joseph LaPalombara, “Macro-theories and Micro-application: A Widening Chasm,” *Comparative Politics*, 1968, Vol. 1, pp. 52-78.

② Roy Macridis, *Modern European Governments: Case in Comparative Policy Making* (Englewood Cliffs, NJ: Prentice-Hall, 1968), p22.

一般而言，比较政治学研究的一般途径主要由四个步骤组成①。

首先，背景知识的系统描述（contextual description）。比较政治首要目标即是描述特定国家或一组国家的政治现象与事件，经过详尽的描述，学者们对所研究国家有进一步的认识，或强化研究者本身对所属政治系统的了解，或两者兼备。以此让研究者得以窥见其研究对象的轮廓与面貌，并尽量避免种族中心主义的影响②。虽然这类研究通常被看作是“旧”比较政治学研究的代表，与力图超越仅限描述的“新”比较政治研究相左。然而，所有系统性分析皆始于精确的描述，背景描述是研究过程中重要的组成部分，应当置于其他三个步骤之前。事实上，对新比较政治而言，纯粹描述性研究主要当作原始资料使用，但这并不意味着这一步骤可以省略。

其次，分类（classification）。在寻求有意义的简化过程中，比较研究通常会建立许多具有概念性的不同分类，以为数众多的国家、政治系统、事件等变量，归类为各种可资区别并具有共同特征的类别，以降低经验世界的复杂程度，进而为研究者提供有效的咨询平台（data containers）。分类可以是简单的二分法，如权威主义与民主政治之间的区分，也可以是更为复杂且代表不同政权与政府体制的类型（typology）。分类与描述都是系统性比较研究中不可或缺的部分。事实上，它代表着更高层次的比较分析，因为分类可将许多可描述的独立分析单元，归纳成较为简化的类别，从而降低经验世界的复杂程度，并能从中发掘可用的理论性概念，构成理论框架的第一步。

再次，假设验证（hypothesis-testing）。当研究问题经过描述和分

---

① 参见 Todd Landman：《比较政治的议题与途径》（周志杰译），台北：韦伯文化国际出版有限公司2003年版，第7—21页；张小劲、景跃进：《比较政治学导论》，北京：中国人民大学出版社2008年版，第93—102页。

② 对此我们可以从区域性知识这方面来理解，就是说由于我们生活在这个区域里，对于自身的理解通常是在没有第三方参照的时候，对一个生活场景所习惯性地接受了，导致对自身的很多理解往往都是偏大的。因此在这种情况下有第三方作为参照是非常有意义的。

类后，研究者便能够进一步寻找解释这些业已描述和分类过之现象的因素。特别是在20世纪50年代起，政治科学家和比较政治学家已开始尝试采用比较分析的方法来界定重要的变量，确立存在于变量之间的相互关系，并列举经过比较的关系，尝试建构与发展概括性的和更为完善的理论。迈耶（Lawrence Mayer）对比较分析的作用做出过精辟的概括：“比较分析独具的潜力，在于逐步累积并增加若干系统层次的因素，并将之纳入现有的解释性理论，从而促使该理论渐趋完善。”①

最后，比较研究的最终目的也是最困难的一步，是促使假设的验证产生逻辑性的延伸，也就是说用初步比较所得出的概括性通则为基础，进而在更大范围内进行验证，并对其他地区和国家做出预测，或判断未来的政治结构。

通过对比较政治研究一般途径的分析，我们会发现在这四个步骤或阶段中，分类明显地处于相当紧要和关键的地位：向上是对背景知识描述的一种系统化总结，向下是原初理论和假设产生的基础，甚至分类时标准的设定会决定最终的研究结果。分类在比较研究这一承上启下的关键地位，决定了研究者在进行理论建构时必须对分类进行谨慎的操作，否则稍有不慎就会导致前期努力付诸东流。因而，对分类进行系统科学的研究是极为必要的，这样才能将误差控制在可承受的范围，利于后继工作的展开。

分类或者说类型学方法在社会科学与自然科学的应用由来已久，对类型学方法进行专门讨论的著作相当丰富，并且在不同的学科里，发展出了多种形态的类型学方法。目前，在社会科学中应用最为普遍和最为有效的是一种以明晰的既有理论为基础而进行的多维概念分类，我们可以将之称为解释性类型学（explanatory typologies）。解释性类型

① Lawrence Mayer, *Redefining Comparative Politics*: *Promise Versus Performance* (Newbury Park, CA: Sage, 1989), p. 46，转引自Todd Landman：《比较政治的议题与途径》（周志杰译），台北：韦伯文化国际出版有限公司2003年版，第11页。

学是相对描述性类型学而言的，当然，这并不意味着两者是完全对立的二元关系，解释性类型学同样具有描述的成分涵括在理论构成部分，或更为精确地说，描述奠定了概念属性类型界定的基础。参见表1。

表1　描述性与解释性类型学

	描述性	分类	解释性
分析方向	描述特征界定概念类型	个案归类	根据理论变量进行理论预测；将数据置于相关单元进行相应检测并通过比较决定数据是否支持与理论假设。
回答的问题	概念类型的构成要素	个案的适用性	若理论被证明是可行的，由此可推论出何种结论，且该结论是否符合经验现实
案例	什么是议会制和总统制民主政体？	英国和德国是议会制还是总统制？	根据民主和平论的观点，是否可以预测议会制民主体制国家的对外政策行为，英国和德国的对外政策是否符合该推论？

根据上面简要的陈述，类型学在政治学的语境中可以界定为，通常是指借由两个或多个变量间的互动，以创造和描述不同的政治系统群组，并依循那些因互动而产生政治系统的新变量和新分类，或演绎推理，或归纳总结的一种研究方法①。类型学方法是将比较研究分析对象的相关描述予以简化，精确的分类必须能定义完整的类别，并将所有经验性证据纳入其中。建立类型的各种类别可先详细观察经验证据，再经由归纳而获得；同样，分类也可以通过演绎的过程而产生

① B. Guy Peters：:《比较政治的理论与方法》（陈永芳译），台北：韦伯文化国际出版有限公司2003年版，第94页。

“理念型”（ideal-type）①，并依此“理念型”对照经验世界，这两种不同的分类逻辑在政治学的研究工作中都极为普遍。

亚里士多德就曾对古希腊城邦政体进行过众所周知的比较研究和类型学分析。当时，亚里士多德在对收集的城邦国家个案资料分析的基础上，提出了三个准则或变量，即最高统治者的数量、统治方式和阶级结构②，在对城邦国家进行类型划分时，则选择了两种归类的标准：一方面区分哪些是“良善”、哪些是“腐败”的政权；另一方，则以掌握决策权的统治人数多寡作为区分不同政权的依据，综合两种标准得出了六种政权类型，并由此对城邦国家进行分析，得出了纯粹的民主制和纯粹的寡头制属于最不稳定的政体，而最为稳定的政体则是混合政体这一政治学的著名论断。显然，亚里士多德的类型学分析是一种归纳的逻辑，是在政体类型确定后再将之套入实际存在的城邦国家中加以分析③，其方法至今仍有重要的意义。

德国社会学家马克斯·韦伯的研究就借用了亚里士多德的类型学逻辑，作为古典的社会学家，韦伯也是现代政治比较研究的先驱人物之一。韦伯试图从比较的角度，去探讨世界主要民族的精神文化与该民族的社会经济发展之间的内在关系，并在研究中形成了自己独特的研究方法——即“理解”及“理念型”的类型学研究方法，是韦伯社会学理论中最重要的方法论概念之一④。在韦伯的研究中，“理念型”可分为两种：一是“历史学的理念型”；二是“社会学的理念型”两

---

① Todd Landman：《比较政治的议题与途径》（周志杰译），台北：韦伯文化国际出版有限公司2003年版，第12页。

② 参见：张小劲、景跃进：《比较政治学导论》，北京：中国人民大学出版社2008年版，第22页。

③ Todd Landman：《比较政治的议题与途径》（周志杰译），台北：韦伯文化国际出版有限公司2003年版，第10页。

④ ［德］马克斯·韦伯：《新教伦理与资本主义精神》（于晓、陈维刚等译），北京：三联书店1987年版，第51页。

种类型。前者体现在韦伯的《新教伦理与资本主义精神》一书中，由于这种“理念型”是在特殊的时空条件下形成的，亦即是在一定的历史进程中形成的，因此又被称为“形成过程中的理念类型”①。社会学的“理念类型”则是韦伯就权威的基础问题提出的具有开创性意义的分析，韦伯区分了政治权力具有合法性的三种方式：第一种类型涉及传统的神圣性，传统型的权威立基于对假定永存之物的虔诚，传统型的统治者无须证明其权威正当性。第二种类型是超凡魅力型，在这种类型中，对领袖的服从是由于他们能够激励鼓舞那些追随者，而这些追随者又相信他们的领袖即英雄，会拥有特殊的、甚至超凡脱俗的品质。韦伯提出的第三种权威式法理型权威，在这种权威类型中，服从出自于原则而非个人，政府立基于制度规则而非对个人的忠诚，由此更为合理。韦伯认为，这三种“理念类型”虽在具体的历史进程中很少单独见到，但作为一种抽象原则或典型却又是在任何时空条件下都可能存在的，所以又称为“纯粹的理念类型”。

需要指明的是，亚里士多德和韦伯采用的类型学方法都是建立在规范性的基础上的，现代政治学者进行政体分类时虽仍然依循着亚里士多德的分类方法，却更多采用经验性观察与归纳推论的研究逻辑。芬纳（Sammy Finer）在其著作《政府的历史》一书，曾尝试建立在对历史上所有的政府形式系统考证或观察的基础上，界定了四种纯粹的政权类型以及逻辑上的若干混合型。芬纳宣称自公元前3200以来，所有政府的形式皆可纳入下列四种基本类型：宫廷政体、教会政体、贵族政体以及论坛政体四种，各个政体的区别在于统治者的性质，并相应衍生出六种混合类型。(参见表2)②

---

① 参见陈景良：《反思法律史研究中的“类型学”方法——中国法律史研究的另一思路》，《法商研究》2004年第5期。

② Sammy Finer, *The History of Government*, *Vol.* Ⅰ: *Ancient Monarchies and Empires* (Oxford Press, 1997).

表 2　纯粹性与衍生的混合型政体

	宫廷	论坛	贵族	教会
宫廷	纯宫廷政体	宫廷—论坛型	宫廷—贵族型	宫廷—教会型
论坛		纯论坛政体	论坛—贵族型	论坛—教会型
贵族			纯贵族政体	贵族—教会型
教会				纯教会政体

资料来源：The History of Government from the Earliest Times，Vol. Ⅰ：Ancient Monarchies and Empires，Oxford Press，1997，pp. 34-58，略有修改。

芬纳认为许多政权起初是纯粹型政体，而后在不同的时间点上变成混合型政体。在所有类型中，纯粹的宫廷政体及其衍生的政体形式是史上最为常见的类型。而且，尽管足以代表论坛政体的若干已世俗化的现代民主政体，在当前较为流行，但相对而言，仍是为数较少且兴起于当代的政权类型。

亚里士多德和芬纳采用的类型学方法虽建立在不同的逻辑基础上，但两位学者都试图由此确认每个类型各自具有的主要相同特征，达到了描述和简化复杂现实世界的目的。因此，可以说类型学方法与比较研究方法都是政治学研究中传统而颇具实效的方法之一，并在现代政治学研究中发挥着重要的作用。

二、类型学方法的典范：利普哈特“共识民主”理论

长期以来，民主问题都是比较政治学研究的重要题域，也是比较政治学理论创新的主要试验场。然而，民主研究的内涵相当复杂和深奥，或侧重于规范研究，或侧重于经验研究，或规范与经验并重，构成了一副相当繁复的知识体系图谱。如何进行民主研究与创新一直是众学者苦苦思索和不懈努力的方向。在众多问题中，民主概念的界定

是引起争论的根源，也是比较研究中的根本性问题，即：概念测量时所面临的普适性问题。从已有的民主理论看，以英美为经验基础的多数民主理论长期占据着该题域的主流地位。事实上，现代比较政治理论几乎都是由单一国家（主要是美国）的经验发展起来的，而这样发展起来的理论，因其不时体现出的美国中心意识而受到广泛批评。其实，从这个意义上讲，比较政治理论可以借由谨慎地检验单一地区或国家而发展①，而确立和测量其适用范围才是决定该理论能否经得起考验和批判的关键步骤。

虽然美国式的民主理论在现代政治学体系中长期占据主导地位，但这并不影响学者们致力于发展区域性的比较政治和民主理论的尝试。其中，类型学方法和比较方法在建立民主理论的过程中起到了不容忽视的作用。1992年，施密特与卡尔（Philippe Schmitter and T. Karl）就曾试图发展一个适用于某范围内（主要是拉美）各国的民主概念，他们把民主看做成一组放射状（radical）的类别②，也就是说，他们所讨论的每一种民主类型都具有民主的某些基本特性，但同时也具有独特性。在集中考察东南欧和中南美国家的基础上，施密特和卡尔选择国家与社会的相对力量，选举和利益集团参与程度的相对重要性为变量，发展了统合式、民粹式、协合式和选举式的民主类型，希望以此能将该地区多样化的政治系统置于更广泛的民主范畴中，从而发展出了一种具有相当解释力的民主理论。然而，施密特与卡尔的民主分类主要受利普哈特（Arend Lijphart）的影响，而利普哈特的"共识民主"理论更为系统和成功，影响也最大，为我们提供了一个相当严密

---

① B. Guy Peters：《比较政治的理论与方法》（陈永芳译），台北：韦伯文化国际出版有限公司2003年版，第96页。

② P. Schimitter and T. Karl, "The Types of Democracy Emerging in Southern and Eastern Europe and in South and Central America," in P. M. E. Volten, eds., *Bound to Change: Consolidating Democracy in East Central Europe* (New York: Institute for East-West Studies, 1992)
.

的民主理论体系。尽管利普哈特的民主理论也受到了尖锐的批评，但不可否认的是，时至今日，利普哈特的“共识民主”理论已经突破了区域性的限制，成为民主理论中重要的一员。

在笔者看来，“共识民主”理论为中国本土比较政治学发展的最大贡献不在于其理论框架和具体内容如何，利普哈特所采用之构建理论的比较方法和类型学方法才是我们学习和借鉴的主要方面。为了论述的方便，下面将采用类似学术史考察的方法①，对利普哈特“共识民主”理论建构的类型学方法和其不断完善成熟的过程进行系统的回顾与评析。

（一）个案研究基础上的初始理论模型与类型学方法

利普哈特的民主理论体系宣称世上只有两种类型的民主，分别是威斯敏斯特民主和共识型民主，这两种民主结构包涵了所有类型的民主制度在内；两大理念型民主的划分方式，显然与韦伯的方法类似。事实上，多大多数的国家都是较为接近这两种理想型中的一种，而理想的纯粹类型在现实世界中并不存在。利普哈特的民主理论是一个将单一个案研究，发展具有相当适应性理论的典型例子，因为利普哈特确实成功地将他在研究荷兰时的发现，延伸为对世界上所有民主政体的分析研究。

利普哈特早期主要研究对象是荷兰的个案，他试图解释尽管存在着深刻的宗教分歧，荷兰还是能保有长期的政治稳定记录的原因。利普哈特之所以关注政治稳定这个议题是与当时学术界的研究兴趣密不可分的。在20世纪50—60年代，已有学者就政治稳定与民主存续间

---

① 学科史的梳理有助于通过逻辑的方式“还原”人们在探索和建构这门知识时所经历的认识过程，可以解构这门知识的概念、范畴、理论命题和理论体系的形成；还可以把握内部不同理论见解与学术流派间的承继和替代关系，由此明晰学术争论对这门知识发展和变迁的影响。这种方法也同样适用在对某学者学术生涯的研究。参见张小劲 景跃进著《比较政治学导论》，北京：中国人民大学出版社2008年版，第21页。

关系和所需条件进行过争论，这个议题也引起了学界的广泛兴趣[①]，进而引发了三个相关议题的讨论。首先，为何一些先进的工业国家尽管恪守各种民主制度，还仍无法避免明显的政治不稳定现象出现？例如，德国魏玛共和国和第二次世界大战之后的意大利等。其次，20世纪为何一些先进国家会放弃民主体制，而向威权政体转型，例如意大利、德国、西班牙和葡萄牙，为何法西斯主义能够影响这些国家？最后，为何在某些特定国家中会产生政治不稳定，并导致内战或无政府状态的出现？例如，北爱尔兰，西班牙，以及之后的黎巴嫩等。所以，政治稳定的概念在当时的比较政治议题相当流行。在这样的时代背景下，利普哈特开展了关于政治稳定和民主问题的研究。

1968年，利普哈特所著的《协调的政治：荷兰的多元主义与民主》这本书[②]，开启了利普哈特对民主稳定条件和民主理论的研究，该书主张世界上存在着另一种不同于典型英美式民主的制度安排，此类体制称为“协和式民主”（consociational democracy）[③]，强调通过精英之间的协调，协和式民主可以和英美式民主一样保持政治上的稳定。在对荷兰进行个案研究的过程中，利普哈特注意到在荷兰这个宗教严重分离的国家中，不但没有明显的冲突而又确实存在相互合作，政府运行还极有效率。对此，利普哈特从所谓的“分歧框架”（cleavage framework）出发，此研究路径将政治视为社会结构的反映，高度的社会断裂状态会引发政治的不稳定性，甚至出现周期性的政府危机乃至政治暴力发生。在荷兰个案中，利普哈特认为荷兰具有三个“支柱”即：天主教、卡尔文教以及世俗主义者，他们有效地将各团体原始成

---

① 参见，Gabriel A. Almond，“Comparative Political Systems，” *Journal of Politics*，1956，18，pp. 391–409；S. M. Lipset，*Political Man*（Garden City，NY：Doubleday，1959）.

② Arend Lijphart，*The Politics of Accommodation*：*Pluralism and Democracy in the Netherlands*（Berkeley and Los Angeles，University of California Press，1968）.

③ 对协和式民主的系统讨论可见：Arend Lijphart，“Consociational Democracy，” *World Politics*，1969 Vol. 21，No. 2（Jan.），pp. 207–225.

员间的互动进行了极小化控制，几乎所有荷兰的社会经济生活都是由这些“支柱”来组织。这样虽然缩小了团体成员间的冲突，但却阻绝了政治系统进行有效管理的可能性，这便需要团体间的合作。利普哈特发现，合作的确出现在荷兰政治的精英阶层之间，因此领导者才得以运作政治和经济系统。这种政治上的协合体系得以运作的原因在于，水平与垂直信任的存在，也就是说，在每个“支柱”中，大众与精英之间存在着垂直信任，从而使精英在彼此协商时有充分的自由度；在精英阶层中，精英间也存在充分的信任，使他们能够达成具有约束力的协定，虽然这样会造成精英间秘密和封闭的协商形式，但却被视为维持荷兰民主其他维度的必要条件。对于在荷兰的发现，利普哈特认为“荷兰的政治是协调的政治，也就是该国之所以成功的秘密。协调意味着当单一社会只存在最小幅度的一致性时，针对各种分歧性议题与冲突所采用的解决办法”①。

随后，为详细阐述和介绍在荷兰个案中的重要发现和其所用的方法论，利普哈特同年又发表了《类型学与民主系统》一文。文中，利普哈特在综述当时国际学术界流行的比较政治学方法时发现，类型学方法在近代比较政治学研究中的应用相当广泛，与柏拉图和亚里士多德研究方法的传统依然契合。然而，奇怪的是类型学方法在当时广为关注的民主问题上的应用却较为少见。更确切地说，当时民主问题研究仅进行过大致的分类，相关次类型的分析等细致的工作却无人尝试，由此萌发了利普哈特以类型学方法对民主系统进行精细考察的想法②，并试图以此方法发展更具普遍意义的民主理论。从方法论意义上讲，利普哈特认为，在类型学分析过程中，政治系统须用两个或多个变量来做分类，接着再根据从这两个变量所获得的分数，置于不同的类别，

① Arend Lijphart, *The Politics of Accommodation: Pluralism and Democracy in the Netherlands* (Berkeley CA: University of California Press, 1975), 2nd edition, p. 103.

② 参见 Arend Lijphart, "Typologies of Democracy Systems," *Comparative Political Studies*, 1968, Vol, 1. p. 3.

或者说是由两个或更多的变量互动后而产生的分类系统。从这个意义上讲，类型学是将个案进行分类研究从而达成原初理论（proto-theory）的方法。

表3　政治精英

		竞争型	联合型
政治文化及社会	同质性	向心式（英国）	去政治式（瑞典）
	异质性	离心式（意大利）	协合式（荷兰）

资料来源：Arend Lijphart，“Typologies of Democracy Systems”，*Comparative Political Studies*，1968，Vol. 1. 3. 略有修改。

在利普哈特发展的民主系统分类中，他使用的两个变量为精英政治文化与大众政治文化的本质区别，在每个个案中，文化可能为异质或同质的。利普哈特根据精英与大众政治文化的这两个二分变量的互动发展了四种政治系统类型，如图所示：利普哈特认为此四种类型为民主系统的基本形式，可进一步解释与预测系统中的行为。

在利普哈特的类型学中，此原初理论主张系统中政治本质是由两个文化层次之间的互动，而非单独由任一层次所构成。举例而言，在瑞典的个案中，虽然其政治具有个殊性和国家特殊性，但以类型学的逻辑看，瑞典也可被理解为向心式政治的个案。就此而论，其政治便相当类似于其他类型的国家，如挪威和丹麦，并可视为同质性团体①。因此，这便是将比较政治由专有名词研究，推向以变量与国家分类为基础而完善理论的第一步②。从这个意义上讲，《类型

① Thomas Elder and D. Arter, *The Consensual Democracies?：Government and Politics of the Scandinavian States*rer. edn.（Oxford：Blackwell，1988）.

② B. Guy Peters：《比较政治的理论与方法》（陈永芳译），台北：韦伯文化国际出版有限公司2003年版，第95页。

学与民主系统》是利普哈特就其民主理论研究方法论的系统说明，并深刻影响着其后继的研究，甚至引导了当时政治学研究方法的潮流。

在《协调的政治：荷兰的多元主义与民主》和《类型学与民主系统》中，利普哈特不仅搭建了协和民主理论的初步框架，注意到了英美式民主理论的固有缺陷。更为重要的是，利普哈特在以荷兰为单个个案的深入研究中，在类型学方法的佐助下发展出了“协和民主”的概念，印证了比较政治理论可借由单一国家个案而发展的可行性，显示了其深厚的方法论功底和敏锐的观察力。

（二）假设验证与多个案的实证研究

从比较政治研究的一般途径来看，利普哈特早期的研究主要集中在背景描述（荷兰个案）和分类（类型学分析）两个步骤，完善的理论构建仍需要假设验证和最终达至预测目的两个步骤的实现。在这种方法论逻辑的指导下，利普哈特随后进入了假设验证的阶段。

1977 年，利普哈特在其《多元分歧社会中的民主》一书中将他的理论做出了更清晰的讨论①，其采用的主要方法是对“深度分歧社会”和“协和式机制”等一组比较性的概念更为精细的阐释。多元分歧社会的概念是对利普哈特提出的“分歧性是社会冲突的主因”这一理论假设的诠释②，即：如果在族群、宗教或阶级分歧性上一个社会出现了大幅度的断裂状态，那么以多数原则为基础的民主制度将无法运作。利普哈特认为“协和式民主可借由四种特征来界定，其中最首要的成

① Arend Lijphart, *Democracy in Plural Societies*: *A Comparative Exploration* (New Haven, CT: Yale University Press, 1977).

② S. Rokkan, *Citizens*, *Elections*, *Parties*: *Approach to the Comparative Study of the Process of Development* (Oslo: Universitesforlaget, 1970).

分，是在多元分歧的社会中，所有重要团体的政治领袖所组成的联合内阁”①，协和机制的另外三种类型则分别是相互否决权，符合比例性以及自治权，并随后在一些他认为具有协和式惯例的特殊国家进行了实证考察。

从方法论意义上讲，利普哈特在1968年和1977年的工作中主要是对自身理论所做的表述，关注于在这些所谓的特殊国家或单个案研究。利普哈特在其1984年的著作《民主政治：21个国家的多数民主与共识民主类型》一书中②，开始将其想法中的主要部分，集合成一套采用比较方法和类型学分析的完整体系，其中包括了所有的民主国家，将民主制度区分为两种类型：共识型民主与威斯敏斯特型民主，以最广泛的方式囊括了所有可能的民主国家。书中，利普哈特发展了九种特征配合相关性探讨和比较研究，分别对威斯敏斯特民主与共识民主进行了类型界定，并在更大范围内进行实证研究，对其理论假设进行验证。

1999年，利普哈特推出了迄今为止阐述其民主理论最为系统和面的一本书③，在《民主的模式：36个国家的政府形式和政府绩效》一书中，利普哈特系统考察了1945—1996年期间36个国家民主制度的运行，以此为基础划分了民主的两种模式类型，即多数民主和共识民主。随后，利普哈特以类型学方法，将36个国家置于一幅二维的民主概念图中，区别了民主的两个维度，即横向的行政—政党维度和纵向的中央—地方关系维度。根据这两个维度的标准，将多数民主和共识民主看作为二元对立的关系，并为二者设定了不同的制度指标（见表4）：

---

① Arend Lijphart, *Democracy in Plural Societies: A Comparative Exploration* (New Haven, CT: Yale University Press, 1977), p. 25.

② Arend Lijphart, *Democracies: Patterns of Majoritarian and Consensus Government in Twenty-one Countries* (New Haven, CT: Yale University Press, 1984).

③ 参见：Arend Lijphart, *Patterns of Democracy: Government Forms and Performance in Thirty-six Countries* (New Haven: Yale University Press, 1999).

表 4　民主的两种模式类型

民主的两个维度	多数民主	共识民主
横向行政—政党	政府体制由一党组阁	多党联合政府
	议会—政府强行政关系	平衡的议会—政府关系
	两党制	多党制
	多数选举制	比例代表制
	多元主义	合作主义
纵向中央—地方关系	单一制	联邦制
	一院制	两院制
	柔性宪法	刚性宪法
	议会主权	法院的司法审查权
	非独立的中央银行	独立的中央银行

资料来源：［美］阿伦·利普哈特：《民主的模式：36 个国家的政府形式和政府绩效》（陈崎译），北京：北京大学出版社 2006 年版。

从横向的行政—政党维度来看，多数民主模式政府体制表现为一党组阁，在议会—政府关系上表现强行政色彩，在政党制度上一般实行两党制，在选举制度上更多地采用多数选举制，利益集团制度则奉行多元主义；共识民主模式在政府体制上表现为多党联合政府，在议会—政府关系上表现一种平衡关系，在政党制度上一般实行多党制，在选举制度上更多地采用比例代表制，利益集团制度主要奉行合作主义。

在纵向的中央—地方关系纬度上，多数民主模式主要是在单一制的国家结构形式之中，一般采用一院制议会结构，奉行议会主权思想，以及柔性宪法（不成文宪法）和非独立的中央银行；共识民主模式主要是在联邦制的国家结构形式之中，立法权由两院共享，采用刚性宪法，有法定的司法审查，独立的中央银行。通过对不同国家民主程度的量化考察，利普哈特认为“共识民主”的国家表现出以下特征：多党联合组阁，行政权力与立法权力互相制衡，比例代表制，地方分权的联邦制，立法权由两院共享，法定的司法审查，独立的中央银行等，并最终得出："共识民主国家的绩效比多数民主国家更为突出，无论在哪个阶段、对哪些国家、采用哪种测量手段得到的结果都是如此"的论断①。至此，利普哈特完整地实现了由单一个案描述开始，通过类型学分析，再进行假设检测，最后发展出具有一定解释力的比较政治理论的过程。(其过程和逻辑见下图)

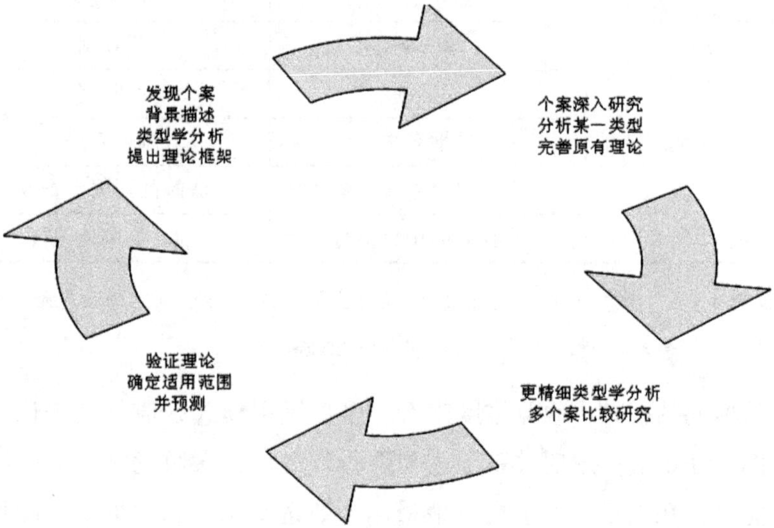

利普哈特理论建构的一般途径

"共识民主"理论自雏形显现到最终成熟，国际学界对其关注就不曾停止，支持赞扬者有之，也不乏激烈批评者，特别是利普哈特将多数民主和共识民主模式二元对立的做法，更是使"共识民主"理论成为众矢之的。当然，社会科学研究的性质决定了政治学很难发展出一种涵括所有的"完美理论"，从这个意义上讲，利普哈特最大的贡献在于向所有志在政治学研究的学者提供了一种发展理论的途径和方

① ［美］阿伦·利普哈特：《民主的模式：36个国家的政府形式和政府绩效》（陈崎译），北京：北京大学出版社2006年版，第195页。

法，这才是我们需要学习和借鉴的关键所在。

三、小结

利普哈特“共识民主”理论的自初步理论框架提出至最终成熟，跨度长达30年之久，实现了由单一个案发展的，适用范围较为狭窄的民主类型，到成为多个案范围更广的系统性、综合性民主理论，甚至有学者认为利普哈特民主理论体系是介于宏观理论和中层理论之间的一种重大理论突破①。更为重要的是，利普哈特向我们完整演示了如何使用类型学方法进行理论建构的一般途径。这对在方法论上仍然遵循着哲学思辨、经典解释、规范性定性研究、制度和机构描述以及历史探索方法②，而经验研究特别是定量方法应用严重缺乏③的中国政治学者提供了构建中国本土政治理论的有益途径。

（作者单位：华东政法大学政治学研究院）

① Jan-Erik Lane, Svante Ersson：《新制度主义政治学》（何景荣译），台北：韦伯文化国际出版有限公司2002年版，第297页。

② 王浦劬：《我国政治学的建设应该着力于三个方面的发展和突破》，《政治学研究》1998年第1期。

③ 肖唐镖博士通过对1995—2003年国内政治学研究成果的综合考察发现，在选取的293个论文样本中，规范研究有196篇占所有文章的2/3强；而属于经验研究包括学科理论研究和应用研究的文章仅占1/3弱，而有关政治学研究方法的文章仅4篇。参见肖唐镖、陈洪生：《经验研究方法在我国政治学研究中应用的现状分析》，《政治学研究》2003年第1期。

评析传统地缘政治学对现实主义权力政治的依附性

张微微

传统地缘政治学的含义要参考新地缘政治学的概念，而这实际上是一个时间段的界定，一般认为“地缘政治学的复活发生于20世纪70年代，‘新地缘政治学’（new geopolitics）发端于美国和法国”①。也就是说，从地缘政治学这门学科的产生到复兴之前的这一段时间可以理解为传统地缘政治学，既包括早期拉策尔和契伦的一些思想，也包括经典地缘政治理论（海权论、陆权论、空权论等），时间段上一直截止到二战后地缘政治学低迷期。

国内学者对地缘政治的研究角度各有不同，有从历史角度分析地缘政治学与世界格局的关系，有从二分论角度对地缘政治学做整体的分析，有从多元视角分析地缘政治学的性质，还有从地缘政治学角度分析我国的外交战略，还有学者针对大国崛起问题提出了“中心—侧翼理论”，等等，这些学术成就都是很有价值的。本文分析的角度是地缘政治的两个过程：标准的缘政治过程（the normative geopolitical process）

---

① ［英］杰弗里·帕克：《地缘政治学：过去、现在和未来》（刘从德译），北京：新华出版社2003年版，第2页。

与联合的地缘政治过程（the alternative geopolitical process），从这两个进程中引申出地缘政治的两个观念：冲突的与联合的，然后将这两种观念模式作为本文分析的重要线索。通过对传统地缘政治理论的梳理，会得出这些理论的观念模式都是冲突性的，都是以国家之间的冲突模式为前提的，所以体现的是一种现实主义的权力观，文章的目的就是揭示经典地缘政治理论对现实主义权力观的依附性，然后指出这种依附性是地缘政治学长期以来无法取得超越的重要原因，在文章的最后倡导地缘政治学的研究应该加强对联合进程的关注，这是地缘政治学在新时代条件下的新突破。

一、冲突性的地缘政治观：地缘政治学的主导观念

杰弗里·帕克在《地缘政治学：过去、现在和未来》一书中有一章将地缘政治学作为过程来分析，认为地缘政治学是由标准的地缘政治过程与替代的地缘政治过程按照一定的规律周期性的循环所构成的。他认为，有的国家倾向于通过武力冲突来解决彼此在地理空间中存在的问题，有的国家则倾向于通过合作或联合手段来解决这些问题。根据国家的这两种行为模式将其分为两类：冲突的和联合的，也就是说对于特定的国家而言，在行为模式上有的热衷于冲突，有的则倾向于合作。根据对国家的这种分类可以将世界整体的地缘政治图景分成两个阶段性的过程：冲突的地缘政治过程与联合的地缘政治过程。这两个过程是平行的并可以同时发生，但是因为“冲突是国家间关系的常态，合作则是结束冲突的尝试”①，导致这两种进程对国际关系的影响力度并不相同，冲突的地缘政治进程在世界政治地图中占有重大篇幅，是地缘政治总体进程的常态表现，被视为标准的地缘政治过程；而联

① ［英］杰弗里·帕克：《地缘政治学：过去、现在和未来》（刘从德译），北京：新华出版社 2003 年版，第 201 页。

合性的地缘政治过程则相对较少的出现在地缘政治图景中，只有试图结束冲突或联合（合作）行为被认为受益更广时才会出现，所以被称为替代的地缘政治过程。

标准的地缘政治过程在地缘政治图景中是一种常态存在的过程，其中所包含的冲突性的行为模式也必然是国际关系中的主流，这种模式体现的地缘政治观也一定冲突性的，所以可以认为冲突性的观念是地缘政治学中的主导思想；而替代的地缘政治进程中体现的联合（合作）思想在地缘政治理论中长期存在却不能成为其主导。

19世纪至二战结束之前是地缘政治学发展的顶峰时期，这一时期的一些理论在研究内容上着眼于地缘要素对国家行为及国际关系的影响。这些理论在地缘政治的学科中影响深远，在有关地缘政治的研究中经常出现，与二战后期重新兴起的地缘政治思想相比，这些理论可以被奉为传统的地缘政治理论，主要有马汉的海权论、麦金德的陆权论、杜黑的空权论及斯皮克曼的“边缘地带”学说等。这些理论都是从战略的角度分析一个强国如何取得对其他国家的控制权，其行为模式是通过领土扩张或建立势力范围来最终取得霸权或支配地位，是标准的地缘政治过程，其中内含的观念即是冲突性的地缘政治观。

马汉是海权论的倡导者，在分析了大国纷争特别是英法之间的战争历史后，得出了成为世界强国的先决条件是控制海洋的结论。为此，他强调建立一支强大海军的重要性。作为最早提出近代海权的系统理论的学者，马汉也第一次将海权与陆权进行了明确的区分，甚至可以说，对海权与陆权的区分是其理论构建的基础。在将二者进行区分的过程中，马汉成为一名坚定的海权论者，而且对海权与陆权关系的论述也成为他思想的主要内容。在将海权与陆权进行明确区分后，马汉一方面指出海权与陆权的两极对抗很难避免，另一方面则强调海权在世界政治进程中的重要作用。对世界性地缘政治权力的二分论导致马汉的思想中充斥着冲突性的世界观，陆权国家与海权国家的冲突、欧洲与世界的冲突、俄国与西方的冲突体现在他的著述中。可见，冲突性地缘政治观对马汉思想的影响至深。

1904年，麦金德在英国的《地理学月刊》上发表了《历史中的地理学枢纽》一文，首次系统阐述了他的地缘政治学理论。后来这一理论经过他自己的多次修改，内容上也有一些变化。麦金德将欧亚大陆的“心脏地带”与世界性的控制权力联系起来，并以著名的三段论形式响彻世界，那就是“谁统治了东欧就统治了心脏地带；谁统治了心脏地带就统治了世界岛；谁统治了世界岛就统治了整个世界”①。麦金德的思想侧重于对世界岛的关注，其对欧亚大陆的陆权的关注是对海权论的一种回应。在他看来，陆权国家俄国的扩张已经对英国的海上权力形成了巨大的威胁，而心脏地带的固若金汤的地理特点又使英国难以有效的做出反击，可以看出他的论述是对自己祖国面临威胁的一种警告。在后来四十年的时间里，随着俄国的衰落，美国、日本、德国等国家的不断崛起，麦金德不断修正自己的理论，由最初的海权与陆权对峙的思想转变为一种可能出现力量均衡甚至有可能实现合作的预测。尽管如此，他的理论仍然是为维护英国的海上霸权地位服务，体现的是对其他国家扩张的一种思想，因此他的地缘政治理论仍然是以冲突性为主导观念的。

斯皮克曼在马汉与麦金德的研究成果的基础上，提出了欧亚大陆边缘地带应该是世界权力中心的思想。他将世界分为三个力量中心：海上世界、陆地世界（以心脏地带为中心），以及介于两者之间的边缘地带。他认为正是边缘而不是心脏地带拥有统治世界的最大潜力②，进而他修正麦金德的陆权思想，指出对海上力量的最大威胁是边缘地带（大致包括北美太平洋沿岸、欧洲沿海地区、欧亚大陆的远东沿海地带及可能出现的印度）而不是心脏地带。斯皮克曼通过自己的地缘政治思想对美国提出建议，应该防止任何居心叵测的大国控制整个

---

① ［英］杰弗里·帕克：《地缘政治学：过去、现在和未来》（刘从德译），北京：新华出版社2003年版，第201页。

② ［英］杰弗里·帕克：《地缘政治学：过去、现在和未来》（刘从德译），北京：新华出版社2003年版，第163页。

“欧亚边缘地带”。因为拥有了这片区域就具有了颠覆世界均势而建立全球霸权的可能，如果一旦出现情况，美国就只能与海上大国英国和陆地强国苏联相结合，只有这样才可以战胜边缘地带的支配大国。“边缘地带说”强调几个大国对世界上其他国家的支配与控制权力，体现的仍然是冲突性的地缘政治观。

科技的发展把人类带到了航空技术的时代，地缘政治学的研究只追求陆海平面是不够的，对于空中军事力量的关注引导着一种新的地缘政治理论——空权论的诞生。20 世纪 20 年代意大利空军将领杜黑提出了空军制胜理论，主张在重视海权的同时还应创立独立空军，只有这样才能在战争中取得胜利。杜黑的理论实质上是一种在战争中获胜的军事战略思想，不属于严格意义上的地缘政治学，但是其理论和海权及陆权思想相呼应，将地缘政治的研究范围扩展至新的航空领域，所以也被视为地缘政治理论。既然制空权论的含义是在战争中取胜的思想，而战争是冲突的最为极端的形式，它更不可能体现联合的地缘政治观念，因而仍然是一种冲突性的地缘政治观。空权论的另一位代表塞维尔斯基明确提出了空权论，他的理论超越了杜黑战争意义的制空权论，已经开始将空权视为国家权力的构成要素。他建议美国应该关注空权，而不是海权和陆权，只有这样才能取得相对于苏联的优势地位。他的空权论是在美苏对抗的历史背景下产生的对策性思想，如果将其归为地缘政治理论中，也必然是以冲突性地缘政治观为主导的。

二、冲突性观念下的理论对现实主义哲学的依附性

（一）冲突性地缘政治思想符合现实主义的基本假定

作为国际关系主流理论的现实主义思想传统，从古至今已经形成了不同的流派，各个流派的理论体系和研究方法有所不同，但对国际体系的整体认识与权力政治的基本立场上却保持基本一致的看法，罗

伯特·吉尔平指出："我认为政治现实主义必须被视为有关世界的哲学理念和一套假定……同与之相对应的理想主义不同，现实主义的哲学基础是，对人类的道德进步和发展前景持悲观态度"①，这种悲观态度决定了现实主义理论的基本假定里必然包含冲突与竞争的理念。科学哲学家伊姆·拉卡托斯根据"逻辑与历史"相结合的基本原则，认为建构有严密系统结构的科学理论，必须先确定理论的核心假定——这些假定要对研究对象的根本性质施以前提性的判断，从而为理论的适用性铺设前提。詹姆斯·多尔蒂和小罗伯特·普法尔茨格拉夫认为现实主义包括六个方面的核心假定：一、国家是国际体系的主要行为体；二、国际政治的本质是国家间为了争夺权力进行的冲突；三，国家实力有所差距，但主权平等；四、国家是统一行为体；五、国家是理性的，依据国家利益行事；六、权力是解释国际政治最重要的概念。② 罗伯特·吉尔平则指出，"所有的现实主义作家……都承认政治生活中存在三个假定。第一个假定是，国际事务的本质上是冲突性的……第二个假定是，社会实在的本质是群体……第三个假定体现了现实主义思想的特征：在所有的政治生活中，追求权力和安全是人类的首要动机"③。从这两种对现实主义的总结性分析可以看出，现实主义对国家争夺权力引发的冲突性国际关系本质做了基本的假定。

冲突性世界观主导下的地缘政治理论，是在认同现实主义关于冲突性国际政治本质的根本假定的基础上建立的，其理论的出发点都是将国际社会看作是冲突与竞争的世界图景。国家有机体论用社会达尔文主义的视角将国际社会等同于"适者生存"的自然界，国家作为生

---

① ［美］罗伯特·基欧汉：《新现实主义及其批判》（郭树勇译），北京：北京大学出版社 2001 年版，第 277 页。

② ［美］詹姆斯·多尔蒂、小罗伯特·普法尔茨格拉夫：《争论中的国际关系理论》（阎学通、陈寒溪等译），北京：世界知识出版社 2003 年版，第 68—69 页。

③ ［美］罗伯特·基欧汉：《新现实主义及其批判》（郭树勇译），北京：北京大学出版社 2001 年版，第 277—278 页。

物体不断壮大的过程就是与其他国家争夺生存空间的过程，国际社会中不断有新兴的国家有机体壮大和发展，就会不断地产生国家之间的竞争与冲突，对极端冲突的国际社会现实的理解是拉策尔和契伦的理论出发点。对海权与陆权两极对峙的二分论也是在冲突性的国际政治本质的前提下提出的，这种理论将海洋国家与陆权国家看成是截然不同的两个世界，它们的冲突源于彼此是天生形态殊异的地缘政治生命，海权国家与陆权国家背后是两个有着不同追求的民族，他们所追求的利益不同，地缘政治的要求也相异，所以两者的对抗是很难避免的。斯皮克曼被认为是“着了实力政治的魔”①，他确信在权力政治的世界里国家的扩张倾向不断出现导致了国际社会无休止的冲突，在这样的国际环境中国家的行为模式就是倾向于冲突与竞争的。空权论本身就是一些有空军经历的人针对战争中如何取胜的问题提出的，它产生于战争这种极端冲突的环境下。传统理论中的海、陆、空三种权力形态都是在冲突性的国际关系本质的理论前提下提出的。

（二）冲突性观念主导下的理论体现现实主义的权力观

现实主义对权力的理解可以被分为两大类：控制力说及物质资源说。古典现实主义的代表人物汉斯·摩根索认为权力是指人支配他人意志和行动的力量，他认为权力是一种心理上的控制力，罗伯特·吉尔平、约翰·斯帕尼尔、戴维·鲍德温等学者基本持类似的观点。新现实主义的代表人物肯尼斯·华尔兹为了构建简约的体系理论，则将权力等同于物质资源，认为物质资源的分配是决定国家在国际体系中的地位及实现其偏好的能力的因素，米尔斯海默更加明确和坚定地用物质主义来定义权力的概念，他认为国家权力由两部分组成：潜在权力和军事权力，财富是衡量潜在权力的标准，而军事力量是国家最有效的权力，“我主要从军事角度来定义权力，因为进攻性现实主义把

① ［美］肯尼斯·W. 汤普森：《国际思想大师》（耿协峰译），北京：北京大学出版社 2003 年版，第 107 页。

这种力量看成国际政治的最后手段"①。不管是哪种定义形式都将权力视为国际政治的核心概念，无论是温和的防御性现实主义，还是强硬的进攻性现实主义，都将权力的取得和维护作为实现安全的必要条件，这是现实主义的核心思想。

地缘政治理论虽然在研究方法上与现实主义有所区别，它们更注重国家的地缘因素的研究，但是不同的研究起点得出了类似的结论，那就是对权力在国家安全和国家行动能力上的重要性的认识。地缘政治思想在体现现实主义的权力哲学的时候，明显地表现在其几乎所有的理论都内涵着对权力的追求，从地理的角度阐明国家谋求权力的重要性。

拉策尔和契伦的国际有机体思想强调国家对生存空间的需求与竞争，将生存空间视为国家的权力资源，对生存空间的控制力的争夺其实就是对权力的追求。海权论主张海权是维护国家利益的重要保障，它对国家争夺海洋权力重要性的强调体现现实主义的权力政治哲学。而马汉所列举的国家取得制海权所需要的六个条件，也与现实主义鼻祖汉斯·摩根索划定的国家权力要素的九个基本来源相契合。麦金德以三段论形式阐释对心脏地带的控制力是成为世界性大国的基本保障。他认为俄国已基本具备了这种优势，所以他呼吁海权国家联合起来遏制俄国的扩张，其核心思想是如何与俄国争夺权力的问题，本质上也是一种现实主义的权力政治观。斯皮克曼是一个"实力政治"主义者，他的思想关注权力争夺与大国关系的问题，研究的内容主要是如何将地缘优势转化为权力，进而利用权力来实现国家利益的问题，是典型的现实主义思维方式。空权从地缘上开拓了大国之间权力争夺与对抗的新领域，是一种现实主义的地缘政治思维。至于德国极端的地缘政治学，以社会达尔文主义为理论依据公开宣扬扩张与侵略的战争合法性，是对权力过分关注的结果，是现实主义权力政治思想发展到

---

① ［美］约翰·米尔斯海默：《大国政治的悲剧》（王义桅、康小松译），上海：上海人民出版社 2001 年版，第 79—80 页。

极端的畸变。可见，传统地缘政治理论在现实主义思想的支配下，特别关注对权力的追求与争夺。

（三）地缘政治理论构建的世界秩序模式与现实主义相一致

现实主义学者认为无政府状态的存在对国际政治产生根本性的影响，肯尼斯·沃尔兹对“无政府状态”做了经典的定义：“无政府状态是一种强制性的法则，体系由国家构成，国家之上没有任何权威”①。在现实主义者眼里，虽然无政府状态并不意味着无秩序，但是缺乏超国家权威的现状表明在行为体存在分歧时国家只能依靠自身的力量来维护安全，对自身力量高度依赖的“自助”的条件下国家必须不断的维护或追求权力。所以尽管一些现实主义者并不否认国际合作的可能性，但对权力的过分关注而造成的冲突终究是很难避免。如何把冲突控制在一定限度内而使其不会演化成战争，建立国际社会所必须的稳定秩序是所有理论研究的关键问题和价值所在。既然国家间冲突的产出根源于对权力的需求，如何控制冲突的问题还得回到对权力的追求上来，对国家而言到底多少权力才是必须的？对这个问题的回答构成了不同学者对世界秩序模式的偏好。摩根索认为国家追求权力的最大化是不明智的，国家只要适度的权力以维持均势。沃尔兹也赞同国家追求适度权力的观点，权力“太大或太小都会有风险，力量软弱会招致攻击，力量强大则会使对手不敢发动进攻。力量过于强大则可能刺激其他国家，使它们增加军备并联合起来”②。以摩根索和沃尔兹为代表的一些现实主义学者认为以均势为基础的国际秩序是能够建立起来的，在实力均衡和高质量外交的共同作用下，国家会趋向理性

① 在沃尔兹理论中，无政府状态是与等级状态对立存在的概念。前者中相似的个体的活动由政治和权力支配，后者中单位间密切分工，权威和行政支配着体系活动。Kenneth N. Watz, *Theory of International Politics*, pp. 8893。

② ［美］肯尼斯·沃尔兹：《国际政治理论》（胡少华、王红缨译），北京：中国人民公安大学出版社1992年版，第2页。

和克制，拒绝以战争的形式来改变现状的诱惑，摩根索以拿破仑战争后欧洲百年和平的实现为例子。新现实主义诞生于两大阵营对峙的历史环境，国际核均势和核武器的毁灭效果使人类对战争的态度更加谨慎，这样的条件下形成的新现实主义更强调维持两极秩序的重要性，因为轻易打破两极格局将会导致难以预料的后果。可见，这些现实主义认为维护国际社会稳定的最佳途径是构建力量均衡的世界秩序，只有均势的世界秩序才能真正地实现国际社会的和平与稳定。还有一些现实主义学者提出了霸权稳定论，这种着眼于全球政治经济学的思想以罗伯特·吉尔平、金德尔伯格、克拉斯纳等为代表，他们认为国际自由经济需要一个政治领导来建立，这个政治领导被称作“霸主”，因为他有时需要动用权力来实现管理世界自由经济的目的，霸权稳定论强调“领导或霸主有助于国际合作，并通过利用间接开支（贿赂）、制裁和其他手段，可以防止有人违背机制规则”①，持这种观点的学者认为领导国的行为既是对自身利益的考虑，也是为了整个世界的经济利益，但是吉尔平和克拉斯纳承认霸主建立世界经济秩序的目的主要是为了促进自身的利益。

通过以上的分析可以看出，无论是均势或者霸权的世界秩序，都是一种以大国为中心的权力政治思想，这是现实主义在建构世界秩序模式的一个基调。前文分析到冲突性地缘政治观指导下的地缘政治学的一个基本特征就是以大国为中心，这个特征决定了地缘政治学者在有关世界秩序模式的问题上与现实主义是基本一致的。从马汉开始的地缘政治思想已经开始具备了全球整体性的视野，在这些理论中基本都包含了有关世界格局的一些构想。

以往的地缘政治思想中，有关世界秩序的理论基本都与均势思想有或多或少的关系。马汉把海权国家与陆权国家视为对立的两极，将整个地缘政治进程看作是海洋人与大陆人抗争的过程，他非常关注亚

---

① ［美］罗伯特·吉尔平：《全球政治经济学——解读国际经济秩序》（杨宇光、杨炯译），上海：上海人民出版社2003年版，第103—104页。

洲地区。俄国在亚洲的扩张让他感到了危险，他认为如果俄国成功的控制新的出海口，下一步即将是主宰世界。为了遏制这种态势，英美海权国家应该结成联盟控制欧亚大陆的边缘战略要地。但是，马汉也认为，很难实现全面遏制俄国，所以在陆权国家与海权国家之间建立某种平衡均势是比较好的选择。在这里，马汉表达了海洋与陆地力量之间实现两极均衡的思想，马汉倾向于均衡的世界秩序是维护海权与陆权之间稳定与和平的观点。麦金德在承认海权两极对抗的同时，也赞同建立一个力量均衡的联盟体系，“倘若新的国际联盟有成功的机会，则必须考虑现存事实并且以此为基础去建立这个新秩序，其目标是达到世界各国的真正均势，从而保证成员国中没有任何一个会强大得足以向联盟挑战”①，而后来他在二战期间的思想表明他已经不在坚持海陆两极对抗的思想，他认为世界的均势在“环形带”与“季风区”之间。可见，麦金德与马汉一样对均势的世界秩序充满期望。斯皮克曼指出：“一个先天不稳定、变动不居、反复无常的力量均衡，的确不是国际社会的理想权力模式。但即使我们为其缺陷痛心疾首，我们最好还是要牢记，它是一个以独立国家为基础的国际秩序所不可或缺的组成部分”②，作为一个坚定的权力政治主义者，斯皮克曼坚信均势是未来世界秩序的基础，他不认为某种世界联盟的乌托邦式的梦想能够维持世界的和平，他认为世界主要实力中心之间的一种均衡才是未来世界秩序的基础。

由此可见，地缘政治学在冲突性世界观的主导下，无论在理论的基本假定、对权力问题的关注及世界秩序的构想上，都有现实主义保持着高度的一致性。可以说，冲突性地缘政治观主导下的理论对现实主义存在依附性，这种依附性决定论地缘政治学的基本理论无论是在

---

① ［英］杰弗里·帕克：《20 世纪的西方地理政治思想》（李亦鸣、徐小杰、张荣忠译），北京：解放军出版社 1992 年版，第 25 页。

② ［美］肯尼斯·W. 汤普森：《国际思想大师》（耿协峰译），北京：北京大学出版社 2003 年版，第 107 页。

研究方法上，还是在研究对象上做出怎样的变化，都很难脱离现实主义的权力政治哲学。

三、依附于权力政治哲学的消极后果

从地缘政治学的产生到复兴经历了一个过程，这个过程可以简化为“产生—繁荣—终结①—复兴”，这个过程也是目前为止地缘政治思想史的发展历程，一个不容忽视的现象是，地缘政治的理论内涵和研究方法几经变迁，但是不变的是冲突性地缘政治观的影响。实际上，即使在新地缘政治学中，仍然可以看到冲突性观念的主导作用。冲突性地缘政治观念就其本质含义来说对现实主义的权力政治哲学存在依附性，这种依附性可以在其主导下的地缘政治理论中得到体现。斯皮克曼就对自己的权力政治倾向毫不讳言，他指出“得不到实力支持的政治理想和政治设想好像没有什么存在的价值”②，这一点上文已经进行了比较详细的分析。事实上，随着人类历史的发展，现实主义产生了不同的流派，这些流派的指导思想和价值判断都出现了或明显或细微的区别。在权力政治观念的共性中有些现实主义思想显得比较温和，如结构现实主义的观点；有些思想则比较强硬，如吉尔平的霸权稳定理论；而有些思想则极端强硬，如米尔斯海默的进攻性现实主义的理论。这些学者的理论体系推动现实主义从古至今在“温和—强硬—极

① 这里使用的终结一词并不是表明地缘政治学作为一门学科已经不复存在，其实它指代的含义与地缘政治学的衰亡类似，用“终结”这个词汇一方面是想表明传统地缘政治学与新地缘政治学之间的区别和界限，另一方面也是想表明冲突性观念对地缘政治学科造成的恶劣影响。

② Nicholas J. Spykman, *The Geography of the Peace*, edited by Helen R. Nicholl (New York: Harcou, Brace, 1944), p. 3. 转引自［美］肯尼斯·W. 汤普森：《国际思想大师》(耿协峰译)，北京：北京大学出版社 2003 年版，第 107 页。

端强硬”之间不断轮回，依附于它的思想传统的冲突性地缘政治思想则也在这个区间不断循环，深陷这一逻辑之中，而无法超越自身取得突破性的发展。

沃尔什指出，“地缘政治学既能显得崇高也会趋于堕落”①，崇高与堕落就取决于它是尊重公平还是崇尚权力，也可以理解为是倾向于合作还是武力，所以地缘政治观念是冲突性还是联合性就决定地缘政治学的性质。不能说冲突性的世界观使地缘政治学堕落了，但是它确实没能带领地缘政治学作为一门纯科学走向繁荣，相反，在经历短暂的辉煌后急剧地走向了衰落和灭亡。这种命定的历程与冲突性的地缘政治观是分不开的。俄罗斯学者齐甘科夫（ПАЦыгаков）指出，“地缘政治学中成问题的思想看来并不比其他社会人文科学更多，但是由于显而易见的原因，这些思想却具有特别丑恶的性质”②。显而易见的原因就是基于冲突性世界观产生的对权力的贪念。依赖于权力政治的冲突性地缘政治观是造成地缘政治学走向歧途的根本原因，只要地缘政治学一直受依赖于权力政治的冲突性世界观的主导，就会无法避免被学术界所回避和摒弃的命运。现实主义哲学强调国际关系的主要特征是权力政治，而地缘政治学主要研究的对象就是地理环境与权力之间的关系，如果地缘政治学一直依赖于现实主义的权力政治哲学，就会陷入对地理环境的高度关注。国家领土当然是地理环境最重要的因素，这样的逻辑就导致一个结果，那就是依赖于现实主义权力政治观的地缘政治思想必然会在不同程度上体现对国家领土的热衷和野心。温和的冲突性世界观指导的地缘政治思想只是强调控制力的重要性，并不必然要求对领土的占领，而强硬的冲突世界观则要求国家领土的自然扩张，如马汉的思想被称为是大国沙文主义的，极端强硬的冲突

① ［英］杰弗里·帕克：《地缘政治学：过去、现在和未来》（刘从德译），北京：新华出版社2003年，第61页。

② ［俄］齐甘科夫：《地缘政治学：理性的最后避难所？（上）》（李国海译），《现代外国哲学社会科学文摘》1995年第4期。

性世界观则导致拉策尔和契伦等国家有机体理论的产生，宣扬国家扩张的不可避免性，这种极端思想对国家扩张领土合法性的宣扬容易造成纯科学与应用科学的混淆，而结果就是纯科学被错误解读和利用，如豪斯霍弗等学者最终就将极端思想与纳粹现实政策相结合，混淆了纯可学与现实政策之间的界限，将地缘政治学推向了一个错误的方向。

可见，对现实主义权力政治哲学的依附性导致了地缘政治学对领土等地理环境的关注和钟爱，这种思想在极端强硬观念的支配下就容易出现领土扩张性的危险倾向，而这样的缺陷使这门科学很容易被错误解读和利用，这是传统地缘政治学走向终结的逻辑宿命，也是对权力政治哲学依赖的消极后果。

四、结论

作为国际关系主流理论的现实主义权力政治观，从其产生之日起，就一直存在着一种逻辑模式，那就是其理论观点在“温和—强硬—极端强硬”之间不断循环，地缘政治学对现实主义的依赖性导致其陷入这一逻辑之中，而无法超越自身向前发展的现实状况。如果地缘政治学在新时代下，想要得到新的发展，就必须跳出这种循环逻辑，用一种全新的思维模式去分析问题，探求以联合性的地缘政治观念去分析理论和现实问题，这是地缘政治学在新时代下的新的生长点。而实际上，联合性的地缘政治观念一直存在于整个地缘政治进程当中，并且在一定历史时期内产生过巨大的影响作用，在地区一体化飞速发展的今天，联合性的地缘政治进程将发挥越来越大的效用。

（作者单位：华北师范大学政法学院）

图书在版编目（CIP）数据

回顾与思考：政治学理论与方法30年/张贤明主编. —北京：世界知识出版社，2017.9

ISBN 978-7-5012-5582-5

Ⅰ.①回… Ⅱ.①张… Ⅲ.①政治学—研究—中国 Ⅳ.①D6

中国版本图书馆CIP数据核字(2017)第227507号

责任编辑 刘豫徽
责任出版 王勇刚
责任校对 陈可望

书　　名 回顾与思考：政治学理论与方法30年
Huigu yu Sikao：Zhengzhixue Lilun yu Fangfa 30 Nian
主　　编 张贤明

出版发行 世界知识出版社
地址邮编 北京市东城区干面胡同51号（100010）
经　　销 新华书店
网　　址 www.ishizhi.cn
投稿信箱 lyhbbi@163.com
印　　刷 北京京华虎彩印刷有限公司
开本印张 720×1020毫米　1/16　24¾印张
字　　数 352千字
版次印次 2017年10月第一版　2017年10月第一次印刷
标准书号 ISBN 978-7-5012-5582-5
定　　价 49.00元